日本は「右傾化」したのか

小熊英二・樋口直人 編

慶應義塾大学出版会

日本は「右傾化」したのか　◇　目次

総説

「右傾化」ではなく「左が欠けた分極化」

小熊英二

日本は「右傾化」しているのか。これについては諸説がある。

一例として、二〇一七年に刊行された塚田穂高編著『徹底検証　日本の右傾化』（筑摩選書）では、政治学者・社会学者・教育学者・宗教学者・ジャーナリストなどが、多様な側面からこの問題を論じた。しかし共著者たちのあいだでも、意見が分かれている。

概していえば、社会全体の有権者意識調査のレベルでは、顕著な「右傾化」はみられない。[*1] しかし、政党や宗教団体など特定の対象のレベル、あるいは報道のレベルでは「右傾化」が指摘されることが多い。政治家などの右派的言動も目立つ。

本書は、このような一見すると矛盾した現状を、学際的な知見を集めて検証しようとするものである。それは日本の現状について示唆するものが大きいとともに、世界で普遍的に起きている現象の分析に資するものともなろう。その意義と射程は、個別の政変や現象を超えたものだと考えている。

「右傾化」の仮説と検証

先に述べたように、意識調査の研究では、日本社会が総体として顕著に「右傾化」しているという兆候はないという意見が多い。では近年の「右傾化」は、どのような現象なのだろうか。この問題については、いくつかの仮説が考えられる。

パラダイム変化仮説

日米安保条約への賛成の増加を「右傾化」の指標とみなせば、過去三〇年ほどで世論調査のレベルでも「右傾化」が起きている。だが夫婦別姓や同性婚容認などのジェンダー規範では、むしろ寛容になっている。[*2] つまり「右傾化」を分類するパラダイムによって、みえ方が異なると考える仮説。

可視化仮説

インターネットなどの普及により、過去には内輪の発言にとどまっていた右派的言動が、多くの人の目に触れるかたちで発信されるようになった。このように旧来から潜在していたものが可視化されたことが、「右傾化」と映っていると考える仮説。

ノイジー・マイノリティ仮説

過激な言動をする「ネット右翼」は、ネット利用者の約一%で、過去一〇年以上増加していない。[*3]差別的な言動をする政治家も少数である。だがその存在が目立つので注目されやすく、報道もされやすい。これが実態以上に、社会が「右傾化」したとの印象を与えていると考える仮説。

過剰代表仮説

国会議員のイデオロギーの分布は、社会全体の世論の分布より右寄りであるという調査結果が存在する。[*4]夫婦別姓や同性婚などに対しては、自民党支持層よりも、自民党議員候補の方が賛成は顕著に低い。[*5]このように、世論レベルでは「右傾化」していなくても、政治レベルなどでは右派的な意見が過剰代表されていると考える仮説。

ヘゲモニー仮説

政治的権力を持つ人々、教育程度の高い人々は、発言力が大きく目立つうえ、こうした層が「右傾化」すると社会全体に影響をもたらす。つまり社会の平均的な世論より、ヘゲモニー（主導権）を持っている層の「右傾化」が全体を規定していると考える仮説。

相対的浮上仮説

自民党の得票数が増えなくても、野党が分裂し弱体化すれば、自民党の議席は増える。また自民党の集票基盤が総体として衰えれば、宗教右派のように団結力の強い勢力は、少数でも影響力を持ちやすい。このように、他の衰退による相対的浮上が「右傾化」となって表れていると考える仮説。

戦略的差異化仮説

商業雑誌やインターネット・プラットフォーム業者の一部には、右派的な著者を集めて、固定読者をつかもうとするマーケティング戦略がある。[*6] また民主党と差異化を図るため、自民党が右傾化したという説もある。[*7] このような戦略的差異化が、メディアや政党の「右傾化」を生んだと考える仮説。

このように、社会全体の意識調査では顕著な右傾化が観測されないとしても、「右傾化」が顕在化する要因はいろいろありうる。

以上のうち、「パラダイム変化」「可視化」「ノイジー・マイノリティ」は、社会の実態よりも、むしろ社会を観測する側の視点の偏りを問題にするものである。それに対し、「過剰代表」「ヘゲモニー」は、社会が総体として大きく変化していなくても、社会の上層部に「右傾化」が生じる可能性とその影響を問題にする。そして「相対的浮上」「戦略的差異化」は、そうした社会上層部が、なぜ社会全体から半ば乖離して「右傾化」するのかという原因を考察したものだ。

本書では、上記のような仮説を共著者に提示したうえで、異なる角度から「右傾化」を検証することを依頼した。本書の各論文を通読する際には、上記のような仮説の検証が行われていることを念頭に置くと、理解がしやすいだろう。

さらに検証にあたり、本書の全体構成は、社会をいくつかのレベルに分けて対象を設定した。

意識レベル

まず、社会全体の意識のレベルで右傾化が観測できるのか、検証する必要がある。その場合は、「右傾化」「保守化」を計測する指標、歴史的変化、支持政党など他の項目との連関、年齢・性別・学歴などの区分に留意する必要がある。

メディア・組織・思想レベル

伝統的マスメディア、インターネットメディア、運動団体、宗教思想など、社会意識のレベルと政治のレベルを仲介する媒体の検証が必要である。これらを検証することで、意識レベルの動静と、政治レベルへの表出のあいだに、何が起きているかを確認できる。

政治レベル

さらに、政党・議会・政策アウトプットなど、政治レベルの検証が必要である。なぜ、一般世論より自民党議員は右傾化した傾向があるのか。地方議員と国会議員とでは、右傾化に別の要因がありうるのか。実際に行われている政策も、右傾化しているといえるのか。こうした、政治過程や政党組織などを対象とした検証が必要になる。

二〇一八年から一九年には、「右傾化」についての研究書がいくつか発刊された。しかしそれらは、上記のレベルのどれかの部分、たとえば社会全体の意識、ネット上の投稿、出版産業の動向などに焦点を当てていた。あるいは、それらを断片的に並べるに留まっていた。本書の特徴は、異なるレベルを統一して「右傾化」を論じたことにある。

反面、本書では「右傾化」の定義についてはあえて統一せず、各共著者に任せた。その理由は、社会全体の意識レベルを分析する際に適切な「右傾化」の定義と、メディアや政治などのレベルを分析する際に適切な「右傾化」の定義は、異なるだろうと考えたからである。

第Ⅰ部　意識レベル

次に、本書の各論文を紹介しつつ、その分析から何がみえてくるかを概説したい。

意識レベルを分析する第Ⅰ部は、ここ二〇年前後の変化を扱う松谷論文と、戦後史を広いタイムスパンで扱う菅原論文に分かれる。

松谷論文は、社会意識調査の定石に沿って、社会のどの部分が「右傾化」しているのか、どういう指標において「右傾化」しているのかを分析している。具体的には、①性別・世代・教育程度といった社会のサブグループ別の意識、②右傾化指標のうち「伝統的価値観」と「ナショナリズム」の変化、を扱っている。

この松谷論文は、一面においては、近年の他の研究結果と共通の傾向を確認している。すなわち、ジェンダー規範など「伝統的価値観」では寛容化が進んでいること、愛国心や民族的優越感など「ナショナリズム」では一部の増加がみられるに留まることである。ここには、社会の意識が顕著に「右傾化」しているという兆候はみられない。

ただし松谷論文は、以下の三点において、興味深い知見を提起している。①外国人一般への寛容度が（自分に直接関係しない範囲では）増しているのに、中国人・韓国人への排外意識が増していること。

②従来は高学歴層に比較的リベラルな傾向がみられたが、男性においてはこの面での学歴差が消失し、大卒男性層に排外意識の高まりがみられること。③排外的主張を行う団体への拒否意識が三割にも達しておらず、排外主義に対しても「寛容」であること、である。

こうした松谷論文の知見を、筆者なりに要約すれば、以下のようにいえる。

近年の社会意識にみられるのは、個人主義化と寛容化（無干渉化）の傾向である。その意味では、押しつけがましい伝統的規範への回帰や、極端なナショナリズムの高まりはみられない。だがこうした個人主義化と寛容化のトレンドは、排外主義的な主張にも「寛容」に働いている。そしてこうした傾向は、従来は比較的リベラルだった高学歴男性層にも及んでいるのだ。

たしかに、全体的に顕著な右傾化が生じているわけではなく、排外意識の高まりもさほどではない。しかし、社会的公正を追求する傾向、いわば「左ばね」が強いとはいいがたい。これは「右傾化」というよりは、「左の衰退」というべき状態かもしれない。

次の菅原論文は、松谷論文が扱わなかった政党支持率や投票行動を、戦後史という長いタイムスパンで分析している。

この論文が主張しているのは、社会が本当に「保守化」しているのか不明であるのに、自民党の「強さ」と野党の「弱さ」を説明するため、社会の「保守化」が論じられてきたという傾向があったことである。選挙結果や政党支持率の原因を、社会の「保守化」に帰してきたのだともいえるだろう。ここで問題化されているのは、社会そのものよりも、社会を観測する側の視点の偏りの方である。

菅原論文も述べているように、選挙結果や政党支持率には、政党間関係や選挙制度、時事的な事件、天候に至るまで多様な要素が関係している。自民党が選挙に勝ったとしても、社会の「保守化」が原因かどうかはわからない。それにもかかわらず、自民党が選挙に勝ったという「結果」から、民意の「保守化」という「原因」を探し出すような主張が量産されてきた。その前提は、選挙結果は民意の反映であるという擬制（たてまえ）を維持しようとする欲求だったともいえるだろう。

菅原論文によれば、そうした「原因」探しの結果が、一九七〇年代に唱えられた「青年の保守化」であったり、八〇年代に論じられた「生活保守主義」であったりした。そうした主張は、必ずしも具体的な調査に裏づけられていたわけではなく、たんなる憶測も含まれていたのである。

たんなる憶測であるのなら、経済が好調な時には「生活保守主義」が自民党を勝たせているのだと主張し、経済が不調な時は「生活の不安感」が自民党を勝たせているのだと主張することも可能である。理屈はあとからついてくる、といえるだろう。こうした傾向は、自民党を批判する側も、支持する側も同様だったことは、菅原論文が述べるとおりだ。

この菅原論文の内容は、現代の状況を考えるうえでも示唆的である。松谷論文などが述べるように、社会意識の右傾化は、それほど大きいものではない。だが自民党は選挙で勝利しており、第二次安倍政権ではある程度の内閣支持率が維持されていた。その「原因」を説明するために、社会の「右傾化」が語られている傾向は、たしかに存在したといえる。性急に社会の「右傾化」を論ずる前に、社会意識／メディア／政党など、各レベルの分析が必要なのだ。

これを念頭に置いて、第Ⅱ部の各論文をみていこう。

第Ⅱ部　メディア・組織・思想レベル

林香里・田中瑛の論文は、伝統的なマスメディアの変化を扱っている。ここで示されるのは、他の先進国と同様に、新聞は分極化が、テレビは陳腐化（制度化）が進んでいることである。ただし日本の特徴は、「政治システムと連動して「左」が弱体化し、「右」が重くなっている」ことだという（一三七頁）。つまり分極化といっても、左が弱く、右に偏った分極化なのである。

なぜ日本では、「「右」が重くなっている」のか。林・田中は、その理由を二つ指摘する。理由の一つは、現代のマスメディアが日々の政治的動向をカバーするため、政権から情報を取得しなければならないことだ。こうした状況のもとでは、マスメディアは大なり小なり制度化（体制化）せざるをえない。テレビに顕著な「陳腐化」が生じるのはこのためでもある。日本特有といわれる電波許認可権や記者クラブ制度の弊害はあるにせよ、このことは他国と変わりない。

だが日本の特徴は、政権交代がある他国と異なり、自民党の長期政権が続いているため、制度化が必然的に自民党の動向に影響されることだ。そのため自民党が右傾化すれば、マスメディアも右傾化のバイアスを被らざるをえない。林・田中が「政治システムと連動して「左」が弱体化し、「右」が重くなっている」と述べるゆえんである。

この状況をもたらすもう一つの理由は、林・田中が主張するように、マスメディアの受け手である市民が政治ニュースを議論する慣習が少ないことだ。マスメディアの政治報道が体制化し、政権党の影響を受けて右傾化しても、社会からの「左ばね」が働かないのである。

もっとも日本では、こうしたマスメディアの状況が、社会全体の右傾化をもたらしているともいいがたい。その理由は、マスメディアと社会の距離があまりに遠く、良くも悪くも社会の側はマスメディアの政治傾向に無関心だからである。右に分極化した新聞・出版などの影響も、こうした媒体に縁がない若年層には及びにくい。

この状況を、林・田中は「幸か不幸か、〔マスメディアの〕右傾化は市民社会レベルにまでは浸透せず、社会全体の分極化や分断を導くまでには至っていない」と述べている（一四八頁）。社会全体の極端な右傾化はみられないが、排外主義的な言説を許さない「左ばね」も弱い。この林・田中論文の位置づけは、松谷論文の分析とも整合的といえよう。

類似の傾向は、津田論文が取り上げているインターネットメディアにもみられる。前述したことでもあるが、いわゆる「ネット右翼」はネットユーザーの一％ほどにすぎない。排外主義的投稿を行うが保守的政治志向を持たない「オンライン排外主義者」や、潜在的支持層などを含めたとしても、五％ほどの少数派である。

ただし日本のマスメディアが体制化・陳腐化しているのと異なり、インターネットメディアの特徴は、分極化が顕在化しやすいことだ。ネット全体のなかでは少数であっても、特定のタームで検索すれば、極端な投稿が嫌でも目に入る。また「まとめサイト」などのプラットフォーム業者は、アクセスを増やすために、刺激的な投稿を際立たせがちだ。津田は「『偏っているネット世論』はたしかに一部であり、それが実態よりも大きくみえるのは、ネットメディアの特性と、プラットフォーム企業や広告業界の倫理の欠如によるところが大きい」としている（一八六頁）。

政権との関係はどうか。現政権および自民党は、少なくとも表立っては、排外主義的投稿を支持してはいない。二〇一〇年に結成された自民党公認のボランティア組織「自民党ネットサポーターズクラブ（J‐NSC）」の事務局は、一三年に、「J‐NSC会員を名乗ったり、あたかもJ‐NSCに関連があるように装ったうえで、根拠なき人種・民族差別や誹謗中傷を内容とする投稿や書き込み」が横行していることに注意を喚起した（一八一頁）。

しかし一方で、自民党のネットメディア局長は二〇一七年に、「〝従軍慰安婦像の辻元清美〟や〝手榴弾を投げる人民解放軍姿の志位和夫〟のようなコラージュ画像」などは誹謗中傷にあたるかという質問に対し、「個人のご判断だと思います」と回答した（一八二頁）。歓迎はしないが強く否定もしないという、いわば事実上の容認が、ネット上の排外主義に対する自民党の姿勢といえるかもしれない。

だが樋口論文が対象とした草の根右翼組織については、二〇一二年末から二〇二〇年秋まで首相だった安倍晋三氏と右派運動のつながりが確認できる。安倍氏は、日本会議の地方議員懇談会や神道政治連盟の総会にみずから継続的に出席しており、これらの団体との面談回数も歴代首相のなかで群を抜いて多い。樋口は「その意味で、安倍内閣が日本会議内閣と揶揄されるのは根拠があり、右派ロビーは急速に主流化した」と述べている（二一三頁）。

しかし樋口論文も、社会全体が右傾化したとは位置づけていない。旧軍人関係団体や宗教右派などの右派ロビー組織は、いずれも二〇〇〇年代以降は全体として縮小しているというのが樋口の結論である。

たしかに、インターネットを基盤とする排外主義運動が新たに台頭しており、既存の右派団体とは異なる社会層に浸透してはいる。しかしこれらは小規模な運動で、組織力もなく、右派運動全体の縮小を補うほどの存在ではない。こうした運動は、既存の右派組織ほど統制がとれておらず、ネット映えする派手な活動をするため、実態以上に目立つのだ。

つまり、右派運動が全体として伸長しているとはとてもいえない。ただ、新奇で極端な活動が目立つために、右派運動が台頭したという印象が生まれているにすぎない。なお樋口は、右派運動と自民党のつながりについても、安倍晋三という政治家の突出ぶりが目立つため、「裏を返せば、長期的な

〔社会の〕右傾化の流れにより主流化が必然的に生じたとまではいえず、安倍政権が長期化するなかで起こった特異な現象であることも示唆する」と位置づけている（二一三頁）。これらは、これまで論じてきた全体的傾向と整合的である。

これに対し島薗論文は、日本の右派組織として注目された「日本会議」の政治理念、さらには神社本庁系の思想家である葦津珍彦の著作など、各界にみられる右派的言説を検討している。これらの言説は、ともすれば「過去の遺物」とさえ映りかねないものではあるが、国会や政党でも一定程度に支持を得ている。

その検討を通じてみえてくるのは、さまざまな「保守層」の言説空間のなかでみられる右傾化の兆候である。島薗によれば、彼が論じた「諸現象が相互に連関しながら、日本における宗教右派的な動きを形作っている」（二五七頁）。たしかに、こうした言説が、社会の多数派までに広がっているとまではいいがたい。だがしかしそれが、多数派から「寛容」をもって許容され、社会に確固たる位置を占めているのが現状であるともいえよう。

総じていえば、社会全体の右傾化はさほどみられないにもかかわらず、自民党が選挙に勝ち続けており、その影響がメディアや右派団体にも及んでいる。そのことが、実体以上に右傾化の印象を作り出している。これが、現代日本で起きている現象だといえるだろう。

第Ⅲ部　政治レベル

それでは、自民党そのものはどう変化しているのか。中北・大和田論文は、この点を検証している。結論からいえば、自民党は右傾化している。憲法・安保といった旧来型の「保守」「革新」パラダイムにおいても、夫婦別姓や外国人参政権といった社会的価値観においても、議員の右傾化が観測できる。

しかしそれは、支持基盤の右傾化が自民党に影響したという、いわば「下から」の右傾化ではない。自民党に投票する有権者は平均より右寄りだが、右傾化の程度は自民党議員ほどではない。また自民党の党員は、憲法改正などよりも、地方活性化などを期待する度合いが高い。入党動機も、イデオロギー的な理由より、地縁・血縁に関わるものが多い。日本会議など宗教右派の影響力も、過大評価されているという。

それでは、何が自民党の右傾化をもたらしているのか。中北・大和田論文はその一因として、小選挙区制への転換などによって、派閥が弱体化し、党中央への集権制が強まったことを挙げている。また、利益誘導で結びついていた派閥に代わって、右派イデオロギーで団結した理念的グループが相対的に浮上した側面もみられる。

しかし中北・大和田によれば、これらの要因は副次的だ。より大きな要因は、民主党への対抗と差別化だったという。とくに二〇〇九年に民主党に敗れ、政権を失って以降の自民党は、その傾向が顕著となった。民主党と対抗して内部の結束を固めるため、自民党は一〇年一月には新綱領、一二年四月には新改憲草案を策定し、右寄りの姿勢を鮮明化させた。こうした変化が、派閥の弱体化や党中央への集権化とあいまって、党内の多様性の現象と、全体的な右傾化を促進したことが考えられる。なお安倍晋三氏の総裁選出は一二年九月で、「自民党議員や党の方針の右傾化は安倍総裁の再登板に先行しており、後者は前者の原因というより、むしろ結果と考えられる」という（二六八頁）。

こうした対抗と差別化の傾向は、二大政党が拮抗して存在している状態なら、政界の右傾化というよりは分極化として表れるはずのものだ。一方が右傾化すれば、他方は左傾化するからだ。実際に中北・大和田によれば、二〇〇三年から一四年にかけて、「自民党と比べると民主党所属の政治家は一貫して中道的であり、リベラル化の傾向もみられる。つまり、二大政党の政策位置は、収斂ではなく分岐している」という（二七一－二七二頁）。

ところが日本では、こうした分極化において、左が弱い。そのため、「日本政治の右傾化は、自民党の右傾化と、民主党政権が崩壊して以降の野党の停滞による自民党の高い議席率とが重なることで生じている」というのである（二七二頁）。

自民党が右傾化すれば、林・田中論文が分析したように体制化したマスメディアも右傾化しやすく、社会全体が右傾化したという印象も形成される。そして中北・大和田の分析が正しいならば、安倍政権が誕生したのは突然変異ではなく必然であり、樋口が指摘した草の根の右翼団体の「主流化」も必然ということになる。

ただしそれは、社会全体の右傾化の結果ではなく、政治主導の右傾化といいうる。林・田中論文は、「現代日本における右傾化は政治主導（より正確にいえば、政治エリート主導）であって、社会主導ではない」という政治学者の中野晃一の言葉を引用している[*8]（一二三頁）。この位置づけは、中北・大和田論文の分析とも整合的といえよう。

中北・大和田が主として国会議員を扱ったのに対し、砂原・秦・西村論文は地方議会を分析している。中北・大和田は、自民党右傾化の原因を、右寄りの綱領を採用するなど民主党と差異化を図ったことに求めた。しかし小選挙区制が導入された国会議員と異なり、日本の地方議会とくに都市部では議員定数が大きい。そのため砂原・秦・西村によれば、「〔自民党のような〕分権的な政党が地方議員に対して一貫した方針を取らせることは難しく、地方議員はそれぞれが自分自身の選挙に与える影響を考えて行動することになる」（三〇五頁）。となれば、党中央が綱領を決めても、地方議員レベルの右傾化が起きるとはかぎらない。砂原・秦・西村論文はこうした認識のもとで、大阪府の各市議会における議員の発言分析を行った。

そこで得られた結論は、「自民党議員は、自分の選挙に取ってライバルとなりうるような他の自民党議員や維新の議員の数が多い場合、「日本人」についての発言が増える傾向にある」というものだ（三一二頁）。つまり「維新」の参入による政党間競争と、自民党議員の議員間競争で右派的な言動が増えるというのである。

政党間・議員間の競争によって極端な主張が増えるという仮説が正しいなら、右派的な主張だけでなく、左派的な主張が増加してもおかしくないともいえる。つまり左右の分極化が予想されるはずなのだが、そうなっていない。その理由を砂原・秦・西村論文は、「〔日本では〕中道左派の既存政党が地方議会において伝統的に非常に弱く、本章で示した右翼的な言説のようなかたちで左翼的な言説を増幅させていくことは難しいこと」に求めている（三一五頁）。分極化ではあるのだが、左が弱いという傾向が、ここにもみることができよう。

もっとも厳密にいえば、「自民党議員や維新の会の議員の数が多い」ことと「「日本人」についての発言が増える傾向」の相関関係が、議員間競争と右傾化の因果関係といいうるかには、もう少し検証が必要かもしれない。議員間競争というよりは、「衆を頼んで調子に乗っている」という同調効果とも説明しうるからである。しかし砂原・秦・西村論文もまた、社会全体の右傾化が顕著とはいえないなかで、政治の右傾化が生じる原因について、多くの示唆を与えてくれている。

しかし社会全体が右傾化していなくとも、国際社会にはそのようには映らない。ブフ論文が検証した「竹島の日」制定過程は、その実例として興味深い。

二〇〇五年に島根県が条例によって制定した「竹島の日」は、韓国から強い抗議を招き、日本の右傾化を示す政策と受け止められた。しかし島根県側の主たる関心は、領土問題という右派的主張にあったのではなかった。ブフ論文は、以下のように分析する。

日韓間の漁業水域の問題は、島根県レベルにおいてすら、比較的少数である漁業者の利害に関わるにすぎない。こうした注目を集めにくい問題を、国政レベルの重要問題に格上げするために取られてきた戦略が、この問題を「領土問題」としてアピールすることであった。そしてそれは、過疎化に苦しむ島根県に、中央政府の注目と配慮を引き出すための戦略に転化していった。

そして二〇〇〇年代の島根県では、小泉純一郎政権下で進められていた公共事業削減と「構造改革」への不満が高まっていた。それに対する島根県側の抗議のアピールが、自民党中央と外務省の反対を押し切っての「竹島の日」条例の制定だったのである。

その背景には、「県土・竹島を守る会」という草の根運動や、日本会議の活動家による働きかけも存在していた。しかしその活動は小規模なものにすぎず、島根県のなかで「竹島の日」条例制定にむけた世論が高まっていたとはいいがたい。ブフは「県議会の条例に関する討論では、「守る会」の要請によって条例制定を検討したというよりは、むしろ条例に取り組む民間側からの支援があることの証拠として利用された」のが実態だったと述べている（三四四頁）。

つまり二〇〇五年の「竹島の日」制定は、社会全体の右傾化によるものではなかった。「守る会」などの右派運動は、この政策の実現を説明するための要因として、過大にクローズアップされたにすぎない。

社会の側に要因があったとすれば、こうした政策の実現を拒否しなかった無関心と、「左ばね」の弱さに求められるべきだろう。しかしこうした経緯で制定された条例でも、それが実現してしまえば、隣国からは「日本の右傾化」として捉えられるのだ。

さらにこうした政策アウトプットは、国家間においても、日本国内においても、右傾化の連鎖を引き起こした。二〇〇五年の「竹島の日」制定以後の経緯は、以下のようになる。

二〇〇六年以後、日本の公立学校教科書に「竹島」問題への言及がなされるようになった。〇八年に改訂された中学校指導要領では、「竹島」は生徒の理解を深めるべき問題と位置づけられた。一方で韓国の盧武鉉《ノ・ムヒョン》大統領は、〇六年のテレビ演説で、「独島」を韓国主権の象徴として描き、領土問題を他の日韓の歴史問題と明示的に結びつけた。

さらに日本の外務省は、二〇〇八年に初めて竹島問題のパンフレットを発行し、ウェブサイトに竹島コーナーを設けた。一四年には日本の文科省が、「竹島」は「我が国固有の領土」と明記した教科書作成の指針を発表した。現在の日韓関係において、この問題が大きな存在になってしまっていることは周知のとおりである。

だがブフ論文が指摘するように、二〇〇五年以前は、「竹島」問題は忘れ去られていたに等しかった。〇五年の時点では、自民党中央も外務省も、島根県を抑制しようと試みていた。だが〇五年の偶発的な政策アウトプットを契機として、連鎖的なエスカレーションが起こり、「竹島」はナショナル・アイデンティティのシンボルと化していったのである。

左が欠けた分極化

本書の各論文の検証で明らかになったのは、日本で起きている「右傾化」は、むしろ「左が欠けた分極化」と形容した方が適切だということである。

アメリカではすでに一九九〇年代から、二大政党間の分極化と、社会の分極化や格差の拡大といった問題が、数多く論じられてきた。[*9] テレビチャンネルの選択肢が増え、極端な政治志向に合わせた番組が供給されるようになったことが、社会や政治の分極化を促進したともいわれる。[*10] しかしメディア・政党・社会における各次元の分極化は、どれが原因でどれが結果なのかは諸説あり、統一された結論は出ていないようだ。

日本でも、社会の格差が拡大している。しかし、社会意識の分極化は、さほど顕著ではない。メディアの分極化も、一部に留まっている。自民党の右傾化は確かだが、それは社会から遊離した状態で、やや一方的に進んでいるのが現状だ。

菅原論文は、自民党が選挙に勝ち続ける原因を、性急に社会の「保守化」に求めることを戒めている。このことは、念頭に置くべきだろう。

とはいえ、自民党の右傾化が、社会の右傾化をもたらさないという保証はない。アメリカの研究では、政治エリートの分極化が、いわば「上から」作用して、社会の分極化をもたらしたことが示唆されている。[*11]

日本でも、同様の作用によって、社会の右傾化が進む可能性はある。実際に、自民党の右傾化に影響されて、草の根の右派運動が活気づき、体制化したマスメディアが右寄りになっている傾向はあるのだ。こうした傾向が、社会意識レベルでの右傾化をもたらしていく可能性はありうる。

たとえば米田幸弘は、二〇〇九年・一三年・一七年の全国調査の結果から、自民党支持者がナショナリズムの軸において右傾化したと結論している。[*12] また〇九年から一二年にかけて、民主党に一貫して投票した層に愛国主義は負の効果を有していたが、自民党に一貫して投票した層に愛国主義は正の効果を有していた。[*13]

このことは、社会のなかで分極化が進み、そのなかで右傾化した有権者が、自民党を支持しているのだとも解釈できる。しかし本書の各論文その他の研究から類推すれば、まず自民党が右傾化し、それに影響されて自民党支持者が右傾化している可能性も考えることができよう。

これと並んで懸念されるのは、若年層の動向である。これは、未来の日本社会の傾向を占ううえで重要である。

松谷満は二〇一九年の論文で、一九九〇年以降生まれの若い世代における傾向を、「イデオロギーなき保守化」と要約している。極端な右傾化はみられないが、権威に従順な傾向が認められ、自民党支持の比率も比較的高い。すなわち、「右傾化なき保守化」は確認できるというのである。[*14]

もっとも、若年層の自民党支持率が他の年代より高いわけではない。各種の調査でも、二〇一〇年代の二〇代の自民党支持率は他の年代より低い。[*15] 時事通信による調査では、一三年以降の一八－二九歳の内閣支持率も他の年代より低い。

ただし、若年層の野党支持率は、もっと少ない。野党第一党（民主党・民進党など）の支持率が二％に満たないことも珍しくなかった。いちばん多いのは「支持政党なし」で、これが他の年代より顕著に多い。[*16]

つまり若年層は、積極的に自民党を支持しているというより、野党を支持していないのである。遠藤晶久とウィリー・ジョウは二〇一九年に、この傾向を「若者が政党支持を決めるときには、自民党か他の政党か無党派かという請託ではなく、自民党か無党派かという2択しかない」と形容している。[*17]

なぜこうなるのか。遠藤とジョウは、二〇一〇年と一四年のWVS（世界価値観）調査から、日本の三〇代以下（調査時）の特徴は、政党選択とイデオロギーが結びついていないことだと指摘している。[*18]

他の国々では、二大政党制のアメリカでも、多党制のオーストラリアでも、被調査者のイデオロギー上の位置と、支持政党が結びついている。左派の三〇代以下は、その国の文脈で左派とされる政党を選び、右派の三〇代以下は右派の政党を選ぶ。

しかし日本では、右派の三〇代以下が自民党を選ぶ傾向はあったが、左派の三〇代以下でも自民党と民主党（当時）を選ぶ率に大差がなかった。さらに特徴的なのは、日本では左派になるほど「支持政党なし」と答える三〇代以下が多かったのである。

アメリカの三〇代以下のうち、左派の一四％、右派の一〇％が「支持する政党はない」と答えた。だが日本の三〇代以下での「支持する政党がない」という回答は、右派では一七・五％にすぎないが、穏健左派では四二・七％、左派では五〇％に及んだ。遠藤とジョウは、この状況を「若者は棄権するか、自民党に投票するかという選択になる」と形容している。いささか単純化しすぎの形容ではあろうが、基本的な傾向を示唆しているとはいえるだろう。[*19]

筆者は二〇一八年の論文で、国政選挙における「3：2：5の構図」を指摘した。[*20] 一二年以降の衆議院議員総選挙と参議院議員通常選挙では、日本の有権者約一億人のうち、自公に約二七〇〇万票、旧民主系・共産・社民その他の「広義のリベラル」諸政党に約二〇〇〇万票、棄権が約五〇〇〇万票という構図が定着している。そのうえに野党が分裂していれば、得票総数の差以上に議席数の差は大

図1　国政選挙得票数

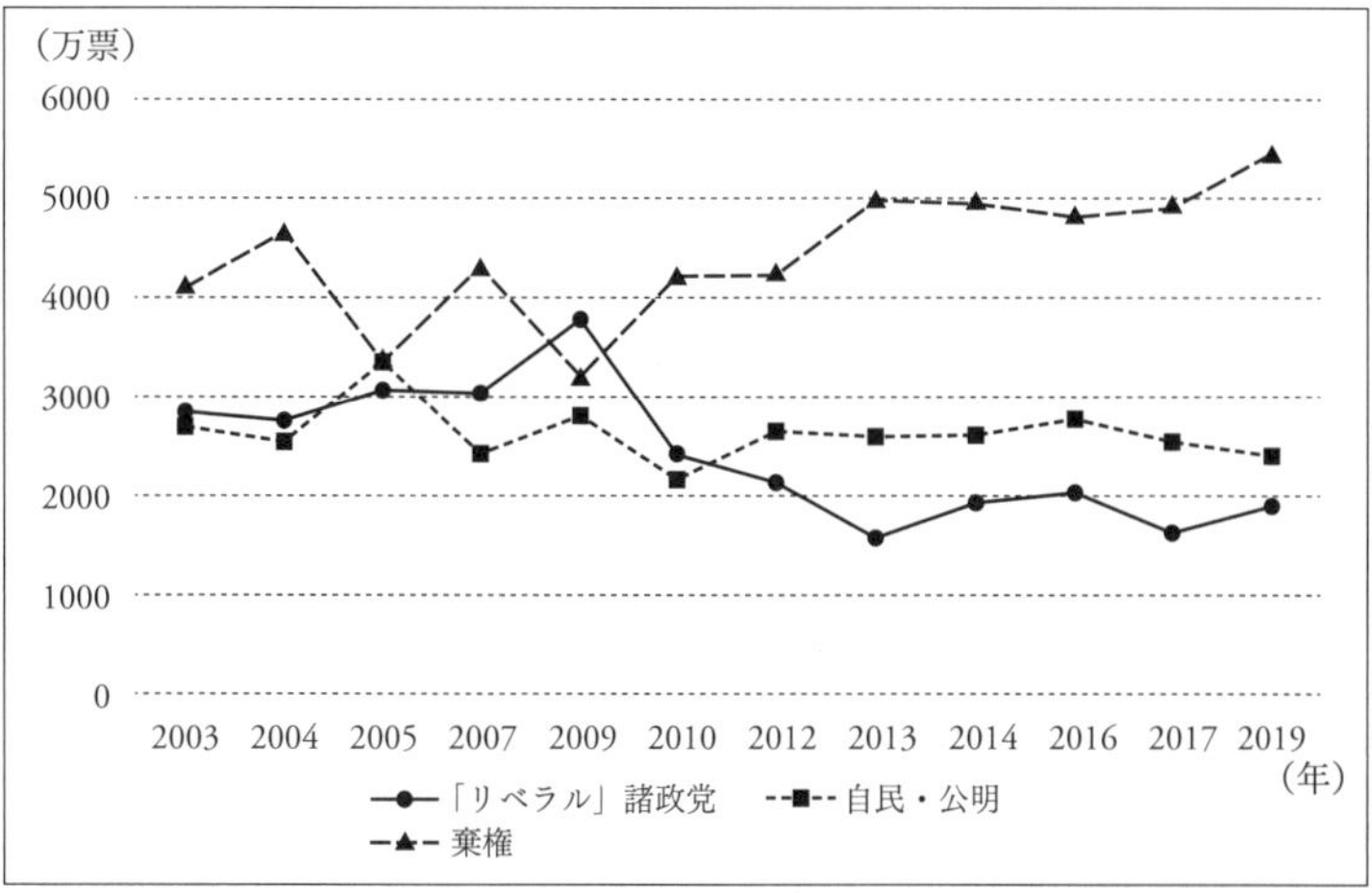

計数方法の詳細は小熊英二「3：2：5の構図」『世界』2018年1月号および本章註20を参照。「リベラル」諸政党は「第三極」政党を除く野党。2017年を除く衆議院議員総選挙は小選挙区、参議院議員通常選挙と2017年衆議院議員総選挙は比例区の得票総数。

きくなる。なお同時期に「日本維新の会」などいわゆる「第三極」は、諸政党合計で約三〇〇〇万から五〇〇〇万票ほどであった。

つまり自民党の得票は全有権者の二割程度にすぎず、公明党との選挙協力をプラスしても全有権者の三割にも満たない。強い支持を得ているわけではなく、得票が増えているわけでもない。しかし、野党の弱さと棄権の多さが、自公の連勝をもたらしている。この状況は、遠藤とジョウが述べる状況とも整合的といえよう。

なお遠藤とジョウの分析によると、過去二〇年のどのWVS調査でも、みずからを保守的と位置づける日本の有権者の割合は四〇代以上で高く、みずからを左派的と位置づける有権者の割合は三〇代以下で高い。他国に比べ左派的な三〇代以下の比率が高いわけではないが、全体的に右傾化しているとはいえない。そうではなく、左派の三〇代以下に支持政党がないと答える割合が顕著に高く、結果として「自民党か無党派かという2択」になっているのが特徴的なのだ。

なお、日本の若年層の内部にも分断がある。吉川徹によれば、「若者の政治離れ」は若年層全体にいえることではなく、おもに「非大卒」の若年層に限られた傾向である[*21]。また濱田国佑によれば、若年層のなかでも大卒者は非大卒者より権威主義的な態度が弱く、それが自民党支持に結びつく傾向も弱い[*22]。しかしそうした人々にとっても、自民党以外の政党は、選択肢に入らなくなっているのだ。

実際に松谷満は、二〇一九年の論文で、一九九五年のSSM調査（社会階層と社会移動全国調査）と二〇一五年のSSP調査（階層と社会意識に関する全国調査）から、若年層のなかでも大卒・大企業ホワイトカラー男性層で自民党支持が増加していることを指摘している[*23]。「自民党か無党派かという2択」という状況が、ここに影響している可能性はありうるだろう。

ただし松谷によれば、こうした若年層大卒者の自民党支持に、伝統主義や権威主義が影響している傾向は今のところない[*24]。しかし、彼らが自民党支持を続けているうちに、自民党の傾向を容認していく可能性はありうる。前述のように松谷は本書収録の論文では、従来は比較的リベラルな傾向がみられた大卒男性において、排外意識が相対的に高まったことを指摘している。こうした傾向は、「上からの右傾化」が社会に及んでいる兆候かもしれない。

過去、そして未来

もちろん、これは望ましい状況ではない。政治エリートの右傾化に影響されて、社会が右傾化するのが望ましくないだけでない。「自民党か無党派かという2択」では、実質的に選択肢が奪われているのみならず、政治の選択能力が衰えていく可能性があるからである。

遠藤とジョウは二〇一二年総選挙時の調査から、日本の四〇代以下（当時）はイデオロギーの軸が曖昧になり、政党を右から左に位置づけることも困難になってきたとしている。[*25] こうした状況は、政治の選択能力そのものが、有権者から失われていくことにつながりかねない。

もちろん、イデオロギーの軸などなくとも、個々の政党が掲げる政策を吟味し、戦略的に投票することも不可能ではない。しかしそのような投票行動は、知識と時間に恵まれない人々にはむずかしい。「右派」「左派」といったイデオロギー軸は、単純すぎる弊害はあっても、政治に対する簡明な判断基準として重要なのだ。それなしには、政権党に信任投票するか、さもなければ棄権という二択になってしまう可能性すらある。

実際にすでに地方選挙では、三〇％から四〇％という低投票率のもと、万年与党や万年首長が勝ち続ける状況が起きている。それは代議制民主主義の形骸化であり、どんな政治的立場からみても、望ましい状態ではない。

遠藤とジョウは、「自民党か無党派かという2択」という状態の原因として、「民主党政権の失敗」を挙げている。現代の若年層が政治的社会化を経験した時期に、それが起きたのが理由ではないかというのだ。[*26]

しかし私見では、現代の状況は、過去からの変動が継続的に続いた結果だとも考えうる。現代の四〇代以下は、一九七〇年代から八〇年代以降に政治的社会化を経験した年代だ。彼らが、政党を右から左に位置づけることが困難になってきているとすれば、それは一九七〇年代から八〇年代以降の状況の蓄積とも考えられよう。

そしてイデオロギー軸の喪失という状況は、二〇一〇年代に突然に生じたともいえない。すでに一九八〇年前後から、「保守」「革新」の軸が曖昧になり、「支持政党なし」と答える人々が増えるという状況は出現していた。[*27] 菅原論文が指摘するように、この状況を「保守化」と形容する議論も起きていた。

それでは、なぜ一九八〇年代以降の日本では、上記のような状況が発生したのか。その原因としては、日本の左派が欧米の左派と異なり、憲法と安保をめぐる「保守」「革新」の対立軸に固執し、経済政策を争点にできなかったためだともいわれた。[*28] しかし、必ずしもそうとは断定できない。

そもそも、経済的争点がイデオロギーや政党選択と強く結びついているのは、むしろ欧米の特殊事情である。二〇〇〇年のWVS調査などに基づいた分析によると、「右」「左」を区分するイデオロギーが経済的争点と強く結びついているのは、欧米先進国だけだった。東欧でもその傾向はみられたが、アジア・アフリカ・中南米・アラブ諸国では、経済的争点と「右」「左」のイデオロギーにほとんど結びつきがなかった。[*29]

もちろんどんな社会でも、人間にとって経済は重要である。しかしイデオロギー上の左右の軸は、価値意識の産物であって、それは経済の利害関係だけからは決まらない。アジアの民主国家でいえば、ジェンダー規範や国家の威信など、文化的価値やナショナリズムをめぐる争点の方が、「右」「左」のイデオロギーに大きく影響していた。[*30]

たとえば韓国では、北朝鮮への対応という「韓国のアイデンティティ」をめぐる問題が、軍事政権時代の独裁体制からの民主化志向とともに、経済政策以上に基準となってきた。そして、韓国の左派の若年層は左派の政党を支持し、右派の政党を支持していない傾向がある。[*31]

そして戦後日本における「保守」「革新」も、いわば国家の威信をめぐる対立であった。それは「日本は平和国家なのか否か」という、ナショナル・アイデンティティをめぐる対立であった。敗戦から一九五〇年代にかけての時期には、「世界に冠たる平和国家・日本」というナショナル・アイデンティティの模索を数多く発見できる。[*32]

政治学者はしばしば、「憲法と安保」をめぐる対立は、安全保障をめぐる対立だったと位置づける。しかし、韓国にとっての北朝鮮問題、台湾にとっての中国問題は、「韓国とは何か」「台湾とは何か」というナショナル・アイデンティティの問題と深く結びついており、安全保障政策だけに還元できるわけではない。

戦後日本においても、「憲法と安保」を基準に支持政党を選んでいた一般の有権者が、安全保障政策の細部に大きな関心があったとは考えにくい。一九七六年から二〇一〇年までの世論調査データの分析では、冷戦期においてさえ、ソ連／ロシアに対する態度とイデオロギーの関連は確認されなかった。[*33] これは、「保守」「革新」が安全保障政策をめぐる対立だったと考えれば不可解だが、「日本は平和国家なのか否か」をめぐる対立、とくにアメリカとの同盟関係だったと考えればそれほど不思議ではない。

そしてそれは、一九五〇年代から六〇年代においては、憲法の男女平等条項を認めるか否かといったかたちで、「伝統」「近代」の対立軸とも結びついた「文化政治」を形成していた。[*34] すなわち日本の「保守」「革新」は、国家威信とジェンダー規範がイデオロギーの重要な要素となる一方、経済政策が要素にならない東アジアの民主国家の特徴に、適合的な対立軸だったといえよう。

そして現代の状況は、こうした「保守」「革新」の軸が半ば以上失われたあと、次の軸がみいだせていない状況である。これもまた、一九八〇年代からいわれ続けてきたことの延長であるといえよう。蒲島郁夫と竹中佳彦は二〇〇九年までのデータから、「保守」「革新」のイデオロギー軸は一九八〇年代以降に弱まっていったものの、それに代わる軸が形成されず、二〇〇〇年代でも政党支持を規定していたと位置づけている。[*35] しかし一九八三年から二〇一〇年の世論調査データを分析した遠藤とジヨウによれば、二〇〇四年ではイデオロギーと投票選択の連関は一九五八年生まれ以上にかぎられるようになっており、二〇一〇年には全世代にわたって連関が低下していた。[*36]

こうした状態から、次の時代の状況がどうなるか、安易に占うことはできない。太郎丸博は、一九七三年から二〇〇八年のＮＨＫ「日本人の意識」調査を分析し、世代（コーホート）による価値観の違いは存在するものの、時代による大きな価値観の変化は社会全体の変化であって、世代交代の効果をしばしば上回る。と結論している。[*37] 時代環境が変われば、新しい軸が生まれてくる可能性は否定できない。

だがそれを予測するのは、本章の役割を超えている。本書を契機として、多様な研究者が分野を超えてこの問題に取り組まれることを期待する。

註

＊1　竹中佳彦「有権者の『右傾化』を検証する」塚田穂高編著『徹底検証　日本の右傾化』（筑摩選書、二〇一七年）所収。谷口将紀「日本における左右対立（２００３〜14年）――政治家・有権者調査を基に」『レヴァイアサン』（五七号、二〇一五年）九－二四頁。

＊2　ＮＨＫの面接調査では、「結婚したら夫婦は同じ姓（名字）を名乗るべき」という問いに対し、一九九二年には七四％が「そう思う」、二三％が「そうは思わない」、三％が「わから

ない」だったが、二〇一七年にはそれぞれ五四%、四三%、三%となっており、どの年代でも「そう思う」が低下している。「世論調査　価値観の変化は」NHK NEWS WEB、二〇一七年〔https://www3.nhk.or.jp/news/special/kenpou70/articles/kaisetsu01.html〕（二〇二〇年七月一五日アクセス）。

なお朝日新聞社と東京大学の共同調査では、二〇一七年から二〇年に、夫婦別姓に「賛成」「どちらかといえば賛成」が三八%から五七%に、同性婚は同じく三二%から四六%に増加した（「賛成　自民支持層でも浸透」『朝日新聞』二〇二〇年五月二九日朝刊）。

＊3　辻大介「計量調査から見る「ネット右翼」のプロファイル――2007年／2014年ウェブ調査の分析結果をもとに」『年報人間科学』（第三八号、二〇一七年）および辻大介・斎藤僚介「ネットは日本社会に排外主義を広げるか――計量調査による実証分析」『電気通信普及財団研究調査助成 成果報告書』（第三三号、二〇一八年）によれば、二〇〇七年・一四年・一七年の調査におけるネット右翼の比率は、ネット利用者の一%前後で増減はない。ネット右翼の実態分析については、樋口直人・永吉希久子・松谷満・倉橋耕平・ファビアン・シェーファー・山口智美『ネット右翼とは何か』（青弓社、二〇一九年）参照。

＊4　樺島郁夫・竹中佳彦『イデオロギー』（東京大学出版会、二〇一二年）第五章。一七三頁に〇三年の有権者のイデオロギー分布と、同年の代議士の分布が示されている。

＊5　朝日新聞社と東京大学の共同調査では、「賛成」「どちらかと言えば賛成」を賛成に、「反対」「どちらかと言えば反対」を反対に、「どちらとも言えない」を中立とみなすと、下記のとおりとなる。二〇二〇年の自民党支持層は、夫婦別姓に賛成が五四%・中立が二五%・反対が二一%、同性婚に賛成が四一%・中立が三〇%・反対が二九%で、全体と大きな差がない。しかし一九年参院選の自民党候補は、夫婦別姓に賛成が二九%・中立が三九%・反対が三二%、同性婚に賛成が二四%・中立が四〇%・反対が三六%だった（前掲「賛成　自民支持層でも浸透」）。

＊6　倉橋耕平『歴史修正主義とサブカルチャー――九〇年代保守言説のメディア文化』（青弓社、二〇一八年）。

＊7　中北浩爾『自民党――「一強」の実像』（中公新書、二〇一七年）二四八、二八二－二八六頁。

＊8　中野晃一『右傾化する日本政治』（岩波書店、二〇一五年）三頁。

＊9　たとえば、Paul DiMaggio, John Evans, Bethany Bryson, "Have American's Social Attitudes Become More Polarized?", American Journal of Sociology. 102 (3): 690–755, 1 November 1996., Nolan McCarty, Keith T. Poole, Howard Rosenthal, *Polarized America: the dance of ideology and unequal riches.* MIT Press. Cambridge, Mass, 2006.

＊10　B.A. Hollander, "Tuning Out or Tuning Elsewhere? Partisanship, Polarization, and Media Migration from 1998 to 2006", *Journalism & Mass Communication Quarterly.* 85 (1): 23–40., 1 March 2008.

＊11　Yochai Benkler, Robert Faris, and Hal Roberts, *Network Propaganda: Manipulation, Disinformation, and Radicalization in American Politics.* Oxford Scholarship Online (published 2018-10-01).

＊12　米田幸弘「政党支持――イデオロギー対立軸はどう変化

しているのか」田辺俊介編『日本人は右傾化したのか――データ分析で実像を読み解く』（勁草書房、二〇一九年）。
＊13　米田幸弘「スウィング・ボーターの投票行動と政策争点」田辺俊介編『現代日本におけるナショナリズムと政治――時点国際比較による実証研究　ＪＳＰＳ科研費基盤研究（Ｂ）成果報告書』、一四四－一五四頁〔http://www.waseda.jp/prj-ipa/Report2016.pdf〕（二〇二〇年七月一五日アクセス）。自民党から日本維新の会に投票先を変えた層に対しても、愛国主義は正の効果を有していた。
＊14　松谷満「若者――「右傾化」の内実はどのようなものか」（田辺前掲『日本人は右傾化したのか』、二〇一九年）。
＊15　松谷同上論文。
＊16　遠藤晶久・ウィリー・ジョウ『イデオロギーと日本政治――世代で異なる「保守」と「革新」』（新泉社、二〇一九年）第8章。
＊17　同上書、二二八頁。
＊18　以下、同上書、二二〇－二二四頁。
＊19　ただし、本書収録の菅原論文は、一九八〇年代についていわれた「自民党への投票と棄権とを行き来する浮動的な有権者がこの時代の選挙結果を左右していたといった見方」に否定的である。
＊20　小熊英二「3：2：5の構図――戦後日本の『ブロック帰属意識』」（『世界』二〇一八年一月号）。本章21頁図1は、この論文に掲載した一七年衆院総選挙までの図に、一九年参議院議員通常選挙の結果を加えたものである。一九年参議院議員通常選挙では、立憲民主党・国民民主党・共産党・れいわ新選組・社会民主党の比例区得票総数を「「リベラル」諸政党」として計上した。
＊21　吉川徹『日本の分断――切り離される非大卒若者たち』（光文社、二〇一八年）一八六－一八九頁。
＊22　濱田国佑「若者の従順さはどのようにして生み出されるのか――不透明な時代における権威主義的態度の構造」（吉川徹・狭間諒多朗編『分断社会と若者の今』大阪大学出版会、二〇一九年）。
＊23　松谷満「若者はなぜ自民党を支持するのか――変わりゆく自民党支持の心情と論理」（吉川・狭間編前掲書、二〇一九年）。
＊24　同上論文。
＊25　遠藤・ジョウ前掲書、六八－七〇頁。本章での遠藤／ジョウの研究結果は、若い世代が年長世代と異なった「イデオロギー分極度についての考え」をもっており、それをもって政党を位置づけているためだとしている。しかし私見では、これは若い世代が明確なイデオロギー軸を明確に持ちえていないことの方を示唆しているように思われる。そのことは、同書の「あとがき」二四三頁に記されている、この研究の発端となった実験に関する以下のエピソードからもうかがえる。
「学生はまず、自分自身のイデオロギー位置について尋ねられるのだが、マウスカーソルはふらふらと画面を彷徨い、回答に躊躇している様子が見て取れた。次に、自民党の位置を尋ねられても、同様にカーソルは彷徨っている。さらに、民主党についても、公明党についても、共産党についても同様に躊躇しているようであった。しかし、日本維新の会の位置を尋ねる質

問に画面が切り替わると、即断で選択肢がクリックされた。革新側に、である」。

もし「日本維新の会」の政党名に「新」の字が含まれていなかったら、調査対象者たちが「即断」で「革新」に位置づけたかどうか、筆者には疑問である。

＊26　同上書、二二九頁。

＊27　蒲島・竹中前掲書、第3章。

＊28　樋渡展洋『戦後日本の市場と政治』（東京大学出版会、一九九一年）は、この視点からの比較政治分析として最も優れていると考えられる。しかし、欧米諸国との比較しか行っていないことが難点といえる。

＊29　Russell J. Dalton, "Social Modernization and the End of Ideology Debate: Patterns of Ideological Polarization", Japanese Journal of Political Science, 7, 1-22., 2006.

＊30　ibid.

＊31　遠藤・ジョウ前掲書、二二四頁。

＊32　小熊英二『〈民主〉と〈愛国〉——戦後日本のナショナリズムと公共性』（新曜社、二〇〇二年）。

＊33　遠藤・ジョウ前掲書、四一頁。

＊34　綿貫譲治「『伝統』と『近代』の対立としての日本政治——一九六〇年代前半までのパターン」（綿貫譲治『日本政治の分析視角』中央公論社、一九七六年）。

＊35　蒲島・竹中前掲書、第6章。

＊36　遠藤・ジョウ前掲書、第3章。

＊37　太郎丸博「後期近代の価値意識はどう変化したか」（『後期近代と価値意識の変容——日本人の意識 1973–2008』東京大学出版会、二〇一六年）二一〇–二一一頁。

第Ⅰ部　意識

1　世論

世論は「右傾化」したのか

松谷満

はじめに

日本人は右傾化したのか。本書第Ⅰ部第2章が指摘するように、一九九〇年代後半以降、右傾化ムードは大いに醸成されてきた。「新しい歴史教科書をつくる会」などの歴史修正主義運動、マンガ『戦争論』のヒット、中国・韓国との外交摩擦に対するメディアの反応、ネット右翼とそれを土壌とした排外主義運動、「日本スゴイ」ブームなど、右傾化の傍証といえそうな現象には事欠かない。[*1] 安倍自民党政権が長期化していること、極右的傾向を持つ候補者が選挙で一定の票を獲得したことも、右傾化の表れではと指摘された。[*2]

しかし、日本人の意識は実際に右に傾いているのだろうか。さまざまな情報の錯綜が「世論の曲解」[*3]をもたらしているということはないだろうか。そもそも、社会の変化に伴う人々の意識の変化についてのは、まったく逆のことがいわれてきた。リベラルでコスモポリタン的な価値観の浸透である。

世界規模の世論調査である世界価値観調査（World Values Survey）をもとに、イングルハートは「進化論的近代化論」を提唱している。経済的・身体的な安定が確保された社会では、「外集団への寛容さが増し、新しい考え方を受け入れやすく、社会的規範はより平等主義的になる」のであり、欧米諸国の価値観の変化から実証されているという。[*4]同様の主張は、価値観の国際比較調査にかかわる他の研究者によってもなされている。[*5]

もっとも、ここ十数年の社会・政治状況の変化はこうした主張に修正を迫っている。フォアとモンクは、同じ調査データにおいて、むしろ民主主義への不信と権威主義への期待という兆候をみている。[*6]グラッソらはイギリスの調査データをもとに、サッチャー時代以降に社会化された世代が右傾化していることを示している。[*7]イングルハートも、近年の経済的・社会的不安定性が価値観や右派ポピュリスト政党の台頭につながっている可能性は認めている。しかし、長期的かつ基層的な価値観の変化についてはその立場を変えていない。[*8]

翻って日本人の意識はどのような変化を辿ってきたのだろうか。長期的にはイングルハートが提唱するような価値観の変化が生じているのだろうか。それとも、右傾化の兆候が日本でもみられるのだろうか。実のところ、日本ではこうした研究は立ち遅れており、近年のデータベースの充実により、ようやく成果が出始めたところである。[*9]そこで本章では、データベース等から複数の世論調査を参照し、日本人の意識に右傾化が生じているのかを明らかにする。

1 「左－右」の諸次元

「右傾化」を論じる場合、そこには「左－右」の対立軸が想定されている。しかし、「左」「右」の意味内容は、国によって、時代によって、世代によって異なる。[*10] ダルトンの国際比較分析では、欧州の場合、競争や格差といった経済的な次元での対立が左右に結びつけられるのに対し、ラテンアメリカやアジア諸国では、男女の平等といった社会文化的な次元、ナショナリズムなどが左右の対立軸として重視されているとの違いが確認できる。[*11]

実際、日本では経済的な次元よりも、①伝統的な価値規範を尊重すること、[*12] ②国家や民族をとりわけ重視すること、[*13] そして③自衛隊、日米安保、憲法九条といった外交・安全保障に関して、軍事力の強化を志向すること、[*14] がいわゆる「右」の構成要素とされてきた。[*15]

もっとも、欧州でも日本と同様、社会文化的価値観、ナショナリズムといったもので「左－右」が位置づけられることもあるし、時代の変化によってむしろ非経済的な次元が重視されるようになってきた。[*16]

こうした左右の次元を実証的に分析する場合、回答者の自己認識に依拠する方法と、「左－右」を構成する諸価値について検討する方法とがある。前者は、「左－右」の軸上のどこに自分が位置するかを回答してもらうもので、多くの世論調査で用いられてきた。日本の場合、よりなじみ深い表現として、「保守－革新」という表現で尋ねられるのが一般的であった。[*17] しかし、この場合、人々のあいだの自己認識の変化は捉えられるが、それが「左－右」が指し示す意味内容の変化によるものなのか、実際に何らかの価値観の変化が生じているのか、判別できない。

現に、「左－右」自己認識を尋ねた世界価値観調査の三〇年間の変化をみるならば、近年、日本は右傾化ではなくむしろ「左傾化」しているとの結果が示されている。[*18] もちろん、この結果については、「革新（左）」という言葉で人々がイメージする意味内容自体が変化したという可能性を考えなくてはならない。[*19]

こうしたことから本章では、回答者の自己認識によるのではなく、日本社会において「右」の構成要素とされてきた諸次元について検討し、とくにどの部分が変化したのかを明らかにすることとした。具体的には先に挙げた三つの区分、すなわち、①社会文化的価値観、②ナショナリズム、③政治的争点のうち、①②を扱う。

③政治的争点については、これまで政治学者が検証を行ってきており、有権者の右傾化は確認できない、との結果が示されている。[*20] したがって、本章では直接の政治的争点以外の世論について検証する。「右傾化」が顕在化するなかで、世論にはそれに呼応する変化はみられないのか、複数の世論調査から明らかにする。

ここで、本章が取り上げる二つの価値観について説明する。まず、社会文化的価値観である。本章では、そのうち「左－右」の対立軸上に載る部分を取り上げるのだが、その範囲もあらかじめわかりやすい境界線があるわけではない。ただ、これまでの歴史的経緯を踏まえるならば、近代個人主義的価値観を積極的には重視しない立場を「右」と位置づけることができるだろう。いいかえるならば、個々人が生き方を自由に選択する権利を重視せず、伝統的な価値規範によって個人を制約しようとする立場である。

具体的には、伝統的な家族、男女の役割等を重視し、そこから外れるものを忌避する態度として表れる。女性の社会進出、夫婦の別姓、性的マイノリティの権利などをめぐってたびたび社会的関心をひく問題が生じている。権利を推進する人々とそれを阻止しようとする人々とのあいだで対立がみられるのである。[*21]

この側面については、右派のバックラッシュが顕在化することもあるが、日本を含む先進資本主義諸国の世論全般としては、よりリベラルな方向へと変化してきたというのが一般的な知見である。[*22] しかし、近年、それとは異なる結果もいくつか指摘されることがある。たとえば、NHK放送文化研究所の「日本人の意識」調査では、二〇〇〇年代に性役割意識の「保守化」が確認されている。[*23] それゆえ全体としてどのような方向への変化をみせているのか、複数の調査データによってあらためて検討したい。[*24]

次に、ナショナリズムである。ナショナリズムにも複数の次元があることが知られており、実証研究ではさまざまな概念‐指標が用いられている。ナショナリズムに関する世論調査を継続的に実施している田辺俊介らは、「愛国主義」「純化主義」「排外主義」を主要な三次元とみなしている。[*25] 単純化していいかえるならば、それぞれ「国を愛すること」「純粋な日本人であること」「外国人を尊重しないこと」を重視する考え方といえるだろう。

これまでの世論調査では他にも、ナショナリズムにかんするさまざまな側面が実証的に捉えられている。国際比較調査（ISSP）では、自国の経済発展、科学技術、歴史文化などに対する誇り（ナショナル・プライド）を質問している。[*26] NHK「日本人の意識」調査や統計数理研究所「日本人の国民性」調査では、（他国と比較した）優越感を継続的に尋ねている。

図1　本章が扱う価値観

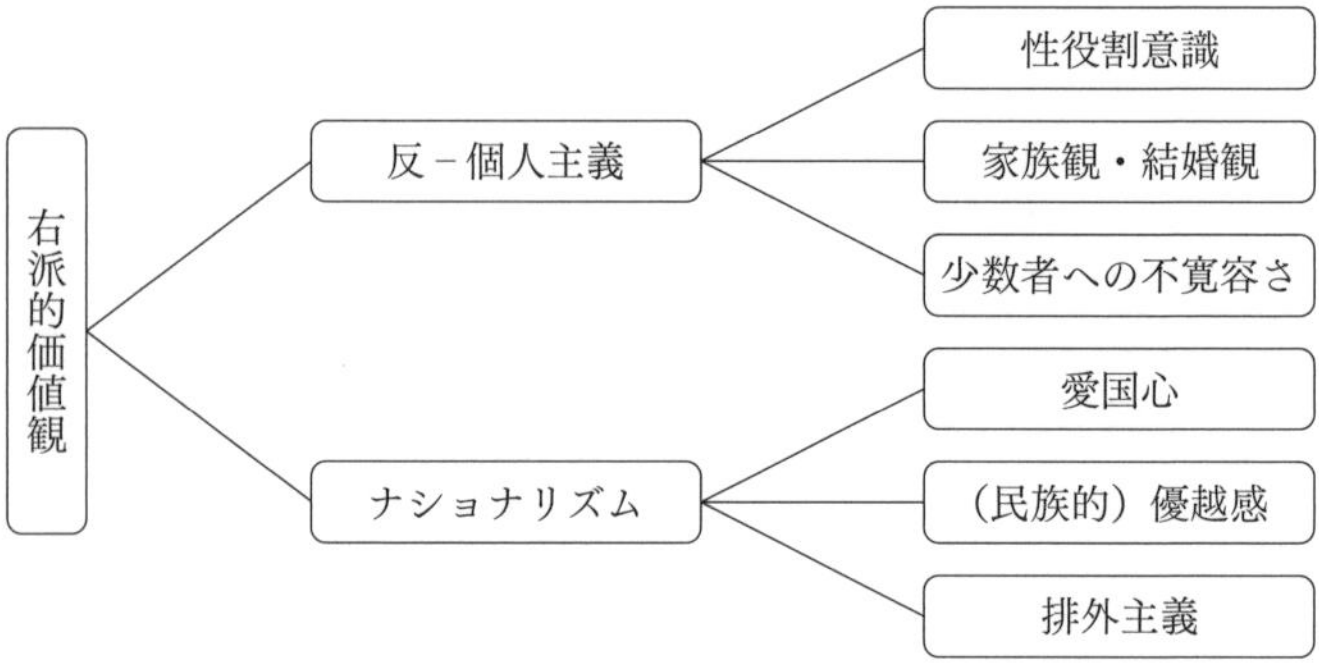

本章では以上のうち、世論調査において多くのデータの蓄積がなされており、かつ「右傾化」という文脈において重要だと思われる、より対立的な側面に注目する。具体的には、愛国心、（民族的）優越感、排外主義、という三つの側面を捉えた世論調査について、その変化の方向性を検討する。

あらためて本章が取り扱う「右傾化」の指標を整理すると図1のようになる。本章では取り上げない政策上の争点、政党間対立における「左－右」の次元は、これらの意識を背景要因としつつ成立しているとみることもできるだろう。

次節以降ではこうした多様な諸側面について、複数の世論調査を参照し、右傾化の有無および程度を明らかにする[*27]（2－3節）。そのうえで、右傾化した部分があるとするならば、とくにどのような社会層で右傾化が顕著にみられるのかを明らかにし（4節）、その帰結について考察する（5節）。

2　世論は「右傾化」したのか？——反・個人主義

まず、社会文化的価値観における「右傾化」、つまり、世論が

図2　性役割意識の変化

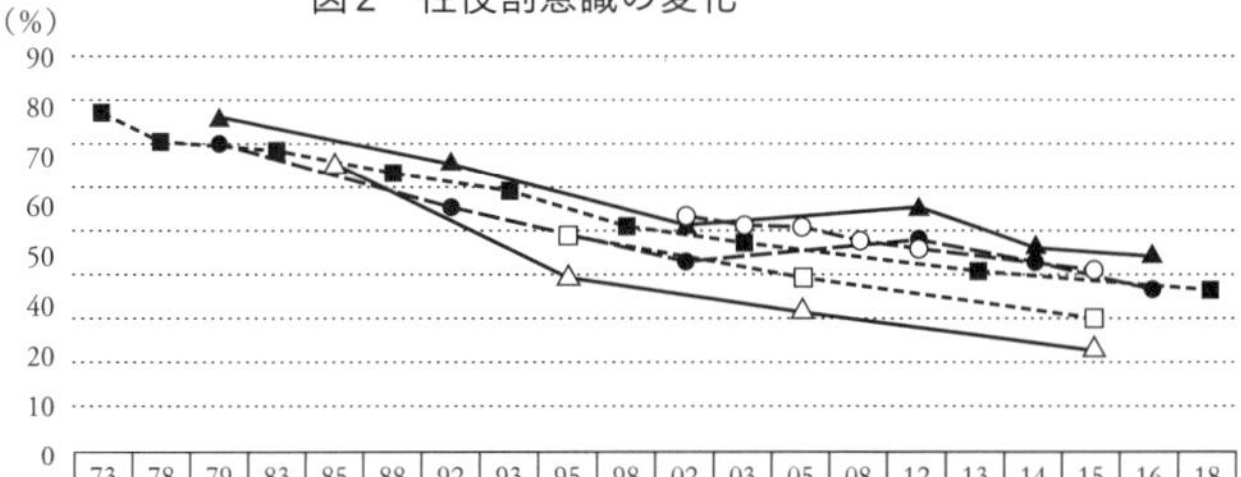

	73	78	79	83	85	88	92	93	95	98	02	03	05	08	12	13	14	15	16	18
内閣府（女性）			70.1				55.6				43.3				48.4		43.2		37.0	
内閣府（男性）			75.6				65.7				51.3				55.1		46.5		44.7	
NHK	77.2	70.6		68.4		63.3		59.3		51.2		47.5		48.6		41.2				36.9
JGSS											53.4	51.5	51.1	48.0	46.2			41.3		
SSM（女性）					64.9				39.5				32.0					23.4		
SSM（男性）									49.1				39.5					30.3		

註：数値は性役割を設けることに肯定的な割合を示す。

伝統的な価値規範を重視する方向へと変化しているのかどうか、複数の調査結果をもとに検討する。先に示したように、①性役割意識、②家族観・結婚観、③少数者への不寛容さ、の順に検討する。

①性役割意識

性役割意識とは、典型的には「男性は外で働き、女性は家庭を守る」といったように性別によってその果たす役割が異なるという考え方である。以前であればこうした伝統的な価値規範は時代の変化によって次第に薄れていくと考えられていた。実際の調査結果はどうだろうか。

図2には、四つの調査における回答の変化を示した。内閣府「男女共同参画社会に関する世論調査」、研究者が主体となっている「社会階層と社会移動」（ＳＳＭ）全国調査および日本版総合社会調査（ＪＧＳＳ）では、「夫は外で働き、妻は家庭を守るべきである」という考え方への賛否を尋ねており、図には「賛成」「どちらかといえば賛成」と回答した割合を示している。

ＮＨＫ「日本人の意識」調査では、結婚した女性が職業

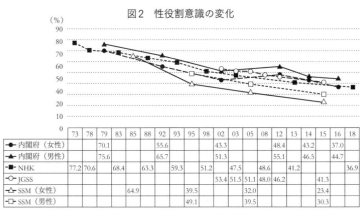

をもち続けることについての質問があり、「家庭を守ることに専念したほうがよい」「子どもができるまでは、職業をもっていたほうがよい」「結婚して子どもが生まれても、できるだけ職業をもち続けたほうがよい」という選択肢のうち、前二者を選択した割合を示している。

図からわかるように、そのいずれにおいても、性役割（を設けること）に肯定的な回答が減少し続けている。内閣府調査とＮＨＫ調査では、二〇〇〇年代に減少傾向がいったん止まったようにみえるが、どちらも一〇年代になってふたたび減り始めている。また、内閣府調査とＳＳＭ調査は男女別の集計結果を示しているが、男女どちらについても減少の傾向に変わりがない。このように、性役割意識についていては、個人の自由を重視する方向へと進んでおり、右傾化の兆しをみることはできない。

②家族観・結婚観

次に、家族観・結婚観である。伝統的な価値規範を重視する立場からすれば、人は当然結婚すべきであり、結婚すれば子どもを持つべきである。一方、個人の自由を重視する立場からすれば、それらはすべて個人が選択すべきものであり、社会が介入すべきものとはみなされない。

かつては家意識、つまり個人よりも家という集団そのものを重視する意識が強くあった。その場合、個人の自由よりも家の維持や存続ということが優先事項となる。継続的な世論調査として、日本では最も長い歴史を持つ統計数理研究所「日本人の国民性」調査には、家意識に関して次のような質問がある。

「子供がないときは、たとえ血のつながりがない他人の子供でも、養子にもらって家をつがせた

図3　養子に家をつがせるか（「日本人の国民性」調査）

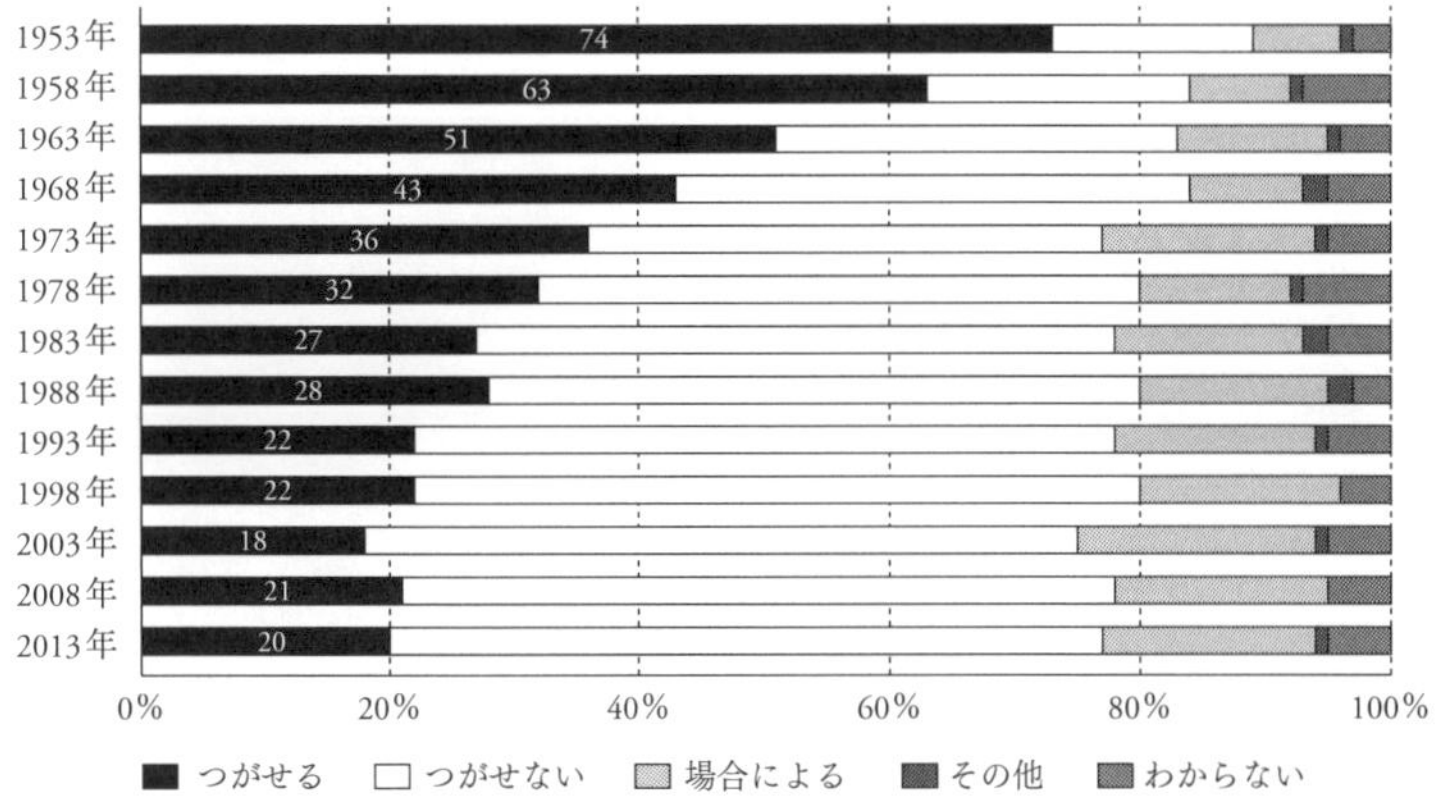

方がよいと思いますか、それとも、つがせる必要はないと思いますか？」

この質問はつまり、養子をもらうという方法によってでも、家を存続させねばならないという意識の有無を問うている。一九五三年には七四％がそれに賛成していたが、肯定回答は徐々に低下し、一九九〇年代になると二〇％前後となる。その後の二〇年間は横ばいである（図3）。

近年、議論となっている夫婦の姓、これは家意識だけでなく性役割やそれ以外の要素も含むものだが、世論の変化としては同様の傾向を示す。NHK調査では、四つの選択肢（当然夫の姓、現状では夫の姓、どちらの姓でも、別姓）によって尋ねているが、夫の姓がよいという人が減り、どちらでも、または別姓でもよいとする人が増えている（図4）。最新の二〇一八年の結果をみると、「別姓」との回答がこれまでで最も多く（一四・一％）、「当然夫の姓」との回答は最も少なくなっている（二八・八％）。

なお、JGSSでもNHK調査と同じ選択肢で、二〇〇〇年以降、七回の調査で尋ねている。分布はNHK調査と

図4　結婚した男女の姓をどうするか（NHK調査）

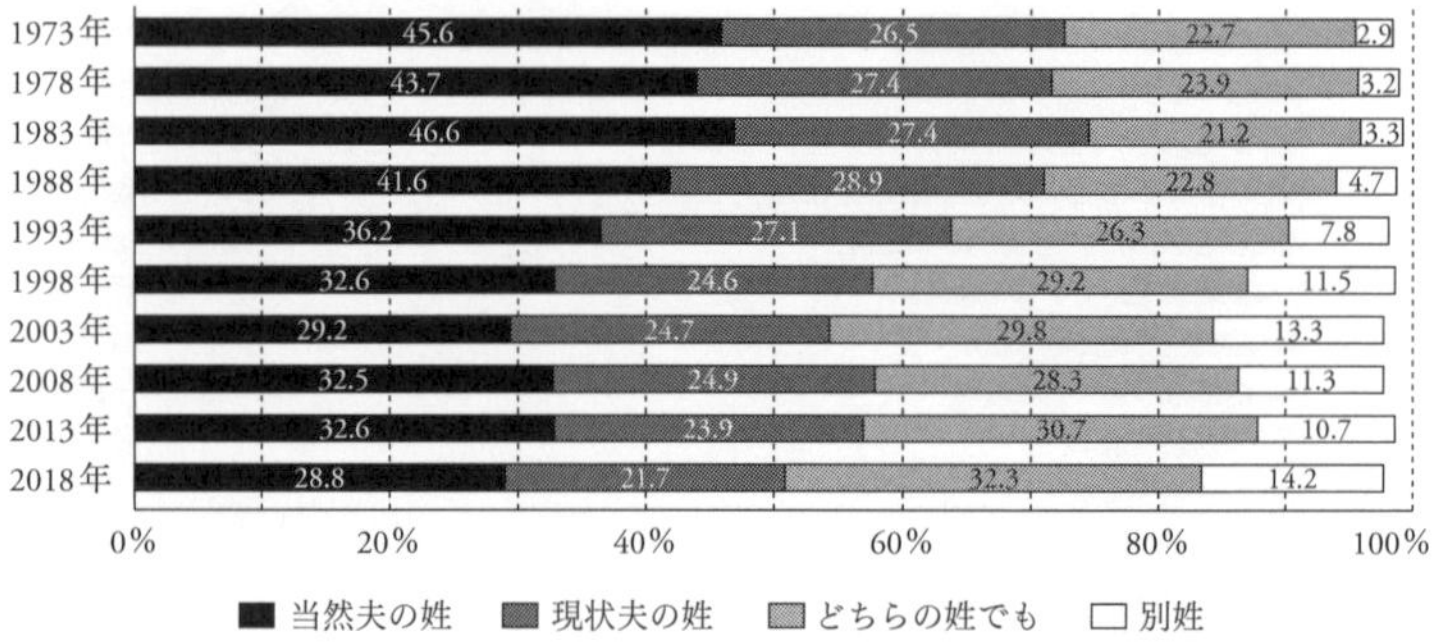

ほぼ同じであるが、一五年間にわたり回答傾向に変化のない横ばい状態である。

また、内閣府の世論調査では「選択的夫婦別姓制度」の導入の是非を尋ねているが、二〇一七年の調査では、制度容認が四二・五%、制度不要が二九・三%であった。「一般にどうするのがよいか」ではなく、「制度として認めるか」と尋ねられた場合、容認が多数となる傾向がみられることも指摘しておきたい。[*28]

NHK調査ではほかに、「結婚すること」「子どもをもつこと」が必然であるかどうか、継続して尋ねている。その結果はどちらも同じ傾向を示している（図5）。最近の調査ほど、結婚や子どもを持つことが当たり前だ、という意見は減少し、必ずしも必要はないという意見が増加している。

ただ、JGSSではむしろ「結婚しても、必ずしも子どもをもつ必要はない」という意見には反対の割合が多く、二〇〇〇年から一五年にかけて横ばいである。したがって、近年の傾向については留保が必要ではあるが、全体として反−個人主義が強まっているわけではない。[*29]

このように、家族観・結婚観についても、性役割意識と同様、個人の自由を重視する方向へと進んでおり、右傾化の兆しをみる

図5 「結婚すること」「子どもをもつこと」の必然性（NHK調査）[*30]

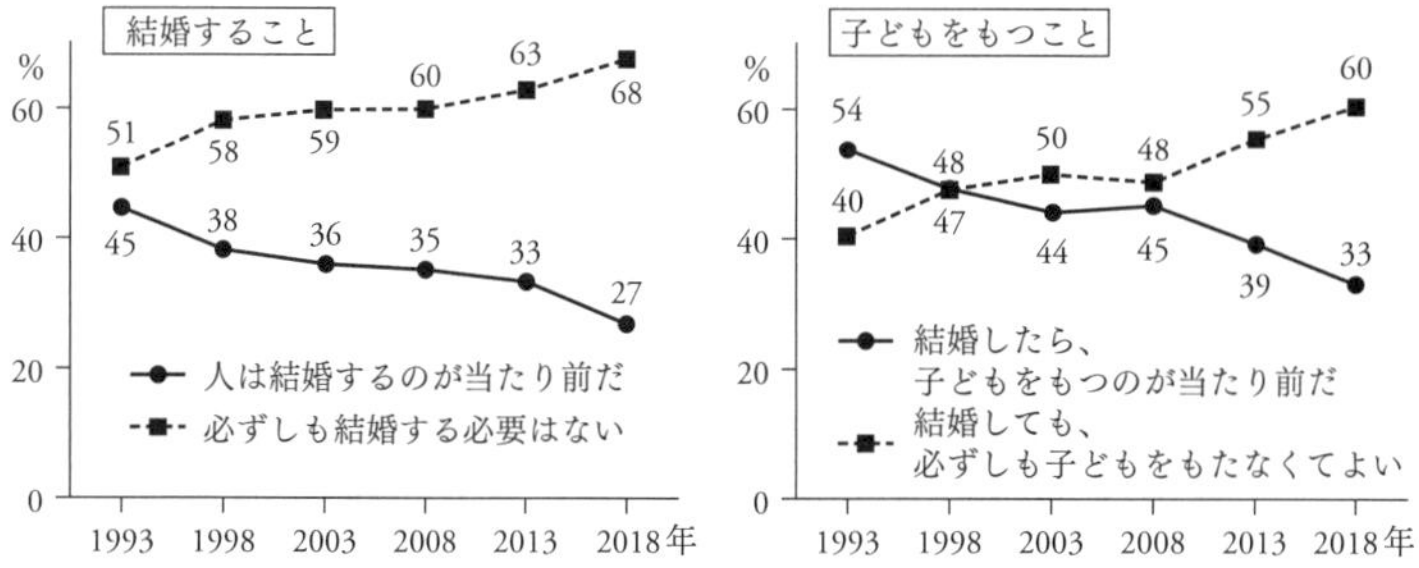

出典：「第10回『日本人の意識』調査（2018）結果の概要」。

ことはできない。部分的には横ばいの状態があるにせよ、伝統的な価値規範から「当たり前」を強要するような考え方は、時代とともに確実に減少してきているといえる。

③少数者への不寛容さ

つづいて、少数者への不寛容さについて世論調査の変遷を確認する。これに関しては世界価値観調査（WVS）が「同性愛」を許容しうるかどうかについての質問を行っている[*31]。具体的には、「1＝全く間違っている（認められない）」から「10＝全く正しい（認められる）」までの一〇段階で回答を求めるものである。調査結果によれば、同性愛に対する許容の程度は、一九九〇年代半ばを境に大きく変化したといえる。その傾向は継続しており、最新の調査が最も許容度が高い[*32]（図6）。

　一方、JGSSの場合、寛容さが増したという結果にはなっていない[*33]。ただ、JGSSは二〇〇〇年、〇一年、〇八年の三回の調査で質問されているのみであり、その後の変化については確認できない。筆者らが実施した〇五年、一七年の調査[*34]を比較すると、「同性どうしが、愛し合ってもよい」という意見への肯定回答の割合は大幅に増加しており、「そうは思わない」との回答は二

図6　同性愛の許容（世界価値観調査）

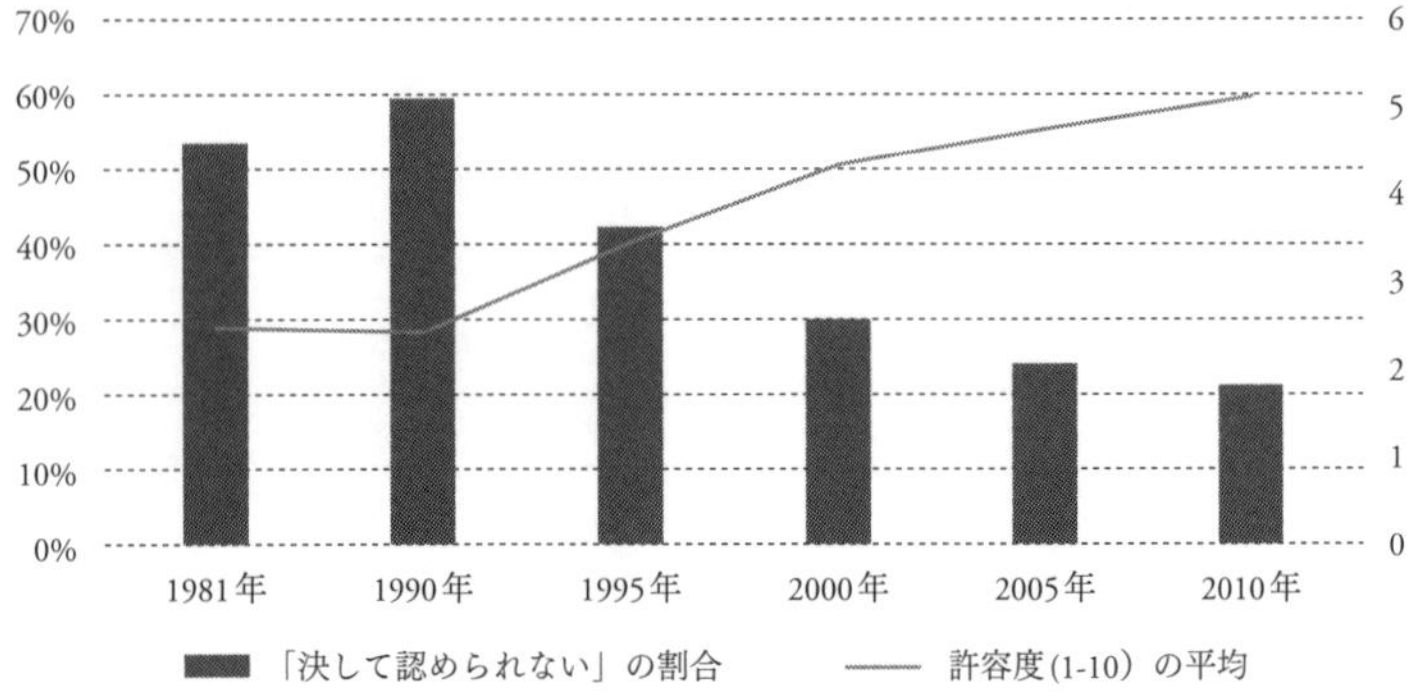

六・八％から八・四％へと大きく減少している。必ずしもすべての調査が同じ結果を示しているわけではないが、同性愛への寛容さは近年になるほど増していると考えられる。

しかし、少数者全般に対して日本人が寛容の度合いを増しているというわけではない。世界価値観調査では、さまざまな異質な他者について「近所に住んでほしくない」かどうかを尋ねる項目がある。その結果を他国と比較した場合、「人種の異なる人々」「移民や外国人労働者」「宗教の異なる人々」等で不寛容である。*35

そのうち、時系列の変化を辿れるものを図7に示した。「人種の異なる人々」「移民や外国人労働者」のどちらも、一九八〇年代、九〇年代より、二〇一〇年代の調査の方が、はるかに不寛容の程度は上がっている。もちろん、二、三〇年前と比べて、外国人が「近所に住む可能性」についてのリアリティが増したということはあるだろう。しかし、次節で言及するが、日本社会に外国人が増えることについてはさほど否定的な傾向はみられない。社会の多様性が増すのはかまわないが、身近な生活圏の多様性は「リスク」と捉えるような二重基準が日本人の意識に浸透してきているようである。

図7 「近所に住んでほしくない」（世界価値観調査）

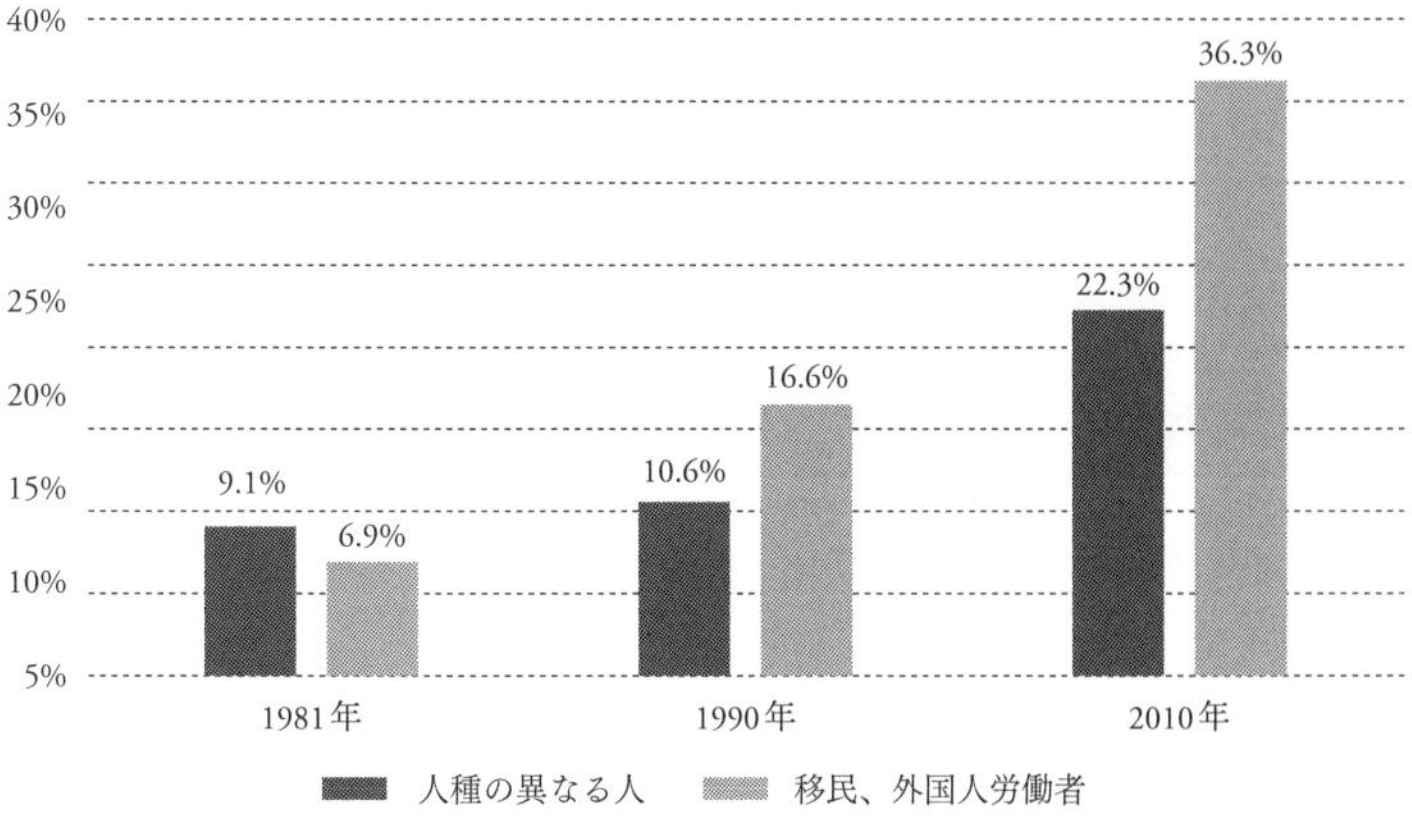

ここまで、社会文化的価値観に関わる世論調査結果を確認してきた。性役割意識、家族観・結婚観、少数者への不寛容さについて、複数の調査をあわせて確認した結果、ほとんどの側面で、個人の自由な選択を尊重する方向へと世論が変化してきていることがわかった。つまり、反‐個人主義としての「右傾化」は今のところ生じていない。むしろ、イングルハートらが唱えていたような価値変化が日本でも同様に進行してきたとみることができる。

ただ、一部の調査からは、今世紀に入って以降、そうした変化が緩まっているか停滞している可能性も確認された。こうした傾向は諸外国でも部分的に確認されているものであり、その背景については、別途検討を要する。[*36]

また、寛容性に関する調査結果からは、異質な他者が身近な生活圏に居住することには以前にも増して拒否感が強まっていることが確認された。これは価値観の変化という意味での「右傾化」というよりむしろ、環境の変化を嫌うという意味で「保守化」という表現の方が適しているかもしれない。

3　世論は「右傾化」したのか？――ナショナリズム

世論におけるナショナリズムの強まりはみられるのか。愛国心、優越感、排外主義という三つの側面について、前節と同様、複数の世論調査から確認していく。

①愛国心

まず、愛国心である。本来、国を愛する気持ちというものに右も左もないとの指摘もなされるし、実際に「日本への愛着があるか」という質問には、九六％が「ある」と回答したとの結果もある。[*37] しかしそうした自然な愛着とは別に、過剰な愛国心、もしくは、その教育における強制といったものが、とくに日本では右派的なものと捉えられてきた。

愛国心に関して、研究者がよく言及するのが、内閣府「社会意識に関する世論調査[*38]」における「国を愛する気持ち」についての質問項目である。この調査は一九七〇年代から現在に至るまで継続的に実施されているという利点がある。この調査によると、「国を愛する気持ち」は、七〇年代から九〇年初頭にかけて上昇、その後いったん下降し、ふたたびやや上昇した以降は横ばい状態である。[*39] ただし、この調査の質問項目は「他の人と比べて、『国を愛する』という気持ちは強いほうか」と尋ねるものであるため、世論が全体として右傾化したかどうかを判断する材料とはなりえない。なぜなら、回答者の愛国心の強さは、周囲の愛国心が全般的に弱いという認知によるものかもしれず、その総和をもって世論の愛国心の程度を測定できたとはいいにくいからである。[*40]

図8　戦後教育の見直しが必要か（筆者らの調査）

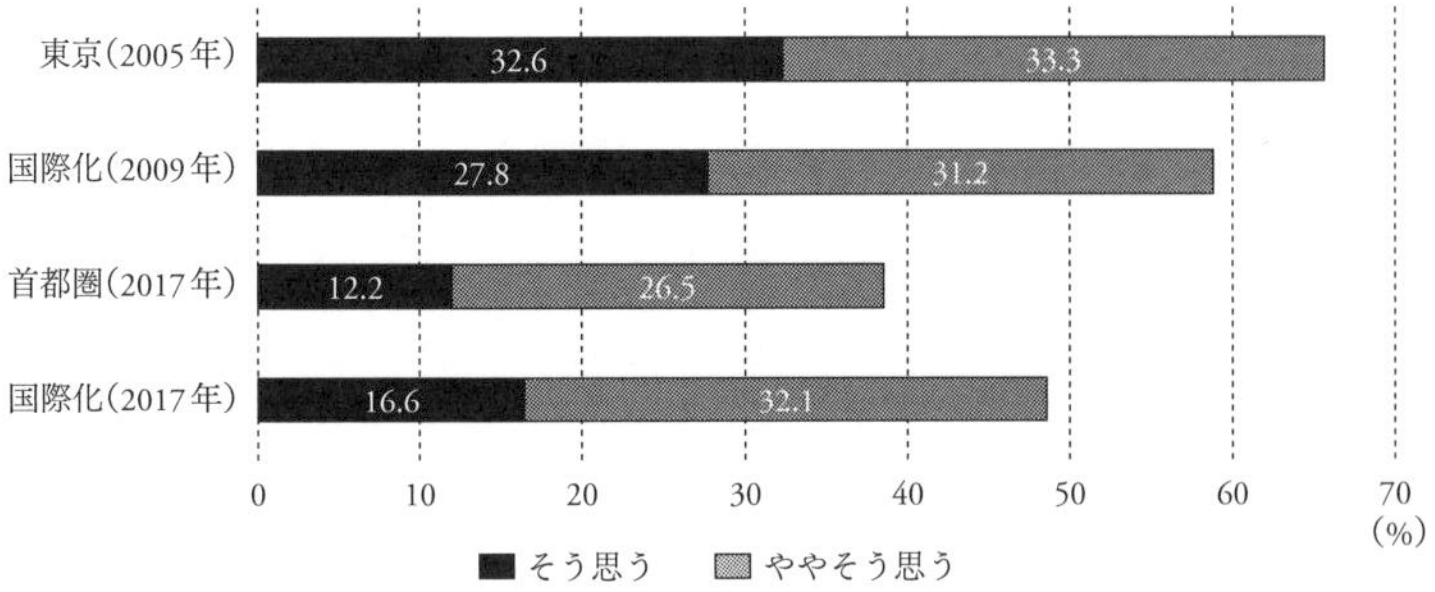

この内閣府調査ではほかに「国を愛する気持ちを育てる必要性」について尋ねており、こちらの方がむしろ、愛国心の時系列変化を確認するには有用である。これについてはここ二、三〇年で横ばいかもしくは、二〇〇〇年代以降やや上昇したのち、ふたたび低下している。したがって、やはり愛国心が強まるという意味での右傾化は確認できない。

同様のことは筆者らが独自に行った二〇〇〇年代以降の調査からも指摘できる。二〇〇五年に東京都民を対象に実施した「ライフスタイルと政治に関する調査」、一七年に首都圏在住者を対象に実施した「市民の政治参加に関する調査」[*41]、そして三回にわたる全国調査「国際化と市民の政治参加に関する世論調査」では、ナショナリズムに関して一部共通の質問を用いている。

そのなかで「子どもたちにもっと愛国心や国民の責務について教えるよう、戦後教育を見直すべきだ」という意見について賛否を尋ねているが、肯定回答は目立って減少している（図8）。以前は過半数が、この意見に同意していたが、二〇一七年の調査では、いずれも半数以下となっている。安倍政権下における教育基本法の改正など「愛国心」にかかわる一連の教育政策を踏まえ、それ以上の見直しまでは必要ないという人々が一定数いるということだろう。

図9　日本人としての誇り（世界価値観調査）

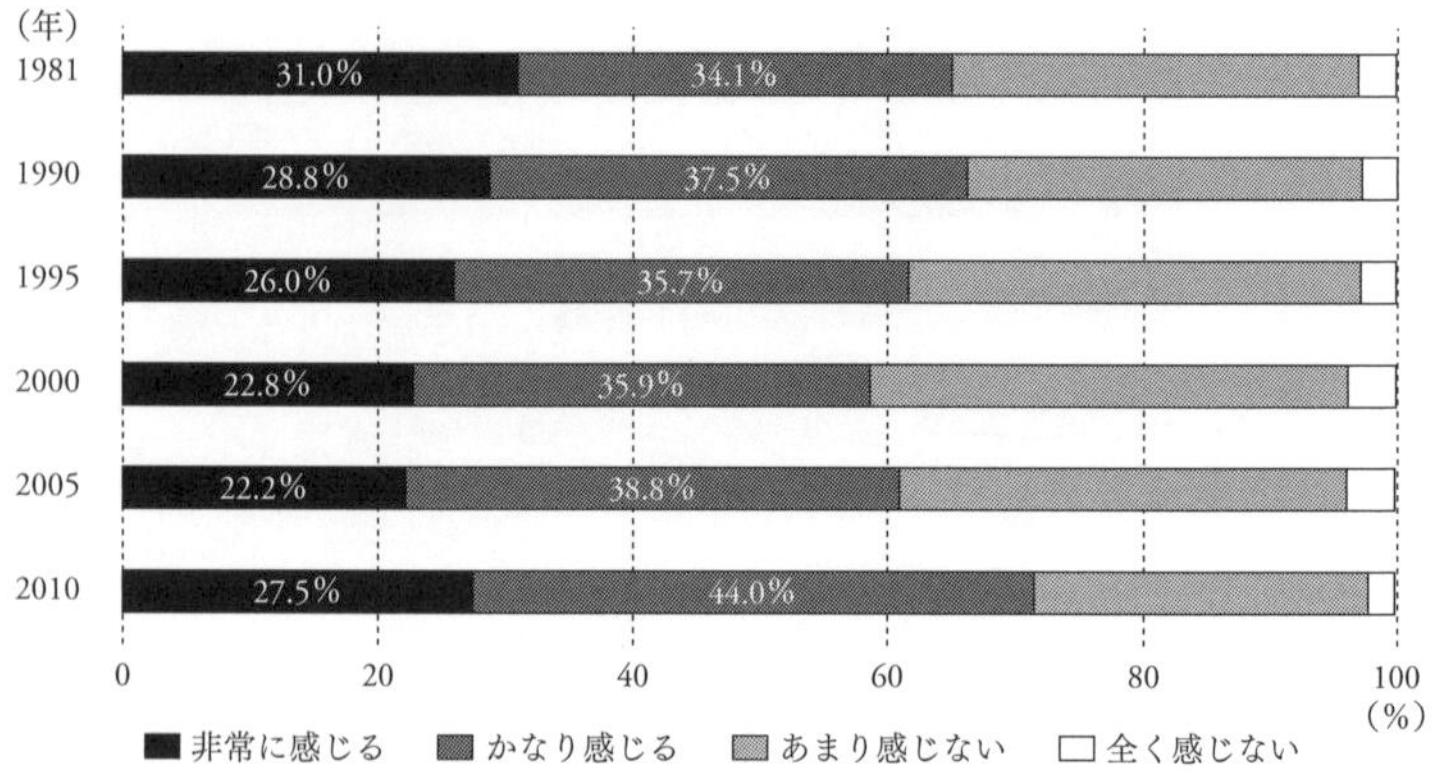

愛国心に類似したものとして「自国民としての誇り」がある。これについては、世界価値観調査で継続的に質問されている。第一回調査（一九八一年）から第六回調査（二〇一〇年）までの変化をみると、「誇り意識」は日本では調査ごとに減り続けたものの、第六回調査では回復、つまり「誇りを感じる」の増加がみられる[*42]（図9）。

ただ、これが明確な変化といってよいかは慎重に検討しなければならない。筆者らの調査にも、「日本人であることに誇りを感じる」かどうかを尋ねる項目があるが、この間の変化は微増もしくは横ばいといったところであった[*43]。また、世界価値観調査の他国データと比較するならば、日本は全調査対象国のうち、最も「誇り」が弱いという点も、あわせて指摘しておかねばならない[*44]。

以上、愛国心にかかわる世論調査結果を概観すると、日本人としての「誇り」の微増傾向が、右傾化といえなくもないといった程度の変化だといえる。

②（民族的）優越感

優越感とは、日本もしくは日本人が他国と比べて優れてい

図10　優越感[*45]

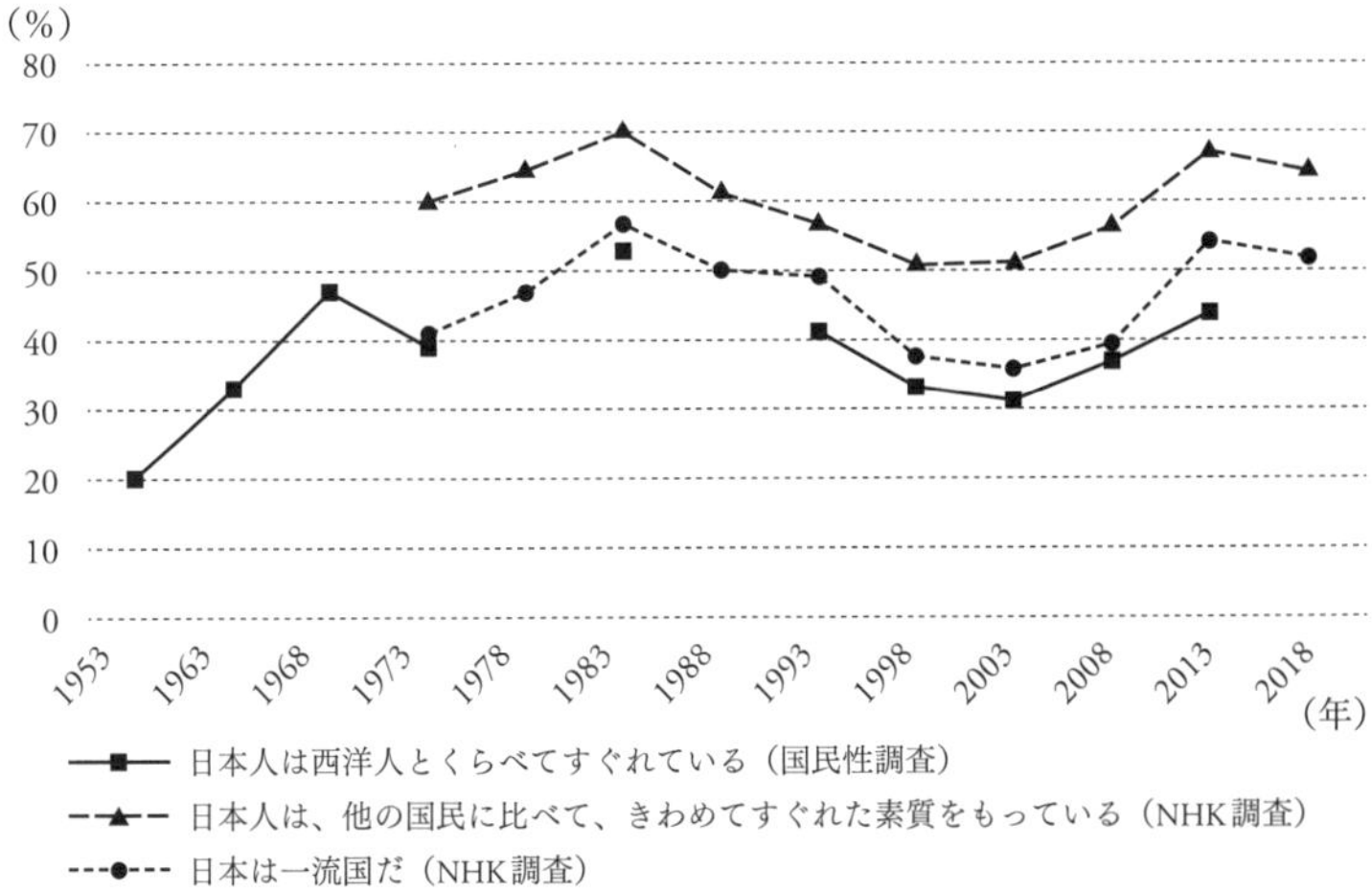

るという感情のことである。これについても継続的に実施されている世論調査からその変化を確認する。「日本人の国民性」調査では、「日本人は西洋人と比べてすぐれているかどうか」、ＮＨＫ調査では、「日本は一流国かどうか」「日本人は他国民と比べてすぐれた素質をもっているかどうか」という質問を設けている。この二つの長期継続調査がそれぞれ、「日本」の優劣を尋ねてきたということは、戦後日本社会においてこの視点が重要な意味を持つものであったからだろう。

図10の回答傾向の推移からわかるのは以下のことである。①戦後の経済成長を経た一九七〇年代から八〇年代にかけて、日本人のなかに優越感が増していった。②しかし、九〇年代にはそうした感情は低下傾向を示す。③ところが、ここ一〇年ほどで、優越感がふたたび上昇する傾向がみられる。

すでに複数の研究者が指摘しているように、高度成長期の上昇はわかりやすいが、ここ最近の再上昇はその背景がすぐにはわかりにくい。むしろ、経済の停滞、中国・韓国の存在感の強まり、将来への悲観的な見通しの数々など、優越感を抱くことができるような要素は減りつつあるようにもみえるからだ。[*46]

調査を実施したNHK放送文化研究所の荒牧央は、「以前のように強い経済力を背景としたものではなく、日本の文化に対する自己評価が高まったことによるものだ」と解釈する。[*47] たしかに、科学技術、スポーツ、芸術といった分野で日本人が成し遂げたことを誇りに思う割合は一九九〇年代よりも明確に増加している。[*48] しかし、以前の経済における国際競争力の優位性と比べるならば、卓越したともいえない個別の文化的な達成によって、なぜ優越感を抱くことが可能なのか判然としない。

小林哲郎は、データをもとにいくつかの仮説について検証している。その結果、東アジアの国際関係、具体的には中国の日本に対するネガティブな影響を高く見積もる人ほど、ナショナリズム（自国が優れているという感情）を強めやすいことが明らかになったという。[*49] この点、因果関係については確かなことはいえないものの、一九九〇年代以降の東アジアにおける国際関係の急激な変化が、近隣諸国への脅威認知を強め、その防衛的な反応として、ことさらに日本の優越性を知覚したがるというメカニズムが働いているのかもしれない。先の日本人の「誇り」についても、同じ文脈での変化と考えられなくもない。

その背景については議論の余地があるものの、ここ一〇年ほど、他国との比較において、日本、日本人を優れていると認知する（あるいは認知したがる）傾向が強まっていることが確認された。この点に関しては、世論の右傾化といえる特徴であろう。

③排外主義

排外主義とは、外国人の排斥を望ましいものとする意識である。他章でも示されているように、排外主義運動の発生が現代日本の「右傾化」を表す一つの典型であった。世論にもそれに呼応するような変化がみられるのだろうか。

これに関連して、よく参照されるのが内閣府「外交に関する世論調査」の韓国、中国に対する親近感の変化である。[*50] 近年の二国間関係の悪化に伴い、両国に対する親近感は著しく低下している。ただ、第I部第2章でも指摘されているように、これがどの程度、人々のナショナリズム的な意識を反映したものであるかについては留保が必要である。

とはいえ、両国への親近感の低下は、そのまま韓国人、中国人を日本に受け入れることへの反感に結びついている側面があり、排外主義を助長するものとみることもできる。先の「国際化」調査によると、中国に対する好感度と中国人の増加に対する賛否、韓国に対する好感度と韓国人の増加に対する賛否の相関係数はそれぞれ〇・五を上回り、とても高い。[*51] 一方、アメリカやドイツなど欧米諸国の場合、国と人に対する意見の相関係数はそれよりも低く〇・三〜〇・四といったところである。つまり、韓国、中国の場合、国に対する反発がそのまま人への反発に直接結びつきやすい構造ができているのである。

結果として、韓国人に対する排外的な態度は短期間で大きく変化した（図11）。「反対」「やや反対」を合わせた数値は、二〇〇九年には五八・二％であったが、一七年には六九・二％まで増加している。しかも明確な「反対」が三割程度にまで増えている。結果は省略するが、このような傾向は中国人に対する態度でも同様に確認できる。[*52]

では、特定の国に限らず、外国人全般が日本社会に増えていくことについては、世論はどのような

図11　日本国内に韓国人が増えることについて（「国際化」調査）

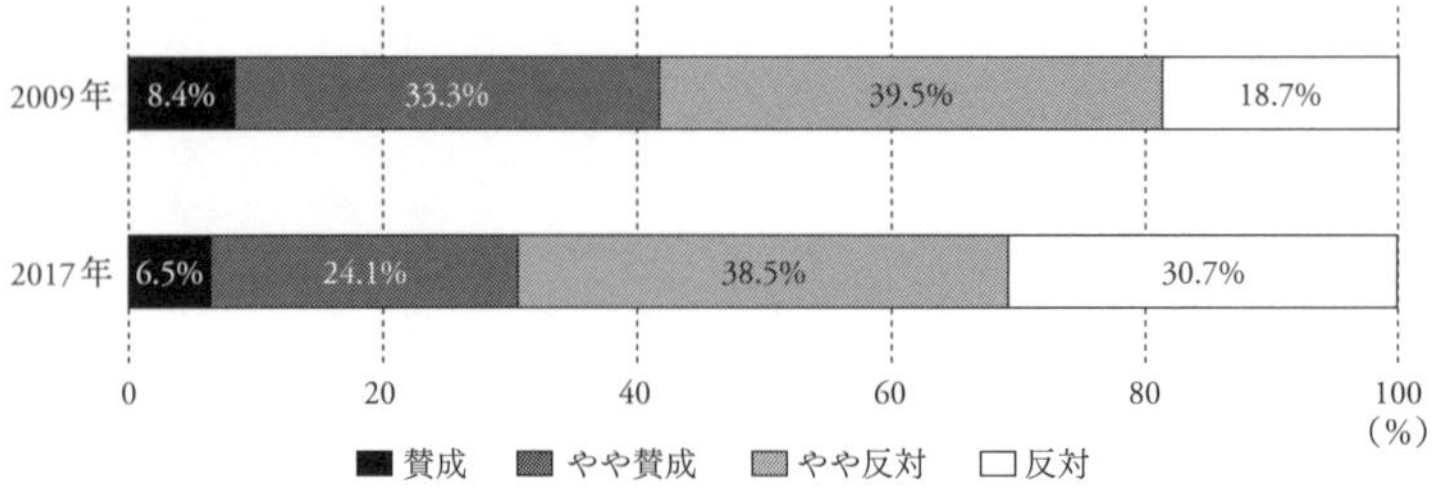

反応を示しているのだろうか。「国際化」調査では、他国人についても質問を行っているが、これについてはむしろ否定的な回答が低下していることが確認されている。つまり、外国人一般については寛容さが増しているのである。[*53]

同様の結果は、別の全国調査でも示されている。国際比較調査プログラム（ＩＳＳＰ）ではナショナリズムに関して、これまで一九九五年、二〇〇三年、一三年の三回調査を行っている。[*54] この調査によると、定住目的で日本に来る外国人への態度は、以前と比べてむしろ寛容になっている。

「日本に定住しようと思って来日する外国人は、もっと増えたほうがよいと思いますか、それとも減ったほうがよいと思いますか。」という質問に対し、「増えたほうがよい」という意見が増えているわけではないものの、「減ったほうがよい」との意見は以前と比べると大きく減少している（図12）。ただ、「わからない」との回答が多くなっているように、今後、外国人の増加に伴って、意見の分布が大きく変わる可能性もある。[*55]

同調査によると、世論は受け入れに寛容なだけではなく、その権利保障についても寛容であるという。しかし、前節でみたように、外国人など異質な他者が近所に住むことについては拒否反応が大きい。つまり、

図12　外国人の増加に対する意見（ISSP調査）[*56]

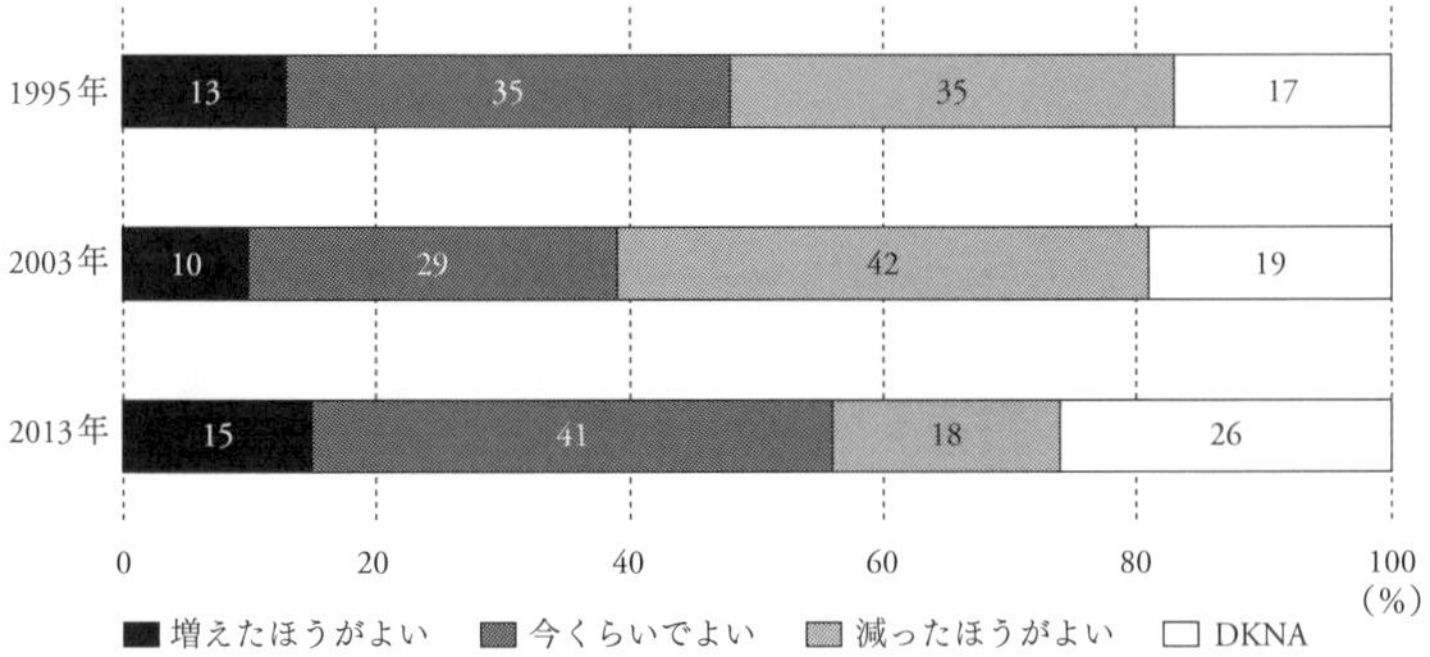

自分の生活圏の問題として認識されるようになった場合には、これらの意見は大きく変化する可能性がある。

以上をまとめると、中国、韓国については二国間関係の悪化が直接的にその国の評価に影響を及ぼし、さらにはその国の人々を受け入れる意識にも影響している。ただ、外国人全般に関していうならば、排外的な意識よりもむしろ寛容性の方が強く表れている、というのが現状である。

では、とりわけ韓国および在日コリアン、中国への反感を煽るような排外主義運動について、世論はどのようにみているのだろうか。そうした運動に対する嫌悪感はどの程度のものなのだろうか。そのシンパは増加傾向にあるのだろうか。

この点に関して、「国際化」調査の結果を確認した。この調査ではさまざまな政党や運動に関して、その好感度をマイナス3からプラス3の範囲で答えてもらうという質問を行っている。二〇一三年、一七年の調査では「反中国・反韓国を主張する市民団体」についての好感度も尋ねている。

回答の分布は、ヘイトスピーチが社会問題として認知されるようになった時期の二〇一三年とそれからしばらく経過した一七年とでほぼ変わらない。五%ポイントほどと若干ではあるが、一七

図13　政党・運動に対する好悪の感情（「国際化」調査2017）

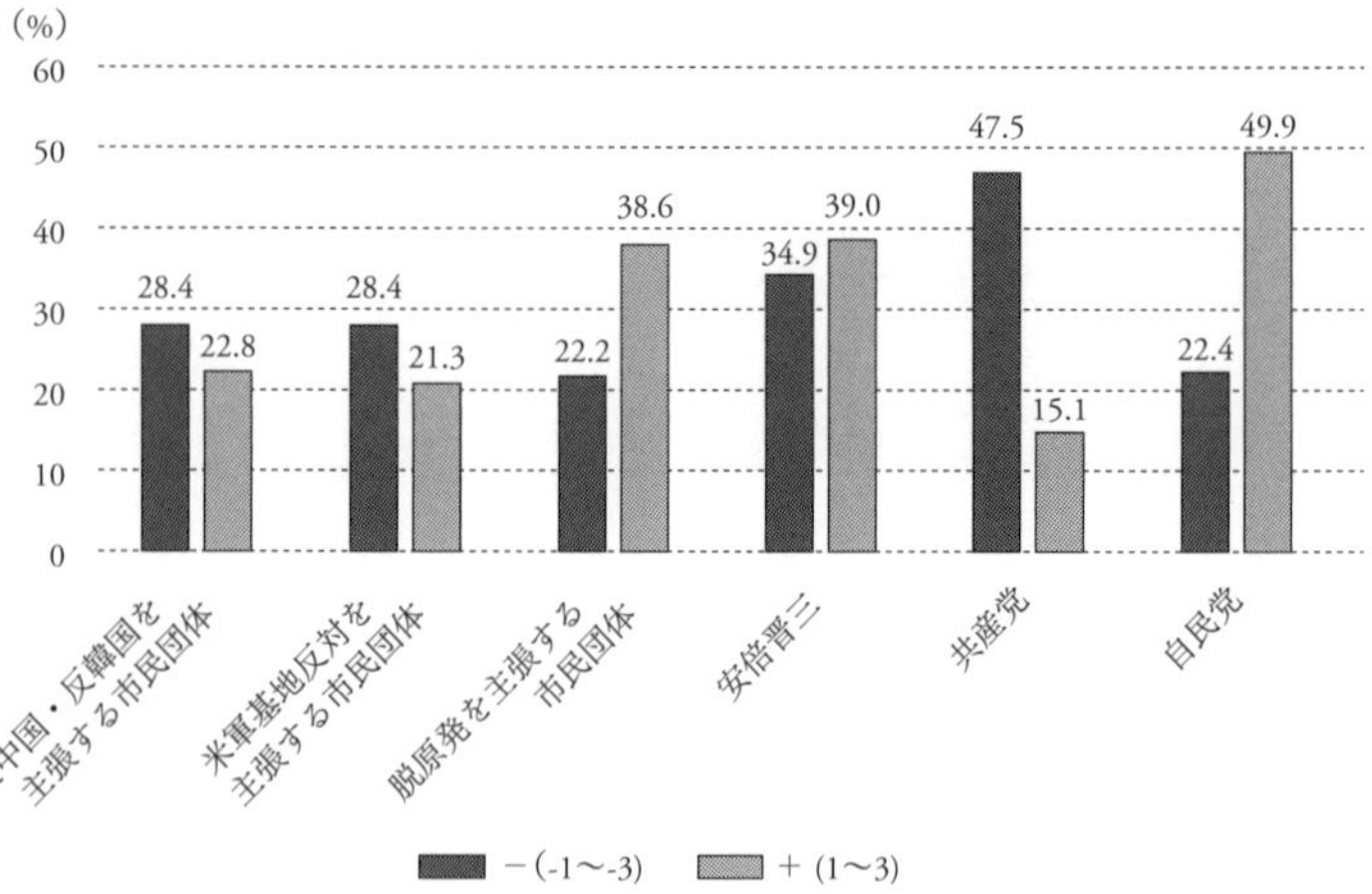

年でマイナスの評価が減少している。マイナスの評価が三〇%程度、プラスの評価が二〇%程度で過半数はプラス・マイナスの評価を下していない。

この質問は外国人に対してヘイトスピーチを行うような団体のみを想起させるものではない。しかし、そうであるにしても排外的なテーマを掲げる団体にしては、否定的な評価が弱すぎるのではないか。図13は他の政党・運動も含めてプラスの評価、マイナスの評価の割合を示したものである。これをみると、反中国・反韓国という排外的な主張の団体は、米軍基地反対を主張する団体と同じほどにしか嫌われていない。むしろ、共産党や安倍晋三の方が、多くの人に嫌われているのである。

排外主義への寛容性は別の質問からもうかがうことができる。二〇一三年の「国際化」調査では、「特定の集団に対する差別的な発言を取り締まるための法律を制定するべきである」との意見への肯定回答は約二五%、否定的な回答のほうがやや多く約三〇%、残りが「どちらともいえない」という回答であった。

このように、排外主義運動は広く有権者の支持を得ているという状況ではないが、それに対する反発もまたさほど強いものではない。日本社会の「右傾化」が進んでいるようにもみえるのは、こうした世論の寛容さ、もしくは無関心といったところにもその要因があるのかもしれない。

4　「右傾化」したのは誰か

前節まで、社会文化的な価値観（反個人主義）、ナショナリズムという二つの観点から、世論の右傾化を検討してきた。その結果、右傾化とみなしうる側面は社会文化的な価値観にはなく、ナショナリズムのうち、日本人であることの優越感、韓国や中国の人々に対する排外的な意識に顕著に表れていることを確認した。

では、これらの「右傾化」はどういった社会層を中心にしているのだろうか。国際関係の変化に伴う時代の空気として、偏りのないかたちで浸透しているのか、もしくは、特定の社会層にとりわけ浸透しているのか。この点をさらに分析する。

本節では、これまでに「右傾化」とみなしうる変化が明確に確認できた側面のみを取り上げる。具体的には、日本人としての「優越感」（ＮＨＫ調査）、そして「韓国人に対する排外意識」（「国際化」調査）の二つにしぼって分析する。先にみたように「優越感」の復調は、日本社会の現状をみると不可解とみえなくもない。どういった人々が優越感をもっているのだろうか。また、近年きわめて悪化の一途を辿っている日韓関係であるが、そうした国際関係下で、とくに韓国人に対する排外主義を強めているのはどういった人々なのだろうか。

①（民族的）優越感

「優越感」としてのナショナリズムを長期に質問してきたNHK調査については、年代別の結果も公表されている。前節でみたように、「日本人は他国民よりもすぐれている」「日本は一流国である」という意見への肯定回答は二〇〇八年から一三年にかけてとくに増加していた。それを年代別にみた場合、幅広い年齢層で増加が確認されている。[*57] 一方、〇八年までの当該データを分析した永吉希久子は、「他国民よりもすぐれている」という意見は高年世代ほど強くみられ、「一流国である」という意見については、戦中世代（一九四三年以前の生まれ）および氷河期世代（一九七四年以降の生まれ）で強くみられたという。[*58]

ここでは、時代変化が確認されたこの二つの優越感に関する調査項目ついて、性別、年齢、学歴、職業という社会的属性、そしてメディア利用に注目し、とりわけどの層においてそれが強まる傾向があるのか分析する。

NHK調査は、長期の時系列データという強みがあるため、各調査年の優越感の規定因とその変化について分析する。具体的には第三回調査（一九八三年）から第九回調査（二〇一三年）の七回分のデータを用いる。[*59] 従属変数を優越感の二項目とし、独立変数を性別、年齢、学歴、職業、メディア利用としたロジスティック回帰分析の結果が表1、表2である。表ではオッズ比を示しており、数値が一を超える場合は優越感を強め、一に満たない場合は弱める効果があることを意味する。

分析結果からはさまざまな特徴とその変化を確認することができる。第一に年齢による違いである。

表1 「日本は一流国だ」の規定因（NHK調査）

	第3回 1983年	第4回 1988年	第5回 1993年	第6回 1998年	第7回 2003年	第8回 2008年	第9回 2013年
10-20代	0.48 **	0.57 **	0.93	0.75 *	0.96	1.14	1.17
30代	0.63 **	0.62 **	0.96	0.73 *	0.90	0.92	1.06
40代	0.68 **	0.73 **	0.86	0.93	0.99	1.14	1.04
60代	1.06	1.28	1.52 **	1.29 *	1.38 *	1.08	0.97
70代以上	1.27	1.96 **	2.10 **	2.79 **	1.93 **	1.66 **	1.40 *
女性	1.01	0.97	1.25 **	0.97	0.96	1.06	0.96
短大・大卒	0.92	0.80 *	0.80 **	0.90	0.97	0.89	0.95
農林漁業者	2.01 **	0.92	1.38	1.10	1.27	1.28	0.70
自営業者	1.14	0.95	1.11	0.95	1.07	0.81	1.43 *
販売職・サービス職	1.37	0.94	0.85	1.15	0.88	0.79	0.96
技能職・熟練職	0.89	0.83	1.43 **	1.20	0.81	1.24	0.88
一般作業職	0.81	1.03	1.16	0.83	1.21	0.75	1.07
経営者・管理者	1.18	1.07	1.11	0.94	1.36	1.21	1.19
専門職、自由業、 その他の職業	1.29	0.57	0.82	0.49	1.01	1.02	1.07
主婦	1.38 *	1.03	0.88	0.89	0.97	1.04	1.15
生徒・学生	1.05	1.12	0.87	1.28	1.01	0.95	1.44
無職	1.18	0.82	0.91	1.08	1.22	1.09	0.97
新聞	0.99	0.91	0.82 *	0.91	0.92	0.97	0.99
本	0.81 **	0.62 **	0.84 *	0.82 *	0.83 *	1.04	0.96
テレビ	1.34 **	1.28 *	1.37 **	1.24	1.33 *	1.24 *	1.35 **

数値はオッズ比 ** $p<0.01$ *$p<0.05$　年齢は10歳区切りで50代を参照基準としている。職業は事務職・技術職を参照基準としている。メディアは「ふだんの生活に欠かせないもの」を選択する設問である。

先行研究が示すように、基本的には高年世代のほうがより優越感をもっており、若年世代でそれが少ない。ただ、「日本は一流国だ」に関しては年代差は消えつつあるようだ。一九八〇年代には四〇代以下と五〇代以上とのあいだに明確な差がみられたのに対し、直近二回の調査では二〇代から六〇代までに有意差がみられなくなっている。

第二に、学歴による違いである。中学・高校卒と短大・大卒とを比べた場合、一九九〇年代までは有意差がみられることが多かった。中学・高校卒の方が日本人としての優越感を持っているという関連である。しかし、二〇〇〇年代以降の調査では学歴差はなくなっている。

第三に、学歴と似た傾向が、「本

表２「日本人は、他の国民に比べて、きわめてすぐれた素質をもっている」の規定因（NHK 調査）

	第3回 1983年	第4回 1988年	第5回 1993年	第6回 1998年	第7回 2003年	第8回 2008年	第9回 2013年
10-20代	0.48 **	0.31 **	0.39 **	0.24 **	0.40 **	0.40 **	0.52 **
30代	0.64 **	0.54 **	0.45 **	0.44 **	0.46 **	0.44 **	0.50 **
40代	1.03	0.90	0.76 *	0.57 **	0.69 **	0.63 **	0.82
60代	1.08	0.96	1.21	1.39 *	1.26	1.24	1.22
70代以上	1.22	0.88	1.49 *	1.83 **	1.41 *	1.29	1.88 **
女性	1.33 **	1.12	1.25 *	1.35 **	1.13	1.01	1.63 **
短大・大卒	0.76 **	0.84	0.80 *	0.79 **	0.87	0.96	0.83
農林漁業者	1.36	1.07	0.87	1.11	1.20	2.20	0.63
自営業者	1.25	1.26	1.21	0.91	1.29	1.62 **	1.36
販売職・サービス職	0.99	1.53 *	1.12	1.08	0.93	1.07	1.34
技能職・熟練職	1.04	1.18	1.05	1.08	0.97	0.80	0.95
一般作業職	1.07	0.91	0.95	0.89	1.23	0.81	0.95
経営者・管理者	1.10	1.10	0.94	1.51	0.97	0.95	1.70 *
専門職、自由業、その他の職業	1.21	0.71	0.92	1.87	1.25	1.18	0.73
主婦	1.17	1.28	1.10	0.84	1.02	1.32	0.89
生徒・学生	0.69 *	0.74	0.56 **	0.63 *	0.88	0.76	0.79
無職	1.16	1.26	0.87	0.84	1.16	0.81	0.84
新聞	1.07	0.83	0.89	1.24 *	1.24 *	1.12	1.10
本	0.86 *	0.80 **	0.97	0.85 *	1.07	0.96	0.91
テレビ	1.51 **	1.09	1.47 **	1.16	1.38 **	1.12	1.13

表註は表１と同じ。

を読む」というメディア利用にも表れている。以前の調査では、「本を読む」ことが生活に欠かせないという人々で優越感が有意に低い傾向にあった。しかし、近年の調査ではこの関連がみられなくなっている。一方で、「テレビを見る」ことが生活に欠かせないという人々では、優越感が有意に高いという傾向が時期を問わずみられる。

第四に、職業による違いである。これは他の変数と比べてあまりはっきりした傾向がみられない。ただ、一九八〇年代から九〇年代にかけて相対的に優越感が高いことがあったのは、農業（八三年）、販売サービス（八八年）、技能・熟練職（九三年）といった職業であった。しかし、近年の調査では、自営業者において比較的優越感が高いという傾向が確認できている。

以上が、ＮＨＫ調査の優越感に関する項目から確認できる傾向とその変化である。要約するならば、以前よりも年代差、学歴差、読書層－非読書層の差がなくなる傾向にあり、自営層がとくに優越感をもつ傾向が出ているということである。本節の問いは「「右傾化」したのは誰か」であったが、結果を踏まえるならば、このように答えられる。以前はさほど優越感をもっていなかった、もしくはそうした感情の発露に慎重であった、若年世代、高学歴層および読書層が他の社会層と変わらない程度に優越感をもつようになった、ということである。

もちろん、社会全般の変化や、ここで扱うことのできない諸要因による変化もあるだろう。また、先に確認したように、若年世代は「国」は「一流」とみなすようになったものの、「日本人」の優越性については慎重な立場を崩していない。他の変数にしても、調査による変動は安定したものとはいえず、結果の信頼性についてはさらなる検討を要する。そうした留保はあるにせよ、注目したいのは学歴およびメディア利用の効果である。

学歴差がみられなくなってきている、という特徴は、筆者が他の政治的諸現象を分析するなかでもたびたび確認されている。極右への支持やポピュリスト政党への支持といったような、欧米諸国では学歴差がみられるトピックでも、日本の場合はその影響がほとんどみられない[*60]。読書層－非読書層の差もなくなっている点を考え合わせるならば、以前は存在した「リベラル・インテリ層」とでもいいうるような戦後民主主義を体現した社会層と他の社会層との境界が曖昧なものとなり、同時にこの層が担っていた（ナショナリズムに対する）抑制的な効果も失われつつあるということなのかもしれない。

②（韓国人に対する）排外主義

続いて、近年とりわけ悪化の傾向にある日韓関係を受け、韓国人に対する排外主義を取り上げる。世論の排外主義に関する実証研究は、日本でも近年多くみられるようになってきている。[*61] それら先行研究の理論枠組は多くの場合、欧州の排外主義研究を参照し、集団脅威仮説を前提としている。この仮説は、自己もしくは自集団が外国人の流入により経済的、文化的脅威にさらされるとの認識が、排外主義をもたらすというものである。

しかし、長く定住してきた在日コリアンをとりわけ敵視するような「日本型排外主義[*62]」は集団脅威仮説によってはうまく説明できず、別の説明要因を必要とする。ここで取り上げる韓国人についても、その存在自体が脅威というよりはむしろ、先述のように二国間関係が直接的に反映したと考えた方がよい。

二〇〇九年と一三年の「国際化」調査を分析した田辺俊介は、韓国人に対する排外主義の強まりの背後に、愛国心との関連の強まりがあることを見出している。[*63] つまり、二国間の関係の変化によって、愛国心の発露としての排外主義という側面が強まっているということである。

ここでは、同じ「国際化」調査の二〇〇九年および一七年調査を用いて、先の優越感と同じく、性別、年齢、学歴、職業の影響とその変化をみる。どのような社会層がとくに排外的であるかを明らかにするためである。従属変数は「日本国内に韓国人が増えること」の是非とし、二時点での重回帰分析を行った（表3）。

先にみたように、この間、韓国人が国内に増えることに否定的な意見が大きく増えたわけだが、社会的属性との関連も変化していることがわかる。表の係数は、正の場合、排外的な傾向があることを意味し、数値の大きさが関連の強さを示す。表にある変数の説明力は弱いものの、結果からはいくつかの示唆を得られる。
　第一に、年齢による違いは二つの時点で同様の傾向を示す。高年層（六〇－七〇代）はより排外的であり、若年層は韓国人の増加に肯定的である。第二に、二〇〇九年時点では性別による違いはみられなかったが、一七年時点になると男性がより排外的な傾向を示すようになっている。第三に、〇九年時点では、学歴の違いがみられ、短大卒・大卒層は中・高卒層と比べて韓国人の増加に肯定的であった。しかし、一七年の結果では学歴の違いがなくなっている。第四に、職業に関しては、〇九年は自営層がより排外的な傾向がみられたが、一七年は専門職層をのぞいて似たような傾向になっている。

表３　韓国人に対する排外主義の規定因（「国際化」調査）

	2009 年	2017 年
女性	-0.008	-0.062 **
20 代	-0.045 *	-0.048 *
30 代	-0.001	-0.057 **
40 代	-0.009	0.013
60 代	0.092 **	0.057 *
70 代	0.071 **	0.098 **
短大・大卒	-0.076 **	-0.009
自営	0.053 *	-0.022
専門	-0.027	-0.071 **
管理	0.007	-0.003
販売サービス	-0.019	-0.021
ブルーカラー	0.040	-0.022
無職	0.055	-0.031
R^2	0.045	0.030

数値は標準化偏回帰係数　** $p<0.01$ *$p<0.05$
年齢の参照基準は 50 代、職業の参照基準は事務職である。従属変数は図 11 の四点尺度をそのまま用いている。

　性別、年代、学歴による傾向の違いについては、図示することでより明確に理解できる（図14）。ここでは、若年（二〇－三〇代）、中年（四〇－五〇代）、高年（六〇－七〇代）それぞれについて、性別と学歴に基づき四つのカテゴリを構成した。まず、高年の非大卒層は以前からすでに排外的であった。排外的な方向への変化が顕著なのは、高年の大卒層、中年層全般、そして若年の大卒男性である。とくに全年代において大卒層がより排外的になり、学歴差がなくなっている。一方、排外的な方

図14　属性別にみる韓国人に対する排外主義（「国際化」調査2017）

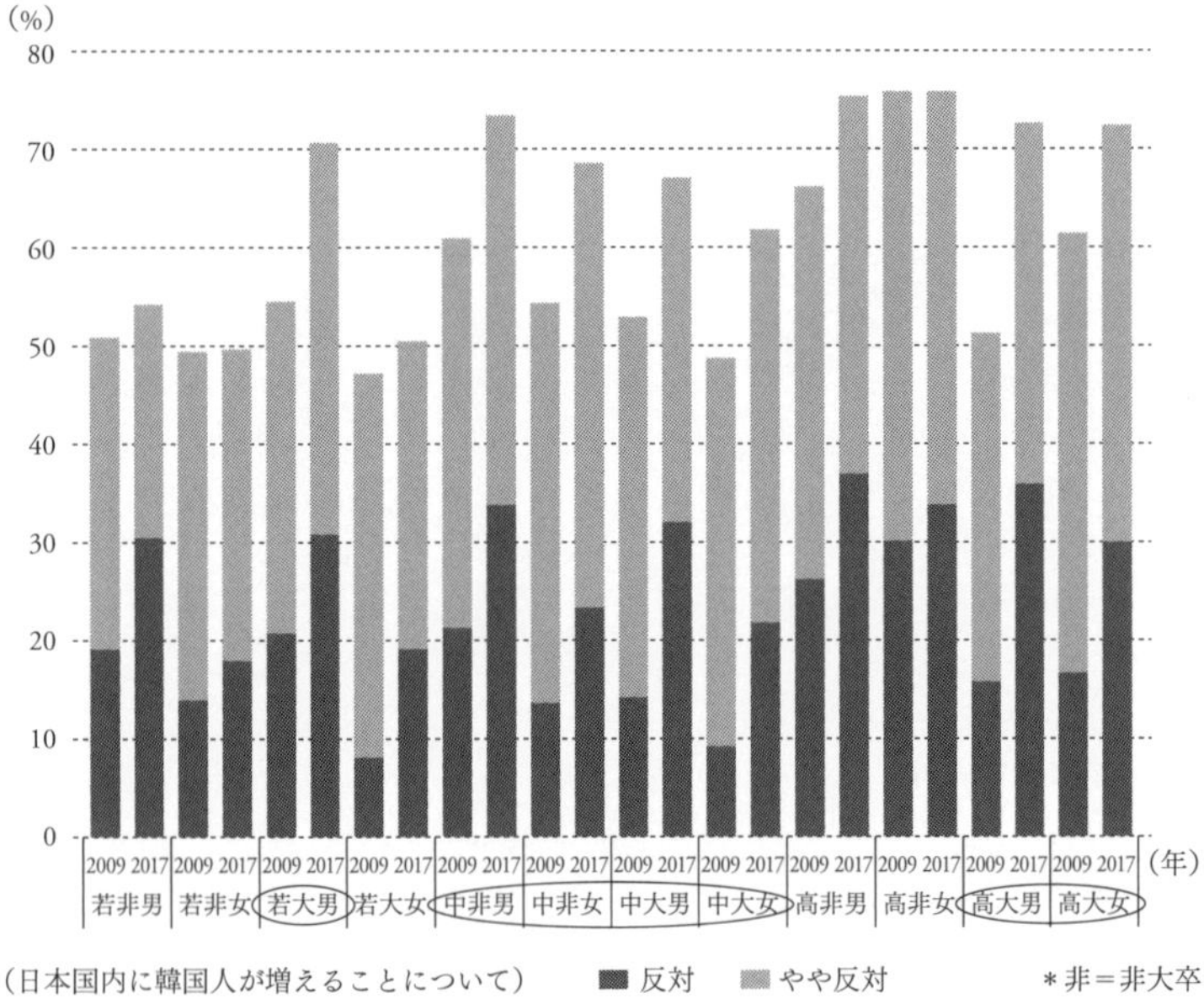

向にさほど変化していないのが大卒男性を除いた若年層である。とくに女性で変化が少ない。ゆえに、性別による違いが明確になってきている。

日韓関係の悪化を受けた排外主義の強まりは、端的には以前は寛容であった大卒層が、その考えを変化させたことによるところが大きい。これは先にみた優越感と同様の変化である。ただ、その変化は年代、性別によって微妙に異なっている。とくに若年層にあっては、韓国若者文化の受容が、かなりの程度、排外性の抑止に効果を持つものと解釈できる。若年大卒男性も文化の受容に関してはさほど違いはないと考えられるが、それ以上に、二国間関係の変化に影響されているということであろうか。

ちなみに、同様の分析を中国人に対する排外主義について行った結果、ほぼすべてのカテゴリにおいて、排外性が高まっていた。相対的に排外性が低く、かつ二時点間でさほどの変化がみられなかったのは、若年の大卒女性であった。なぜ排外性に関して、性別による差が生じるようになってきているのか、結果の信頼性も含め複数のデータによる検討が必要だろう。

5　まとめ

本章では、これまで実施されてきた主要な世論調査をあらためて概観し、日本人の意識に「右傾化」といえるような変化が生じているか検証した。すでに政治学者らが検証済みの政治的争点にかかんする意見分布の変化ではなく、より一般的な価値観に近い側面の変化を捉えようとした。具体的には、社会文化的な価値観における右傾化（反個人主義）、ナショナリズムにおける右傾化が生じているのか検討した。その結果は表4のとおりである。

第一に、人々の意識は全般的に右傾化しているわけではないが、部分的には右傾化とみなしうる変化を確認できる。具体的には、ナショナリズムにおける優越感の高まり、韓国人や中国人に限っての排外意識の強まりである。

第二に、右傾化とは逆方向の個人主義的な価値観の浸透が確認できる。具体的には男女の平等、家族観・結婚観における伝統的規範の弱まりといったものである。ただ、近年その変化はゆるやかとなっており、調査によっては横ばいといえるような状態も確認されている。

第三に、（イングルハートらの）価値変化モデルが想定する「寛容性」に関しては、やや複雑である。

表4　世論の「右傾化」にかんする検証結果まとめ

反－個人主義	
性役割意識	低下傾向続く。
家意識	低下傾向続き、1990年代以降横ばい。
夫婦別姓への反対意見	低下傾向続く。(JGSS) 00年代以降横ばい。
結婚と子どもにかんする規範意識	低下傾向続く。(JGSS) 同上。
同性愛への反対意見	低下傾向続く。(JGSS) 同上。
異質な他者への寛容	逆に不寛容が増加。
ナショナリズム	
愛国心教育	低下もしくは横ばい。
日本人としての誇り	やや増加もしくは横ばい。
優越感	復調。
韓国人・中国人への排外意識	増加。
外国人一般への排外意識	むしろ寛容に。
排外主義運動	あまり拒否的ではない。

現状の「寛容性」は自己の生活圏外に対しての反応でしかない。外国人が増えることには反対しないが、生活圏への「侵入」には拒否反応を示す。しかもその反発は近年むしろ強まっている。

さらにいえば、その寛容さは、排外主義運動のような「非寛容」な勢力にも同様に示されうる。先に確認したように、反中国・反韓国を主張する団体への拒否反応は弱く、約半数が中立もしくは無関心というスタンスなのである。

では、部分的ではあれ確認された右傾化の背景とはどのようなものであるのか。優越感と排外意識に共通していたのは、学歴差の縮小もしくは消失であった。先行研究では、学歴と価値観、政治意識とのあいだには広く関連が認められてきた。しかし、日本ではとりわけ近年、高学歴層ほどリベラルな価値観を有するという関連がみいだしにくくなってきているのである。もちろん、このことが要因のすべてではないが、高学歴層の変化は（部分的な）右傾化の背景の一つと考えられる。

なぜ学歴効果が従前のようではないのか。仮説をいくつか挙げておくならば、①高学歴化の進行が大卒・非大卒の境界を曖昧にした（大衆化）、②大学教育の質の変化、③リベラルなインテリ層という存在自体が時代の産物に過ぎなかった、といったことが考えうる。これについてはミクロ（個人）レベルの分析のみで明らかにしうるものではなく、マクロ（社会）レベルでの分析と考察が必要となろう。

他方、前節の排外主義の規定因の分析では、他国文化の受容が抑止効果を持ちうるという可能性が示された。具体的には、韓国文化の受容の程度が大きいとみられる若年層、とくに女性にあっては、この一〇年の二国間関係の変化にもかかわらず、韓国人に対する排外意識がまったく高まっていないのである。この傾向は自明のこととはいえ、未解明の部分も残る。なぜ若年大卒男性では抑止効果が働かないのか、この傾向はどれほど持続するものなのかなど、実証研究においてより明確なかたちでの検証が必要となろう。

もっとも、社会的属性の説明力は微々たるものでしかない。右傾化の背景を明らかにしようとするならば、国際関係の変化、メディア言説の変化等を丁寧に追いつつ、それらと世論の変化との対応関係を精査すること、また、諸外国の時系列データも参照したうえで共通性と相違点を含めた分析・考察が必要となるだろう。

本章の知見は、価値変容の理論に何を付加しえただろうか。すでに指摘されてきたことだが、価値変容の方向性は多元的なものとして捉えるべきだろう。日本の場合、個人主義的な価値観が浸透する一方、ナショナリズムがかかわる側面では、単純にコスモポリタン的な価値観が浸透するわけではなかった。個人主義的な価値観にしても、近年になるほどその変化はゆるやかであり、頭打ちになりつつあるようにもみえる。加えて、「治安」の要素も加わると、異質な他者への態度のように、むしろ保守的な方向へと進むこともある。イングルハートが主張するように、社会の価値観がある一定の方向へと向かうといった変化はある時期までは該当したのかもしれないが、今後ますます複雑で見通しがたい状況になるのではないか。

では、日本人の意識はこの先「右傾化」していくのだろうか。現状では本書第I部第2章で菅原が指摘するように、「日本人右傾化論」は空論に近いが、部分的には「右傾化」とみなしうる変化が生じていた。ただ、それは価値観というほどの確固たるものではなく、移ろいやすい一時の感情にすぎないのかもしれない。しかし、そうした世論を政治、メディアが敏感に察知し、それに応えようとするならば増幅的な効果を生むことも考えられる。現に、近年の政治、メディア状況はすでにそうした段階に差し掛かっているようにもみえる。

本章が言及した調査がなされた時点では、若者世代はまだしも右傾化を免れているようでもあった。しかし、その次の世代はそうはいかないかもしれない。ここ一〇年ほどのメディアにおける右派言説の浸透は目覚ましい。また、教育基本法改正後の「愛国心」教育や道徳教育の強化もある。そうした教育、メディアの変化が社会化に及ぼす影響については、もうしばらく後の時期にわかってくることだろう。「はじめに」でも言及したが、一〇代半ばから二〇代にかけて政治的に社会化される時期の記憶が世代の価値観を特徴づけるとの研究もある。また、極右勢力が強い時期に社会化された世代は強い反移民感情をもつという研究もある。[*64] これらの知見が日本にもあてはまるならば、右傾化論が空論でなくなる時期も遠くないかもしれない。

本章で参照した調査リスト

調査名	調査主体	調査年	調査対象	関連 URL
「男女共同参画社会に関する世論調査」ほか	内閣府	1979年以降6回実施	全国18歳以上 3,059人（61.2%） 面接	男女共同参画白書　平成29年版 http://www.gender.go.jp/about_danjo/whitepaper/h29/zentai/html/zuhyo/zuhyo01-03-05.html
「日本人の意識」調査	NHK放送文化研究所	1973年以降 5年おきに実施	全国16歳以上 2,751人（50.9%） 面接	第10回「日本人の意識」調査（2018）結果の概要 https://www.nhk.or.jp/bunken/research/yoron/pdf/20190107_1.pdf
「社会階層と社会移動」（SSM）全国調査	社会階層と社会移動調査研究会	1955年以降 10年おきに実施	全国20-79歳 7,817人（50.1%） 面接	2015年社会階層と社会移動（SSM）調査研究会 http://www.l.u-tokyo.ac.jp/2015SSM-PJ/index.html 細川千紘「女性の性別役割分業意識の変遷とライフコース」石田淳編『2015年SSM調査報告書8意識Ⅰ』（2018年）http://www.l.u-tokyo.ac.jp/2015SSM-PJ/08_07.pdf
日本版総合社会調査（JGSS）	大阪商業大学JGSS研究センター	2000年以降 ほぼ毎年実施	全国20-89歳 1,916人（54.3%） 面接・留置	大阪商業大学JGSS研究センター http://jgss.daishodai.ac.jp/index.html
「日本人の国民性」調査	統計数理研究所	1953年以降 5年おきに実施	全国20-85歳 3,170人（50%） 面接	統計数理研究所　日本人の国民性調査 https://www.ism.ac.jp/kokuminsei/
世界価値観調査（WVS）	東京大学・電通	1981年以降 ほぼ5年おきに実施	全国18-79歳 3,170人（50%） 留置	世界価値観調査（2010年の第六回調査までのデータが公開されている。） http://www.worldvaluessurvey.org
「国際比較調査プログラム」（ISSP）	NHK放送文化研究所	「ナショナル・アイデンティティ」をテーマとした調査は95, 03, 13年に実施	全国16歳以上 1,234人（68.6%） 留置	村田ひろ子「日本人が持つ国への愛着とは――ISSP国際比較調査（国への帰属意識）・日本の結果から」（『放送研究と調査』64（5）、2014年）
ライフスタイルと政治に関する調査（東京調査）	樋口直人（研究代表）	2005年	東京都内8区市 20-79歳 2,887人（34%） 郵送	社会的ミリューと政治の交錯に関する研究（SSJデータアーカイブに収録 https://ssjda.iss.u-tokyo.ac.jp/Direct/gaiyo.php?lang=jpn&eid=1158） 松谷満ほか「東京の社会的ミリューと政治――2005年東京調査の予備的分析」（『徳島大学社会科学研究』20号、2007年）
市民の政治参加に関する調査（首都圏調査）	樋口直人（研究代表）	2017年	一都三県20-79歳 （調査モニター） 11,508人（54.1%） 郵送	佐藤圭一ほか「3.11後の運動参加――反・脱原発運動と反安保法制運動への参加を中心に」（『徳島大学社会科学研究』32号、2018年）
「国際化と市民の政治参加に関する世論調査」	田辺俊介（研究代表）	2009, 13, 17年に実施	全国20-80歳 3,882人（44.5%） 郵送	国際化と市民の政治参加に関する世論調査 http://www.waseda.jp/prj-ipa/ （SSJデータアーカイブに収録 https://ssjda.iss.u-tokyo.ac.jp/Direct/gaiyo.php?eid=0838;https://ssjda.iss.u-tokyo.ac.jp/Direct/gaiyo.php?eid=1159）

＊調査対象欄には最新調査の有効回収数（率）を示している。

註

＊本章は科研費の成果である。

＊1　小熊英二・上野陽子『〈癒し〉のナショナリズム――草の根保守運動の実証研究』（慶應義塾大学出版会、二〇〇三年）、倉橋耕平『歴史修正主義とサブカルチャー――九〇年代保守言説のメディア文化』（青弓社、二〇一八年）、高原基彰『不安型ナショナリズムの時代――日韓中のネット世代が憎みあう本当の理由』（洋泉社、二〇〇六年）、塚田穂高編『徹底検証　日本の右傾化』（筑摩書房、二〇一七年）、樋口直人ほか『ネット右翼とは何か』（青弓社、二〇一九年）、樋口直人『日本型排外主義――在特会・外国人参政権・東アジア地政学』（名古屋大学出版会、二〇一五年）、安田浩一『ネットと愛国――在特会の「闇」を追いかけて』（講談社、二〇一二年）。

＊2　具体例としては、二〇一四年東京都知事選での田母神俊雄が挙げられる。

＊3　菅原琢『世論の曲解――なぜ自民党は大敗したのか』（光文社、二〇〇九年）。

＊4　Ronald Inglehart, *Cultural Evolution: people's Motivation are Changing, and Reshaping the World* (Cambridge University Press, 2018)（ロナルド・イングルハート・山崎聖子訳『文化的進化論――人びとの価値観と行動が世界をつくりかえる』勁草書房、二〇一九年）。

＊5　Christian Welzel, *Freedom Rising: Human Empowerment and the Quest for Emancipation* (Cambridge University Press, 2013). Scott C. Flanagan and Aie-Rie Lee, "The New Politics, Culture Wars, and the Authoritarian-Libertarian Value Change in Advanced Industrial Democracies," *Comparative Political Studies* 36 (3), 2003.

＊6　Robert Stefan Foa and Yascha Mounk, "The Democratic Disconnect," *Journal of Democracy* 27 (3), 2016.

＊7　Maria Teresa Grasso, Stephen Farrall, Emily Gray, Colin Hay, and Will Jennings, "Thatcher's Children, Blair's Babies, Political Socialization and Trickle-Down Value Change: An Age, Period and Cohort Analysis," *British Journal of Political Science* 49 (1), 2019.

＊8　イングルハート前掲書。

＊9　太郎丸博編『後期近代と価値意識の変容――日本人の意識 1973–2008』（東京大学出版会、二〇一六年）。

＊10　遠藤晶久・ウィリー・ジョウ『イデオロギーと日本政治――世代で異なる「保守」と「革新」』（新泉社、二〇一九年）、Dieter Fuchs and Hans-Dieter Klingemann, "The Left-Right Schema," M. Kent Jennings and Jan W. Van Deth, *Continuities in Political Action: A Longitudinal Study of Political Orientations in Three Western Democracies* (Walter De Gruyter Inc, 1990).

＊11　Russell J. Dalton, "Social Modernization and the End of Ideology Debate: Patterns of Ideological Polarization," *Japanese Journal of Political Science* 7 (1), 2006.

＊12　綿貫譲治『日本政治の分析視角』（中央公論社、一九七六年）。

＊13　堀幸雄『戦後の右翼勢力』（勁草書房、一九八三年）。

＊14　大嶽秀夫『日本政治の対立軸――九三年以降の政界再編の中で』（中央公論新社、一九九九年）。

＊15　このことは、塚田編前掲書の各執筆者が何を「右傾化」

とみなしているか、という点からも明らかである（松谷満「書評　塚田穂高編『徹底検証 日本の右傾化』」（『宗教と社会』二四号、二〇一八年）。

＊16　Ronald Inglehart, *Culture Shift in Advanced Industrial Society*, Princeton University Press, 1990（村山皓司・富沢克・武重雅文訳『カルチャーシフトと政治変動』東洋経済新報社、一九九三年）。Herbert Kitschelt, *The Radical Right in Western Europe: A Comparative Analysis*, University of Michigan Press, 1995.

＊17　蒲島郁夫・竹中佳彦『イデオロギー』（東京大学出版会、二〇一二年）。

＊18　中野康人「政治的価値観の変遷に関する記述的分析」（『関西学院大学社会学部紀要』一二三号、二〇一六年）、山田真裕「政治に関する意識」池田謙一編『日本人の考え方　世界の人の考え方――世界価値観調査から見えるもの』（勁草書房、二〇一六年）。

＊19　遠藤・ジョウ前掲書。

＊20　竹中佳彦・遠藤晶久・ウィリー・ジョウ「有権者の脱イデオロギーと安倍政治」（『レヴァイアサン』五七号、二〇一五年）、谷口将紀「日本における左右対立（二〇〇三―一四年）――政治家・有権者調査を基に」（『レヴァイアサン』五七号）、境家史郎『憲法と世論――戦後日本人は憲法とどう向き合ってきたのか』（筑摩書房、二〇一七年）。

＊21　上野千鶴子ほか『バックラッシュ！――なぜジェンダーフリーは叩かれたのか？』（二〇〇六年、双風舎）、山口智美・斉藤正美・荻上チキ『社会運動の戸惑い――フェミニズムの『失われた時代』と草の根保守運動』（勁草書房、二〇一二年）、中里見博ほか『右派はなぜ家族に介入したがるのか』（大月書店、二〇一八年）。

＊22　Russell J. Dalton, *Citizen Politics: Public Opinion and Political Parties in Advanced Industrial Democracies (Sixth Edition)* (Cq Press, 2013). Oddbjørn Knutsen, "The End of Traditional Political Values?," Peter Ester, Michael Braun and Peter Mohler eds., *Globalization, Value Change and Generations: A Cross-National and International Perspective*, Brill, 2006.

＊23　永瀬圭・太郎丸博「性役割意識はなぜ、どのように変化してきたのか」（太郎丸編前掲書）。

＊24　本章における反―個人主義の次元は、「右派権威主義」(right-authoritarian) と形容されることも多い。その一要素として、「権威への従属」を表す「権威主義的態度」が用いられてきた。これについては近年、とくに若い世代において強まっているとの調査結果が示されている（濱田国佑「若者の従順さはどのようにして生み出されるのか――不透明な時代における権威主義的態度の構造」吉川徹・狭間諒多朗編『分断社会と若者の今』大阪大学出版会、二〇一九年）。ただ、この権威主義的態度は、「右傾化」と位置づけるよりむしろ、左右を問わない保守的な志向性を表すものと筆者は捉えており、本章では扱わない。若い世代の権威主義については別稿を参照されたい（松谷満「若者――「右傾化」の内実はどのようなものか」田辺俊介編『日本人は右傾化したのか――データ分析で実像を読み解く』勁草書房、二〇一九年）。

＊25　田辺編前掲書。

＊26　村田ひろ子「日本人が持つ国への愛着とは――ＩＳＳＰ

国際比較調査（国への帰属意識）・日本の結果から」（『放送研究と調査』六四（五）号、二〇一四年）。

＊27　次節以降で示される各調査結果の出典については、章末「本章で参照した調査データ」にまとめている。

＊28　内閣府「『家族の法制に関する世論調査』の概要」（二〇一八年）〔https://survey.gov-online.go.jp/h29/h29-kazoku/gairyaku.pdf〕（二〇二〇年六月二六日アクセス）。

＊29　ＮＨＫ調査とＪＧＳＳの結果の違いは、選択肢の違いによる可能性がある。ＪＧＳＳの場合、賛成から反対までの四択であるが、ＮＨＫの場合、「子どもをもつのが当たり前だ」か「もたなくてよい」の二択となっている。つまり、「どちらかといえば賛成（反対）」という選択肢を含むと反対が多くなるが、「もつのが当たり前だ」という強い意見にはためらいがあるのかもしれない。

　ちなみに、筆者らが二〇〇五年に東京都民を対象に実施した「ライフスタイルと政治に関する調査」と一七年に首都圏在住者を対象に実施した「市民の政治参加に関する調査」には共通項目がいくつかあり、別の調査であるものの、この間の変化を確認できる。両調査を比較すると、「必ずしも子どもをもつ必要はない」に肯定的な回答（「そう思う」「ややそう思う」）が目立って増加している。これはＮＨＫ調査と同様の傾向である。

＊30　ＮＨＫ放送文化研究所「第一〇回『日本人の意識』調査（二〇一八）結果の概要」（二〇一九年）〔https://www.nhk.or.jp/bunken/research/yoron/pdf/20190107_1.pdf〕（二〇二〇年六月二六日アクセス）。

＊31　先行研究でも「同性愛」を寛容性の指標としているものが散見される（ex. Robert Andersen and Tina Fetner, "Economic Inequality and Intolerance: Attitudes toward Homosexuality in 35 Democracies," *American Journal of Political Science* 52 (4), 2008.）。

＊32　本章の世界価値観調査の結果については、世界価値観調査のウェブサイト〔http://www.worldvaluessurvey.org〕（二〇二〇年六月二六日アクセス）からダウンロードしたデータをもとに筆者が集計を行った（Inglehart, R., C. Haerpfer, A. Moreno, C. Welzel, K. Kizilova, J. Diez-Medrano, M. Lagos, P. Norris, E. Ponarin & B. Puranen et al. (eds.). 2014. World Values Survey: All Rounds - Country-Pooled Datafile Version: http://www.worldvaluessurvey.org/WVSDocumentationWVL.jsp. Madrid: JD Systems Institute.）。

＊33　ＪＧＳＳでは「悪い」「悪くない」という選択肢で尋ねられているが、「悪い」がやや上回っている。

＊34　註＊29で言及したのと同じ調査である。

＊35　池田編前掲書。

＊36　たとえば、二〇〇〇年代の時点ではあるが、とくにアメリカとイギリスで性役割意識の変化が停滞しているとの結果が示されている（Michael Brown and Jacqueline Scott, "Changing Public Views of Gender Roles in Seven Nations, 1988-2002," Max Haller, Roger Jowell, and Tom W. Smith eds., *The International Social Survey Programme 1984-2009: Charting the Globe*, Routledge, 2009）。

＊37　村田前掲論文。

＊38　内閣府「平成28年度『社会意識に関する世論調査』調査結果の概要〔https://survey.gov-online.go.jp/h28/h28-shakai/2-1.html〕（二〇二〇年六月二六日アクセス）。

＊39　堀江孝司「日本社会は右傾化しているか――世論調査に

みる実相」（『生活経済政策』二一一号、二〇一四年）。

＊40　もちろん、年齢層による偏りについては確かな情報を得ることができる。この「愛国心」については近年、年齢差がなくなりつつあるという点が注目される（北田暁大『終わらない「失われた二〇年」』筑摩書房、二〇一八年）。

＊41　註＊29で言及したのと同じ調査である。

＊42　池田編前掲書、二七六－二七八頁。

＊43　「国際化」調査で「ややそう思う」が五ポイントほど増加している。東京・首都圏調査では時点間に大きな違いはみられない。

＊44　池田編前掲書、二七七頁。

＊45　ＮＨＫ調査は「そう思う」「そう思わない」の二択である。国民性調査は、ほかに「劣っている」「同じだ」「ひとくちではいえない」などの選択肢が設けられている。

＊46　堀江前掲論文、小林哲郎「ナショナリズムの浮上」（池田謙一編『「日本人」は変化しているのか――価値観・ソーシャルネットワーク・民主主義』勁草書房、二〇一八年）、永吉希久子「グローバル時代におけるナショナリズムの変化」（太郎丸編前掲書）。

＊47　ＮＨＫ放送文化研究所編『現代日本人の意識構造』（ＮＨＫ出版、二〇一五年）。

＊48　村田前掲論文、小林利行「日本人の『愛郷心』に芽生える排他性――『ナショナル・アイデンティティ』に関する調査から」（『放送研究と調査』五四（四）号、二〇〇四年）。

＊49　小林哲郎前掲論文。

＊50　内閣府「外交に関する世論調査」〔https://survey.gov-online.go.jp/index-gai.html〕（二〇二〇年六月二六日アクセス）。

＊51　国に対する好感度は、マイナス3からプラス3の七段階で尋ねており、外国人の増加に対する意見は、「賛成」「やや賛成」「やや反対」「反対」の四段階で尋ねている。

＊52　田辺編前掲書、第一章。

＊53　田辺編前掲書、第一章。

＊54　村田前掲論文、小林利行前掲論文。

＊55　筆者らの東京調査（二〇〇五年）、首都圏調査（一七年）の回答傾向の変化も同様である。〇五年と比べ外国人増加に否定的な意見は減少したが、中間的な意見が増加した。

＊56　村田前掲論文、小林利行前掲論文に基づき作成。池田編（二〇一六年）一七九－一八一頁にも同データについての言及があり、あわせて参照されたい。

＊57　ＮＨＫ放送文化研究所編前掲書、一二一頁。

＊58　永吉前掲論文。

＊59　本節の分析にあたり、東京大学社会科学研究所附属社会調査・データアーカイブ研究センターＳＳＪデータアーカイブから「日本人の意識調査、1973～2008」「日本人の意識調査、2013」（ＮＨＫ放送文化研究所世論調査部）の個票データの提供を受けた。

＊60　樋口直人・永吉希久子・松谷満・倉橋耕平・ファビアン・シェーファー・山口智美『ネット右翼とは何か』（青弓社、二〇一九年）、松谷満「日本におけるポピュリスト支持層の特徴とその変化について」（『名古屋大学社会学論集』三九号、二〇一九年）。ただし、近年は欧州の調査でも学歴の影響の変化が指摘されることもある（Paula Thijs, Manfred Te Grotenhuis, and

Peer Scheepers, "The Paradox of Rising Ethnic Prejudice in Times of Educational Expansion and Secularization in the Netherlands, 1985–2011," *Social Indicators Research*, 139 (2), 2018.)。本章冒頭に指摘した先進諸国における「保守化」の実態把握も含め、国際比較調査によるさらなる検討が必要である。

＊61　永吉希久子「日本の排外意識に関する研究動向と今後の展開可能性」(『東北大学文学研究科研究年報』六六号、二〇一七年)。欧州の研究動向も踏まえたレビューを樋口が行っている(樋口直人「排外主義への社会学的アプローチ――社会学的説明の検討と日本への示唆」『エモーション・スタディーズ』四巻、二〇一九年)。

＊62　樋口前掲書。

＊63　田辺俊介「『嫌韓』の担い手と要因――二〇〇九年と二〇一三年の二時点のデータ分析による解明」(『早稲田大学大学院文学研究科紀要』六三号、二〇一八年)。

＊64　Lauren McLaren and Ian Paterson, "Generational Change and Attitudes to Immigration," *Journal of Ethnic and Migration Studies* 46(3), 2020.

2　歴史的変遷

「保守化」の昭和史——政治状況の責任を負わされる有権者

菅原琢

1　「保守化」言説を探る意義

右傾化は、日本政治のさまざまなところで古くから用いられてきた言葉である。[*1] しかし、これが一般の人々に対して広く用いられるようになったのは二一世紀に入ってからのことである。それまでこの言葉は、内閣や政党などの組織、労働運動、新聞をはじめとするメディア、政界全体の雰囲気のようなものに対し使用されるのが通常であった。そして特に、社会党、共産党などに関連する左派勢力の立場からこの言葉は用いられた。

ただし、一般の人々に対し右傾化に類する指摘がなされることはまったく新しい現象ではない。戦後日本政治に関する議論を追えば、一般の人々がたびたび「保守化した」と指摘されていることに気づく。実際、本書を今まさに手に取り読んでいる多くの方は、こうした保守化、右傾化が指摘された世代に属しているはずである。これをお読みの読者自身はともかく、同世代、同時代の日本人はしばしば保守化、右傾化していたことになる。

もちろんここで、日本の有権者、日本社会が戦後一貫して保守化、右傾化し続けてきたと主張したいわけではない。ただ、このように日本人保守化／右傾化論が繰り返し流行してきたという事実はきわめて重たい。近年、各種調査結果を検証し、日本人は右傾化したといった単純な見方を批判、否定する議論は多い。だがそれでも、人々が、社会が、若者が「右傾化した」と無根拠に言い放つような見解は巷に溢れている。このような事態を目の当たりにしたとき、「日本の人々は右傾化したのか?」という問いに対し真摯に向き合い解答することは、まったく虚しい作業とも感じさせる。

このような問題意識から本章では、かつて流行した日本人保守化論を取り上げ、それが生まれ、流行した状況を整理し、その議論の内容を検証することとした。すでに述べたように、日本の人々や若者が保守化したとする指摘は過去幾度となくなされてきた。現在の日本人右傾化論もこの延長にあるとみなすことができる。マス・メディアや出版業界において同様の議論が流行した過去の状況を振り返り、関連するデータを再検討していけば、これらの議論の共通項や現在の議論の特徴を炙り出すことができる。その分析と議論を検討して誤りを指摘すれば、現在と将来の同様な議論に対し一定の網の目をかけることもできる。少なくとも本章は、そのような狙いから書かれたものである。

以下、本稿は次のように展開する。第2節では一九六〇年代半ばに左派勢力と新聞のあいだで指摘された「青年の保守化」、第3節では七〇年代末から八〇年代初頭にかけて流行した「保守回帰」、第4節では八〇年代半ばに論じられた生活保守主義や新中間大衆論などを取り上げ、その議論の内容や経過について考察し、データを確認する。最後に第5節で、これら日本人保守化論の特徴や背景をまとめる。

2 「青年の保守化」論争と六〇年代の世論調査

2-1 社会党の党内抗争と青年問題

戦後政治史のなかで、はじめて人々の保守化が大きな話題となり、議論を呼んだのは一九六〇年代中頃のことである。この議論全般をここでは「青年の保守化」論争と呼ぶこととする。

当時の政治状況を簡単に整理しておくと、一九五五年に左右社会党が再統合して日本社会党となり、自由党と民主党が合流して自由民主党が誕生し、いわゆる五五年体制が始まって数年という時期に当たる。政党は集約されたものの、体制というほど安定していたわけではなく、とくに社会党内では統一後も路線対立が続き、六〇年に社会党から民主社会党（後に民社党）が分離独立し、党改革を訴えた江田三郎ら構造改革派と左派の対立が続いていた。五六年から政界に進出していた創価学会の政治部門・公明政治連盟は、六四年に学会から組織上独立するかたちで公明党を結成している。

一方の自民党は、六〇年安保前後には政権陥落の危機が叫ばれたこともあったが、高度経済成長を背景として池田勇人内閣（一九六〇年七月～六四年一一月）が長期化し、安定期を迎えていた。「青年の保守化」の議論が大きく広がった背景には、このような政治状況がある。

「青年の保守化」論争は、社会党がこれを問題視したことから始まる。江田ビジョンをめぐり紛糾したことで有名な六二年一一月の第二二回党大会において、同党は後述の青年問題特別委員会の設置を決定した。江田はこの大会の最中に書記長を辞任したが、組織局長選に立候補し当選を果たし、この青問委の委員長に就くこととなった。ここから、江田はこの青年問題を党改革の足掛かりにしようと企図していたことが推認される。同委員会が活動方針にあたる「基調報告」を六三年五月一七日に決定すると、社会党が青年問題、つまり青年の社会党離れに危機感を持っていることが新聞各紙で報じられ始める。[*2]

青問委の基調報告は、「若年層に革新政党支持率（とりわけ社会党支持率）が低下する傾向があらわれてきた」こと、労組の調査で若年層の保守政党支持と支持政党なしの割合が上昇していることなどを指摘し、こうした状況を前提として「青年の要求」を探り、対応策の方向を模索すべきという趣旨のものであった。[*3] 青年問題が社会党にとって危機であることが、同報告とその報道により内外に伝えられたのである。

2－2　「保守化」＝社会党支持率の低下

社会党の青年問題が「青年の保守化」としてより広く認識されるようになったのは、一九六三年七月一一日の朝日新聞の世論調査報告記事からと思われる。[*4] 六月に行われた調査結果を報告したこの記事では、「三十年以来いつの調査でも二十歳代の男性は自民党支持より社会党支持のほうが強かったのが、こんどは自民党支持三七%、社会党支持三三%と逆転し」たことを政党支持率に関する注目点として挙げていた。このように朝日新聞の世論調査結果報告記事が二〇歳代の政党支持率に着目したのは、先の社会党内の動きを受けてのことと想像される。

朝日新聞はその後も同社調査の報告記事において二〇歳代における「保守化」を指摘し続ける。ここで留意すべきは、同紙が二〇歳代の自民党支持の伸びではなく社会党支持との支持率の逆転、そして社会党支持率の低落を特に指摘した点である。一九六四年六月に行われた世論調査結果を伝える記事では、二〇歳代では社会党と民社党の支持率（計三二％）を足しても十年前の社会党支持率（四八％、左右両社会党の合計）に比較して大幅に低下したことを伝え、「十年間に約一〇％ほどが保守化していったわけである」とまとめている。[*5] この調査結果を踏まえた社説でも二〇歳代の社会党支持率の低下を「保守に傾向している」と表現している。[*6]

このように「青年の保守化」が保守・自民党への支持の拡大を意味しないことは、早くから指摘されていた。そのなかで、週刊のオピニオン誌『朝日ジャーナル』一九六四年七月二日号に掲載された、統計数理研究所の西平重喜による論文「青年層の保守化とはなにか」は他の文献でも引用されることが多く、重要といえる。[*7]

この論文では、朝日新聞世論調査の二〇～四〇歳代の年齢層別政党支持率の推移を示しながら、「若い人たちが保守化したというのはいいすぎ」だが「革新派の支持率が低落気味であることは事実」と指摘している。さらにいくつかの調査をみて「数年前よりは保守派支持の傾向が出てきているということができる」としている。

同論文は、このような政党支持に関する考察の一方で、政治と関係する、あるいは直接関係しない価値意識に関してもデータを示し論じている。一つだけ例を挙げれば、統数研の国民性調査の「つぎのうち、大切なことを二つ挙げてくれといわれたら、どれにしますか」という質問において、「親孝行をすること」、「恩返しをすること」を選んだ割合が高齢ほど高く、「個人の権利を尊重すること」、「自由を尊重すること」を選んだ割合が若年層ほど高いことを示している。そしてここから、若年ほど進取的、個人主義的であり高年齢層の保守感覚とは異なっていると指摘している。

2-3 広がる「青年の保守化」論

朝日新聞が二〇歳代の「保守化」を指摘した一方、他紙の報道は遅れた。たとえば、毎日新聞が一九六三年九月同社世論調査の結果を報告した記事では、政党支持率が前回から大きく変化がないこととともに、二〇代で社会党支持率が高いことを指摘している。[*8] ここでわざわざ年代別の政党支持率を報告したのは、青問委の基調報告や二〇代の社会党支持率低下を伝えた七月の朝日新聞の記事を意識してのことと想像される。いずれにしても、このときの調査では「青年の保守化」は確認されなかったのである。

毎日新聞で初めて「青年の保守化」に触れられたのは一九六四年の年末になってからである。六四年一一月の世論調査結果を報告した記事では、六三年九月調査に比較して二〇歳代の社会党支持率が低下したことが指摘されている。[*9] このように毎日新聞で社会党支持率低下の報告が朝日新聞に比べて遅れたのは、六三年世論調査の前に支持政党の質問が置かれたのが六〇年と間隔が空いており、かつ質問文が比較可能なものでなかったためと考えられる。

読売新聞に関しては、自社の世論調査では「青年の保守化」に関する指摘はなされなかった。一九六三年一〇月や六四年八月の世論調査結果報告記事では、むしろ政党支持の分布があまり変わらなかったとされている。[*10] これは、おそらく「青年の保守化」を指摘できるような傾向を析出できなかったものと思われる。六五年参院選前の青年層の政治意識と行動について論じた同紙の記事では、「青年の思想動向、とくに、その保守化が問題になってからすでに久しい」と書かれているが、自社の調査結果ではなく、次に紹介する平和経済計画会議の調査結果を引用している。[*11] また、同紙の夕刊に連載されていた評論家・室伏高信の雑誌記事紹介のコーナーでは二回「青年の保守化」を取り上げているが、やはり同紙の調査結果は引用されていない。[*12]

社会党青問委は、先の基調報告で示された方針に従って平和経済計画会議（一九九七年に生活経済政策研究所に改称）に調査と分析を委嘱している。同会議の政治意識調査委員会（主査：日高六郎）が行った調査の結果は六四年末に刊行されており、二〇代が以前よりも「保守化」していること、高学歴層が「保守化」し低学歴層が「革新化」していることなどを指摘している。[*13]

同委員会は、この調査を含むいくつかの調査結果を分析し、一九六四年一二月の社会党の第二四回党大会に報告書を提出している。[*14]『月刊社会党』六五年三月号に掲載された同報告書の紹介記事では、各種調査結果からは「保守化を即断できない」としており、先の西平の指摘同様に単純な若者保守化論を退けたものとなっていた。[*15] その一方、各種調査結果は「社会党をはじめ、いわゆる革新勢力の現在と未来に対して青年が期待できないという状況を示しているのではないか」とし「革新陣営に対する〝不信任状〟」ともいえるとしている。また、「基礎調査なしに有効な結論も具体策もみつけることは困難」として「青年の要求」を探る必要性を訴えていた。

詳細は省くが、この「青年の保守化」をめぐる議論は当時の革新勢力の内部でさらに広がりをみせた。[16]ただし、左派勢力内の「青年の保守化」論争は各勢力の立場に応じて我田引水的に論じられた。「青年の保守化」は社会党の問題として受け止められていたことは確かだが、調査や議論を通じて社会党の退潮を止める方策を探るという、青問委が意図した方向には向かわなかった。その意味では、この論争は不毛であったといわざるをえない。

一方、より一般向けには「青年の保守化」はその時代の若者に関する論評、いわば当代若者論として機能した側面がある。これも詳細は省くが、「青年の保守化」は若者の関心が政治や思想ではなく消費や生活利害に向いた結果と解され、当時の識者からは否定的に、改善すべき態度と捉えられた。[17]その意味で「保守化」は「退廃」と似たような意味、語感の表現だったといえる。

2—4 「青年の保守化」論の退潮

新聞と左派陣営を中心に盛り上がりをみせた「青年の保守化」論であったが、ほどなくして新聞、雑誌から姿を消してしまう。一九六六年に『労働調査時報』に掲載された記事の見出しが「青年の保守化論争をむしかえす」であったことから、この頃にはあまり話題に上らなくなっていたことがわかる。[18]その理由を検証することは難しいが、これには当時の政治状況が背景にあると考えることができる。

「青年の保守化」論争が盛り上がった一九六二〜六五年は高度経済成長の真っ只中で、東海道新幹線の開通や東京オリンピックの開催（六四年一〇月）を頂点として自民党政権への支持は高止まりをみせていた。図1は、時事世論調査の六〇年代における自民党支持率の推移を示している。これをみる

図1　1960年代の自民党支持率推移（時事世論調査）

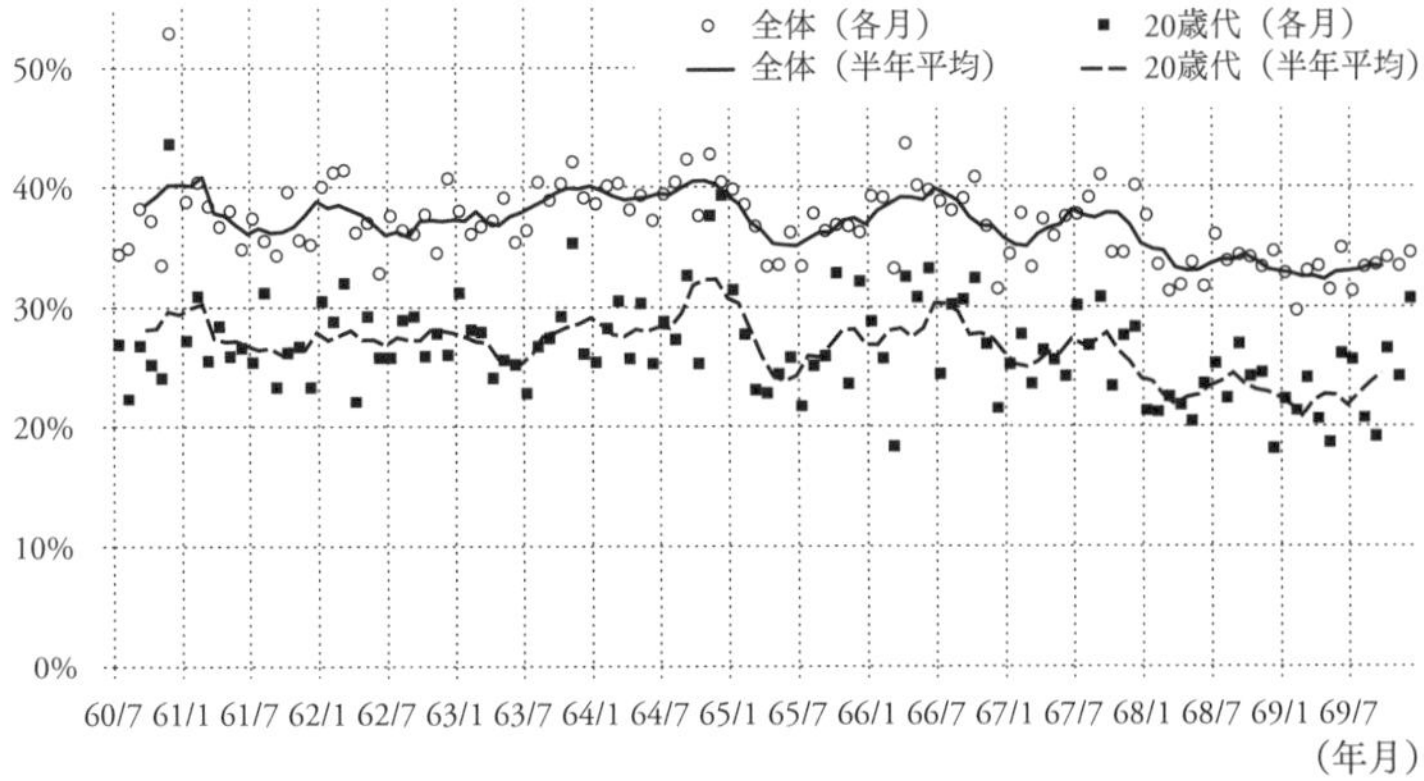

※時事通信社編『戦後日本の政党内閣——時事世論調査による分析』（時事通信社、1981年）、『時事通信』（時事通信社、各号）より筆者が作成した。

図2　1960年代の社会党支持率推移（時事世論調査）

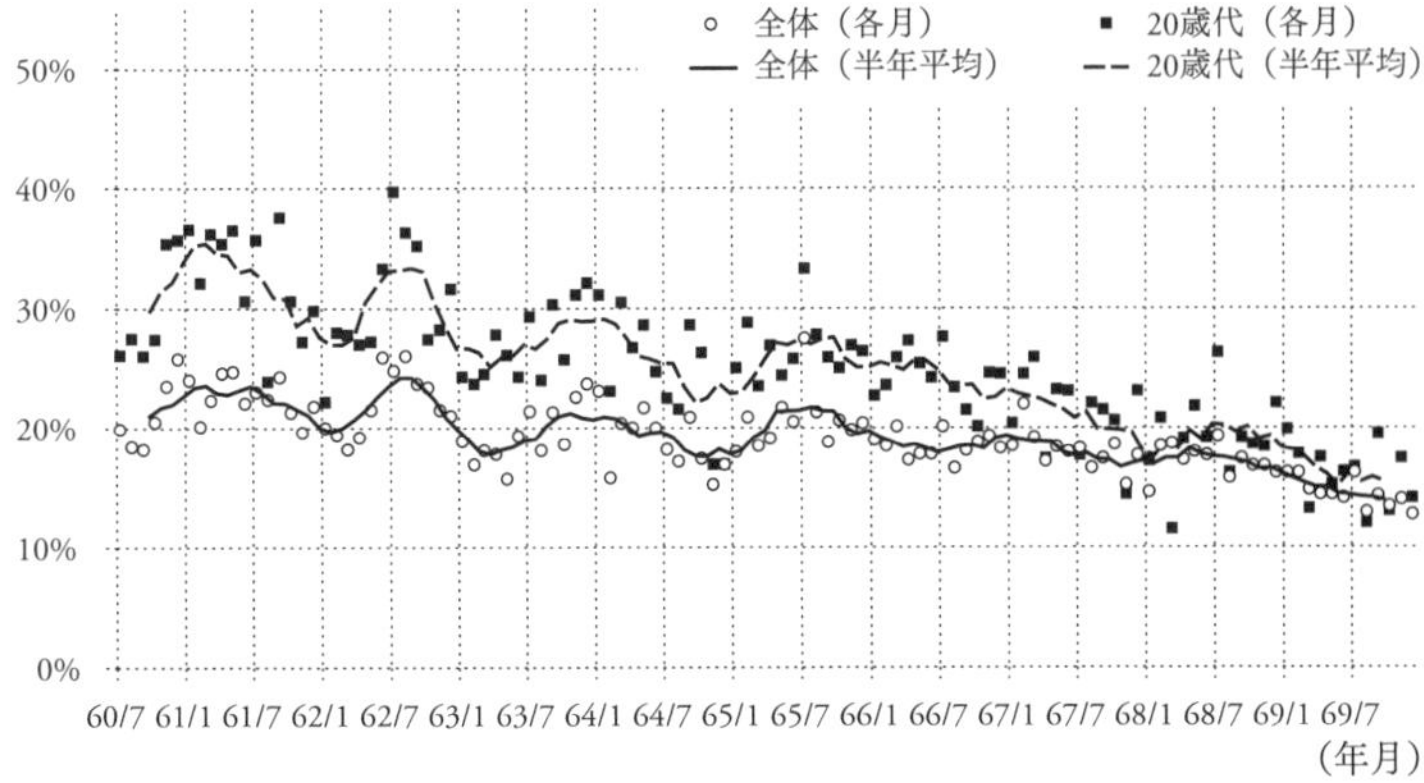

※同図1。

と、自民党支持率は六二年半ば頃から上昇基調となり、六三年後半から六四年末にかけて四〇%前後で推移しており、六〇年代中で最高潮に達していたことがわかる。

しかし、池田勇人から佐藤栄作への首相の交代（一九六四年一一月）、証券不況と呼ばれた景気低迷（六四年一〇月〜六五年一〇月）[*19]などが重なったところで、自民党の支持率は低下傾向をみせることになる。図1に示されるように、自民党支持率は六五年に入ると急落し、同年半ばから年末にかけては三五%前後で推移した。このような自民党支持率の低下と呼応して、図2に示すように六四年後半から六五年半ばにかけて社会党の支持率は上昇した。

このような傾向は新聞各紙の世論調査でも同様であった。朝日新聞の一九六四年一一月世論調査では自民党支持率五一%、社会党支持率二七%であったが、六五年八月調査ではそれぞれ四五%、三四%となっており、両者は接近した。毎日新聞では、六四年一一月調査で自民党支持率四八%、社会党支持率二二%だったのが、六五年六月の参院選前調査でそれぞれ四〇・二%、二三・一%となっていた。

このように自民党から支持が離れ、社会党支持率が上昇した局面で、「保守化」を主張することは難しかったと思われる。これが「青年の保守化」論争が下火となった主要な理由と考えられる。

自民党支持率はこの後、一九六六年の前半に一時的な回復をみせるが、黒い霧事件の影響もあり六六年後半から六七年にかけて落ち込み、六七年後半にまた一時回復するも、六八年から六九年まで低下傾向に入る。この間、二〇歳代の自民党支持率は平均で一〇ポイント程度、全体の支持率よりも低く推移している。二〇歳代の人々は、少なくとも自民党支持率を上げるという意味では保守化していなかったことは確かである。

2－5　不定期世論調査が強調した「青年の保守化」

自民党支持率の低下の一方で、これが社会党支持率の上昇に結びついていなかったことも明らかである。図2からは、一九六五年の自民党支持率急落の際に社会党支持率は一時上昇したが、この時期を頂点として社会党の支持率は長期低下傾向に入っていることがわかる。六九年には衆院選で大敗し、党の退潮がもはや「青年」だけの問題でなくなったのは明らかだった。

この図2に示される社会党支持率の推移からは、「青年の保守化」論争の別の側面も浮かび上がる。この図からは、「青年の保守化」論争が起きた一九六二年から六五年にかけて、二〇歳代の支持率が低下傾向にあったことは確かなようにみえる。しかし、その推移はかなり波打っており、特に六二年中頃の支持率急騰期によってその後の支持率低落が印象づけられている。その要因を正確に検証することは難しいが、二〇歳代に限らないこの時期の社会党支持率の激しい上下動は、そのタイミングから社会党の党内抗争などの影響によると推察される。あくまで仮説ではあるが、これを簡単に説明しておきたい。

社会党の支持率は、一九六〇年一〇月の浅沼稲次郎委員長の暗殺と翌一一月の衆院選の影響により同年一〇月以降急上昇した。六一年三月の第二〇回党大会では党内抗争は抑制されたが、六二年一月の第二一回党大会を前に左右両派は特に江田らの構造改革論をめぐって激しく対立するようになった。この結果、六一年後半から六二年前半にかけて社会党支持率は急落することになる。

翌月に参院選を控えた一九六二年六月に社会党支持率は回復し、七月に発表された江田ビジョンとその報道で社会党に期待が集まったためか高支持率が一時続く。しかし同年一一月の第二二回党大会では江田ビジョンをめぐり党内抗争が激化し、六三年初頭にかけて社会党支持率は急落することになる。

その後、一九六三年一一月の衆院選に向けて社会党は徐々に支持率を回復させる。六四年二月の第二三回党大会直前に社会党支持率は下落したが、同大会で反主流派が幹部選に候補を擁立しない戦略を採り表面上対立が抑えられたためか、支持率は持ち直す。ただしその後も党内抗争は燻り、支持率は低下を続け、反主流派が巻き返して党執行部を握った第二四回党大会（六四年一二月）の直前に支持率は過去最低を記録することとなる。社会党支持率は六五年参院選に向けて回復するものの、その後は先述のように長期低落傾向に入ることとなった。

このような推移を踏まえたうえで、「保守化」を指摘した朝日新聞や毎日新聞の世論調査の実施時期を確認すると、いずれも社会党支持率が低落した時期に重なっていることがわかる。朝日新聞では一九六三年六月、六四年六月、一一月の世論調査で「保守化」を指摘したが、これらは社会党支持率の谷や下り坂の時期にあたる。一方、二〇歳代の社会党支持率が高いとした毎日新聞の六三年九月の世論調査は社会党支持率の山にあたり、「谷底」にあたる六四年一一月の同紙次回調査で同党支持率が「急落」したのは当然であった。

この当時の新聞社による世論調査の頻度は年一、二回とまばらであった。月例でないだけでなく、何らかの節目に調査が行われることになるため、政治イベントに合わせて調査結果が大きく動くこともあった。したがって、この時期の新聞社の世論調査結果は月例の時事世論調査とは異なり、長期的なトレンドとごく一時的な傾向、あるいは誤差を分別しにくく、時系列の意識変化を論じるには危険な、少なくとも慎重さを要するデータであったといえる。

それでは時事世論調査で「青年の保守化」は捉えられるのだろうか。図2をみると、二〇歳代の推移はこの全体の振幅をさらに大きくしたようなものとなっている。当時、この層が同党の党内抗争に最も敏感に反応したのだと推認される。そうしたショックはありつつも、「青年の保守化」が論じられた時期を含め一九六六年頃までは、二〇歳代が社会党を支持する割合はより高齢の年齢層に比べて明確に高かったことも確かである。

それゆえこの時期の推移を若年層の保守化や社会党離れと述べることは適切ではない。より妥当な表現を探れば、当時の若年層のあいだでは社会党への迷いが生じていた、となるだろうか。あるいは、若年層の社会党支持率の上下動は、同党の方向性を示す、同党を試す反応だったと評することもできるだろう。

後から振り返れば、不定期に、散発的に行われていた当時の新聞の世論調査は、若年層を中心とする社会党への迷いを的確に捉えることができていなかったといえる。一時的な社会党支持率の低落を継続的な低下と誤解し、あるいは誤解させ、それをときに若者側の問題として報じた。「青年の保守化」論は、調査の限界を一因とする誤った世論解釈に導かれ、左派陣営内の主導権争いのなかで不必要に喧伝され定着したものと結論づけられる。

そして、その後の社会党支持率の推移は、この若年層を中心とする人々の迷い、問いかけに同党が応えられなかった結果に他ならない。二〇歳代と全体の社会党支持率の差は一九六六年の後半から急激に縮小し始め、六〇年代末には両者はほぼ同水準となった。三〇歳代より上では二〇歳代ほどは低下していないことから、二〇歳代支持率の低下が六〇年代後半の社会党支持率の低下傾向の多くの部分を作り出していたことは明らかである。

「青年の保守化」論争以後に二〇歳代の社会党支持率が低下したことが皮肉なのか必然なのかはともかくとして、この論争が社会党を救わなかったことは確かといえるだろう。

3 「保守回帰」と七〇年代後半の選挙結果

3−1 新聞で流行した「保守回帰」

一九七〇年代に入ると、国政選挙では保革伯仲の状態が続き、地方選ではいわゆる革新自治体が増え、中央、地方を問わず自民党は革新陣営に押され続けた。しかし七〇年代末にはこの状況は反転し、八〇年衆参同日選で自民党は圧勝することとなった。

こうした背景から半ば当然に、この時期には日本の人々が「保守化」したとする言説が相次いだ。そして結果的に、選挙結果変動と人々の政治意識の変化という本来同一ではない現象が混濁して論じられる傾向が生じた。これを端的に示すのが「保守回帰」という言葉である。本節では、この言葉を手掛かりとして七八年から八一年頃の日本人保守化論について考察していきたい。

「保守回帰」という言葉は、一九七八年一月の自民党大会で採択された同党の活動方針に記述された「〝保守への回帰〟とも受けとれる傾向」という表現が元になっていると考えられる。[*20] 党大会の直後から、自民党が復調しているとされる当時に選挙結果や世論を表す際に、これを短絡化した「保守

表1　「保守回帰」に言及した新聞記事数、書籍・雑誌数

			年	73	78	79	80	81	82	83	84	85	86	87	88	89	90	91	92
新聞記事数	読売新聞	全検索結果		1	27	49	9	4		2	1	4	2	4		4		7	5
		記事中に含む			11	34	8	4		1	1	3	2	4		3		7	5
		見出し			4	4		2				1	1					2	
	日経新聞	全検索結果			1	4		1	2	6	1		2	3			3	1	
		見出し			1	4		1		1				1			1		
	毎日新聞	全検索結果				8	3	2		1				1		2	2	2	1
		見出し				8	3	2		1								1	
	朝日新聞	全検索結果			1		3	3	1		1	4	3			3	1	1	1
		見出し			1		3	3	1		1					1		1	
書籍・雑誌数	国会図書館サーチ					9	6	3	3	3	1		1		1				2

※各データベースにより「保守回帰」を検索し、日本政治に関わる記事と判断したものを集計している。詳細な手順、条件については次のとおりである。表中の新聞の並び順は期間中の全検索結果の件数順としている。

【読売新聞】　「ヨミダス歴史館」を用いて検索した。1973年から86年については「明治・大正・昭和版」を用いてキーワード、見出しにより検索し集計した。86年以降は「平成版」の全文検索による結果を集計した。86年は両者の検索結果数を合わせて集計している。なお、読売新聞の「明治・大正・昭和版」は記事中に含まれない単語がキーワードとして設定されていることがある。そこで検索結果のうち記事中に「保守回帰」と記述されている記事数を別途集計し示した。本文中ではこれを「保守回帰」言及記事と表現する。

【日経新聞】　「日経テレコン」を用い、日本経済新聞朝刊および夕刊に限定して検索した。

【毎日新聞】　「毎索」の「毎日新聞記事検索」を用い、本社・東京朝刊および東京夕刊に限定し、見出しと本文について検索、集計した。同じ記事が二重にヒットした場合は1件として数えている。

【朝日新聞】　「聞蔵Ⅱ」を用いて検索した。1978年から84年については「朝日新聞縮刷版1879～1999」を用いてキーワード、見出しにより検索し、地方面（東京）に掲載された記事数を除外して集計した。84年以降は「朝日新聞1985～」により東京本社発行に限定し、地域面を除き検索した。84年については両者の検索結果数を合わせて集計している。

【書籍・雑誌数】国会図書館サーチにより「保守回帰」を検索し、日本政治に関わる記事が掲載されている書籍、雑誌等の数を集計した。1つの書籍、雑誌の下に複数の記事が連なる場合は1件と数えている。

回帰」が新聞や雑誌で盛んに用いられるようになっている。

表1は、新聞各紙の記事、および国会図書館サーチにより検索した書籍とその目次、雑誌記事の見出しに「保守回帰」という言葉が用いられた回数を年別にまとめたものである。[*21]これをみると、新聞紙面で「保守回帰」は一九七八年から八一年にかけて頻繁に用いられていたことがわかる。見出しにも数多く用いられて

おり、当時の流行語となっていたことが伺える。一方、八二年以降にこの言葉が見出しに用いられる回数は大きく減り、八三年（二回）と九一年（四回）を除けば各紙合わせて一回もしくは〇回となっている。

この表からは、読売新聞がこの言葉を新聞各紙に先んじて、好んで用いていた様子が伺える。[*22] 読売新聞による積極的な「保守回帰」言及が始まったのは一九七八年三月からである。[*23] 同月一一日には、自民党支持率の高止まり等を指して「保守回帰」と表現する世論調査分析記事を掲載している。[*24] 直後の四月九日に行われた京都府知事選では、引退した革新系首長・蜷川虎三の後継者が敗北して自民党の推す候補が当選する結果となったが、これを「保守回帰」と呼称した記事が多数掲載された。七九年の統一地方選の前後にはさらに数を増し、統一地方選後も衆院選に向け、七月から一〇月にかけて多数の記事が掲載された。

しかし、この衆院選で自民党が伸び悩んだ結果、選挙直後の一〇月八日を最後に読売新聞からは「保守回帰」言及記事は消える。次に「保守回帰」言及記事が掲載されたのは、自民党が大勝した一九八〇年衆参同日選の投票日の翌日（六月二三日）と九ヶ月近く経過してからであった。以後、自民党が敗北する八一年七月の都議選まで断続的に「保守回帰」言及記事が掲載され続ける。この間、読売新聞だけでなく毎日新聞も同様に「保守回帰」を用いた記事を掲載し続けた。

当時、「保守回帰」に積極的に言及した読売新聞と対照的な姿勢をみせたのが朝日新聞である。発見できた「保守回帰」言及記事はすべて、言及の際に留保をつけて用いているか、誰かの発言の引用であった。しかし、一九八〇年衆参同日選を受けて、朝日新聞のこの姿勢は変化することとなった。これを端的に示すのが、同選挙結果の石川真澄による解説記事に「安定求め保守回帰」と見出しが打たれたことである。[*25] この選挙について石川は、「政治の安定」のために「自民党の単独政権が維持されなければならない」という自民党の主張を人々が「肯定した投票結果」だとしている。

この同日選後には、内田健三、白鳥令、富田信男編『保守回帰――ダブル選挙と民主主義の将来』（新評論、一九八一年）が出版されるなど、当時の有権者の世論、あるいは日本政治全体の方向性、雰囲気を示す言葉として「保守回帰」は定着したといえる。

このように「保守回帰」という言葉が広まるのと同時期に、新聞や雑誌で有権者が「保守化」したとする議論、さらには有権者の保守化を前提とした議論が多数掲載され始めた。[*26] このような議論や認識は、次節で取り上げる生活保守主義や新中間大衆論の基礎となった。また、一九六〇年代の「青年の保守化」論争と同様に左派陣営内でも日本人あるいは青年の「保守化」に関する議論が広がった。[*27]

3-2　地方選の「保守回帰」の実際

それでは、この「保守回帰」と呼ばれた一連の選挙結果は、有権者の保守化を意味するのだろうか。先にみたように、新聞や雑誌・書籍で「保守回帰」が積極的に用いられたのは一九八一年頃まであった。「保守回帰」という言葉が用いられなくなった、あるいは「保守回帰」論が後退した主な要因は、八一年東京都議選や八三年衆院選での自民党の敗北、いわば選挙結果の再反転と考えられる。[*28] すでにみたように、伸長が予期された七九年衆院選において自民党が議席を伸ばせなかった後にも「保守回帰」は用いられなくなった。自民党が伸び悩む、敗北した選挙の出現が「保守回帰」の使用を抑制したのである。

これらの事実は、結局のところ、「保守回帰」が一時の情勢に付された流行語の類に過ぎなかったということを示す。保守化が中長期的な人々の政治信条や意識の変化を示す言葉だとすれば、この点で「保守回帰」と保守化とにはすでに埋めがたい齟齬があるといえる。

さらに、「保守回帰」論を支えた各種の選挙結果についても、人々の保守化と解釈できる余地はかなり狭い。先にみたように「保守回帰」論の端緒は一九七〇年代末の地方選挙にあったが、次にみるように当時の地方選の結果は自民党の復調の根拠といえるものではなかった。

一九七〇年代末の地方選の結果が「保守回帰」と表現されたのは、京都府知事選や東京都知事選、大阪府知事選において自民党が推す候補が当選を果たし、革新都政・府政が終焉したことによる印象の影響が強い。

一九七〇年代末から八〇年代にかけての選挙で革新都政・府政が途絶えた要因としては、革新陣営からの中道政党の離脱と保守・中道連合の促進がまず挙げられる。さらに、社会党と共産党の仲違いなど革新陣営内の足並みの乱れ、蜷川虎三、美濃部亮吉など著名な革新知事の引退などが指摘できる。[*29]つまり、地方選における「保守回帰」の印象は、自民党を強く支持した有権者の投票行動ではなく政党、政治家の動きが主導したものといえる。[*30]

首長選の結果は、このように政党間関係の状況が強く影響するため、その結果から有権者の特定政党への支持態度やその奥にある政治意識の変化を読み解くことは難しい。そこで、地方選のなかでより人々の意識変化に近い一般の地方議会選挙結果の推移を確認しておきたい。ただし、保守系無所属候補の数が多く、特に町村議会は無投票となることもあるため、党勢をみるには適さない。また、統一地方選にはさまざまなレベルの選挙が含まれるが、実施される各種選挙は毎回変動するために時系列比較が難しい。

一方、都道府県議選と政令指定都市の市議選は前後で大きく競争の構図が変わることが少なく、選挙結果を時系列方向に比較しやすい。そこで道府県議選と政令指定都市の市議選について確認してみると、「保守回帰」論が強く支持された一九七九年統一地方選は自民党が復調したといえる結果とはなっていなかった。四四の道府県議選では獲得議席を増やしたものの、その議席率（五三・二％）は自民党支持率が当時として最低レベルの時期に当たる七五年の統一地方選（五三・三％）とほぼ同じであった。八つの政令指定都市の市議選では獲得議席数をわずかではあるが減らしていた。「保守回帰」の端緒である七九年統一地方選では、報道の印象とは異なり自民党の党勢は回復していなかったのである。[*31]

表2　自民党の都道府県議会議員選挙結果

実施年	都道府県数	総定数	自民党当選数	自民党議席率
1959年	46	2656	1592	59.9%
1963年	46	2688	1601	59.6%
1967年	44	2553	1446	56.6%
1971年	44	2556	1417	55.4%
1975年	44	2609	1391	53.3%
1979年	44	2645	1406	53.2%
1983年	44	2660	1487	55.9%
1987年	44	2670	1382	51.8%
1991年	44	2693	1543	57.3%

※統一地方選挙で実施された都道府県議会議員選挙の結果を集計している。67年統一地方選以降、茨城県議会と東京都議会の選挙が統一地方選挙から外れている。なお沖縄県議会選は復帰当初より統一地方選で実施されていない。

この見方は、比較の時期を広げても変わらない。表2は、五五年体制下の一九五九年から九一年の統一地方選における都道府県議選の自民党議席率を示している。これをみると、自民党議席率は七九年まで漸減したのち、八三年に初めて上昇するも次の八七年には急落し、五五年体制下最後の九一年選挙で大きく上昇していることがわかる。このデータからは、七九年統一地方選の結果を「保守回帰」と表現することは躊躇われる。当然、この推移から日本人の保守化を主張することも難しい。

3―3　自民党が低迷した七九年衆院選の謎

先にみたように、「保守回帰」の流行には、一九八〇年の衆参同日選挙における自民党の大勝や自民党支持率の上昇も関係している。以降、これらが人々の保守化を意味しうるのか考えていきたい。

この考察の際、大きな謎となり鍵ともなるのが一九七九年衆院選である。「保守回帰」を印象づけた統一地方選と同年に行われ、自民党の議席回復が見込まれた同選挙において、同党は過去最低成績であった前回七六年衆院選から当選者数をさらに一議席減らすこととなった。

一九七九年衆院選で自民党が議席を伸ばすと考えられたのは、一連の首長選での勝利に加え、七六年衆院選時に比べ選挙前の党支持率が上昇していたためである。図3には毎月の時事世論調査の自民党支持率とその一二ヶ月平均値を示しているが、七六年一二月の衆院選前に二五%前後しかなかった自民党支持率は、七七年以降に三〇%程度にまで回復している。[*32] このような支持率回復を前提とすれば、七九年衆院選で自民党は議席を大きく回復させると予測することは無理からぬことである。

それでは、自民党支持率が回復したにもかかわらず七九年衆院選で自民党の選挙結果は好転しなかったのはなぜだろうか。いくつかの議論があるが、多くは決定的とはいえない。[*33] そのなかでは、田中善一郎が行った雨の影響に関する分析は最も重要と思われるので確認しておく。[*34]

田中の分析結果について解釈を含めて平易に述べれば次のようになる。一九七九年衆院選の投票日は、関東地方を中心として激しい雨が降ったため、都市部の浮動的な有権者を中心に棄権者が増加し、投票率が大幅に低下した。これら棄権した都市浮動層には本来なら自民党候補に投票するはずの有権者が多く含まれていたため、自民党の得票率は伸び悩むこととなった。

図3　自民党の支持率と衆院選絶対得票率

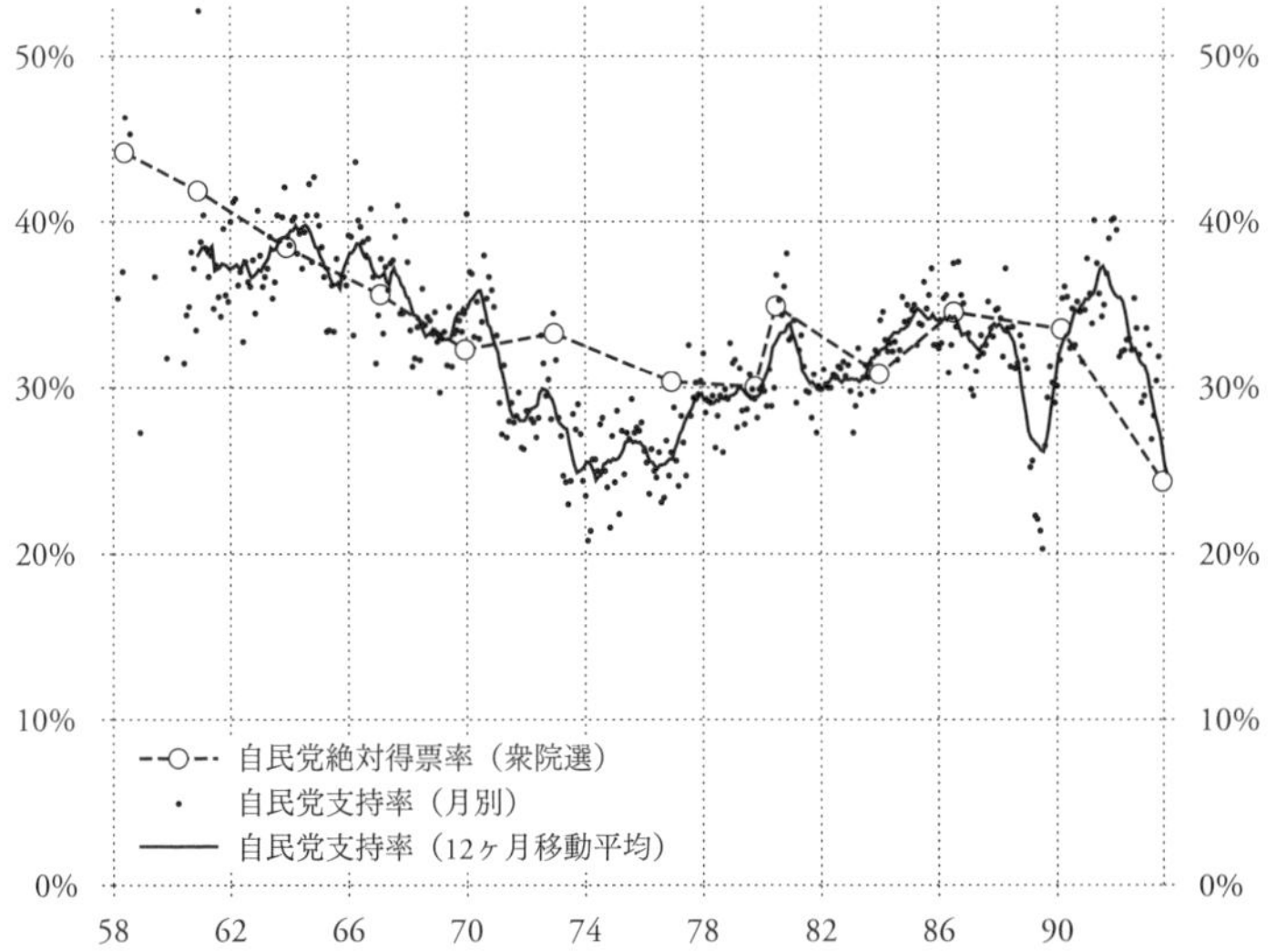

自民党支持率は時事世論調査による。12ヶ月移動平均は12ヶ月間の平均値を集計期間の中間の位置に示している。同調査では1960年7月より月毎の調査が行われており、移動平均もこれ以降について計算しているが、図中には時事通信が行った60年6月以前に行った不定期の調査における政党支持率も示している。
データ出典：時事通信社編『戦後日本の政党内閣――時事世論調査による分析』（時事通信社、1981年）、時事通信社・中央調査社編『日本の政党と内閣1981-91――時事世論調査による分析』（時事通信社、1992年）、『時事世論調査特報』（時事通信社、各号）。

筆者が再検証したところ、この田中の分析結果自体に大きな破綻はなかった。ただし、投票率と相関する絶対得票率（得票数÷有権者数）を従属変数として分析した結果から雨が「自民党の復調を幻に終わらせた」[*35]と指摘するのは、降雨の選挙結果に対する影響を過大評価するものである。

降雨による投票率の低下は、自民党だけでなく他党の絶対得票率にも多かれ少なかれ影響を及ぼしていると考えられる。そのため、降雨が自民党の相対得票率（得票数÷有効投票数、いわゆる得票率）に与えた影響はより小さいと考えられる。その場合、仮に降雨の影響を除くことができたとしても、一九七九年の選挙結果は現実と大きく変わらない可能性がある。このとき、雨が降っていなければ自民党は大幅に得票率を伸ばし、もっと多くの議席を得ていたと主張することは難しい。降雨の選挙結果への影響を考察するためには、降雨が自民党の得票数に与えた影響だけでなく、野党の得票数に与えた影響も同時に評価しなければならないのである。

これを踏まえ、絶対得票率ではなく相対得票率を用いて分析を行ったところ、降水量が多い選挙区ほど自民党得票率が下落傾向となる負の相関関係は確かに確認されるものの、この関係の一部は各勢力の候補者の出入りの影響により生じたものであったことがわかった。[*36] 降雨の自民党の相対得票率に対する影響は限定的だったといえる。

この再分析の結果を用いて簡単なシミュレーションを行ったところ、雨が降っていなければ一部の選挙区で自民党候補の落選が覆っていた可能性がある、という程度の影響しかみいだせなかった。[*37] つまり、雨の影響を除いたとしても、一九七九年衆院選で自民党は議席を大きく伸ばせなかったことに変わりはないと結論づけられるのである。

3−4　支持率低迷期に〝善戦〟した自民党

それではなぜ、支持率が回復した一九七九年衆院選で自民党は選挙結果を良化させることができなかったのだろうか。

図3には衆院選の絶対得票率も示したが、これがヒントになる。この図からは、自民党候補者の数が絞り込まれた一九六〇年代半ば以降、衆院選の自民党絶対得票率は時事世論調査の自民党支持率に

近い値を取っていることがわかる。しかし、七〇年代の二つの選挙は例外的に支持率よりもかなり高い位置に絶対得票率が来ている。

ただし、一九七二年衆院選に関しては選挙前後の一年間の平均でみれば支持率はかなり低いものの、半年間でみれば絶対得票率に近い水準となる。田中角栄内閣誕生から数ヶ月のあいだ、自民党支持率は高く、選挙結果もこれに沿っていたとみなせる。つまり、支持率に比して自民党の絶対得票率が高いという特異な結果となったのは七六年衆院選のみである。

このように、一九七六年衆院選で自民党が支持率の水準を大きく超えて〝善戦〟したのだから、七九年衆院選において自民党の選挙結果が好転しなくとも不思議ではなかったと述べることができる。

そして、自民党の選挙結果が同党の支持率の推移から外れて〝善戦〟したのはこの衆院選だけではなかった。支持率が最も低迷していた一九七四年参院選における全国区の自民党公認候補三五人の得票率合計（四四・三％）は七一年の自民党公認候補三四人の得票率合計（四四・五％）とほとんど変わらなかった。地方区（選挙区）の得票率は七一年の四四・五％から七四年には三九・五％へと五ポイント下落したが、これは公明党が候補を擁立した選挙区が二から三六へと急増したためである。自民党の得票率は、公明党候補が増えた三四選挙区では四八・一％から四〇・九％へと急落したが、そうでない一三選挙区では三四・八％から三六・一％へと上昇していた。

その一方で、自民党支持率が回復した後の一九七七年参院選では自民党の得票率は大きく向上しなかった。全国区では候補者数が三五人から二二人に減ったことも影響して得票率は四四・三％から三五・八％へと下落した。地方区では、七四年に比較して公明党候補出馬区が三〇減ったにもかかわらず、二・六ポイントしか得票率は伸びず、七四年の低下幅の半分しか回復できなかった。

このように、自民党支持率が史上最低レベルの時期に行われた国政選挙において、自民党は支持率の低落ほどには得票率や選挙結果を悪化させていなかった。だからこそ、暗黒期を抜けた後の国政選挙で結果が大きく好転するようなこともなかったのである。「自民党支持率が回復したにもかかわらず七九年衆院選で自民党の選挙結果は好転しなかった」のではなく、「自民党支持率が低落した七六年衆院選に自民党の選挙結果は大きく悪化しなかったため、支持率回復後の七九年衆院選での大幅な反動は生じえなかった」と解するのが適切ということになる。

3－5　「保守回帰」は人々の保守化を意味するか

それでは、自民党支持率低迷期に同党の選挙結果が悪化しなかったのはなぜだろうか。ここでは、金権スキャンダルや派閥抗争の激化などを受け、マス・メディアで自民党が特に叩かれた一九七三～七六年頃は、マス・メディアの世論調査で「自民党支持」と答えたがらない人々が増え、支持という回答に反して自民党に投票していた人々が多くなった、という仮説を示しておく。つまり、自民党支持率低迷期には質問への回答としては自民支持とはしないが、実際の心情や行動は事実上自民支持という人々の存在が、支持率と選挙結果の乖離を生み出したと考えるのである。

支持率と選挙結果の乖離の理由については他にもいろいろ考えることはできるが、人々の保守化に関して重要なのはそうした背景ではなく、支持率低迷期でも多くの人々は自民党に投票し続けたという事実である。このことは、一九七〇年代半ばの自民党支持率低下が、「革新化」あるいは「脱保守化」とでも名づけられるような人々の政治信条の大きな変化を意味しないことを示す。この考え方が正しければ、七〇年代終盤の自民党支持率の回復も有権者全体の政治意識が保守化したとは解釈できない。

国政と地方の選挙結果、さらに支持率が混然一体となって自民党・保守に傾いたことを「保守回帰」と表現するなら、これは一九七〇年代終盤の日本の政治状況を示す言葉として間違いではない。しかし、この状況を整理せずにこの言葉を用い、結果的に日本の人々の保守化が印象づけられた側面は強い。仮に意識面での保守化があったとしても、「保守回帰」の印象ほどには強く、大きくはないはずである。

以上、本節では「保守回帰」という混沌とした用語を紐解きながら、当時の日本人が保守化したのかを考えた。ただし、当時の日本人保守化論や一九八〇年以降の自民党の「復調」についてまだ検討していない。これについては、次節でまとめて扱うこととする。

4　浮動的有権者像と八〇年代の選挙結果波動

4－1　生活保守主義の登場

自民党が敗北する選挙がたびたび生じたことで、一時の「保守回帰」論は影を潜めることとなった。だがそれでも、日本の人々が保守化したとする議論は復活し、一九八〇年代半ば以降定着することになった。本節では、この経過と内容をまず追っておきたい。なお、ここで紹介する議論の多くが人々の政治意識の脱イデオロギー的な側面を指摘し、一部の議論ではこれを伝統的な意味での保守化ではないとしているが、ここではこれらを一括して日本人保守化論と呼ぶこととする。

この時期の日本人保守化論は、それまでよりも複雑な論理を伴って提起された。たとえば一九八三年参院選直前の『中央公論』で佐藤誠三郎は、「保守回帰」（ここでは七〇年代後半からの自民党支持率の回復のことを指す）が生じた理由として三つの仮説を示してこれらを否定したうえで、次のような四つ目の仮説を提起している。[*38]

佐藤は、一九七三年の石油危機後に人々の「将来への不安が高まり、生活水準の一層の上昇に対する期待が弱まった」とし、この結果「多くの人は現状維持を願い、急激な変化や冒険を望まなくなったとする。このような「現状への満足と将来への不安との交錯に支えられた」保守化が、自民党支持率の上昇の原因である主張した。そして、この結果として自民党支持者内に「弱い支持」が増えることとなり、ささいな理由により投票行動を変えるようになったのだと解説した。山口定は、この佐藤の議論に同調したうえで、このような人々の意識を「生活保守主義」と呼んだ。[*39] 以下、生活への満足を根本とするこのような保守傾向を生活保守主義と呼ぶこととする。

この時期に生活保守主義が強調されるようになったのは、自民党に対する「弱い支持」を説明する必要からである。自民党への支持が脆弱であるとの指摘は一九八〇年衆参同日選の頃からなされていた。[*40] そのなかで生活保守主義の考え方は、たんに自民党支持が弱く浮動的とするのではなく、その支持に明確な論理や背景を与えるものであった。生活保守主義に基づく弱い自民党支持者はあくまで自民党支持が基本であり、理由がなければ棄権や他党に流れないと捉えられるのである。これは弱い自民党支持者は自民党へ投票と棄権とを往来しているという、後にみる見方と繋がっている。

4-2 新中間大衆論による選挙結果の説明

この生活保守主義的な説明をより体系化するとともに広く世間に流通せしめたのが、村上泰亮による新中間大衆論である。[*41] 村上の一九八四年の著作『新中間大衆の時代』で政治に関わる第4章、第5章では、七七年以降の保守支持復活がなぜ生じたのかを中心的な問いの一つとしている。その議論を要約すれば、次のようになる。

世論調査では、自身の生活程度を「中」に位置づける割合が一九六〇年代後半以降九割程度にまで達し、「一億総中流化」などと呼ばれるようになった。しかしこれは、中流階級の拡大を意味するのではなく、経済、政治などあらゆる側面で下流との境界が曖昧になるという意味で中流階級が輪郭を失った結果であるとする。このような「階層的に構造化されない厖大な大衆」を新中間大衆と呼ぶ。

新中間大衆の登場は階級イデオロギーに基づく政治を後退させ、支持政党なし層の割合の増加を生み出すこととなった。保身性と批判性という一見相反する特性を有する新中間大衆は、一九六〇年代後半以降の日本政治の動向にも強い影響を与えた。六〇年代末から七〇年代にかけての新左翼運動は新中間大衆の批判性の表れであり、新中間大衆の台頭が社会党の支持率低落傾向に歯止めをかけ、共産党支持率を上昇させ、革新自治体誕生を促した。

一方で、新中間大衆の保身性は不安定な自民党への支持・投票態度を特徴とする「保守回帰」の要因ともなる。勢力を伸ばす左派政党や新左翼運動への対抗から、自民党は一九七〇年代以降に都市消費者を受益者とする公共投資、福祉政策を強化した。これを既得権と認識した新中間大衆は、石油危機後の自民党政権の経済運営を評価したことも合わせ、自民党を支持するようになった。

ただし、ナショナリズムのようなイデオロギーに結びついた保守化ではなく、即自的な価値を重視する保身化に基づいた自民党への支持は脆弱である。支持率が回復した七九年衆院選で自民党が議席を伸ばせず、衆院過半数を失う可能性も取り沙汰された八〇年衆参同日選で自民党が圧勝したのは、こうした浮動的な支持の動員の成否が関係している。投票率が低下した七九年には「「弱い支持者層」の動員に失敗した結果、自民党は大敗」し、「投票率の上昇、浮動支持票の増加が選挙結果を左右」した八〇年には自民党が大勝したのである。

村上は言葉として保守化と保身化を明確に分けて論じ、イデオロギーの後退を強調した。しかし、生活保守主義の議論は日本人の保守化を指摘する当時の議論に多大な影響を与えた。たとえば一九八六年衆参同日選における自民党の大勝後に、石川真澄が主張した「深い保守化」は、自民党支持率の職業間格差が縮小したことをその根拠に置いている点で、階層非構造化を指摘する新中間大衆論の系譜に属する。[*42] また、八六年衆参同日選の後に話題となった自民党報告書は、新中間大衆論などの弱い自民党支持を説明する既存の議論を念頭に、自民党への弱い支持は強い支持に変化しつつあると主張した。[*43]

このような考え方が導入されることにより、自民党が安定的に勝ち続けない一九七〇年代末以降の選挙結果と日本人保守化論とが両立できるようになった。自民党が勝ったり負けたりを繰り返す波動的な選挙結果を前にしても、人々は基本的に自民党とその政権を支持しているのだというロジックを提供するものとして、生活保守主義は機能したのである。

4-3　実証を欠く浮動的有権者像

一九八〇年半ばに定着した日本人保守化論は、非政治的な（非伝統的な）保守化である生活保守主義を導入する点に特徴があった。そして、①弱い自民党支持や自民と棄権を往来する浮動票を説明し、②七〇年代以降の自民党の不安定な選挙結果を説明したところに、当時の日本人保守化論の優位性ないし存在理由があった。これにより一部選挙での自民党の不振も射程に入れた点が、一時的な選挙結果の良化に依拠した「保守回帰」論との違いである。

もっとも、支持率の変動や選挙結果を理論的に説明できることと、その説明の正しさは別である。説明の正しさを担保するためには、つまり理論の説得性を高めるためには、実証の積み重ねが必要である。しかし、当時の日本人保守化論は十分に実証的に支えられたものとはいえない。[*44]

まず、この議論の根本には生活保守主義的な意識の広がり（≒保身化）が弱い自民党支持者の増加や棄権との往来に繋がったという因果関係があるが、これを明らかにするような分析結果は示されていない。これらは「保守回帰」の後に提示された議論であるため、「保守回帰」前の時点で利用可能なデータがあまりないことも影響していると思われる。しかし、時系列比較が可能ないくつかのデータからは、この因果関係は成立しないか、ごく小さな傾向と推測できる。

たとえば、村上も引用した飽戸弘による数量化Ⅱ類を用いた自民党支持の要因分析をみると、一九七三年の調査では多数の説明変数を考慮しても生活満足度は自民党支持と関係しており、「生活満足度は保守‐革新の決め手の一つとして効いてきた」と指摘されている。[*45] 結果を解釈すれば、とくに生活不満層が自民党を支持しない方向で関係した。しかし、七八年の調査では、自民党支持に対し生活

表3　前回の投票行動と今回の投票行動（1979-90年明推協衆院選調査）

	前回自民党投票者				前回非自民投票者				前回棄権者			
選挙年	該当者数	自民	非自民	棄権	該当者数	非自民	自民	棄権	該当者数	棄権	自民	非自民
79年	1011	75.8%	11.0%	10.3%	675	78.4%	5.3%	14.5%	88	68.2%	13.6%	10.2%
80年	1105	85.9%	4.3%	8.3%	730	85.3%	6.8%	6.7%	161	59.0%	15.5%	18.0%
83年	1124	75.5%	9.4%	11.8%	578	82.0%	3.1%	10.0%	105	60.0%	15.2%	17.1%
86年	1008	86.1%	4.5%	7.6%	574	81.2%	9.1%	5.9%	153	63.4%	16.3%	10.5%
90年	1088	76.7%	15.1%	5.1%	600	84.5%	6.0%	7.5%	96	51.0%	16.7%	25.0%

※明るい選挙推進協会実施の総選挙全国意識調査より作成した。この表では、各回の調査における前回投票行動回答別に今回の投票行動の分布を示している。非自民は、無所属候補も含めた自民党公認候補以外のすべての候補への投票を示す。

満足度は「ほとんど効かなくなっ」た。これ以降も同様に生活満足度の差が自民党支持を生み出さなったとすれば、生活保守主義や新中間大衆論の前提は崩れていることになる。

さらに、自民党への投票と棄権とを行き来する浮動的な有権者がこの時代の選挙結果を左右していたといった見方は、投票行動を分析すれば適切でないことがわかる。投票率が高かった一九八〇年や八六年の衆院選で自民党が大勝し、低かった七九年や八三年の衆院選で自民党が大敗したことを背景としてこの説は主張されたが、全体の集計値が示すこの傾向は、自民党への投票と棄権とを行き来する個々の有権者による浮動票の存在を示すものでは決してない。

表3は、明るい選挙推進協会による各衆院選後の意識調査を元に、前回投票先別の今回投票先の割合を示したものである。[*46] これをみると、一九七九年と八三年に前回自民党投票者が棄権に回った割合は他の年に比べて高く、自民党への投票と棄権を往来する有権者の存在が伺えるようにみえる。しかし、両年に前回非自民党投票者が棄権に回った割合も同様に高く、両選挙での棄権への動きは自民・非自民に限らないことがわかる。また、八〇年と八六年の衆院選における前回棄権者の自民党投票割合は、他の年に比べてとくに高いわけではない。この表からは、自民党と棄権を往来する浮動的有権者が自民党の勝敗を決

めているると主張することは決してできないのである。

もっとも、こうした世論調査では政治関心の低い層の回答率は低いため、棄権者の投票行動を十分に追えていない可能性がある。そこで、選挙区別の投票率と自民党投票率の関係も確認しておく。

図4は、一九七九〜八六年の衆院選について、横軸に前回と今回の有効投票率の差、縦軸に同じく自民党と非自民党の絶対得票率の差（左図）、相対得票率の差（右図）を、比較可能な選挙区について置いたものである。

田中善一郎は、選挙区別の投票率変動と自民党絶対得票率の変動とが正の相関関係にあることを、棄権と自民党投票との行き来の実証とした[*47]。しかし、有権者数に占めるある勢力への投票者数の割合を示す絶対得票率が投票率と正の相関関係となるのは当然である。つまり、投票率の変動と相対得票率の変動が相関するのは非自民でも同じである。

たとえば一九七九年と八〇年についてみると、絶対得票率に関しては自民党、非自民ともに投票率と正の相関関係となっており、かつ非自民の方がその関係が強いことがわかる。一方、相対得票率の変動と投票率の変動とのあいだには明確な相関関係は確認されない。ここから、投票率の上昇が自民党の得票率の要因とはいえず、したがって投票率上昇が八〇年選挙での自民党の勝因と断定することはできないとわかる。

さらに、一九八三年と八六年に関しては、多くの論者の直感とは正反対に、投票率がより上昇した選挙区ほど自民党の相対得票率が低下する傾向が確認される。逆に、投票率が上昇した選挙区ほど、非自民の相対得票率が伸びている傾向がみられる[*48]。

以上のデータからは、あるときは自民党に投票し、次には棄権するような有権者が多数存在し、選

図4　連続選挙間の投票率変動と得票率変動の関係（1979-86年）

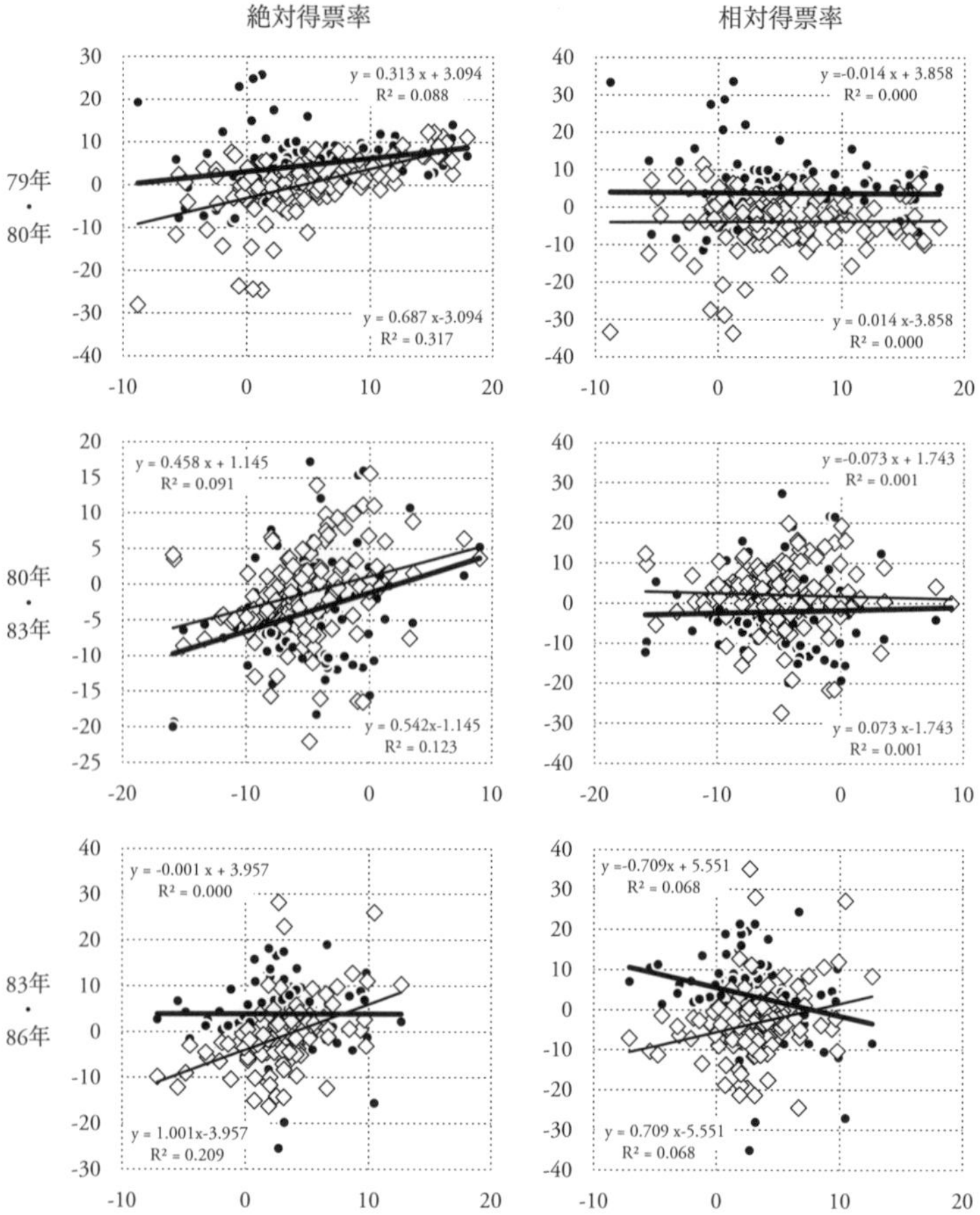

横軸：投票率変動（後投票率－前投票率）　縦軸：得票率変動（後得票率－前得票率）
●：自民党　太線：自民党回帰式　◇：自民以外　細線：自民以外回帰式
※投票率は無効票を除いた有効投票率を用いている。

挙結果の変動を生み出していたという事実は浮かび上がらない。弱い自民党支持が自民党への投票と棄権とを動くことで選挙結果を動かしたという、生活保守主義が主張し、前提とした物語は、根本から再考が必要なのである。

4―4　選挙結果波動のメカニズム

当時の議論のなかで自民党票と棄権を往来する浮動票が仮定され、これに生活保守主義的な説明が与えられたのは、自民党の大勝と大敗という両極端の選挙結果が浮動的有権者の投票行動により引き起こされたという認識が背景にある。しかし、こうした認識自体、正確ではない。少なくとも投票行動の影響を過大評価したものと言える。

表4は、一九七六年以降の衆院選における自民党の選挙結果とその変動を要約したものである。議席数や議席率をみると、七九年以降、自民党の選挙結果は大きく波動していることがわかる。このように毎回、数十議席の増減を繰り返していたことが、浮動票の影響の大きさを想起させたのである。

一方、この表中で各回の相対得票率の変動幅をみると、議席率の変動幅に比較してだいぶ小さいことがわかる。得票率が三・三ポイント伸びた一九八〇年に議席率は七・〇ポイント伸び、得票率が二・一ポイント低下した八三年に議席率は六・七ポイント低下し、得票率が三・七ポイント伸びた八六年に議席率は九・七ポイント伸びている。このように得票率の変動幅を大きく超えて議席率が変動したことが、七九年以降の自民党の選挙結果の特徴である。

図3について述べたように、衆院選における自民党の得票率は基本的に当時の自民党支持率に応じ

て動いている。この表に示した相対得票率の変動も自民党支持率の変動に随伴している。自民党の相対得票率の変動は、その選挙時の自民党支持者は自民党に投票する可能性が高いというごく当然の関係でほぼ説明がつく動きなのである。この動きの説明に、先に紹介したような大規模な、あるいは複雑な理論は必須ではない。自民党の政策や政権運営等の評価に応じて支持率が変動し、そのために得票率も変動したと考えれば十分である。

それでは、一九七九年衆院選以降の議席率の極端な変動はなぜ生じたのだろうか。[*49] これには中選挙区制や自民党の選挙の性質が関係する。ここでは簡単に説明しておきたい。

中選挙区における複数候補擁立政党である自民党は、候補者の数の決定と得票の分配の難しさという、単独候補の他党にはない大きな負担を強いられる。[*50] ある選挙区で、自民党の得票率の水準から獲得しうる数の議席数に合致した数の公認候補を擁立し、各候補のあいだで得票が均等に分かれれば、自民党は適正な数の議席を得ることができる。[*51] しかし自民党は、適正数の候補を擁立することや、得票を候補者間で均等に配分することができず、得票率に見合った議席を得ることができない可能性も

表4　自民党の衆院選挙結果（1976-90年）

	議席数		議席率		相対	
	選挙日	召集日	（選挙日）		得票率	
1976年	249	260	48.7%	⑪	41.8%	⑫
↓	-1	-2	-0.2pt		+2.8pt	
1979年	248	258	48.5%	⑫	44.6%	⑪
↓	+36	+29	+7.0pt		+3.3pt	
1980年	284	287	55.6%	⑦	47.9%	⑥
↓	-34	-28	-6.7pt		-2.1pt	
1983年	250	259	48.9%	⑩	45.8%	⑩
↓	+50	+45	+9.7pt		+3.7pt	
1986年	300	304	58.6%	⑤	49.4%	④
↓	-25	-18	-4.9pt		-3.3pt	
1990年	275	286	53.7%	⑨	46.1%	⑨

※各党の議席数・率は公認候補を基準としている。「選挙日」は開票前の公認に基づく、「召集日」は追加公認等による増加分が反映された選挙直後の国会召集日現在の自民党の獲得議席数である。「召集日」のデータの出典は石川真澄『戦後政治史』（岩波新書、1995年）である。
「議席率」は衆院議員定数に占める自民党当選者数の割合、「相対得票率」は全有効投票に占める自民党公認候補者の総得票数の割合を示す。いずれの数値も選挙後の追加公認、保守系の無所属候補、新自由クラブ等を含まない。
○囲み数字は55年体制下12回の選挙中の順位を示す。

ある。

　このとき、適正数の議席を得ることができた選挙区は、自民党にとって得票率から議席への変換効率が高いという意味で効率的な選挙区といえる。適正数の議席を得ることができなかった選挙区は、自民党にとって得票率から議席への変換効率が低いという意味で非効率的な選挙区といえる。

　この効率的な選挙区は、同時に次回選挙において議席喪失確率が高い脆弱な選挙区でもある。自民党候補が票を均分することに成功して全員当選した選挙区は、次の選挙では候補者間の得票率のバランスが崩れて議席を失う可能性が高いためである。また、効率的な選挙区はもう一人を当選させるための余分な票がないため、議席増の可能性は低い。

　これに比べると、非効率的な選挙区では議席増の可能性は高い。候補者数の削減や劣位候補への票の融通など、党の戦略、戦術、あるいは支持者の戦略的投票といった、結果を良化させる手段や現象があるためである。その一方、非効率的な選挙区ではさらに議席を減らす可能性は低い。このように個別の選挙区における自民党の選挙結果は、効率的な場合には次回悪化し、非効率的な場合には次回良化しやすい性質を持つ。

　図5は、自民党の選挙結果の効率性の指標である議席変換効率指標（議席率から相対得票率を引いた値）の前回選挙（一九五八年から八六年の各衆院選）での値を横軸に、前回から今回にかけての議席変換効率指標の変動幅を縦軸に置いた散布図である。この図からは、効率的な選挙結果となった選挙区では選挙結果の効率性が悪化し、非効率的な選挙結果となった選挙区では選挙結果の効率性が良化する傾向にあることがわかる。

　そして、良化の直後に悪化が生じやすいという意味で、選挙区ごとの自民党の選挙結果は波動的な

図5　自民党の議席変換効率の変動（選挙区別）

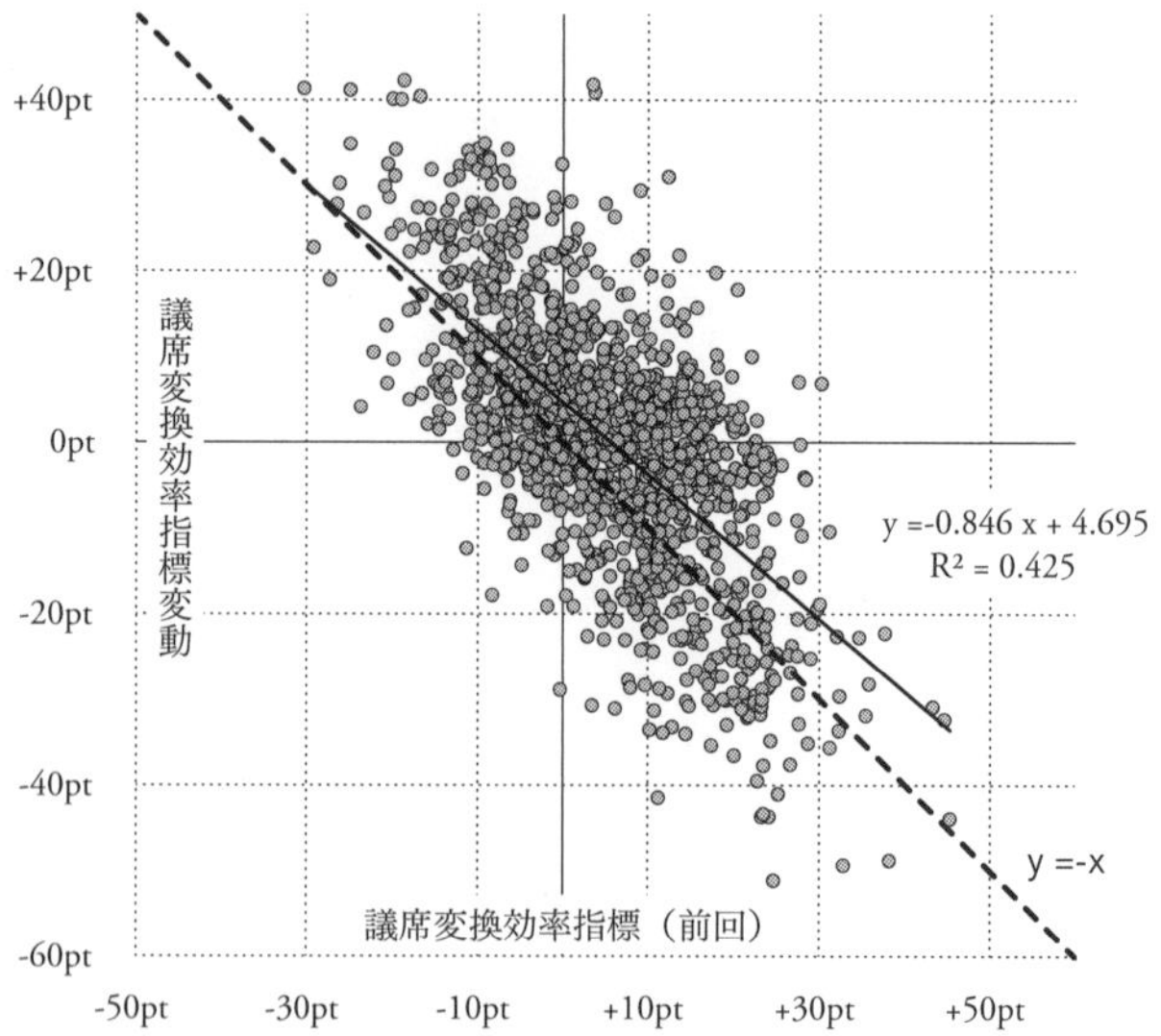

※この図では1960年から90年の全選挙区のうち前回と比較可能な中選挙区について、自民党の議席率から自民党相対得票率を引いた値である「議席変換効率指標」の前回値をx軸、今回値から前回値を引いた値「議席変換効率指標変動」をy軸方向に置いて散布している。

性質を持つ。一つデータを挙げると、自民党の獲得議席が増えた／減った選挙区の四割以上で、次回選挙では獲得議席が減っていた／増えていた。

一九七九年衆院選以降の選挙結果の波動は、このような個々の選挙区の選挙結果の波動が集中することにより生じたものである。ただし、効率的な選挙区と非効率的な選挙区とは一回の選挙のなかに混在する。そのため、全選挙区を集計すると効率性の変動幅は通常はそれほど大きくならない。だが、一九七九年以降の衆院選では効率的な選挙区と非効率的な選挙区が交互に偏在することとなった。その最大の理由は、七九年衆院選からわずか八ヶ月半の後に八〇年衆院選が行われたことにある。

前回選挙からの間を置かずに行われ

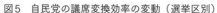

ため、一九八〇年衆院選では自民党の候補者擁立状況が通常の選挙とは大きく異なった。自民党公認候補の数は全体で一二人減ったが、七九年に公認二人が落選した一〇の共倒れ選挙区では公認候補が計八人減った。結果、前回共倒れ選挙区のみで自民党は九議席増やすことに成功した。著しく非効率的であった選挙区が、議席変換効率の高い選挙区へと一斉に転換したのである。

一方、そのほかの選挙区では前回と同じ自民党公認候補が出馬する割合が他の回の選挙に比較して著しく高かった。このように自民党内競争の構図が前回から継続したことは、選挙間隔が短かったことと合わせて支持者の戦略的投票の方向を明確にし、劣位の候補（各候補のうちより得票率の低かった候補）の得票を上昇させる作用を強化した。[*52] この結果、通常は議席を落としやすい前回全員当選区でも議席をあまり落とさず、落選が発生した選挙区では前回落選候補が数多く当選ライン上に浮上することとなった。

これらの作用により一九八〇年衆院選で自民党は大きく議席数・率を伸ばすこととなったが、同時に効率的な選挙区が大きく増えることとなった。これは、次回選挙で議席を失いやすい脆弱な選挙区が大幅に増えたことを意味した。八三年衆院選では、ここに支持率低下による得票率低下が襲った。この結果、共倒れが一二選挙区で発生するなど、議席を大きく減らすこととなった。そしてこの結果、非効率的な選挙区が極端に増えることとなった。

この非効率的選挙区の増加は、得票率増とともに一九八六年衆院選での自民党獲得議席の大幅な増加の要因となった。逆に、八六年衆院選で増えた効率的選挙区は続く九〇年衆院選の大幅な議席減の要因となった。以上のような効率的／非効率的選挙区の集中と得票率（支持率）上昇のタイミングの一致、自民党の公認戦略の硬直性の相互作用が、七九年以降の自民党選挙結果の波動の基本的なメカニズムである。

4－5　温存された八〇年代の日本人保守化論

一九八〇年代半ばの日本人保守化論は、「保守回帰」以降の選挙結果の乱高下を説明するために、生活保守主義を背景とする弱い自民党支持を導入し、自民党と棄権を往来する浮動的有権者像を提起した、あるいは前提とした点に特徴がある。だが、データからはそうした有権者が多数存在して選挙の趨勢を決定していると述べることはできない。

念のために述べておけば、ここでの議論は生活保守主義や新中間大衆といった考え方自体を全面的に否定するものではない。もっとも、集計上の投票行動の変動は選挙結果の印象とは異なりごく小規模であるため、当時の有権者の大部分を占める新中間大衆なる概念は、この変動の説明には大仰で適さないと判断される。いずれにしても、背景を整理して現象を理解していけば、一連の日本人保守化論は必須ではなくなるというのが本章の主張である。

それでも日本人保守化論が台頭したのは、そのわかりやすさやマス・メディア受けの良さのためと想像される。自民党支持率の回復や圧倒的な選挙結果を目の当たりにしたとき、「有権者の保守化」を想起すること自体は無理からぬことである。だが「保守化」に反する選挙結果が出現した後も、その背後に浮動的な有権者像を設定し、これと矛盾しない新たな「保守化」論を追求した。そのような大きな説明の方が新聞などのマス・メディアに受け、広まりやすかった。こうして自民党の復調の理由を「有権者の保守化」が一手に負担した結果が、一九八〇年代半ばの一連の日本人保守化論の興隆と考えられる。

そして、これを再検討する間もなくリクルート事件による自民党支持率の急落、一九八九年参院選での大敗、政治改革を出しに使った自民党内の抗争と分裂、自民党の下野、政治改革と称した衆院への小選挙区比例代表並立制の導入と続いた。このため、マス・メディアも学界も当時を顧みることなく新しい政治状況や制度の分析、議論へと走ることとなった。結果、当時の日本人保守化論が批判も検証もされず、長年温存され続けることになったのではないかと考えられる。

5　繰り返された日本人保守化論の背景

ここまで3節にわたり、異なる時期、異なる背景や議論を有する日本人保守化論を確認してきた。これら「保守化」言説の内容、背景とその流行の過程に関し、その特徴まとめると次のようになる。[*53]

①いずれの日本人保守化論も自民党の選挙やその政権の好調さ、安定を背景として流行した。逆に、自民党が退潮傾向に入ればこれら言説は下火になったが、自民党の浮上とともに議論が再製され、再流行した。

②これら日本人保守化論は何らかの数字、データを根拠として論じられていたが、なかでも政党支持率と選挙結果が重要な地位を占めた。

③当時の有力な学者がこれら日本人保守化論に関わることが多かった。各分野を代表するような

研究者が日本人の保守化を論じたことが、こうした議論の普及や定着に寄与した。
④日本人保守化論の流行には新聞社が重要な役割を果たした。政党支持率は多くの場合、新聞社の定期的な世論調査によって明らかにされるものである。学者らの議論も、著書や雑誌記事だけでなく、各紙の紹介記事、意見・討論記事、書評などを通じて広まった。

これらも背景として、ここでみた日本人保守化論は次のような負の側面を共通して有している。

⑤「保守化」と指摘される際、その定義は曖昧で指標も明確でなく、状況や指標に合わせてその意味は改変された。特に、政治への関心の低下は安易に「保守化」と関連付けて論じられた。
⑥「保守化」の検証は不十分であり、批判を欠いた。「保守化」とされる現象について、他の要因、他の仮説による説明はあまり試みられなかった。結果、その現象はすべて有権者に起因するものとして論じられる傾向が強かった。
⑦「保守化」は論者の立場に応じて主張されることが多かった。革新の側の論者は危機感から、あるいは内部抗争の都合から、保守の側の論者はこれを誇示するため「保守化」を指摘し論じた。そして時に、若者や有権者一般を暗に誹謗するような議論となった。

詳細は省くが、これらの特徴の多くは現代の日本人保守化/右傾化論にも受け継がれている。しかし同時に、伝聞や推量に基づき、実証的な根拠がなく、主唱者も存在せずに流通しているという点で、さらに劣化した側面もある。

本章で示したように、眼前の政治状況や政界の趨勢のような大きなものの要因として人々の基礎的な政治意識の変化ばかりを想起してしまう習性は、現代に始まったわけでなく戦後長らく保たれてきたものである。「保守化」とされた現象のかなりの部分は、人々の政治意識以外に帰すものであったが、当時の論者は半ば率先して現象を読み誤った。

二〇一〇年代以降の自民党政権の長期化も、人々や若者の「保守化」の結果として論じる向きがある。その一方で、小選挙区中心の選挙制度、公明党・創価学会の自民党政権との一体化、野党の分立など政治制度と政治状況の相互作用の影響は軽視されている。マス・メディア世論調査とその報道の問題も考慮されるべきである。[*54]

眼前の大きな政治現象の要因として人々の意識変化ばかりを想起してしまう習性がわれわれにあることや、政治現象の背景は本来複雑であることをあらかじめ知っておけば、軽忽な日本人保守化／右傾化論に手を出さずに済むはずである。本章の試みが、その事例集として役に立てば幸いである。

註

＊1　本章では紙幅の関係で近年の日本人右傾化論に関する分析については省略している。改訂後の本稿の内容とは無関係になるが、編集側から要望があったので新聞紙上における近年の日本人右傾化論の流行の過程と特徴についてここで簡単にまとめておく。

「右傾化」という言葉自体は従来から使われていた言葉であったが、特に二〇〇一年頃、欧州で極右勢力が伸張した際に新聞で盛んに用いられるようになった。これが靖国神社参拝などをめぐって当時の小泉純一郎首相とその政権にも向けられるようになり、日本政治関連の記事でも盛んに用いられるようになった。

新聞紙上でこの言葉が一般の人々に対し初めて用いられたのは、「右傾化」流行前の一九九九年であった。ただし「右傾化」流行中も含め、二〇〇九年の政権交代までそのような用例は散発的であった。二〇〇九年の政権交代後は「右傾化」自体あまり使用されなくなった。

この「右傾化」がふたたび流行し、さらに有権者、社会、若者、世論など一般の人々の意識を対象に頻繁に使われるようになったのは、安倍晋三がふたたび自民党総裁となり自民党が勝利した二〇一二年衆院選の前後からである。もっとも、その頻度には全国紙四紙で差があり、朝日新聞、毎日新聞では数多くそのような用例が発見できるが、読売新聞、日経新聞では年一、二件に過ぎなかった。

また、こうした用例のほとんどで明確なデータが示されることはなく、推量と伝聞が多数を占めていた。本章で取り上げる日本人保守化論とは異なり、学者などの明確な論者、主唱者も確認できなかった。

このような観察から、もっぱら左派勢力の第二次安倍政権に対する危機言説の一環で軽忽に主張されているのが近年の日本人右傾化論と指摘できる。

＊2 「社党、青年対策急ぐ――支持率の低下を反省」(『読売新聞』一九六三年五月二七日朝刊一面)、「社党、青年対策を強化――「安い労働力ねらう自民」に対抗」(『朝日新聞』一九六三年五月二七日朝刊一面)、「社党、特別委つくる――青年対策、伸び悩みで」(『毎日新聞』一九六三年五月二七日朝刊一面)。

＊3 山中吾郎「青年対策の当面する諸問題――党青年問題特別委員会における基調報告」(『月刊社会党』一九六三年七月号)。なお、同報告では「保守化」とは書かれず、「反動化」が用いられている。

＊4 「各政党をどうみるか　本社全国世論調査」(『朝日新聞』一九六三年七月一一日朝刊一面)。

＊5 「池田内閣をどうみる　支持率は38%に(前回43%)――本社世論調査」(『朝日新聞』一九六四年六月一五日朝刊一面)。

＊6 「社説　世論調査をこう見る」(『朝日新聞』一九六四年六月一六日朝刊二面)。

＊7 西平重喜「青年層の保守化とはなにか――ひろがる〝革新よりの離反〟」(『朝日ジャーナル』一九六四年七月二日号)。

＊8 「〝解散ムード〟浸透　全国世論調査」(『毎日新聞』一九六三年一〇月九日朝刊四面)。

＊9 「国民はこう思う　本社世論調査」(『毎日新聞』一九六四年一二月一四日朝刊四面)。

＊10 「解散→総選挙を前に　本社全国世論調査」(『読売新聞』一九六三年一〇月一五日朝刊一面)、「「政局」と「黄色い血追放」　本社全国世論調査」(『読売新聞』一九六四年八月三一日朝刊一面)。

＊11 「七度目の正直　もりあげよう参院選⑩――カギ握る青年層」(『読売新聞』一九六五年六月二二日夕刊一面)。

＊12 室伏高信「革新に背を向ける青年」(『読売新聞』一九六四年九月一一日夕刊九面)、室伏高信「青年の保守化はなぜか」(『読売新聞』一九六五年二月一二日夕刊七面)。

＊13 平和経済計画会議『政党支持と政治意識の動向についての調査報告――とくに東京と千葉における』(平和経済計画会議、一九六四年)。

＊14 本章執筆にあたり、当日配布されたとされる同報告書を確認することはできなかった。

＊15　小野政武「〝青年保守化〟の教えるもの――青年問題特別委員会から」（『月刊社会党』一九六五年三月号）。
＊16　篠藤光行「青年の「非政治化」「保守化」「脱革新化」」（社会主義協会編『社会主義』一九六五年六月号）、「論点　青年は「保守化」しているか？」（『前衛：日本共産党中央委員会理論政治誌』一九六五年三月号）。
＊17　山本秀夫「「青年の保守化」私見――増えたのは無定見、無思想だ」（『読売新聞』一九六五年二月二四日夕刊七面）、日高六郎「いわゆる青年層の保守化ということ」（『月刊社会教育』一九六五年四月号）。
＊18　榎並公雄「青年の保守化論争をむしかえす」（『労働調査時報』一九六六年六月号）。
＊19　期間は内閣府ウェブサイト「景気基準日付」の第五循環の後退期を示した。https://www.esri.cao.go.jp/jp/stat/di/150724hiduke.html（二〇一九年七月三日アクセス）。
＊20　原文は「昭和五十三年党運動方針」（『月刊自由民主』一九七八年三月号）参照。なお、運動方針案や党大会の内容を報じた記事でもこの表現はそのまま使われている（「「日中条約」の締結を　自民、運動方針案で明言」（『読売新聞』一九七八年一月一六日朝刊二面）、「薄らいだ危機感――一過性体質」（『朝日新聞』一九七八年一月二〇日夕刊一面）など）。
＊21　各紙のデータベースにおいて記事の全文検索が可能な期間は一九八〇年代半ば頃からとなっており、それ以前は見出しやキーワードについて検索するシステムとなっている。このため全文検索が可能でない期間については、この表で集計した以外の記事でも「保守回帰」という用語が使われている場合がある。
　データベースへの採録期間と範囲の違いなどから、新聞各紙の検索では地域面の記事は除いている。以降の記述でも地域面は排除している。
＊22　ただし表中の数字の傾向は、読売新聞は各記事のキーワードとして「保守回帰」を積極的に付すために生じた側面が強い。他紙でもキーワード登録されていない記事で「保守回帰」を用いている例をいくつか発見できる。ここでの「好んで用いていた」は、同時期の紙面を比較しての「保守回帰」の多寡、記事中での用いられ方などからの筆者の印象も含めての表現であることを断っておく。
＊23　一九七三年の一例は、地方の首長選において革新共闘候補が敗北した例が相次いでいることを報告した記事であり、これを「保守への回帰」と表現したものである（「敗北重ねた革新共闘――選挙には〝揺り戻し〟」『読売新聞』一九七三年三月六日朝刊六面）。また、表に示した手順で検索し発見した記事のなかで最初に「保守回帰」という用語が用いられたのは、新自由クラブが政府寄りの態度を採ったことを社民連の幹部が「保守回帰」と批判した記事である（「修正妥協の新自クに　社民連、強く反発」『読売新聞』一九七八年三月二日朝刊二面）。
＊24　「保守回帰か変革か　国民も流動――本社全国世論調査の詳報と分析」（『読売新聞』一九七八年三月一一日朝刊六面）。
＊25　「安定求め保守回帰――「連合」言葉だけ上滑り」（『朝日新聞』一九八〇年六月二三日夕刊一面）。
＊26　雑誌記事の代表例としては、特集「保守化する世界と日本――思想的展望」を組んだ『思想の科学』一九七九年四月号、

特集「「有権者保守化」論を洗う」を組んだ『公明』一九八一年一月号が挙げられる。また、新聞紙面等において政治学者らが保守化に関し論じたものを概説、レビューしたものとして、杉山光信「保守化社会論の再検討――何が転換期にあるのか」(『中央公論』一九八一年八月号)が参考となる。

＊27 永井憲一「問題提起――青少年の保守化と民主主義の関わり」(『月刊社会党』一九八〇年九月号)、高田求「青年は保守化しているか」(『労働運動』一九八一年六月号)、竹内真一「青年は保守化したのか」(『学習の友』一九八一年一二月号)など。

＊28 たとえば読売新聞は、一九八一年東京都議選直前には「「保守回帰」ほぼ定着――「都民と選挙」世論調査」(『読売新聞』一九八一年七月一日朝刊一五面)と題する記事を掲載していたが、都議選(五日投開票)での自民敗北後には「都民の〝保守回帰〟頭打ち」(『読売新聞』一九八一年七月六日夕刊二面)という見出しの記事を掲載している。以後、「保守回帰」を見出しとした記事は、次回都議選で自民党が勝利するまで掲載されなかった。

＊29 革新市政衰退の要因については、平野淳一「革新市政後退の要因――市長選挙結果の分析から」(『神戸法學雜誌』六一(一／二)、二〇一一年)も参照されたい。

＊30 この点は、「保守回帰」論を主導した読売新聞においても、京都府知事選後の一九七八年四月の段階ですでに指摘されている(加藤博久「『保守回帰』説は本物か――数字ほどの圧勝はなし 革新共闘の混迷に救われる」『読売新聞』一九七八年四月三〇日朝刊七面)。

＊31 「保守回帰」と呼びうるような選挙結果としては、自民党が前回一九七三年の五一議席から五議席伸ばした七七年東京都議選がある。しかし、同選挙において自民党の相対得票率は二ポイント弱しか伸びていなかった。

＊32 なお、朝日新聞、毎日新聞、読売新聞の世論調査における自民党支持率の回復時期は、時事世論調査に比較して一年前後遅れている。これは各紙の調査が年三回程度であったことと、三紙ではおそらく調査手法の作用により新自由クラブの支持率が高めに出ており、自民党支持率の推移に影響を及ぼしていたことなどが関係していると考えられる。

＊33 紙幅の関係で省くが、選挙中に自民党支持率が大きく下がったとする議論が当時存在した。しかし、選挙前後で月例調査の自民党支持率は大きく低下していないなど、この仮説と矛盾するデータがある一方で、この仮説を支持する適切な証拠は発見できなかった。

＊34 田中善一郎「雨の選挙学――第三十五回衆議院議員総選挙の分析1」(『通産ジャーナル』一九八〇年一〇月号)、田中善一郎「雨の選挙学――第三十五回衆議院議員総選挙の分析2」(『通産ジャーナル』一九八〇年一一月号)、田中善一郎「雨の選挙学――第三十五回衆議院議員総選挙の分析3」(『通産ジャーナル』一九八〇年一二月号)。

＊35 田中前掲論文2、四五頁。

＊36 一九七六年と七九年の各選挙区の自民党候補の相対得票率合計(以下、自民党相対得票率)の差を従属変数、七九年降水量(田中前掲論文1に掲載)を独立変数とした単回帰係数を行った場合、降水量の係数は一〇〇ミリあたりマイナス三・六

ポイントとなった（一〇％水準で統計的に有意）。次いで、自民、社会、公明、民社、新自ク、有力な保守系無所属候補の各候補者数の増減を同時に独立変数として投入した重回帰分析を行ったところ、降水量の係数の値はマイナス一・〇ポイントと小幅な値となり、統計的に有意でもなくなった。このような結果は、非降雨選挙区における自民党相対得票率の上昇のうち、かなりの部分が他勢力候補の撤退によってもたらされたことにより生じる。田中の分析では、候補者数の変化という交絡因子を十分に考慮していなかったため、降雨の影響が過大評価されたのである。

＊37　詳細は省くが、ここでは前注の一・〇ポイントを降水量の影響の係数とし、選挙区の降水量に応じて一九七九年衆院選の自民党、非自民の各候補の相対得票率を試算し、各党の当選者数を試算した。この結果、自民党当選者数は二五三となり、現実より五議席増えるに留まった。なお、三・六を係数に採用した場合には、自民党当選者数は二六二と一四議席増となった。

＊38　佐藤誠三郎「岐路にたつ自民党政権」（『中央公論』一九八三年七月号）。

＊39　山口定「参院選挙が映し出した「生活保守主義」の構造」（『朝日ジャーナル』一九八三年七月八日号）。

＊40　阪上順夫「〝保守復調〟の深層構造――自民圧勝の基盤は浮動的で脆弱」（『公明』一九八〇年一二月号）、杣正夫「保守回帰の政治的意味――利権システムのゆるみが反動化のバネに」（『公明』一九八〇年一二月号）、岩井奉信「保守回帰の有権者意識」（内田健三・白鳥令・富田信男編『保守回帰――ダブル選挙と民主主義の将来』新評論、一九八一年）。

＊41　村上泰亮「新中間大衆政治の時代」（『中央公論』一九八〇年一二月号）、村上泰亮『新中間大衆の時代――戦後日本の解剖学』（中央公論社、一九八四年）。

＊42　石川真澄「選挙前の「深い保守化」――どの階層も自民党支持になった」（『世界』一九八六年六月号）。

＊43　佐藤誠三郎・松崎哲久「自民党「歴史的勝利」の解剖」（『中央公論』一九八六年九月号）、自由民主党「昭和61年衆参同日選挙の分析」（『月刊自由民主』一九八八年二月号）。とくに前者では「最近の自民党支持率の上昇を「保守回帰」とか「生活保守主義」と理解するのは正確ではない」と述べている。

＊44　非政治的な意味での「保守化」に関する実証的な検証は、蒲島郁夫・竹中佳彦『現代日本人のイデオロギー』（東京大学出版会、一九九六年）の第7章「有権者の信念体系」を参照されたい。

＊45　飽戸弘「政党支持の構造分析」（日本放送協会放送世論調査所編『第2　日本人の意識――NHK世論調査』至誠堂、一九八〇年）。

＊46　なお、自由民主党前掲論文でも同様の分析と指摘が示されている。

＊47　田中善一郎『日本の総選挙1946－2003』（東京大学出版会、二〇〇五年）。

＊48　念のために述べておけば、これは投票率が伸びれば非自民各勢力の相対得票率が上昇するという因果関係を意味しない。非自民相対得票率と投票率の相関関係は各党候補者の増減により生じる部分が大きいためである。

＊49　自民党の選挙結果の波動を説明したものとしては、猪口

孝の緩衝規模（バッファー）の議論がある（猪口孝『現代日本政治経済の構図――政府と市場』東洋経済新報社、一九八三年）。これは、投票日直前の与党の議席が大きければ大きいほど、その選挙での獲得議席が少なくなるとする議論であるが、なぜそうなるのかというミクロ・レベル（有権者の意識や投票行動）の説明は十分ではなく、実証分析も十分に行われていない。

これに対し、蒲島郁夫は自身のバッファー・プレイヤー仮説に関し、猪口のバッファーの議論をミクロから説明したものとしている（蒲島郁夫『戦後政治の軌跡――自民党システムの形成と変容』岩波書店、二〇〇三年）。ただし、基本的に自民党政権を支持するが与野党伯仲を望むという有権者の意識・行動は、来る選挙の結果予測を参照するものであり、過去の投票結果を参照する猪口の議論と正反対の考え方といえる。このため、仮に与野党伯仲を望む有権者が多数存在し選挙結果に影響を与えたならば、選挙結果は一九七九年以降の衆院選のように波動するのではなく、よりなだらかな推移となったと考えられる。つまり、蒲島のバッファー・プレイヤー仮説は猪口の議論とは異なり、選挙結果波動を説明していないと言える。

いずれにしても、この時期の選挙結果の波動を説明する際に、支持率の変動以外の特殊な有権者の投票行動を無理に想定する必要はなく、中選挙区制下の自民党の候補者擁立戦略の硬直性などから説明できるというのが本章の考えである。

＊50　川人貞史『選挙制度と政党システム』（木鐸社、二〇〇四年）。

＊51　ここで、ある選挙区における自民党の適正な数の公認候補者数は、その選挙区の定数を各党得票率によりドント式で各党に配分した際の、自民党に割り当てられた数に一致する。Gary W. Cox, "SNTV and d'Hondt are 'Equivalent'," *Electoral Studies* 10-2, 1991.

＊52　一般に「次点バネ」として知られる、前回次点落選候補が今回選挙で当選する「現象」は、この作用の結果の一部である。ただし、一般に流通している「次点バネ」に関する考え方、因果構造はかなり限定的であるだけでなく、現象の捉え方の面で誤りがある。筆者の考え方の骨子は、菅原琢「次点バネ」（時事用語事典－情報・知識&オピニオン、imidas、二〇一八年〔https://imidas.jp/genre/detail/C-104-0428.html〕二〇二〇年六月二六日アクセス）を参照されたい。次点バネ的な票の動きを同情票等ではなく戦略的投票により説明したものとして、高木悠貴「中選挙区制における戦略的投票の特徴」（『日本政治研究』第二巻第二号、二〇〇五年）も参照されたい。

＊53　紙幅の制限から今回は取り上げられなかった文献、議論も多い。かつての日本人保守化論の特徴を整理する目的から、ここではそれらの内容も反映させてまとめている。

＊54　菅原琢「政治と社会を繋がないマス・メディアの世論調査」（『放送メディア研究』一三号、二〇一六年）。

第II部　メディア・組織・思想

1　マスメディア

政治システムとの強いリンクがもたらした構造的「右傾化」

林香里・田中瑛

1　はじめに──日本の伝統的メディアの「右傾化」とは

ある社会が、そして、ある組織が、「右傾化する」とはどういう現象を指すのだろうか。みずからを右派と任ずる者は、「社会が右傾化した」とはいわないのではないか。また、右派の人間が、自分について「右傾化した」と言及するとすれば、それは（おそらくは左派の）相手に対して皮肉でいっているか、あるいは世の中がよほどの度合いで（その右派の人も賛同できないぐらい）右傾化をした、急進的な社会変化が起きたときくらいだろう。いずれにしても、「社会の右傾化」という表現は右派の自己言及としてはあまり使われず、ほとんどが他者言及、すなわち左派や中道からのみに使用される言葉である。つまり、「右傾化」という言葉は、もっぱら、〈了見の狭いナショナリズム〉や排外主義、人種差別を扇動する者たちや、近代合理主義の諸価値である「自由」「人権」「平等」を否定する動きに対して批判的に使われてきた。

本章で、私たちは、日本の伝統的メディア[*1]（新聞、テレビ、ラジオ、雑誌）の「右傾化（の有無）」について論ぜよという課題が与えられた。「右傾化」は、かかるごとく主観が混ざり、相対的かつ政治的な言葉であるために、学術的定義も難しい。とはいえ、私たちは、日本の伝統的メディアでは、右傾化が進行していると結論づける。しかし、だからといって、伝統的メディアのなかから、政治思想としての「右」への傾斜を企図する者たちが積極的に「右傾化」へと意見操作をしたり、ナショナリズムや排外主義を煽ったりする動きとしては捉えていない。なぜならば、政治的右派シンパが日本のマスメディアのなかにいるとしても、日本のマスメディア・システムは巨大かつ複雑であり、そのような一握りの人間が言論を操作していると解釈するのには無理があるためである。日本は自由主義国家であり、メディア組織は極端な意見を持つ少数派グループに牛耳られるほど単純でも、小さくもない。

本章において、私たちは、「右傾化」として認識される現象を、日本の伝統的メディアの発展ダイナミズムの結果であるところの、「創造的自己破壊[*2]」という現象に即した構造的なものとして位置づけたい。いうまでもなく、これはベック、ギデンズ、ラッシュが現代社会を考察する際の問題意識である「再帰的近代」に重なるが、「右傾化」現象は、日本のメディアの政治傾向の問題というより、これまで伝統的メディアがみずからに課してきた「政治的公平性」という価値体系を突きつめた際の、現代日本社会の帰結と捉える。そうすることによって、個別に起きている現象を表面的に記述するだけでは把捉しきれない、より深刻で民主主義に関わる課題として論ずることができると考えている。

それでは、本章で論ずる伝統的メディアの「右傾化」とはどのようなものか。そしてどのように起こっているのか。

これらを検討するにあたって、最初に本論では世界に共通するメディアの経営不況を詳らかにするとともに（2－1）、ジャーナリズムと政治システムとの入り組んだ深い共依存構造を新制度論から説明する（2－2）。次に、日本の伝統的メディア産業のいくつかの特徴を挙げながら（3－1）、日本のメディアがいまなぜ「右」に傾きつつあるのかについて考察する（3－2）。さらに、日本の伝統的メディアを論じる際に、市民がニュースなどの情報をどのように受け止めているのかをインタビュー調査から探った。インタビューからは、ニュースを議論しない市民の姿が浮かび上がり、日本の市民社会は、伝統的メディアの「右傾化」とはほとんど関わりがなく、対抗勢力にもなりえないことがみえてきた（4－1、4－2）。

インタビューが示すように、これまでのところ、日本の伝統的メディアは政治システムへの取材網を、毛細血管のごとく細部に至るまで張りめぐらせて発達してきた反面、市民との連携にはさほど力を入れてこなかった。その結果、市民の政治的態度に対して伝統的メディアの影響力は小さく、いまのところメディアの「右傾化」によって市民社会も「右傾化」したという事態には至っていない。この点は、日本の政治が有権者と乖離している状態、すなわち右傾化しても「有権者の政策位置が右に寄ったのではない」[*3]、あるいは「現代日本における右傾化は政治主導（より正確にいえば、政治エリート主導）であって、社会主導ではない」[*4]とする政治学者の主張とも合致する。日本では、政治やメディアなどの「システム」と「生活世界」（J・ハーバーマス）とのあいだに距離があり、共振するメカニズムが弱いといえる。

本来ならば、政治と市民のあいだの溝を埋めることこそ、メディアの役割だ。しかし、そのような市民とメディアとのあいだの距離、あるいは市民の側のメディアへの無関心は、メディアと民主主義を考えるうえでは多くの課題を残している。この点について、最後に論じたい（5）。

2　ネット隆盛時代における伝統的メディア

2－1　縮小する日本の伝統的メディア

日本の伝統的メディアは、都心の一等地に本社を構え、財務状況も盤石だといわれてきた。潤沢な部数収入や広告収入とともに、社員の高い給与や充実した福利厚生制度など、世間のあこがれの企業であった。

ところが、その状況はここ数年で激変している。ネットの普及によって世界的に老舗のメディア企業が危機にあることが報じられているが、日本でも同様に将来を危惧する声が、メディア組織の内部と外部の双方から高まっている。市場の縮小に伴って、メディアはいいかげんな情報生産をしていないか。顧客をつなぎ止めるために、新しい試みに消極的になっていないか。また、それればかりか、保身のために言論を商品化し、過激化／陳腐化させているのではないか。これがいま、伝統的メディアに関する世界中の問題関心であり、日本も例外ではない。そのような状況を以下、順を追ってみてみよう。

日本の伝統的メディアといえば、まずは新聞産業であろう。

日本の新聞産業は一九九〇年代半ばまで、「右肩上がり」という言葉を代表する一大産業だった。戦後から発行部数が伸び続け、九七年に史上最高の五三七六万部を記録するなど、日本全国の世帯に少なくとも一紙は行きわたらせるほどの、高い普及率を自慢とした。新聞産業はまた、その財力と権力を生かして放送事業立ち上げにも深く関与し、世界では珍しく、テレビと新聞を跨ぐクロスオーナーシップが黙認され、メディア市場の集中化も進行した。ＮＨＫ放送文化研究所の調査によると、八五年時点で、調査回答者の九一％の人が「毎日のように」新聞に接触すると答えており、二〇〇〇年には八六％に減少したものの、〇五年でも八三％が毎日のように接触していると答えている。新聞は報道界の、そしてマスコミの王者であった。

しかし、近年、新聞はこの王座を完全に明け渡したといってよいだろう。二〇〇八年には、世帯あたりの購読部数は一を切り（すなわち、単純計算で日本の全世帯が少なくとも一紙を購読しているという状態が消失した）、一五年では毎日のように読むと答えた人は五八％に激減している。その後も部数は下がり続け、一八年時点で購読部数は三九九〇万部と、ついに四〇〇〇万部を切った。四年前の一四年と比較すると、発行部数は五〇〇万部以上落ちており、「毎日のように接触する」と答える層が半数に満たなくなる日も近いと予想される。さらに、ＮＨＫ放送文化研究所が五年ごとに調査している「日本人とテレビ２０１５」によると、「一番目に欠かせないメディア」として、テレビと答えた人は五〇％、インターネットは二三％、新聞は一一％となり、調査以降初めて新聞がネットの後塵を拝した（「日本人とテレビ２０１０」によると、回答は、テレビ五五％、新聞一四％、インターネット一四％で新聞とネットがほぼ同等だった）。新聞産業はいま、「斜陽産業」の一つとなり、ビジネスモデルの再考を迫られている。[*5]

こうした新聞の経済的衰退傾向と同時進行で、日本でも主要全国紙の報道が二極化していることは、すでに複数の論者によって指摘されている。[*6] 報道の分極化傾向が新聞社の財政事情とどこまで関連するのかは議論の余地があるだろうが、商業主義が分極化傾向の契機をつくっていることは推察できる。上丸洋一は、フジ・サンケイ・グループの論壇誌『諸君！』『正論』を研究し、「70年代においては同じ活字ジャーナリズムを担うものとしての関係が『諸君！』編集部と朝日新聞のあいだに成立していたことがうかがえ」たものの、「文体が著しく劣化」していくのは二〇〇〇年代以降だとも指摘している。[*7] その後、同グループの媒体からの「朝日バッシング」がエスカレートしており、とくにグループの日刊紙、産経新聞は朝日への批判を尖鋭化していった。くわえて、後述するように、第二次安倍政権は、みずからの政治思想に近い、フジ・サンケイ・グループや読売新聞社グループなどに進んで情報を流し、こうした分極化に拍車をかけている。

では、放送局はどうだろうか。

市場原理のなかで、新聞が分極化傾向にあるとすれば、放送、とりわけ地上波は陳腐化、無難化の方向にあるといえる。それは現状のテレビの放送法による「公平性」の規定といった明示的ルールに縛られているだけでなく、構造的なビジネスモデルにも起因する。ここではまず、このビジネスモデルについてみてみよう。

テレビの視聴時間も年々減っており、上記の「日本人とテレビ2015」の調査では、はじめてテレビの視聴時間の短時間化が指摘された。[*8] そうした全体的なパイの減少のなかで、日本の商業放送である「民放[*9]（民間放送）局」は、収入源としてのCM、とりわけ一五秒のスポット広告のグロス・レート・ポイント制度（延べ視聴率、GRP）によってコンテンツが構造的に平準化されている。

GRPは放送頻度と視聴率を基にしたテレビCMの定量指標である。これは、「広告主や広告会社にとっては「出稿計画」「広告計画」に直結した指標である一方、媒体社であるテレビ放送局からみると広告枠の「在庫管理」指標としての意味合いがある」[*10]。たとえば、広告出稿企業が「GRP1000」のCM投資を決めた場合、平均世帯視聴率一〇％の番組であればCMを一〇〇回打てばよいが、平均世帯視聴率五％の番組であれば二〇〇回出さなければならない。放送局にとっては、平均世帯視聴率が高ければ高いほど、受注したCMの在庫が短期間で掃けることになり、儲けの回転が速くなる。世帯視聴率が低いと、総CM時間枠で同じCMを繰り返し打たなければならず、放送局にとっては効率が悪い。スポット広告は多くの場合、番組と番組のあいだに挿入されるため、一つの番組に人気タレントが出演して高視聴率を稼いだとしても、次の番組が新奇性ある芸術番組、あるいはシリアスな社会批判のドキュメンタリーの類となれば、多くの視聴者がそのチャンネルから「逃げる」かもしれない。そうなると、放送局は、とりわけ視聴者がテレビをよくみるゴールデンタイムには、実験的な番組を放送することを嫌うことになる。硬派の社会的テーマに取り組むドキュメンタリー番組が深夜二四時以降に放送されるのはこうした背景がある。現在の「民放」テレビには、危ない橋は渡らない、あるいは渡れないような経営的縛りが構造的にかかっている。これは経済原理による事実上の放送コンテンツの検閲とさえいってよい。

商業化の傾向は、市場原理からは自由なはずのＮＨＫの番組にも少なからず影響を与えている。課金制度のペイＴＶや動画サービスが普及している現代、視聴者側には「見ないものには支払わない」という認識が広がっていることが、ＮＨＫの財政基盤となってきた受信料制度を脅かしている[*11]。そうした世論を敏感にキャッチしてか、ＮＨＫも二〇二〇年の受信料値下げを決定した[*12]。しかし、そもそもＮＨＫの受信料をサービス対価としては捉えきれないところに「公共サービス放送（ＰＳＢ）」の設立根拠がある。[*13] NHK受信料月額三五円の「値下げ」は、過当競争のなか、値下げをして無理やり需要を喚起しようとする現代日本のデフレ社会のサービス業全体の傾向を想起させる。NHK受信料の値下げは、番組の質や現場職員の士気に影響するばかりか、市場原理への対抗原理として成立している「公共放送制度」の理解を危うくし、商業主義からも政治権力からも独立した公共放送協会が本来するべき権力監視や市民社会への奉仕という役割が後回しになっていくことが危惧される。

日本の伝統メディアのなかでも、経済的に最も深刻なのは雑誌・出版部門だろう。[*14] 出版論壇の興亡で特徴的なのは、左派と目される論壇誌が次々と休刊雑誌した一方で(『改造』(改造社、一九五五年廃刊)、『展望』(筑摩書房、七八年廃刊)、『朝日ジャーナル』(朝日新聞社、九二年廃刊)、『月刊現代』(講談社、二〇〇八年廃刊)、『論座』(朝日新聞社、〇八年廃刊))、保守的な雑誌(『正論』(産経新聞社)、『文藝春秋』(文藝春秋社)、『Ｖｏｉｃｅ』(PHP研究所)、『中央公論』(中央公論新社))が生き残り、存在感を示していることだ。さらに、『ＷｉＬＬ』(ワック、二〇〇四年創刊)や『月刊Ｈａｎａｄａ』(飛鳥新社、一六年創刊)などの保守論壇誌は二〇〇〇年代に入って創刊されている。

こうしたなか、二〇一八年には、『新潮45』(新潮社)が休刊になった。同誌は一九八二年の創刊以来、硬派ルポルタージュから娯楽的なエッセイまで多様な読み物を掲載して「右」「左」といったイデオロギーを超え、「新潮ドキュメント賞」などを創設して日本の論壇の一端を担っていた雑誌であった。しかし、部数が低迷するにつれ、ルポルタージュより、過激で挑発的な右派の意見を掲載するようになった。そして、二〇一八年には、自民党の杉田水脈《みお》衆院議員が同性カップルを「生産性がない」などと主張する論考を掲載し(八月号)、翌々月の一〇月号にはさらにこの杉田の意見を擁護する「そんなにおかしいか「杉田水脈」論文」という特集を組んだ。世論の厳しい批判を浴びて、結局、同誌は

「限りなく廃刊に近い休刊」（伊藤幸人・広報担当役員）に追い込まれた（『朝日新聞』一八年九月二六日）。[*15] ノンフィクション作家の森功は、事件当時『新潮45』の編集長だった若杉良作をよく知る立場から、「「売れなければ休刊」という経営サイドからのプレッシャーがあったのだろう」と語っているが、[*16] 時代の変遷と、ネットによって失われた「論壇」への需要を無理矢理喚起するために、ネットと親和性のある「右翼言論」を看板商品にしたことが推測される。いずれにしても、経済的に立ち行かなくなった末の右傾化は、雑誌分野に顕著に表れている。

以上をまとめると、日本の伝統的メディアは、ネット時代を迎えて、これまでになく市場原理と連動した動きをみせているといえる。新聞、雑誌といった印刷メディアは、ネット隆盛時代の危機感のなか、言論が分極化しており、とくに市場原理を意識した過激な右翼言論が目に付く。他方で、テレビについては、放送法による「政治的公平性」規制に縛られながら、情報デジタル化の波でのテレビ離れによる広告収入の減少のなか、内容はリスクを回避した平準化、陳腐化へと向かっている。

2－2　新制度論からみた伝統的メディアと政治システムとの関係

以上のとおり、市場原理とのリンケージを強めて新聞は分極化、テレビは陳腐化という底流が作られていった。そうしたなかで、本章の本題である日本の伝統的メディアは政治とどのような関係にあるだろうか。

近年のメディアに対する保守政治家や政権による介入、それによる「右傾化」については、現場からの匿名／実名での告発をもとに、エピソード的に語られることが多い。研究者としては、それぞれの事態について検証の手段は限られており、確証をもって実態に迫ることはできない。また、報道の「右傾化」といっても、日本のマスメディアの表現・言論空間は膨大かつ多様であるために、論証が難しい。したがって、まずここでは、伝統的メディアが、政治制度の一部となっているとする新制度論（new institutionalism）的な考え方を導入し、そこから考えられる伝統的メディアと政治システムとの共依存関係について述べたい。その点を考察することによって、メディアと政治との構造的な接続が、長期化する保守政権下においてメディアの「右傾化」を後押ししているのではないかと考えられるからである。これはある意味、「近代の客観的ジャーナリズムのなれの果て」という見方もできる。まず、現代社会におけるメディアの社会的機能について振り返ってみたい。

民主主義社会におけるメディアの重要な機能は「権力の監視」である。しかし、この権力の監視という機能は、ジャーナリズム史では比較的新しいものであり、「あたり前」というものでもない。つまり、権力監視型のメディアのあり方は、一九世紀終わりから二〇世紀初頭にかけてアメリカで発達し固まっていった固有の役割である。[*17]というのも、一九世紀半ばまでのアメリカの新聞業界は、特定の政治信条を擁護する政党紙が主流で、市場はそれらの群雄割拠として成り立っていた。しかし、二〇世紀初頭から新聞が産業として成長し、当時の科学技術の発展と進歩主義思想も影響して、新聞各社は次々と政党とのつながりを断ち、権力からは距離を置き、自律した「客観的報道」を職業規範として打ち立て、制度化していった。また、こうした「客観性」は、特定の思想を擁護しないために、メディア産業にとっても、広告収入と読者拡大のための好適なポジションづくりに役立った。[*18]

ところが、アメリカの新聞産業は、まさにこの政治から距離を置いた「客観性」「公平性」を追求するがゆえに、必然的に政治システム[*19]の一部となっていったという。これはジャーナリズムの新制度論的解釈と呼ばれるもので、その主張[20]によると、新聞が「政党紙」を脱却し、どの政党にも加担しないことが一般的となったことが、新聞の新たな社会的機能を生んだ分水嶺となった。つまり、二〇世紀初頭、新聞が政治に関するありとあらゆる出来事を公平にカバーすることを使命としたことが、政治の仕組みに取り込まれていった契機だったというのである。新制度論における「制度」は、法律制度や政策関連事業など、いわゆる「ハードな」制度のみならず、日常的な慣習や文化や風土など「ソフトな」制度をも含む。したがって、こうした理解における制度とは、「マクロ・レベルの力の影響を、ミクロ・レベルの行為へとつなげる。ゆえに、諸現象（outcomes）は、制度や、非制度的なマクロ・レベルの変数の相互作用の産物となるのである[21]」。

すなわち、ミクロ・レベルで働く記者たちが、権力とは一定の距離を置くべきだとする「客観性」の規範意識を内在化してきたからこそ、政治を「すべて」公平にカバーしようとして態勢を整えるうちに、無意識のなかでマクロな政治力学に取り込まれてしまう。新制度論は、このように大きな構造が人々のミクロな行動を制御する状況に光を当てているのである。

このような新制度論で説明される政治とメディアの関係は、日本の状況を再考するうえで役に立つ。日本の報道機関も、戦後日本社会において、政府によるあからさまな検閲や操作を廃し、自由主義社会を制御する重要な価値基準として、「客観性」「公平性」を謳ってきた。たとえば、日本新聞協会が定めた新聞倫理綱領は、新聞は「あらゆる権力から独立したメディア」として「歴史の記録者」であり「真実の追究」が任務だと謳っている。また、放送事業については、放送法第一条において「不偏不党」が、第四条において「政治的に公平であること」が規定されている。そして、新聞やテレビはこれらを制度目標として、政治制度全体に向けて取材態勢を組織し、それをまっとうするために企業を拡大させそれを可能にする職業文化を生み出してきた。

とりわけ大手全国紙、通信社、NHKの場合、潤沢な財源と豊富な人的リソースでもって、与党、野党、立法府、行政、司法といった政治制度全体をカバーする緻密かつ広範な取材態勢を発達させた。日本ではとくに、これらのメディアには多くの「記事を書かない」記者がおり、政治家官僚の一挙手一投足を追いかける人海戦術的な取材をすることが特徴だ。さらにこうした大勢のグループ取材には、細かな慣習やルールがある。代表的なのは各省庁や自治体ごとに配置されている「記者クラブ」という空間であり、「記者」たちはそこへの出勤が義務づけられる。また、日本の政治の頂点である首相官邸における内閣官房長官との公式会見は現在一日に二回開催されているが、そこでは毎回の会見を記事にするという前提はなく、双方の意思疎通的コミュニケーションの場となっている。また内閣総理大臣に対しては、いわゆる「ぶら下がり取材」「囲み取材」といった方法での取材が戦後長く続いてきた。新官邸になって以降は、セキュリティの関係で従来の非公式取材スタイルを定式化した一日二回の「ぶら下がり会見[*22]」となった。このほかにも、政治家の職階や権限に合わせた番記者制度、オフレコ前提の記者懇談会、オフレコの会議で記者たちが会議場の壁に耳をつけて情報を得る「壁耳取材」、そして「情報収集」という名目での記者の関連審議会メンバー就任をはじめ、まさに政治家の身体的な動き（政治動向ではない）に合わせて無数の取材部隊が動員、編制され、「特オチ」のないように政治の隅々までを「監視」しているのだ。

日本の記者たちは、こうした体制のもと、「よい記者」「よいジャーナリスト」となるべく、昼夜をいとわず働き続けている。しかし、こうした実践の遂行は、同時に、政治の世界で取り決められた政治日程やプライオリティなど、政治制度の世界観を共有し、無意識のうちにそれらを記者としての職業規範として肯定し内在化していくプロセスでもある。新制度論的な見方をするならば、権力監視のための「客観的ジャーナリズム」という営為は、皮肉にもそもそも政治システムの内部に取り込まれる運命にあり、結果的に政治との距離を保ちにくい構造的な欠陥を内包させているといえる。

3 「右傾化」の日本的仕掛け

3-1 政治システム依存を強化する日本的諸条件

欧米社会では、報道が「右傾化」しているというよりは、移民問題やLGBTの問題をめぐる議論によって、国が二分される「分極化」が問題視されている。[*23] しかし、日本の場合は、「分極化」よりは、どちらかというと保守政権にコントロールされて「右傾化」していることに注目が集まる。私たちは、この背景に、新制度論的観点からみた政治システムとの強い共依存関係があるとみているが、実は新制度論による政治システムとの強い連関は欧米メディアにもある現象だ。では、なぜ日本だけが「右傾化」現象が言上げされるのか。

日本のジャーナリズムをめぐる問題を論ずる際、欧米諸国と決定的に異なる点がいくつかある。そして、これらの特徴が、日本の伝統的メディアの政治システム依存を一層強化し、それゆえに「右傾化」を後押しする方向に働いている。ここでは重要と思われる四点を挙げておきたい。

一点目には、ジャーナリストの職能団体が不在だという点である。日本では、戦後、記者や編集者個人が職能を条件に加入する、商業主義や政治権力から独立した職能団体の設立の必要性が研究者、実務家から再三指摘されてきた。[*24] しかし、今日までそのような職業団体の設立は実現していない。現状では業界横断的な団体として日本新聞協会および日本民間放送連盟があるが、この二つは企業単位で参加する業界団体である。このほか、日本新聞労働組合連合、日本民間放送労働組合連合会など労働組合があるが、これも企業単位のいわゆる「単組」を中心とした組織となっている。したがって、「不偏不党」や「公平性」「公益性」といったジャーナリズムの価値に向けて、記者や編集者個人が企業から独立して議論、評価する空間がない。ジャーナリズムが自律して社会的意義および責任を主体的に社会に発信するパワーもない。ジャーナリストの職業者的連帯の欠如ゆえに、政治権力による介入や商業主義の行き過ぎなどが疑われる事件が起きた場合も、それは問題を起こした企業の個別の案件として処理されてきた。

二点目に、現在の日本の放送事業が総務省の許認可事業となっており、放送事業者は五年ごとの放送免許更新期限の圧力のもとで「免許権に首根っこを押さえられ[*25]」ているといわれている。その方法はさまざまであるが、近年ではたとえば、二〇一四年一一月二六日には、テレビ朝日の『報道ステーション』に対して、アベノミクスの効果が「大企業や富裕層のみに及び、それ以外の国民には及んでいないかのごとく」放送されたため、「公正中立な番組作成に取り組んでいただきますよう、特段の配慮」をお願いする文書が送付された。[*26] 同番組ではさらに、一五年三月二七日、コメンテーターとして生出演した元経済産業省官僚の古賀茂明が、菅義偉《すがよしひで》官房長官からバッシングを受けてきたなどと発言した。これに対して菅官房長官は「まったく事実無根」「公共の電波を使った行動として、きわめて不適切」と反論し、放送法に言及しながら、「まずテレビ局がどう対応されるか見守りたい」と記者会見で述べることによって、同局の政治的公平性について注文をつけたという。このほかにも、一四年一一月二〇日、自民党筆頭副幹事長、報道局長名で、同年一二月の衆院議員総選挙に際して、在京テレビキー局各社編成局長、報道局長宛てに「選挙時期における報道の公平中立ならびに公正の確保のお願い」という文書が送付されていた。[*27] このように免許の許認可業務の主体である政府が間接的な「お願い」やコメントをすることによって、放送局は政府の影響下にあるといわれている。海外のように、免許事業は第三セクターなど、政府とは別の組織に委ねるべきだと研究者をはじめ、各方面から再三指摘されてきたが、[*28] 実現しないまま、今日に至っている。

三点目に、日本のメディア企業の規模である。日本の新聞は、読売新聞や朝日新聞などに代表されるように、数百万部単位といった世界でもまれにみるような多くの発行部数を誇る。とくに二〇〇〇年代初頭までは、平均で一世帯あたり一部以上新聞を取っているという状態が続き、新聞はまさに日本社会の情報インフラストラクチャー的な役割を果たしてきた。そして、全国紙発行の新聞社がこうした規模を活かし、人的リソースをふんだんに使った、世界に類をみないほどに壮大な取材網を発達させてきたことは、すでに述べたとおりである。たとえば、朝日新聞のホームページによると（二〇一九年六月一日閲覧）、「記者ら編集部門の社員数」は二二八〇人にのぼる。これに対して、ニューヨーク・タイムズの一四年時点での編集局員は一三三〇人であり、同年、さらに一〇〇人削減することを発表した。ちなみに同年のワシントン・ポストの編集局員は六五〇人ほどだという。[*29] それぞれ、朝日新聞の約二分の一、三分の一の規模である。

また、日本のメディアの巨大な取材網は、何より「他社に抜かれない」ことを前提とし、他社に抜かれた場合は「一分でも早く確認し、ただちに追いかけの報道」をすることが前提である（二〇一九年日本新聞労働組合連合新聞研究部による官邸記者アンケート調査より）。つまり、日本の報道はどの紙面、画面にも、ありとあらゆる情報を網羅することが期待されており、逆にみれば、メディア同士では大きな特徴や差を出さないことを目標としてきたといえる。

こうした取材態勢は、地方の県庁および市役所の取材、さらには警察取材などにも及んでおり、全国紙、地方紙、キー局からローカル局に至る日本の報道は、個人の行動レベル、組織の編制レベルの隅々まで、現存する統治機構に適応した態勢で固められており、結局は現在の政治システムの想定を超えた議論をすることが困難な状態になっているとみられるのである。さらにこの体制は、戦後「五五年体制」のもと、メディアが自民党長期政権とともに成長してできあがった取材態勢でもあった。こうして、一見政治機構の対抗勢力となりうるはずだった産業規模の拡大は、現状の政治システムの下支えのための強力なリソースとして機能しているという皮肉である。

最後に四点目として、これはメディア・システムの外部の問題であるが、伝統的メディアの密接なリンク先の政治の状況である。つまり、いわゆる政権交代が現実的にイメージできるような革新政党の不在である。二〇〇九年から一二年にかけて、革新政党である民主党政権が誕生し、保守・革新の二大政党制の実現ともいわれた。しかし、一二年からは自民党が与党に返り咲き、安倍首相は一九年一一月二〇日に、連続在任日数が歴代一位となった。[*30] 他方、民主党側は、政権与党時代（二〇〇九－一二年）の政治の「失敗」のイメージがつきまとい、結局その後民進党と立憲民主党に内部分裂し、一九年の時点で党勢は低迷している。日本の政治史では、革新政党が政権与党となった歴史がいまだに浅く、政治システムにおいて革新政党による政権をイメージしにくい。権力監視を使命とするメディアにとっては、権力の座につかない「左」側である革新政党、小政党の党勢や状況は視界に入りにくその存在が等閑視され、左派は一層弱体化するという悪循環に陥っている。

以上のような状況で発達し、運営されている日本の新聞やテレビは、結局、全体的に「右」に傾いていく。というよりはむしろ、政治システムと連動して「左」が弱体化し、「右」が重くなっているといった方がよいのかもしれない。

3-2 分断、そして右傾化へ

上記四点の日本的特徴をもとに発展した伝統的メディアであるが、安倍長期政権を経て状況はさらに進行した。まず、従前の前提となってきた、政権とメディアの連動関係がおかしくなっている。たとえば、歴代首相は伝統的メディアであるテレビや新聞にまんべんなく出演し、暗黙の「公平ルール」を守ってきた。しかし、第二次安倍政権で、安倍首相はそれを反故にし、ネット・メディアも含めた多くのメディアのなかから目的別に選択している様子が窺われる。荻上チキは、朝日新聞の「首相動静」をもとに、第二次安倍内閣と伝統的メディアの関係を分析した。二〇一二年一二月二六日から一七年八月三一日までに安倍首相がメディアに接触した頻度を「取材・出演・インタビュー」「会食」「懇談」に分類したところ、次のような結果となった（図1）。

このグラフの総合的な接触頻度をみると、安倍首相は、日本テレビ、読売新聞やフジテレビ、産経新聞といった保守的なメディアとの接触に熱心な一方で、TBS、毎日新聞、テレビ朝日、朝日新聞とは接触が少ない。つまり、現代日本には、権力に近いメディアとそうでないメディアが厳然として存在している。[*31] とくに安倍首相はテレビ出演の方に熱心であり、しかも報道番組だけでなく、バラエ

図1　安倍晋三首相とメディアの接触頻度

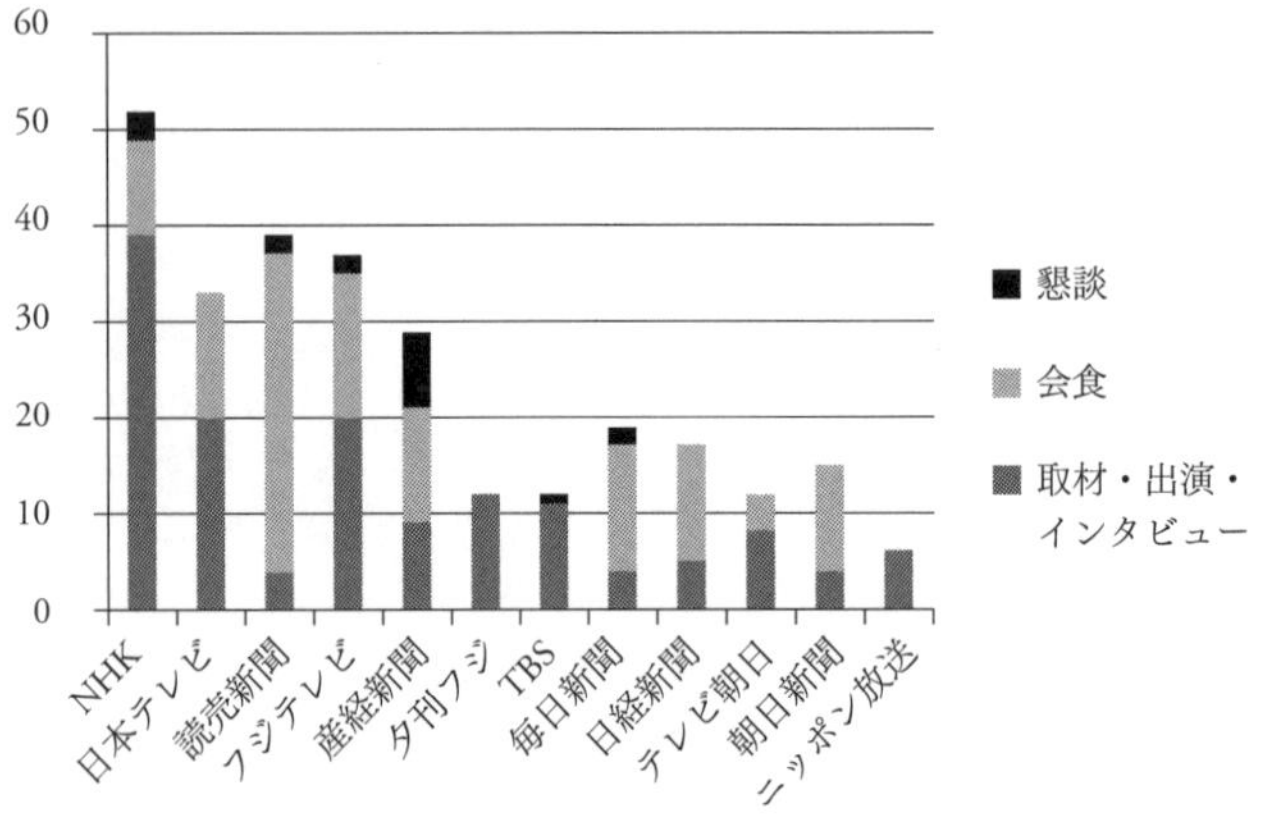

荻上チキ（2017）「首相動静調査」を基に、筆者がグラフ化した。

ティ番組へ出演したり夕刊フジの単独インタビューをしたりというこれまでの首相とは異なった動きをみせている。[*32]

首相だけでなく、政治家たちはいま、放送法によって政治的「公平性」を守らなければならない免許制事業であるテレビのほかに、ネットテレビへの出演に積極的だ。その好例が、テレビ朝日とサイバーエージェントのベンチャーとして始まったAbemaTVや、IT企業ドワンゴによるニコニコ動画であろう。AbemaTVは、二〇一七年一〇月の衆院選前に、幻冬舎の見城徹社長による安倍首相へのインタビュー生番組を「放送」した。「制作者も出演者も、ネットテレビ局は『本音を言っていい場所』『地上波でできないことができる場所』と思っている」[*33]という制作関係者の発言にもあるとおり、ネットテレビはむしろ「解放」のメディアだという現場の見方も目立つ。

このような安倍首相による特定の保守メディアとの群を抜いた付き合い方は、伝統的メディア内部を分断させる力として働いていると考えられる。たとえば、二〇一七年五月一七日、菅官房長官は記者会見の席上で、朝日新聞がスクープした加計学園獣医学部新設問題について「総理のご意向」などと記された記録文書を「怪文書」であるとしてその存在を否定した。その後、六月八日に、東京新聞の望月衣塑子《いそこ》記者が記者会見場で繰り返し追及した結果、政府は事実上文書の存在を認める方針に転じた。[*34] しかし、その後も追及を繰り返した望月記者は官邸と対立。同年一二月二八日には、官邸は内閣官房総理大臣官邸報道室長名で内閣記者会へ「東京新聞の当該記者による度重なる問題行為」という「申し入れ」をし、同記者の質問数を制限したり後回しにしたりした。しかし、政権に対してマスメディア各社の反応はまとまらず、官邸から「申し入れ」を受けた側の官邸記者クラブも一致団結した抗議や声明を出さなかった。

ちなみに、米国のボストン・グローブ社は、二〇一八年八月に全米の新聞社に対してトランプ大統領に抗議する趣旨の社説をいっせいに掲載するよう働きかけ、ニューヨーク・タイムズ社をはじめとする二〇〇社以上の全米の新聞社がこれに応えた。この動きは、気に入らないメディアを「フェイクニュース」、あるいは「人民の敵」などと発言し続けているトランプ大統領に対しての、記者側からの明確な対決姿勢を示すものだった。[*35]

今日、ネット社会の台頭と人口減少でパイの縮小する市場のなか、メディア企業間の競争は激化し、ビジネスの先行き不透明感がおびただしい。メディア各社は、そもそも職能的連帯の弱い業界だったが、ネット時代になり、さらに政府に対する統一的対抗軸を打ち出すことが困難になっているようにみえる。日本の伝統的メディアの多くの記者たちは、与えられた仕事を実直に、ときにみずからの任務以上の働きをしながらこなしている。しかし、これ以上拡大しない市場を前に、記者たちは長期保守政権によって分断され、政治報道のウェイトは「右」へと移っているのが現状といえるだろう。

4 沈黙するパブリック

4―1 ニュースを議論しない日本人

メディアのあり方を規定する力は、元来、市場原理と政治権力だけではなく、市民社会にも存在するはずだ。しかしながら、日本社会では、市民社会がメディアのあり方を規定する力にならない状況が続いている。最後にこのようなメディアと市民社会との断絶状況をみてみよう。

実は、市民社会において保守的価値を積極的に支持する人が増加する現象は確認されていない。たとえば、社会学者の辻大介の調査では、「ネット右翼」はネットユーザーのわずか一%を占めるに過ぎない[*36]。政治学者の竹中佳彦らの調査でも「右傾化」を根拠づけるデータが得られなかったとされる[*37]。

本章の筆者の一人である林香里は、日本では消極的な受け手が受動的にニュースを消費しつつ、メディアに対しては他人事で無関心であり、別世界の出来事という態度が目立つことを指摘してきた[*38]。そこで、この問題を日常生活におけるメディア消費と関連づけてさらに問い直してみたい。東京大学大学院情報学環林香里研究室では、二〇一七年六月〜一八年七月に、首都圏に暮らす七七名を対象とした半構造化インタビュー調査を実施した。以下では、その質的分析を通じて政治的会話を取り巻く現状を考察していく。

まず、全体的にネットでの情報利用形態をみると、積極的に意見の発信を行わず、「中立」な判断を行うために閲覧に徹する受動的態度が多くみられた。そうした受動性は、相互にインターラクティヴな交流が可能なSNSでも顕著なのだ。たとえば、大学卒業後に旅行会社に勤める春樹さん[*39]（二四歳）は、ツイッターを利用しているが、「「いいね」したところで何か、何も、自分も相手も何もないなと。リツイートはまあ、なんか、うーん、その自分のフォロワーにわざわざ自分で発信したくない」と語る。また、東京の家族の会社に勤める素子さん（四五歳）も「ツイッター上でどういう風にみんなが思っているのかっていうのは、ちょっと調べたような気がします。ちょっと検索して。あ、でも、いろんな人がやるので、ツイッターだと。あの、参考になるというよりは、どういう人がいるんだろうというような感じで見てます」と話す。このように、市民はSNS利用でさえも、伝統的メディアに倣ったかのような、みずからが不偏に徹して意見を前面に出さないという感覚を強く内面化させていることがみてとれる。

日本社会では、公の場で意見を発信するという行為自体が否定的に受け止められがちだ。たとえば、退職後に愛知で妻と暮らす幸治さん（六五歳）が「僕は、基本的には、ネットとか公の場では、政治と宗教の話はしないようにしている。その理由は、不特定多数の人たちが読んでいるし、相手が何を考えているかわからない状況で、深い話をしても仕方がない」と語るように、公的領域では露わにしたり論争したりしないのが賢明だといったような了解がある。「個人的なことは政治的なこと」と標榜する一九七〇年代のフェミニズムは、女性たちの問題を公的領域に提示し、女性の居場所を公的空間に拓いていく運動であった。ところが、現在では、政治は公的な市民意識の醸成をするものではなく、私的利害や感情の衝突の原因とみなされがちなのが実情だ。もっとも、このような政治と感情とのつながりは、近年、意見が分極化している欧米社会にもみられるものである。[*40]

それでは、なぜ、日本人は中立に徹することに執着し、政治的意見を持つことを嫌うのか。特定の社会運動に参加している人などの例外はあったものの、調査対象者の多くが日常的に参照していると答えたのは、「ヤフー・ニュース」や「ＬＩＮＥニュース」などの、いわゆるキュレーション・メディアである。これらは、朝日新聞や産経新聞を含む複数の情報源の記事を再配信するサービスである。ＮＨＫ放送文化研究所の「情報とメディア利用」調査（二〇一八年六月実施）によれば、最も利用しているニュースの入手先として、テレビが五〇％であるのに次いで、それぞれ二〇％、七％と多く利用されている（新聞は電子版込みで八％、ラジオは二％、雑誌は〇％）。[*41] また、ロイター・ジャーナリズム研究所による「デジタル・ニュース・レポート２０１９」によると、オンライン・ニュースのなかでは「ヤフー・ニュース」が突出して人気を独占している。少なくとも一週間に一回は見ると答えた人は五四％に上っており、次点の「ＮＨＫニュース」オンライン版の九％を大きく引き離している。日本のように、キュレーション・メディアが他を差し置いて突出した人気を誇る国は珍しい。[*42]

こうしたキュレーション・メディアは、何が起きているのかをヘッドラインとともに効率よく伝え、短時間に最低限度の情報を消費できる便利なものであるが、多くのユーザーは元の情報源を気にすることなくニュースを読んでいるという点で、テレビのような受動的なメディア消費に適合する。たとえば、夫と娘と八王子に暮らす漫画家の紀江さん（五七歳）は、毎日テレビを流し、スマホで「ヤフー・ニュース」を閲覧しているが、「本当に当たり障りのなく、感情を動かさないような」、あるいは「わーって思ったり、心をざわつかせたりするものがない、ちょうど流しているのにいいような」コンテンツを好むと述べており、「情報源としてのヤフー・ニュースもそんなに追いかけて見るとか…〔中略〕…うーんっていうようなところは開かなかったり」すると述べている。また、夫・母と三人の娘と暮らす麻子さん（四四歳）も「トップページに載ってるニュースは表題だけ見て、気になって開くこともありますけど、あんまり〔筆者註：内容が〕入ってこないですね」と語り、「サラっと読む感じ」と述べている。彼女は「ａｕウェブポータル」も利用しており、携帯電話をａｕで「買った時からそれが入っているので」使っているなど、特にメディア選択にこだわりは持っていない様子でもある。つまり、積極的なメディアやニュース源の選択が一般市民のあいだで一般化しているとはいえず、先に述べたような伝統的メディアの分断や分極化といった状態の認知も薄いことが見て取れる。

インタビュー対象者のなかには、意図的、意識的にニュース接触をする人々もいたが、その目的は道具的利用に留まることが多い。たとえば、就職活動を控える大学生の大地さん（二〇歳）は、「ヤフー・ニュース」で政治・経済関連ニュースに積極的に触れるようになった理由を「常識を付けないと。就活で」と説明していたが、接触時間は週二〜三回、一〇分〜二〇分ほどの閲覧に留まるという。情報源を気にしながら利用していると答えた大学教授の正雄さん（五三歳）も、「グーグルでもいいんですけど、やっぱり、よりヤフーの方が好きなのは、検索する時にここ〔筆者註：スマホ画面の検索バーの下を指さしながら〕にニュースが見えてくるんですよ」と、他のメディアからの遷移のしやすさという利便性を利用理由として挙げている。このように、いまでは、少ない時間で多くの出来事に効率よく触れようというニュース接触の態度が一般的となっている。

古典的なジャーナリズム論は、公共圏の参入資格である教養を身に着けた「知識ある市民」が民主主義の重要な前提であるとして、制度としてのジャーナリズムの意義を強調してきた。しかし、「政治知識」を教養とみなしてクイズ形式で答えられるような人は「知識ある人」とみなしてよいものか。ましてやこうした「知識ある市民」が「積極的な政治主体だ」という前提には無理があるようにみえる。ポータルサイトやプッシュ機能によって自動的に現れるニュースの閲覧が民主主義の基盤となるのかは疑わしく、保守革新に関わらず、じっくりと多様な意見形成をする機会は社会から失われつつあり、市民社会からのメディアへのフィードバックの力も弱くなっていることを示す回答が多くみられた。

4－2　なぜニュースを議論しないか

今回のインタビュー調査では、積極的に自分なりの政治的意見を構成し、共有し、議論する主体は例外的な存在であり、政治的立場に与すること自体を拒絶する者が多かった。それでは、こうした一般的傾向の根本にある理由は何か。

それは、すでに述べたとおり、日常生活の対人関係の観点と密接に結びついている。政治は原義的に人々の価値の複数性から成り立つが、それはいま、「揉め事」「対立」「喧嘩」などとして理解される傾向が目立つ。たとえば、親密な他者との会話の内容・頻度とメディア利用の相関性を分析した横山智哉と稲葉哲郎は、「他者との感情的な摩擦を生起させやすい対立的な政治に関する話題や争点に多く触れるため」に、新聞に触れれば触れるほど政治的会話の抵抗感は強まると推察する。[*43]

本調査でもそうした傾向は明白に表れた。たとえば、高校卒業後に屠場で働く裕也さん（三五歳）は、労働運動の当事者ではあるが「政治とかサッカーの話をすると喧嘩になるのでしないです」と語る。新潟県出身で大学院卒のシステムエンジニアの祐介さん（二八歳）も、「政治の話題などはあまりしない方が……結構そういうところは、人によって主義とかがだいぶ違うので、意図的にそういう話はしないようにしています」と話した。政治的関心があり、政治的会話を好む者でさえも、対立性から政治を理解する者は多い。大学中退を経たフリーターの大介さん（二八歳）は、積極的に政治を議論しているが、「馴れ合いをしてるところに、何かドボンと入れて挑発してみたいなあという気もある」と打ち明けた。

こうした理解は、親密な空間である家庭でもみられる。政治的意見の異なる夫と暮らす自営業者の良子さん（五五歳）は、家庭内での政治的会話について、「ぶつかるのが嫌なので、お互いにいわない」と説明している。退職後に妻と暮らす久雄さん（六九歳）は「私と家内でかなりあの、好みが違うもんだから。政治問題、まったく興味持ってませんし」と、良子さんと同様に、夫婦間での会話を避けている。三人の子を持つ無職の梨香子さん（三四歳）は、国会前デモに参加するなど政治的関心が強いが、「父は話し出すと政治のことは止まらなくなっちゃうので…〔中略〕…深入りしないように「ああ、そうなんだー」っていって話を終わらせるようにしてる感じ」と語る。

もっとも、イデオロギーではなく、命に関わりそうな事件は会話の対象となり、意見も出てくる。たとえば、調査期間中に話題となった北朝鮮のミサイル発射問題について、専門学校生の成美さん（二〇歳）は、「昨日、「何でJアラートが鳴ったんだろう」みたいな話を友達としたんですけど」と語った。政治的事柄を話さないと答えた裕也さん（三五歳）も「子どもがすごく関心を持っているので」と、五歳の息子と北朝鮮問題や戦争について話をしたという。恐怖や不安の共有は、議論の種になりやすい。そのため、日常生活とのつながりは、ニュースをめぐる会話という行為を規定しているともいえるだろう。

以上、日本における市民社会とメディアの関係を概要的に描いた。ここでみてとれるのは、テレビや新聞などの伝統的メディアが日本社会の日常とのレリバンス（関連性）を失っていることである。

市民にとって、政治は、「ケンカネタ」か、あるいはせいぜい学習する教養の一部であり、それについて主体的に意見をもつべきだとイメージされていない。ましてや、政治がその本来の役割である「よりよい生活のためにある」というイメージはゼロに近かった。そうした市民のイメージは、日本の伝統的メディア組織が、「公平性」を追求するという大義のもとに、細かな事実を網羅する仕事に力を入れるあまり、社会のために論争したり意見したりするべきではないという姿と重なるところがある。市民の側は、何百万部単位の全国紙や地域普及率の高い有力地方紙、ならびに強力な東京キー局といった、権威ある「大手メディア」の支配に慣らされ、政治議論に対して消極的となり、政治的立場を標榜すること自体を胡散臭く感じて距離を置いてしまっているが、そこには皮肉にも、伝統的メディアと同じ、権威主義の態度がみえるのである。こうして、日本の伝統的メディアは日本の社会の出来事を網羅し、ときにスクープを放ち、どの国の記者よりも長時間まじめに仕事をしてはいるものの、それはどこか一方通行であり、政治世界とメディア世界という閉ざされた内部での空回りに終わっている。肝心の市民の方は、意見をフィードバックしないばかりか、メディアそのものに関心もなく、大して意見ももっていない[*44]。この状況を一言にまとめれば「市民とメディアの間は、果てしなく遠い[*45]」。そうしているあいだに、政権交代によって政治が右傾化し、一部のメディアが経済的、政治的理由からそれを追いかけ、過激な意見を出版する。こうしたことが繰り返されてきたのがここ数年の動きだと捉えられよう。

5　伝統的メディアの再生は可能か

日本のメディアは総体として右傾化している。これが本論の結論である。

その構図は、次のようなものである。

まず、新制度論を採用することで理解できるのは、日本のメディア・システムが、政治システムと構造的に非常に強くリンクしているということである。この状態は、政治が意図的にメディアを上から意見操作しているというよりは、日本の伝統的メディアが、五五年体制とともに政治と成長し、高度成長期の豊富な財源と人的リソースでもって取材態勢を政治システムに合わせて手厚く整えたがゆえに、政治システムに内包される構造をみずからで作り出した結果である。

そうしたなか、デジタル情報化時代、伝統的メディアは、「右」であれ、「左」であれ、ネットに追いつめられてこれまでになく市場原理ともリンクを強め、生き残りの道を模索中だ。安倍政権は、そうしたメディアの政治システム、経済システムへの依存状況を認識しつつ、みずからの好みのメディアを選択するようになった。選ばれる側のメディア企業は、業界連携や職能的連帯よりも、政治システムとのリンクを維持強化しつつ、先行き不透明な市場での生き残りの道を模索しているとみてとれる。その結果、伝統的メディアは、全体として分断され、一方は徐々に「右」へ「右」へと傾き、「左」は支援政治勢力のないままに弱体化しつつある。多事争論で報道が分極化している欧米諸国の事情と比べると、日本の場合はこうした状況によって報道側の「右」が重くなっており、右傾化がいっそう顕著になっているというわけだ。[*46]

筆者たちは最後に、市民の側が、こうした新聞やテレビの動きを「他人事」だと受け止めている様子も描いた。日本ではこれまで、テレビや新聞は、部数と視聴率拡大のために、無色透明で無難なインフラストラクチャー的な存在を任じてきた部分が大きい。メディアとは、みずからの思想や嗜好に合わせて選び取るものでも、政治を論争する場でもない。日本では、家族や友人や同僚と記事や番組をめぐって論争するというハビトゥスをもつ人は少ない。こうした状況によって、日本では欧米ほどのメディアと社会とのインターラクションはみられず、幸か不幸か、右傾化は市民社会レベルにまでは浸透せず、社会全体の分極化や分断を導くまでには至っていないといえよう。[*47]

しかし、だからといって安心してはいられない。むしろ、伝統的メディアの布置連関に対して市民社会が影響を行使しえないということは、これまで、伝統的メディアが政治システム内部ばかりを参照し、市民社会を等閑視してきた結果でもある。このことは日本の民主主義の今後を考えるうえで大きな課題を残している。

民主主義において「何が妥当な意見であるのか」は、議論を経て事後的に合意されるべきであるが、私たちの調査結果が示すように、日本の社会では、権力や富の布置、および知識配分に基づく非対称性が議論に先立ってわれわれの公共圏を支配し、合意了解が先験的に固定化してしまっている。そのことは、一見、社会の意見の分極化を食い止めているとはいえ、富や権力の配分格差が「自由かつ多様な議論」による民主主義の成立要件、あるいは新しいアイディアに裏打ちされた社会的なイノベーションを妨げているのが現状であるともいえる。

実際、沈黙する公衆の問題は想像以上に根深い。強いメッセージが飛び交う政治のアリーナは近寄りがたいという感覚は、どこかまっとうで、実にありふれたものである。そのため、こうした政治を自分自身から切り離す無関心的態度を、意識的な次元から民主主義の放棄と断じて非難するだけでは不十分である。したがって、日常生活と政治を媒介する現実的な方法について、メディアはいっそう真剣に考察する必要があるといえよう。冒頭に引用した「再帰的近代」の議論に倣えば、日本の近代ジャーナリズムは、「政治的公平性」「不偏不党」という価値観を埋め込んで独自の発展を遂げていった。しかし、ここで描いた状況は、デジタル化、グローバル化、規制緩和などの近年の動きに媒介されて、メディア・システムそのものが「自己解体[*48]」していく過程であり、伝統的メディアのあり方は、新たな段階を迎えているとも捉えられよう。実はこの状況は、個別の現象こそ異なるが、近代ジャーナリズムの自己破壊という、世界的なジャーナリズムの再帰的潮流に位置づけられているという解釈もできる。

では、伝統的メディアの新たな段階はどこに向かうのか。政治理論家のエルネスト・ラクラウは「政治的なるもの」を対立性から考える闘技民主主義の立場を取りつつ、日常生活におけるさまざまな欲望や情動を等価なものとして媒介することで、ポピュリズムと多元主義を共存させる可能性を見出している[*49]。今日の日本社会の政治やメディアに対する不信や公衆形成における課題とは、まさにいまだに言葉にできないような感情や主観、つまり、声として集まらない不安や不満といった日常生活の私的経験が媒介されずに、公的領域から締め出されている点にある。そのためには、メディア組織が、現状の取材態勢や組織編制を大胆に改革し、より市民社会に踏み込んでいけるような仕組みを、実践的に考えていくほかはない。

つまり、日本のメディアは、現状の政治システムを超えて、未開拓で潜在的な声の包摂に主体的に乗り出す体制を構築しないかぎり、いいかえるならば、これまでのような政治システム構造に依拠する惰性的依存を断ち切って、「ポリティクス」の定義の大胆な脱構築と変革を敢行しないかぎり、現状のような意味での日本のメディアの右傾化を今後も止める方法はない。これが本章のもう一つの結論である。

註

＊本研究の一部は、科学研究費補助金基盤研究（Ｂ）「ＳＮＳ上のニュース「消費」がもたらすメディア・システムの変容に関する国際比較研究」（研究代表者　林香里、課題番号17H01833）の助成を受けている。

＊１　ここで「伝統的メディア」とは、電通が毎年発表している「日本の広告費」に挙げられているマスコミ四媒体、すなわち新聞、テレビ、ラジオ、雑誌を指す。なお、広告費を必要としないが、ＮＨＫも日本の基幹放送事業者として伝統的メディアに含む。また、インターネットについては、コンテンツ事業者とコンジット事業者が分離しているのが特徴である。したがって、これらのマスコミ四媒体がつくる表現、映像、言説はインターネット経由であっても「伝統メディア」の範疇とみなす。

＊２　ウルリッヒ・ベック「政治の再創造――再帰的近代化理論に向けて」（ウルリッヒ・ベックほか『再帰的近代化――近現代における政治、伝統、美的原理』而立書房、一九九七年）一一一頁。

＊３　谷口将紀「日本における左右対立（２００３～14年）――政治家・有権者調査を基に」（『レヴァイアサン』五七号、木鐸社、二〇一五年）二〇頁。

＊４　中野晃一『右傾化する日本政治』（岩波書店、二〇一五年）三頁。

＊５　林香里『メディア不信――何が問われているのか』（岩波書店、二〇一七年）、林香里「新聞紙の衰退にみる日本の「公共」の構造変容」（『思想』一一四〇号、岩波書店、二〇一九年）。

＊６　徳山喜雄『安倍官邸と新聞――「二極化する報道」の危機』（集英社、二〇一四年）、荻上チキ『すべての新聞は「偏って」いる――ホンネと数字のメディア論』（扶桑社、二〇一七年）。

＊７　上丸洋一『『諸君！』『正論』の研究――保守言論はどう変容してきたか』（岩波書店、二〇一一年）三六〇－三六一頁。

＊８　木村義子、関根智恵、行木麻衣「テレビ視聴とメディア利用の現在――「日本人とテレビ２０１５」調査から」（『放送研究と調査』六五巻八号、ＮＨＫ出版、二〇一五年）。

＊９　「民放」という言葉は、日本の商業放送を指す言葉として一般的に使われてきた。しかし、この言葉は歴史的に、敗戦

後、占領軍による一連の民主化措置の一環として〝民衆の放送〟を理念としたイデオロギー運動として生まれている。それは「日本放送協会の官僚性、御用放送性への反発」であり「〝民〟による「下からの放送」の発想に裏付けられた動きでもあった」（松田浩「民放論――その現状と問題点」（『講座　現代ジャーナリズムⅢ放送』時事通信社、一九七三年、五七－六〇頁）。当時、目標とされた、民衆による民衆のための〝フリー・ラジオ〟構想に照らし合わせてみるならば、現在の「民放」はその姿からはかけ離れている。過去から現在まで、日本の「民放」の発展史をみれば、日本の「民放」は利潤追求を目的とする商売本位の商業放送という区分に属する。したがって、本書では、こうした根本的問題に立ち戻って考える意味で、「民放」という言葉はそのまま使用せず、一貫してカッコつきで表記する。

＊10　「日経ネットマーケティング」『日経 xTECH』〔https://tech.nikkeibp.co.jp/it/article/Keyword/20080409/298530/〕（二〇一九年六月一日アクセス）。

＊11　二〇一九年四月二一日から二二日にかけて開票された統一地方選の後半戦で、「ＮＨＫから国民を守る党」が躍進したことも象徴的だ。「ＮＨＫにお金（受信料）を払わない方を全力で応援・サポートする政党（政治団体）」というのが党の説明で、一九年春の統一地方選では、首都圏や関西のベッドタウンを中心に二六人が当選。一三人いる現職議員と合わせると、一九年四月二二日時点で勢力は三九人に拡大しており、国政進出を目指すといわれている。

＊12　https://digital.asahi.com/articles/ASLCW5HD8LCWUCLV00T.html（二〇一九年六月一日アクセス）。

＊13　花田達朗・林香里「公共放送のリアリティとジレンマ」（『世界』七三八号、岩波書店、二〇〇五年）。

＊14　二〇一八年一二月八日の産経新聞の報道によると、雑誌と書籍の推定販売金額は、ピークだった一九九六年に比べて半分以下の一兆二八〇〇億円台に落ち込んだ。これは「昭和50年代前半の水準」だと報じられている。また、二〇〇〇年に四三〇〇億円だった広告費売上も、一八年には一八〇〇億円台と往時の半分以下だった。このような深刻な「出版不況」は、長編ルポルタージュなど取材にカネをかけて作られてきた「論壇誌」などを直撃し、二〇〇〇年代になって『現代』『論座』『諸君』など老舗の「論壇誌」あるいは「総合雑誌」は次々と休刊（廃刊）した。

＊15　https://digital.asahi.com/articles/ASL9T5TGPL9TUCLV00S.html#（二〇一九年六月一日アクセス）。

＊16　https://mainichi.jp/articles/20181001/ddm/004/040/003000c（二〇一九年六月一日アクセス）。

＊17　米国のジャーナリズムがプロフェッショナルとして独立し、公平・中立・客観を職業倫理として発達させていったのとは対照的に、大陸欧州のメディアは、政党紙が長らく主流となって発達してきた。こうした歴史を受けて、欧州大陸ではメディアは、社会の多様なグループを反映させることが倫理的なあり方だとされている（James Curran, "Media Diversity and Democracy," Tim Gardam and David A. L. Levy (eds.), *The Price of Plurality. Choice, Diversity and Broadcasting Institutions in the Digital Age*, Reuters Institute for the Study of Journalism, University of Oxford,

2008: 103ff)。

＊18　Michael Schudson, *Discovering the News: A Social History of American Newspapers,* Basic Books, 1978.; Richard L. Kaplan, "The News About New Institutionalism: Journalism's Ethic of Objectivity and Its Political Origins," *Political Communication* 23 (2) 173-85, 2006.

＊19　この論文で使う「システム」という言葉は、各国の歴史文化を背景にしてできあがった職業分野において、それに必要なさまざまな機能を実践する日常業務をこなす一群の集団を指すことにしたい。いわゆる社会学的「システム理論」が定義する「システム」の厳密さには立ち入らない。

＊20　Timothy E. Cook, "The News Media as a Political Institution: Looking Backward and Looking Forward," *Political Communication* 23 (2) 159-71, 2006.; Richard L. Kaplan, "The News About New Institutionalism: Journalism's Ethic of Objectivity and Its Political Origins." *Political Communication* 23 (2): 173-85, 2006.; David M. Ryfe, "The Nature of News Rules," *Political Communication* 23 (2) 203-14, 2006.; Bartholomew H. Sparrow, "A Research Agenda for an Institutional Media," *Political Communication* 23 (2) 145-57, 2006.

＊21　David M. Ryfe, "The Nature of News Rules," *Political Communication* 23 (2) 203-14, 2006.

＊22　首相官邸ホームページでは以下のような説明がある。「この取材（ぶら下がり取材、筆者註）を行っているのは新聞社やテレビ局などの政治部記者です。総理大臣の動静取材を行っており、訪問客に総理との話の内容を聞いたり、「ぶら下がり」取材で総理自身にその時々の重要政治課題について質問したりします。総理大臣担当記者ということで「総理番」記者と呼ばれています。常に総理の動向を追いかけている体力的にもキツイ仕事のため、各社とも若手が起用されているのが通例のようです」〔https://www.kantei.go.jp/jp/q&a/archive/20090723a.html〕（二〇二〇年七月一五日アクセス）。

＊23　Shanto Iyengar, and Kyu S. Hahn, "Red Media, Blue Media: Evidence of Ideological Selectivity in Media Use," *Journal of Communication* 59 19-39, 2009.; 林前掲書。

＊24　原寿雄『ジャーナリズムの可能性』（岩波書店、二〇〇九年）一九五－一九七頁、David Kaye, "Report of the Special Rapporteur on the promotion and protection of the right to freedom of opinion and expression on his mission to Japan," edited by Human RIghts Council and Thirty-fifth session, 9-10, 2017.

＊25　原前掲書、九八頁。

＊26　『週刊金曜日』編『安倍政治と言論統制』（金曜日、二〇一六年）資料七。

＊27　同上書、資料六。

＊28　二〇〇九年に誕生した民主党政権下では、日本版ＦＣＣ（米連邦通信委員会ＦＣＣに倣った行政から独立した通信・放送委員会）構想が浮上し、放送免許の付与権限を総務省から切り離す動きがあった。

＊29　https://www.nytimes.com/2014/10/02/business/media/new-york-times-plans-cutbacks-in-newsroom-staff.html（二〇一九年六月一日アクセス）。

＊30　https://www.asahi.com/articles/ASM6633ZMM66ULFA00H.html（二〇一九年六月一日アクセス）。

＊31　このほかのエピソードとして、安倍首相は二〇一七年五

月八日の衆議院予算委員会の席上で「自民党総裁としての考え方は相当詳しく読売新聞に書いてありますから、ぜひそれを熟読していただいてもいいんだろうと」と発言した。第一九三回国会予算委員会第一九号議事録〔http://www.shugiin.go.jp/internet/itdb_kaigiroku.nsf/html/kaigiroku/001819320170508019.htm〕（二〇一九年六月一日アクセス）。

＊32　荻上チキ『すべての新聞は「偏って」いる――ホンネと数字のメディア論』（扶桑社、二〇一七年）。

＊33　『毎日新聞』（二〇一八年九月一三日付記事）〔https://mainichi.jp/articles/20180913/ddm/004/040/010000c〕（二〇一九年六月一日アクセス）。

＊34　南彰『報道事変――なぜこの国では自由に質問できなくなったか』（朝日新聞出版、二〇一九年）五七－六〇頁。

＊35　https://www.nytimes.com/2018/08/14/business/media/trump-news-media-editorials.html（二〇一九年六月一日アクセス）。

＊36　辻大介「計量調査から見る「ネット右翼」のプロファイル――２００７年／２０１４年ウェブ調査の分析結果をもとに」（『年報人間科学』三八号、大阪大学大学院人間科学研究科社会学・人間学・人類学研究室、二〇一七年）。

＊37　竹中佳彦・遠藤晶久・ウィリー・ジョウ「有権者の脱イデオロギーと安倍政治」（『レヴァイアサン』五七号、木鐸社、二〇一五年）。

＊38　林前掲書、一一八頁以下。

＊39　以下、ここではすべて仮名を使っている。

＊40　Shanto Iyengar, Gaurav Sood, and Yphtach Lelkes, "Affect, Not Ideology," *Public Opinion Quarterly* 76 (3) 405-31, 2012.

＊41　渡辺洋子「ＳＮＳを情報ツールとして使う若者たち――「情報とメディア利用」世論調査の結果から②」（『放送研究と調査』六九巻五号、ＮＨＫ出版、二〇一九年）四九頁。

＊42　Nic Newman, Richard Fletcher, Antonis Kalogeropoulos, and Rasmus Kleis Nielsen. "Reuters Institute Digital News Report 2019." Reuters Institute for the Study of Journalism, Oxford University, 2019.

＊43　横山智哉・稲葉哲郎「政治に関する会話は本当にタブーなのか――政治的会話の抵抗感に関する検討」（『対人社会心理学研究』一四号、大阪大学大学院人間科学研究科対人社会心理学講座、二〇一四年）。

＊44　ＮＨＫ放送文化研究所が二〇一四年六月に政治と市民運動との関係について調査をした際、市民がマスメディアに意見をするかどうか尋ねた項目では、七六％の回答者が、「今までもしたことがないし、今後もするつもりはない」と答えている。小林利行「低下する日本人の政治的・社会的活動意欲とその背景――ＩＳＳＰ国際比較調査「市民意識」・日本の結果から」（『放送研究と調査』六五巻一号、ＮＨＫ出版、二〇一五年）二五頁以下。

＊45　林前掲書、一四一頁。

＊46　近年ではDavid Kaye前掲報告書、あるいは「国境なき記者団」ランキング（二〇一九年の日本のランキングは一八〇ヶ国中六七位）などで記者クラブや特定秘密保護法が言及され、欧米からは「報道の自由度」が狭まっていることを指摘されている。

＊47　林前掲書では、ドイツ、英国、米国、日本の比較を論じた。

＊48　ベック「工業社会の自己解体と自己加害――それは何を意味するのか？」、ベックほか前掲書、三一八頁以下。
＊49　Ernesto Laclau, *On Populist Reason*. Verso, 2005.

2　ネットメディア

ネットメディアの伸長と右傾化

津田大介

二〇一六年は、英国が国民投票でEUからの離脱（ブレグジット）を決め、米国でドナルド・トランプ大統領が誕生した歴史の転換点として記憶されている。いずれも〝保守〟勢力の勝利であったが、それ自体が特異であったわけではない。その特異性は、英国のEU離脱派とトランプ陣営が幾多の嘘を重ねながら――そしてそれが明確に嘘であることが報道などで伝えられていながらも――国民の支持を得て勝利したことにある。

オックスフォード英語辞書は、ブレグジットと米大統領選挙に関連して使用頻度が激増したとして、二〇一六年の「今年の言葉」に「ポスト真実（ポスト・トゥルース）」を選出した。その定義は、「世論を形成する際に、客観的な事実よりも、むしろ感情や個人的信条へのアピールの方がより影響力があるような状況について言及したり表したりする形容詞」とされる。[*1]

両者に共通していたのは「移民が国民から雇用を奪い、治安を悪化させ、社会保障制度を疲弊させている」という排外主義的主張だった。英国のＥＵ離脱派は移民によって切迫する（さらに移民の増加によって破綻しかねない）国民医療サービスをＥＵ離脱で立て直そうという主張を軸に置き、トランプは「メキシコの壁」のような突飛な公約や、移民に対する差別的な暴言、嘘、誇張を繰り返し主張した。彼らの言説の影響力が拡大し、それを支持する国民も増加していく。これらの現象は、たんなる「右傾化」というより、二〇一〇年代中頃を境に排外的な愛国主義――ショービニズムが全世界的に台頭してきた構図で読み解くべきものであろう。

何より重要なのは、たんに政治家が客観的な事実より感情へのアピールに傾倒するようになっただけでなく、それがとりわけインターネットを通じて、拡散・増幅される時代になったということ。そして日本でもブレグジットやトランプ旋風と同様のショービニズムが台頭しており、その大きな要因としてネットメディアの興隆がみてとれるという二点である。本章ではこの二〇年の世界と日本の情報環境の変化に注目し、ネットメディアと右傾化の関係を探る。

すべてを変えた「フェイクニュース」

日本固有の現象に目を向ける前に、まずは世界的に共通の課題となっている「ポスト真実」を広める装置になっている「フェイクニュース」をめぐる状況から整理しよう。

ブレグジットを後押しし、トランプ大統領を誕生させたことで注目を集めた「フェイクニュース」は、ネットメディアが現実の政治を動かす社会的影響力を獲得したことを示す典型的な現象である。米大統領選挙期間中に虚偽、誇張、事実の歪曲によって、トランプ大統領の対抗馬だった民主党のヒラリー・クリントン候補を攻撃するニセのニュース記事が出回った。その多くは、欧州の小国・北マケドニアのヴェレスという小さな町の、米大統領選とは無縁の若者たちによるものだった。地場産業が壊滅し、働ける職もなく、経済的困窮に悩む彼らが、広告収入目当てにニセのニュースサイトを作り、フェイクニュースを大量作成していたのだ。クリントン候補に攻撃的な記事を量産したのは、その方がアクセスを集めやすかったという理由だけであった。[*2]

米国内では、トランプ陣営の選挙対策本部長で、後に首席戦略官としてホワイトハウス入りしたスティーブン・バノンが会長を務める右派ニュースサイト「ブライトバート・ニュース」や、右派陰謀論サイトの「インフォウォーズ」がフェイクニュースやヘイトスピーチをせっせと報じた。そのほとんどがトランプ候補を称揚し、クリントン候補を攻撃するものだった。

また、白人至上主義、反ユダヤ主義、反フェミニズムといった排外主義的思想を持ち、掲示板サイトを中心に陰謀論やフェイクニュースのネタを生み出す「オルタナ右翼」という存在も無視できない存在となった。

さらに、各種報道や研究機関の調査によって、ロシアがなりすましアカウントや自動投稿プログラム（ｂｏｔ）を用いて、ツイッターやフェイスブック上で対立を煽る「世論工作」を行っていたことも明らかになった。

さまざまな勢力が私利私欲で動いた結果、それらがフェイスブックやツイッター、ユーチューブなどのソーシャルメディアを媒介してゆるやかにつながり、「本当の真実」として拡散・増幅されていったのだ。事実よりも刺激的な「ポスト真実」は一斉に台頭した。

こうした動きは決して米英だけの話ではない。二〇一五年の欧州の難民危機が全世界に反移民・難民の感情を引き起こすと、ショービニズムやナショナリズムに駆動された人たちがソーシャルメディアで公然と移民や難民を批判しはじめ、欧州各国ではソーシャルメディアを使いこなす極右・右派ポピュリズム政党が人気を集めるようになった。日本でも米国のオルタナ右翼に相似する「ネット右翼」の存在がソーシャルメディアで顕在化し、韓国や中国、在日コリアンに対するヘイトスピーチを日々撒き散らしている。ここ四〜五年ほどに絞って「右傾化とネット社会の関係」を簡潔にまとめれば、世界中で排外主義の感情が染み渡り、「ポスト真実」とソーシャルメディアの掛け合わせによる〝情報汚染〟が深刻化した。そうした状況に乗せられた世の中で排外主義や右傾化が伸張しているということになる。

フィルターバブルとマスメディア不信

無数の情報が氾濫するインターネットにおいて、ユーザーはつねに情報の取捨選択を迫られる。その取捨選択には必然的にユーザー個々人の主義や嗜好が反映されるため、ネットは同じ主義・主張や意見を持つ者同士をつなげやすいという特徴を持つ。ネット黎明期からそうしたネットの持つ特徴が民主主義の脅威となりうるのではないか、と警鐘を鳴らしていたのが、米国の憲法学者、キャス・サンスティーンだ。

サンスティーンは、二〇〇一年の著書[*3]のなかで、同じ意見を持つ者同士が集まりやすいネットでの議論や意見交換が、もともと持っていた意見をより先鋭化、過激化する集団極性化を引き起こすことを指摘し、その現象を「サイバーカスケード」と名付けた。

こうしたより極端な意見へのシフトは、必ずしも〝確かな情報〟に基づいて進むわけではない。ネットに限らず社会、政治、経済などの議論は、〝確かな情報〟を持たない人たちのあいだで行われることの方が多く、必然的に個々人の主義・主張に即した〝推測〟が飛び交うことになる。ネットでは同様の意見を持つ者同士が集まりやすい場であるがゆえに、一定の方向性が生み出され、それが個々人の推測を確証するとともにその賛同者を増やしていく。サンスティーンは、情報が不確実であっても多数の同意見が集まることで、完全に誤った情報であっても、段階的に伝播していくことを指摘している。

つまりネットでは、われわれは意図せず好ましいと感じる情報に引き寄せられ、その結果、タコツボ化した情報環境に身を委ねることになってしまうということだ。そのような環境は、みずからの主義・主張に信頼を与え、確信を深めていくとともに、都合の悪い情報や反対の立場からの意見は無視・排除されることから、むしろ個々人にとっては心地よく感じられる現象をもたらす。好ましい情報だけが溢れかえり、相互に補強（反響）し合う「エコーチャンバー」と呼ばれる環境で、段階的により極端で、過激な意見へと収斂していく――こうした現象について、たとえ知識としてわかったつもりになっていても知らず知らずのうちに陥っているのがつねだという風にとらえてもいい。

検索エンジンやソーシャルメディアの企業努力が、こうした現象に拍車をかけている。グーグルをはじめとする検索エンジンの多くは、過去の検索履歴やクリック履歴、所在地など、それぞれのユーザーの行動履歴に基づいて、各ユーザーが求めていると予測しうる情報を優先的に表示する「パーソナライズ検索」を提供している。また、ソーシャルメディアは、ユーザー間のつながり情報をベースに、各ユーザーのエンゲージメント（クリックやコメント、シェア、いいねなど）に重みづけをして、そのユーザーが好ましいと思う情報を優先的に表示するようにしている。いずれもユーザーが望む情報を与えることを至上命題と考えているためだ。

情報のパーソナライズ化が進むと、ユーザーのもとに届く情報には、つねにユーザー自身の興味関心に即したフィルターがかけられ続けていることになる。バイラルメディア「アップワージー」CEOでネット活動家のイーライ・パリサーは、検索エンジンやソーシャルメディアのアルゴリズムがユーザーの行動履歴に基づいてその人がみたいであろう情報を選択的に提供し、好みに合わない情報、対立する意見を遮断してしまう状態を「フィルターバブル」と名づけた。[*4]

フィルターバブルにとらわれてしまえば、多様な情報に触れているつもりでいても、自らの主義・主張や意見を反映した情報ばかりに触れることになる。〝偏向〟した情報環境に置かれながらも、その内側にいるユーザー自身がそれに気づくことは難しく、むしろ自分のものの見方があたかも世界を代表しているかのように思えてしまう。パリサーは民主主義の根幹をなす他者の視点、事実の共有がフィルターバブルによって阻害され、分断を生み出してしまうことを懸念していた。

ネットメディアの興隆とは、すなわちフィルターバブルの社会的影響力を増大させたということでもある。その弊害は現在全世界的に起きているマスメディア不信を生んだことであろう。

ソーシャルメディアでは、情報を受け取り、受け取った情報を他人に向けて発信する――「リツイート」や「シェア」と呼ばれる――一連の行動が誰でも手軽に、かつ、効率よく行えるようになった。また、スマートフォンが普及し、ネットへのモバイル接続環境が整っていったことも、ソーシャルメディアでの情報の取得・発信を後押しした。さまざまな情報インフラが二〇〇六年〜〇七年頃にかけて立て続けに登場し、一〇年頃を境に一般に広く普及していった。

それによってもたらされたのが、「情報の逆流」現象だ。ソーシャルメディアやスマートフォンが登場する以前のメディア環境は、圧倒的にテレビや新聞といった伝統的マスメディアが中心だった。マスメディアは基本的に情報を受け手（視聴者・読者）に届ける仕組みだ。必然的に伝達の流れは一方通行、トップダウンに固定化される構造があった。かつては、数十万、数百万、あるいは数千万人に一度に情報を届けられるのは、発信に莫大なコストを投じることのできるマスメディアにのみ限られ、そのコストと引き換えに情報流通を独占（寡占）し、その発信力を広告料や購読料といった経済的価値に換えるというビジネスモデルを構築していた。

しかし、ソーシャルメディアとスマートフォンが登場したことで状況は一変した。双方向性に優れ、多数の人にシェアされることで時にマスメディア並みの拡散力をもつソーシャルメディアにおいては、それまで情報の受け手だった一般の人が、多くの人に情報を届けることも可能になった。

そもそもネットが一般に普及しはじめたのは一九九〇年代後半であったが、情報発信インフラという観点ではマスメディアと比べて非常に脆弱であった。意識せずとも自然に情報が送られてくるテレビや新聞のような「プッシュ」型のメディアとは異なり、ネットは検索で自分から情報を引き出さない限りアクセスできない「プル」型のメディアだった。つまり、発信した情報を不特定多数の人に「届ける」部分がマスメディアと比べて弱かったのだ。

この弱点は、ソーシャルメディアの「リツイート」や「シェア」という機能によって解決された。現在は個人であっても、（価値のある情報とみなされれば）劇的に安いコストで、瞬時に世界中に情報を届けられるようになった。たとえばスマートフォンで撮影された事件や事故、災害、デモの「現場」の写真や動画が、ソーシャルメディアを通じてたちまち全世界に広まり、社会を動かす――そうした事例は枚挙に暇がない。ソーシャルメディアで広がった情報をもとにマスメディアが後追いで報道することも珍しいことではなくなった。マスメディアが情報発信を寡占化する状況が長く続いたことを考慮すれば、これらの現象は「情報発信の民主化」とポジティブに捉えることもできる。実際にネットメディアの社会的影響力が高まったことで、それまで光が当たらなかった待機児童や女性への性暴力などの社会問題がネットで可視化され、それをマスメディアがとりあげることでさらなる注目が集まり、問題改善に向かう現象も近年では頻発している。しかし、事実に基づかない言説で、「数字の取れない」左派・リベラル的な価値観やそれを伝えるマスメディアが攻撃される現象も増えており、現実にはサンスティーンやパンサーの指摘どおり〝民主化〟による恩恵以上に弊害の方が大きいといわざるをえない状況にある。ジャーナリズムの持つ「権力監視」や「批判性」という機能・規範は、そもそも左派・リベラル的価値観と親和性が高い。このことは、発信力を獲得する過程でネットメディアがみずからの商売のやり方を肯定するため「権威」化したマスメディアを敵視するようになったことと無関係ではないだろう。ネットメディアは、「リツイート」や「シェア」という拡散装置を手に入れたことで、マスメディアのオルタナティブとして十分な社会的影響力を持つに至った。その結果、既存のマスメディアでは取り上げられにくかった「儲かる」排外主義や歴史修正主義に基づく主張が徐々に広がり、その影響が経営苦境に陥った一部の出版業界やテレビ局などにもじわじわ浸透しているのだ。

「ネット右翼」とは何か

日本のネットにおける右傾化、その発露としてみられる排外主義を先導する、中核を担う存在が「ネット右翼（ネトウヨ）」といわれる。日本のネットに蔓延する排外主義的言説の現状を理解するには、このネット右翼という存在に着目しなくてはならない。

自由な言論が行えるネット上で右翼的な言説を投稿する人間はネット黎明期から存在した。そうした人たちを集合的に「ネット右翼」と称するにようになったのは一九九九〜二〇〇〇年頃といわれている。[*5]この呼称にはっきりとした命名者がいるわけではないが、ネット右翼は掲示板を中心に活動し、その勢力を少しずつ拡大していった。日本最大の匿名掲示板「2ちゃんねる」(現在は「5ちゃんねる」)の開設が一九九九年五月のことである。日本のネット空間に匿名掲示板文化が花開いたことと、ネット右翼勢力の拡大は連動していた。

ネット右翼とは一体どのような存在なのか。さまざまな論者によって定義が試みられてきたが、その時々で指し示す対象に差異があったこともあり、いまも定義は曖昧な部分を残す。文字どおりに捉えるならば、「ネット上で保守的・右翼的言動を行う者」ということになるが、その言葉が用いられるとき、多くの場合、攻撃性・排外性を伴う存在として扱われる。

朝日新聞の現代用語辞典「知恵蔵」で設けられた、「ネトウヨ」の項目では、次のように解説している。[*6]

「インターネットの『ネット』と『右翼』を合わせた造語。2ちゃんねるなどの掲示板やブログなど、ネット上で、右翼的な言動を展開する人々のこと。『ネット右翼』とも呼ばれる。広辞苑による右翼とは、保守派、国粋主義、ファシズムといった立場をとる人、または団体を指すが、『ネトウヨ』は、これらの主義主張を唱える人だけに留まらず、自分自身の思想に反するネット上の意見に対し、攻撃的なコメントを展開する人々全般を含むことが多い」。

この定義では、「自分自身の思想に反するネット上の意見」への攻撃性を持った存在としているが、さらにその攻撃の対象を絞り込んだ定義もみられる。たとえば、最も過激化したネット右翼ともいえる「在日特権を許さない市民の会（在特会）」を取材した安田浩一は、ネット右翼を「ネット掲示板などを通じて『愛国』や『反朝鮮』『反シナ』『反サヨク』を呼びかける者たち」としている。[*7]

また保守の立場からネット右翼を批判的にみる文筆家の古谷経衡《つねひら》は、ネット右翼の三必須七原則を提唱し、①嫌韓・嫌中の感情が旺盛であること、②在日コリアンに対してきわめて強いネガティブ感情を有していること、③既存の大手マスメディアが韓国・中国・在日コリアンに融和的であるとして激しい嫌悪感・敵愾心を抱いていることの三つを必須条件としたうえで、いわゆる自虐史観の否定、公人の靖国神社公式参拝の支持、タカ派的外交・安全保障政策への支持、安倍政権への支持（民主党への強い敵愾心）に特徴づけられる者と定義している。[*8]この定義によれば、保守的志向はむしろ外縁であり、排外主義（嫌韓・嫌中、反在日コリアン）、反マスメディアを中核とした存在ということになる。

これらをまとめると、ネット右翼とは、ネット上で右翼・保守・愛国的言説や、嫌韓・嫌中、反在日コリアン、反サヨク（リベラル）、反マスメディア的言説をネット上に書き込む者でありながらも、時として保守的志向を持ち合わせていない場合もあるということになる。永吉希久子は八万人規模の大規模調査で、排外主義的な傾向を持ち、ネットで政治的議論をするものの、政治的な保守志向はないという層（オンライン排外主義者）が三・〇％存在することを明らかにした。[*9]ネット〝右翼〟でありながら保守的志向を持ち合わせていないというのは不可思議ではあるが、排外主義的であるということが一つのキーポイントといえそうだ。

調査から浮かび上がるネット右翼の実像

ネット右翼を扱った近年の実証研究としては、前述の永吉だけでなく、ネット調査を分析した辻大介[10]や、ネットに投稿されたコメントやツイートの内容を分析した木村忠正らのグループ[11]、高史明《たかふみあき》[12]の研究などがある。

それらの研究では、①中国と韓国への排外主義的態度、②保守的・右派的な政治意識、③政治や社会問題に関するネット上での意見発信・議論への参加という三つの条件を満たす者をネット右翼と操作的に定義して分析が行われた。

その結果から、ネットユーザー全体に占めるネット右翼の割合は約一〜二%と、ごく少数であることが示されている。だが、①②は満たすものの③には該当しない（情報発信は行わない）「ネット右翼のシンパ」層が五%程度（辻）、さらに①③は満たすものの②に該当しない（ネット右翼に比べて保守的政治志向が薄い）「オンライン排外主義者」が三%存在する（永吉）ことも明らかになっている。前者はいわばネット右翼の補完勢力として、後者は一見〝右派〟にみえる新たな層としてみることもできるだろう。オンライン排外主義者はネット右翼と合わせると約五%に上り、インターネットユーザーの二〇人に一人がネットで排外主義的な書き込みを行っている計算になる。先述した古谷の定義は、ネット右翼とオンライン排外主義者を含めたものとみなすこともできよう。

オンライン排外主義の実態

ネットに投稿されるコメントやツイートのテキスト分析からは、ネット右翼、排外主義的投稿の規模やその内容、動因が明らかになっている。二〇一六年七月二日〜一八日の期間にヤフーニュースに掲載された記事データとコメントデータを分析した曺《チョウ》 慶《キョン》鎬《ホ》の研究[13]によれば、その大半が、嫌韓・嫌中意識の強いものであった。つまり、月間百五〇億ページビュー（一六年八月時点）を誇る〝日本最大のニュース媒体〟であるヤフーニュースのコメント欄は、韓国や中国、あるいは在日コリアンに対する排外主義的な主張が顕著にみられる場所だということが、データで証明されたことになる。

木村は、その穏当なものも含めたコメント全体に、①韓国、中国に対する憤り（嫌韓・嫌中意識）、②「弱者利権」（立場の弱さを利用して権利を主張、獲得する）認識に基づく、マイノリティ（社会的少数者）への違和感、③マスメディアに対する批判という三つの傾向を見出した。[*14] ①の嫌韓・嫌中意識はまさに排外主義的傾向を示すものではあるが、社会に浸透する韓国・中国への違和感がコメント全体に反映された結果だという。木村は、歴史修正主義やナショナリズムの問題というよりも、慰安婦、戦争責任、戦後補償、植民地支配などの問題で「いくら謝罪しても結局（弱者・被害者の立場をとる韓国・中国に）問題を蒸し返される」という意識が根底にあると指摘する。この嫌韓・嫌中意識の背景に②のマイノリティへの違和感があるという見立てだ。これが嫌韓・嫌中に限らず、「生活保護」「ベビーカー」「少年法（未成年者の保護）」「ＬＧＢＴＱ」「沖縄」「アイヌ」「障害者」「女性」などへの反発や非寛容、嘲笑といったかたちでネット世論に現出しているという。

木村はこうしたネット世論を「非マイノリティポリティクス」と名づけた。[*15] 自分たちマジョリティの側が、弱者の側に身を寄せ利権を貪るマイノリティのせいで不利益や肩身の狭い思いをさせられている「被害者」であり、むしろ「弱者」だと位置づけ、マジョリティの側からの「正義」と「公正」を求めている状況だ。それゆえに、従来のリベラル的「マイノリティポリティクス（アイデンティティポリティクス）」を擁護するマスメディアへの批判・嘲笑が生み出されていくことになる。マイノリティが弱者の立場を利用して不当に利益を享受している／しようとしているというマジョリティの側の

〝被害者〟意識に基づく（多分に妄想的な）彼らなりのアイデンティティポリティクスということもできるだろう。

これは、現代的レイシズム理論から日本における在日コリアンへの差別や偏見を分析した前述の社会心理学者、高史明の研究とも一致する。現代的レイシズム理論[*16]は、「彼ら（差別対象）は道徳的にも能力的にも劣っているのだ」という信念に基づく古典的レイシズムと、「差別はすでに解消しており、したがって彼らの不遇は自らの努力不足によって引き起こされているにもかかわらず、その不遇を差別だと不当に主張し、本来得るべきではない特権を得ている」という信念に基づく現代的レイシズムとを区別している。後者はまさに非マイノリティポリティクスと重なる概念だ。かつて主流であった古典的レイシズムは、人種・民族間の平等が社会的に受容され始めた二〇世紀半ば頃から弱まり、次第に現代的レイシズムに交代していったとされる。

高は二〇一二年一一月〜一三年二月にかけ、コリアンに言及する約一一万件の投稿を収集して分析したところ、全体の七〇・〇%がコリアンに否定的な発言、一七・三%が肯定的な発言で、圧倒的にネガティブな言及が多かった[*17]。そうしたツイートは、「政治」「歴史問題」「真実」「マスコミ」「反日」といったテーマとも組み合わさり、在日コリアンを優遇する特定の（おそらくはリベラルな）政治家への批判、コリアンの犯罪や劣等性についての真実、歴史問題の真実、それら真実を隠蔽するマスコミ、反日・売国的なマスコミ、在日コリアンに支配されたマスコミといった言説を構成してもいた。

興味深いことに、日本のネット上では現代的レイシズムだけでなく、古典的レイシズムも根強く残っていることが窺える。「犯罪／事件／逮捕／悪事／凶悪／強姦／レイプ／犯す／犯人／襲う／強盗／整形／劣る／劣等／ヤクザ」といった古典的レイシズムに関連した単語を含むものが全体の一〇・

七五％、「特権／生活保護／受給／人権／通り名／通名／参政権／年金」といった現代的レイシズムに関連した単語を含むものが一二・二〇％と拮抗しており、古典的レイシズムから現代的レイシズムに交代したという状況にはない。

さまざまな調査をみるかぎり、決してネット右翼層が過大に多いわけではない。しかし、数としてはわずか数％の少数ではあっても、その声の大きさゆえにネット空間におけるプレゼンスが過大になり、現実の社会やポピュリスト政治家に影響を与えている——このことも「右傾化」に拍車をかけている。

日本型ネットメディアの成り立ち

ネット右翼やオンライン排外主義者に共通する最も重要な特徴が、ネットメディアへの傾倒だ。これまでの研究[*18]をみると、「2ちゃんねる（現5ちゃんねる）」や「2ちゃんねるまとめサイト（まとめサイト）」、「ネットニュースメディア」、「ソーシャルメディア」の影響が明らかになっており、とりわけ「まとめサイト」と「ソーシャルメディア」の影響が色濃くみられる。実際に、ネットを利用していれば、多くの人がまとめサイトの排外主義的な記事や、コリアンや中国人に対する差別的なツイートを一度以上目にしたことがあるはずだ。

なぜ日本で右寄りのネットメディアが著しく発展していったのか。その起源を辿ってみると、やはり一九九九年五月に設立された総合掲示板サイト「2ちゃんねる」に辿り着く。「「ハッキング」から「今晩のおかず」まで」というキャッチフレーズにあるように、幅広い話題を網羅したカテゴリ（板）ごとに多数のスレッド（個々の掲示板）を抱え、それまでのネット掲示板文化を集約するかたちで成長していった。

ネット右翼の源流となった一九九〇年代の保守論壇の動き、その発展期ともいえる二〇〇〇年以降の二〇年間を歴史社会学的なアプローチで俯瞰的に分析した伊藤昌亮《まさあき》[*19]によれば、二〇〇〇年前後の2ちゃんねるは、政治的には比較的ニュートラルな場だったという。それは意図してニュートラルであったというよりも、政治的な主張や議論を煙たがる雰囲気によるところが大きく、イデオロギーよりも自虐的・偽悪的に振る舞う「シニカルな反権威主義の精神」が支配的であったためだった。それゆえ、雑誌『SAPIO』（小学館）や小林よしのりの『新・ゴーマニズム宣言SPECIAL 戦争論』（小学館）などの新保守論壇に影響を受けた従軍慰安婦問題や歴史教科書問題の議論は局所的に行われていたものの、2ちゃんねる全体に広まるほどではなく、むしろその議論の執拗さゆえに専門の板を創設して隔離する措置も取られたほどだった。だが、その2ちゃんねるも二〇〇〇年代半ばまでに政治的に右傾化していく。

伊藤によると、この変化は直接的に2ちゃんねる内外の保守・右翼勢力の影響を受けたというよりも、2ちゃんねるの「シニカルな反権威主義」の発露——独善的で高慢なリベラル市民、お高く止まった上から目線の朝日新聞、リア充的で鼻持ちならない業界人的なフジテレビへの反感——として表れた反リベラル、反マスメディアというアジェンダが、時事の話題、とりわけ二〇〇二年の日韓共催サッカーワールドカップ（W杯）について語らうなかで「嫌韓」というアジェンダと結びついていった結果であったという。日韓友好の象徴ともいわれた大会ではあったが、韓国代表の度重なるラフプレーや韓国代表に有利な誤審が相次いだことから、2ちゃんねるには韓国代表に対する非難の声が相次いだ。だが、彼らの怒りを最も掻き立てたのはそうした「悪行」を取り上げないどころか、共催国として韓国を応援しようと呼びかけるマスメディアの姿勢だった。とりわけフジテレビの番組にその傾向を見出した彼らは、その「偏向姿勢」を正すために番組やスポンサーへの抗議電話（電凸）や抗議メールを呼びかけていくことになる。最終的な矛先はマスメディアに向くことになったが、この日韓W杯を機に2ちゃんねるにおける反マスメディアと嫌韓という2つの結びつきは、韓国ドラマ「冬のソナタ」の大ヒットに始まる二〇〇四〜〇五年の韓流ブームをマスメディアによる「捏造」「情報操作」と揶揄していくなかでさらに強化されていくことになる。

かつて北田暁大[*20]が指摘したように、2ちゃんねるの反マスメディア、反リベラル的態度はイデオロギーに由来するものというよりむしろ、共通の敵を「嗤う」ためのコミュニケーションの「ネタ」であった。それゆえに「マスゴミ」や「プロ市民」という言葉が発明され、2ちゃんねらーが共有できる「ネタ」として広まっていった。その意味で嫌韓も当初は2ちゃんねる共有のシニカルな「ネタ」であったが、やがてそれを享受するユーザーのなかにシリアス（ベタ）な「排外主義」勢力を生み出す結果をもたらした。

その変化を表す象徴的な出来事が二〇〇五年七月に出版された山野車輪のムック『マンガ嫌韓流』ブームだ。発売から三日間で一〇万部、一年で六七万部の大ヒットを記録した同書は、日韓の歴史認識や戦後補償問題、竹島問題、在日コリアン差別、プロ市民、外国人参政権、反日マスコミなどを取り上げて、韓国側の主張は歴史や事実を歪曲しているとする内容であったが、そのほとんどは2ちゃんねる上で流布していた根拠の薄い嫌韓言説を集約し、パッケージ化したものであった。同書によって、「嫌韓」「反リベラル」「歴史修正主義」「排外主義」「反マスメディア」というネット右翼的言説の雛形が完成し、方向づけられたといえる。

『マンガ嫌韓流』の大ヒットを受けて、出版元の晋遊舎のみならず、ほかの複数の出版社からも類似本が多数出版され、にわかに〝嫌韓流ブーム〟が巻き起こることになる。さらに、マスメディアやリベラルを「反日マスコミ」「反日勢力」として敵視するムックなども多数出版されていった。それらのネタ元の多くも出所はネットだった。こうして不確定なネット右翼的言説は、閉じたネット空間から出版を介して現実空間に持ち込まれることになったのだ。

この時期、ネットからリアルへのもう一つの重要な動きが、「在日特権を許さない市民の会」(在特会)の結成だった。二〇〇六年一二月にネットの有志約五〇〇人を集めて結成された在特会は、在日コリアンの特別在住資格、朝鮮学校保護金交付、生活保護優遇、通名制度といった、彼らのいう「在日特権」の廃止や、外国人参政権の反対を訴えるための市民団体として設立された。会員の多くが従来の右翼活動家などではなく、ネットや『マンガ嫌韓流』で反(在日)コリアン言説に触れたことで感化された人たちだった。彼らは仮想の「在日特権」を、マスメディアが報道しない「真実」として盲信し、みずからをその被害者であると考えたのだ。

在特会は、「日本から出ていけ」「皆殺しにしろ」といったネット上での過激な排外主義的言動を現実のデモや街宣活動に持ち込むとともに、そうした活動を当時登場したばかりのユーチューブやニコニコ動画などの動画投稿プラットフォームやブログを駆使して拡散し、みずからのプレゼンスを高めることに利用した。ネットの過激な言説を現実の場に持ち出しただけでなく、嫌韓デモなど現実社会での活動をネットに持ち帰りアピールすることで、自説を拡散・補強したのだ。これはおそらくネットにおけるヘイトスピーチへの禁忌感を薄めることにもつながったであろう。

当初は2ちゃんねるのシニカルな「ネタ」として広まった反リベラル、反マスメディアというアジェンダ、そしてそれに結びついていった嫌韓というアジェンダは、ソーシャルメディアの普及を前に、現実社会への影響力に乏しかった日本のネット空間のなかで徐々に拡散・増幅し、やがては二〇〇九年の京都朝鮮学校襲撃事件や、一三年の新大久保嫌韓デモといったかたちで現実社会に表出することになったのである。

まとめサイトがもたらしたもの

2ちゃんねるが作り出した右傾化の種を一般層まで拡大する大きなきっかけを作ったのが二〇〇〇年代半ば頃から流行し始めた「2ちゃんねるまとめサイト（まとめサイト）」だ。

まとめサイトは、運営者が2ちゃんねるの投稿を取捨選択し、より面白くなるようにコメントの並び替えや色付け、強調などの編集を加えて一つのまとめ記事として提供するというブログ形式のサイトである。まとめサイトの多くは、2ちゃんねるのニュース速報系の板（カテゴリ）のスレッド（個々の掲示板）を元にまとめ記事を作成しているが、元になるスレッドの大半はマスメディアの報道記事を起点として議論するという方針をとっている。したがって、多くのまとめ記事はマスメディアの報道の一部または全文を転載したうえで、2ちゃんねるに投稿されたニュースへの反応を取捨選択することで、独自の味付けを加えるというスタイルを取っている。企業が提供する無料のブログプラットフォームで開始でき、2ちゃんねるの書き込みを転載するだけという気軽さや、サイトに広告を掲載することで得られる収入への魅力も相まって、多数のネットユーザーがまとめサイトを立ち上げた。

二〇一〇年頃までは、事件・事故、政治、国際情勢、芸能、ビジネス、科学、ローカルニュースなどあらゆるジャンルをカバーする「痛いニュース＋」（〇五年〜）や「アルファアルファモザイク」（〇六年〜）、「ハムスター速報（旧2ろぐ）」（〇五年〜）などの総合ニュース系のまとめサイトが人気を集めていた。こうしたまとめサイトは、ジャンルにこだわらずとにかく耳目を集めそうなニュースや話題をピックアップして記事を作成していた。そのなかでも右寄りの話題にアクセスが集まることを知ると、こぞってそうした記事を量産するようになり、急速に右傾化が進んでいった。

さらに二〇一〇年前後からネット右翼層をターゲットにした保守系まとめサイトが続々と登場した。「ネトウヨにゅーす。」（〇九年〜）、「保守速報」（一〇年〜）、「笑韓ブログ」（一〇年〜）、「中国・韓国・在日崩壊ニュース」（一〇年〜）、「U－1速報」（一一年〜）、「キムチ速報」（一一年〜）とそのサイト名からして嫌韓を伺わせるものが多く、その記事内容もネット右翼の反応をまとめた嫌韓・嫌中、反在日コリアン、反リベラル、反野党、反フェミニズム、反マスコミばかりだ。いずれも広告収入を当て込んだビジネス目的のネットメディアであろう。[*21]

後発ながらネット右翼層の人気を集めるサイトもある。たとえば、かつて反サヨク・反特亜ニュースまとめサイトというキャッチフレーズを掲げていた「アノニマスポスト」（一五年〜）、「シェアニュースジャパン」（一六年〜）だ。後者は設立当初は芸能や時事ニュースを扱う政治性の薄いまとめサイトだったが、二〇一七年頃から急速に右傾化していった。これもまたその方がアクセスを集めやすいことに気づいた可能性が高い。

まとめサイトの乱立と競争の激化は、まとめ記事のタイトルや内容をより過激に、より扇情的にしていった。サイトに掲載する広告から収入を得ている彼らは、アクセス数を増やすためにより人びとの、否定的な感情を喚起するような編集を加えていったのだ。

まとめサイトの運営者は、個々の投稿の責任はあくまでも2ちゃんねるに投稿した元の投稿者にあるというスタンスをとり、偏見に満ちた投稿や時に差別的な投稿も含めて、あるいは事実であるかどうかは考慮することなく、悪質な記事を量産していく。前述の北マケドニアの若者たちと同じように、彼らにとって重要なのはいかにアクセスを集めて広告収入を得るかでしかない。たとえ記事の内容がデマだったことがわかっても、運営者はその記事を密かに削除するだけだ。騙されたはずの読者たちですら、みずからが敵視する相手を叩いてくれる記事を提供し続けるかぎり、まとめサイトを非難することも、その内容を疑うようになることもない。

ところが、ここ数年「2ちゃんねるの情報をまとめただけ」という言い訳は通用しないとの判断を司法が示すようになった。保守速報が掲載したヘイトスピーチをめぐる裁判では、高裁および最高裁がまとめ記事は転載元とは別個の表現であり、その編集によって表現がより強烈かつ扇情的になっていると判断[*22]。名誉毀損や侮辱が人種差別や女性差別を含む悪質性の高いものだとして、損害賠償を命じた[*23]。

まとめサイトは扇情的なだけでなく、会話形式のように記事が読めてわかりやすいため、アクセス数を稼ぎやすく、とりわけ若い世代にとって大きな情報源になっている。二〇一九年六月にMMD研究所がテスティーと共同で実施した調査[*24]によれば、「日本や世界のニュースを知る方法」という設問で「まとめサイト」と答えたユーザーが二〇代では一二・四%に及んだ。これが「SNS」となるとその数値が四五・一%まで跳ね上がる。少し古いデータになるが、電通PRによる二〇一二年のまとめサイトの利用実態調査によれば、まとめサイトの利用・閲覧経験者は、全体の三六・五%で、男性の一〇代・二〇代の利用・閲覧経験は七割以上というデータが示された[*25]。

責任を取らないプラットフォーム事業者

スマートフォンの普及とともに隆盛したネットメディアは、年々存在感を増し、マスメディアを凌駕する勢いで成長している。両者の力関係の変化を端的に表すのが広告費の増減だ。日本の総広告費と媒体別・業種別広告費を推定した電通の「二〇一九年　日本の広告費」[*26]によれば、一九年にインターネット広告費（二兆一〇四八億円）が従来トップだったテレビメディア広告費（一兆八六一二億円）を抜き、媒体別で初めてトップに躍り出た。テレビ、新聞、ラジオ、雑誌というマスコミ四媒体を合わせた広告費は二兆六〇九四億円と、その差はわずか五〇〇〇億円程度。このペースで推移すれば、今後一〇年以内にマスメディア全体とインターネット全体の広告費が逆転するのは確実だ。

問題はネットメディア事業を行っているプラットフォーム企業（海外勢ではおもにフェイスブック、ツイッター、グーグルの三社。国内勢ではヤフー）が、人々の耳目を集めやすい、すなわちアクセスを稼げる右傾化言説を〝商品化〟していることにある。右傾化言説の商品化とは、ネットメディアに付き物のヘイトスピーチやフェイクニュース広告が挿入されることといいかえてもいい。専門家から弊害が多数指摘され、批判を浴びてきたにもかかわらず、プラットフォーム企業はこれらの問題に真摯に向き合うことなく、問題を放置してきた。[*27]プラットフォーム企業の存在によって、実際の社会の要求以上に右傾化言説が量産されフィルターバブルをも超えてくる構造が生まれている。

プラットフォーム企業が右傾化言説を商品化している例を挙げると枚挙に暇がないが、いくつか象徴的な事例を紹介しよう。

最も有名な事例は、ロシアによる二〇一六年の英国EU離脱国民投票および米国大統領選挙への介入だ。トランプ大統領が誕生した直後の一六年一二月九日、ワシントン・ポスト紙がアメリカ中央情報局（ＣＩＡ）の秘密評価報告書を引用して「サイバー攻撃はロシア政府機関のハッカー集団によるもので、ドナルド・トランプ側の勝利を支援するものである」と報道。[*28] これがきっかけとなって生じた「ロシアゲート」疑惑は議会を巻き込んだ大騒動となった。

二〇一七年一〇月三一日、一一月一日に上下院の特別情報委員会で開催された公聴会には、有力プラットフォーム企業のフェイスブック、グーグル、ツイッターの三社が招かれ、ロシアによる選挙介入はあったのか、議会は各社の法務担当役員に説明を求めた。

結論は驚くべきものだった。ロシア政府の支援を受け、プロパガンダやフェイクニュースの拡散、中傷などの工作活動を手がける「インターネット・リサーチ・エージェンシー（ＩＲＡ）」が三社の広告機能を利用した世論工作をしていたことが白日の下にさらされたのだ。[*29] フェイスブックによれば、二〇一五年から一七年にかけて人種や宗教、移民、銃所持、ＬＧＢＴＱなどの問題を利用して、社会の分断を狙った約八万件の記事がＩＲＡによって投稿され、それらの記事はフェイスブックの広告や、閲覧した一般ユーザーによるシェアなどを通じて拡散し、最大で一億二六〇〇万人に表示されたという。

ツイッターは、三万七〇〇〇におよぶロシア系の自動投稿プログラム（ｂｏｔ）から約一四〇万件のツイートが投稿され、選挙直前の三ヶ月間だけで二億二八〇〇万人の目に触れていた可能性があると証言した。さらに、ロシア政府系メディアのＲＴ（ロシア・トゥデイ）が一九〇万ドル（約二億円）の広告を購入し、米大統領選期間中だけで二七万四〇〇〇ドル（約三〇〇〇万円）が費やされていたことを明らかにした。

グーグルは、ＩＲＡに関連する二つのアカウントが四七〇〇ドル（約五三万円）の広告を購入し、ユーチューブに一八のチャンネルを開設、一一〇八本の映像を投稿していたことを明かした。公聴会で三社はいずれも大統領選以降、外国からの選挙干渉を防ぐために全力で取り組み、再発防止策を講じているとアピールしたが、出席した議員からは「対応はいまだ不十分」との意見が相次ぎ、とくに工作活動に各プラットフォームの広告が利用されたことが問題視された。

国家による世論工作だけでなく、一般ユーザーによる〝情報汚染〟を後押ししている最大の存在がグーグルだ。グーグルは検索サービスを提供している会社と一般的には思われているが、ブログやユーチューブなど、一般ユーザーの情報発信に広告を挿入し、収益化するビジネスの最大手企業でもある。つまりは、世界最大の広告代理店・広告会社なのだ。[*30]

最近ではマスメディアで話題になった事件や事故をネタに、取材もせず検索だけで集めた情報を元に体裁を整え、ブログ記事を乱発する「トレンドブログ」が社会問題になっている。近年トレンドブログ運営者への取材を積極的に行っているＮＨＫの報道[*31]によれば、ある運営者は育児をしながらトレンドブログ運営で年二五〇〇万円を稼ぎ出し、現在も多いときで月に一〇〇万円ほどの収入があるという。独自取材をしなくても、自宅でニュース記事をコピー&ペーストして運営できる手軽さもあって、こうしたトレンドブログは増える一方だ。ネット広告を簡単に稼げる仕組みがあるかぎり、同様のビジネスが横行することは避けられない。こうしたトレンドブログでも、まとめブログと同様に、アクセスを集めやすいという理由で右傾化言説が好まれやすい傾向がある。ネット広告最大手のグーグルがこの問題で大きな道義的責任を負っていることは疑いがない。

同社の広告倫理を象徴する出来事が二〇一七年に起きた。きっかけは、自社の広告が望まない動画に自動的に掲載されるとして、同社が運営するユーチューブから大手企業が相次いで広告出稿をとりやめはじめたことだ。事態を重くみたグーグルは、広告のガイドラインを変更し、ヘイトスピーチや扇動的、侮蔑的コンテンツに広告を挿入しないことを表明。コンテンツを監視するスタッフの増強を決め、一八年中にレビュアーチームを一万人以上雇用することを発表した。[*32] 世界最大の広告会社であるグーグルにとって、ユーチューブから大手企業の広告が撤退するのはビジネス的に最も避けたかったことであろう。そのためには大量の人員を雇ってでも健全化する必要があったということだ。問題は、大手企業が広告引き上げという具体的な行動に出て初めてグーグルがこのような抜本的な対処を行ったという事実にある。自社のサービスにより多少社会的な問題が発生しても、批判が高まってビジネスに影響があるまでは利益を追求する――グーグルに限らず、これはプラットフォーム事業者の基本的な倫理観が発露してしまっている話なのだ。

プラットフォーム事業者の社会的責任という意味では、日本でも二〇一八年に注目すべき裁判の判決が下されている。仙台市の元会社役員の男性が、日本の大手ポータルサイト「ヤフー」が運営する掲示板に虚偽の事実を書き込まれ精神的苦痛を受けたとして、同社に投稿記事の削除などを求めて提訴していたのだ。仙台地裁は七月九日、ヤフーに記事削除と慰謝料約一五万円の支払いを命じた。[*33]

問題の投稿があったのは、二〇一六年二月のこと。同社が運営する「テキストリーム」という掲示板に、匿名で「【被告の元勤務先】元常務、通名【架空の名前】こと、在日朝鮮人、【原告男性の名前】を本社に呼び戻そう！」という投稿が行われた。男性の実名や職歴とともに「在日朝鮮人である」という虚偽の内容が書かれていた。

ヤフーの運営する掲示板やニュース記事に付けられるコメント欄には、ヘイトスピーチや個人の名誉毀損に当たる虚偽情報が多数書き込まれており、ここ数年来、利用者や外部の識者からその運営姿勢が批判されていた。[*34] 二〇一七年六月には、ニュースのコメント機能について「複数のアカウントを取得し、多くの意見として印象を扇動する行為」を禁止する対応を行ったが、依然としてヘイトスピーチや虚偽情報への対策は徹底されておらず、事実上の放置状態が続いている。

なぜここまでヤフーは掲示板やニュースのコメント欄を放置するのか。背景には同社のビジネス的な事情が見え隠れする。ヤフーニュースにおけるコメント欄のアクセス数は、ニュース全体の一割前後といわれている。つまり、コメント欄を廃止すれば、彼らに入る広告収入が一割程度下がってしまう可能性があるということだ。目を覆うような投稿が横行する掲示板サービスを廃止しないのも、無視できないアクセス数と広告収入があるからだ。

グーグルも、ヤフーも、フェイスブック、ツイッターもアクセスが集まればそれだけ自社に広告収入が多く入る。程度の差はあるが、どの会社も広告収入を優先するあまり、差別扇動や虚偽情報といった情報のシャットアウトを十分にできていない。このことが右傾化言説や差別主義に力を与えているのだ。

自民党のネット戦略

ネットメディアと日本社会の右傾化を考慮するうえでもう一つ考えなければいけない重要なポイントがある。自民党のネット戦略だ。

一〇年前、既成政党では最もネット対応が遅れていた自民党は、従来のメディア戦略を大幅に見直し、ネットの利活用を重視する方向に舵を切った。[*35] その背景には、二〇〇九年衆院選での歴史的大敗・政権交代があった。政権交代後、政治報道の中心は民主党政権に移り、野党に転落した自民党がテレビや新聞に登場することはほとんどなくなった。これに猛烈な危機感を覚えたことが、ネットを新しい広報手段の一つとして活用していく端緒となった。西田亮介[36]は、自民党が二〇〇九年～一二年の野党時代に「ネットのゆるやかな保守層をファンから支持層に組織化しようとしはじめた」と指摘する。

二〇一〇年に結成された自民党公認のボランティア組織「自民党ネットサポーターズクラブ（J-NSC、通称ネトサポ）」も、その流れのなかで生み出されたものだった。J-NSCは「夢と誇りを持てる日本」を目指し、「一日も早い政権奪還及び日本再建」の実現を目的に掲げていた。「満十八歳以上で日本国籍を保有」する者であれば、非党員でも入会でき、二〇一七年一〇月時点で会員数約一万九〇〇〇人に上る。[37]

「ネットサポーター」と冠するだけあり、当然その活動内容には、「インターネット等を活用した各種広報活動・情報収集活動・会員相互の交流活動」、つまりブログやツイッターなどで自民党の「ポジティブな情報」を広めることが含まれている。J-NSCの総会には自民党の有力議員もたびたび登壇している。衆院選を目前に控えた二〇一七年一〇月六日に自民党本部で開かれた緊急総会には、安倍首相（当時）がサプライズ登場し「どうかみなさんのネットの力で『真実は何か』ということをどんどん発信していただきたい」と呼びかけている。[38]

だがJ-NSC会員のなかにはネット右翼的言説、とりわけ韓国や在日コリアンに対する攻撃的な言葉をネットに書き込む者も目立ち、[39]時に自民党議員をも巻き込むこともあった。二〇一三年四月、自民党の河野太郎議員を含む国会議員を「在日認定」した保守系ブログ記事へのリンクがツイッターに投稿されると、河野議員は投稿者に「謝罪と削除が速やかに行われない場合は、法的措置も検討する」と通告した。このツイートに、J－NSC会員を名乗るツイッターユーザーが「人種・民族差別を煽り政治家などへの誹謗中傷」を繰り返しているとの指摘が寄せられると、河野議員は党広報本部が「断固たる対応」をとると返信した。[*40]

その二日後、J－NSC事務局は会員宛てに「みなさんへのお願い『J－NSCを騙る人種・民族差別発言』について」というメールを送信した。[*41] その内容は、ツイッターやネット掲示板上で「J－NSC会員を名乗ったり、あたかもJ－NSCに関連があるように装ったうえで、根拠なき人種・民族差別や誹謗中傷を内容とする投稿や書き込み」が横行していることへの注意喚起であった。非常にややこしいことが、つまりはヘイトスピーチや誹謗中傷の投稿はJ－NSC会員の〝なりすまし〟が行っているということにして、暗に自制を求めたというわけである。

また、同年五月七日の参院予算委員会でも、民主党の鈴木寛議員（当時）が、安倍首相のフェイスブックアカウントのコメント欄に「ヘイトスピーチ的書き込みがかなり増えている」と指摘している。安倍首相はこれを受けて「他国、他国の人々を誹謗中傷することによって、まるでわれわれが優れているという認識を持つのはまったく間違いで、結果として自分たちを辱めていることにもなる」としたうえで、リーダーの責任として「いさめていくべきなんだろう」と応じた。[*42]

同年七月の参院選では、安倍首相が秋葉原駅前で最後の応援演説を終えた後、聴衆の一部から取材エリアのマスコミに向けて「NHK解体」「ぶっつぶせ朝日」などと叫ぶシュプレヒコールが自然発生的に湧き起こった。[*43] この声は、当日応援に駆けつけた一部のJ－NSC会員からも上がった。二〇一七年から一八年に自民党ネットメディア局長でJ－NSC代表だった平将明衆院議員は「それほどだとは気づかなかった負の側面が顕在化した瞬間だったと思う」としたうえで、自主運営団体に近い組織であるために党としてコントロールするのは難しいとも話している。[*44]

だが自民党はJ－NSCが抱える攻撃性を「負の側面」としながらも、それを利用している節もある。先述した二〇一七年一〇月のJ－NSC緊急総会では、期間中の選挙運動で落選運動や悪質な誹謗中傷、侮辱などを行わないよう注意を呼びかけた際、会場から「日本のいま、いろんな問題、慰安婦の問題についてもそうだけど、そういう上品な姿勢が、私たちをこういう危機的な状況に追い込んだという見方もできると思います。ですから『いい子ちゃん』でいるだけが正しい姿勢じゃなくて、真実を広めることが一番大事だと思います！」という声が上がり、会場は万雷の拍手に包まれた。さらに質疑応答では、「希望NO党」「一見民主党」などの表現は誹謗中傷に当たるのか、〝従軍慰安婦像の辻元清美〟や〝手榴弾を投げる人民解放軍姿の志位和夫〟のようなコラージュ画像を投稿しているが、これも誹謗中傷に当たるのか、といった質問が上がった。これに対し、平議員は前者に「パロディーだからOKだと思います」、後者に「個人のご判断だと思います」と回答している。[*45]

自民党が暗黙に自制を求めたのちも、会員は嫌韓、在日コリアンへの敵意、反マスメディアをむき出しにしており、それを党として公開のメッセージで咎めるようなことはしていない。このような事実を踏まえれば、党としての姿勢は明らかだ。

イメージ戦略を強化する自民党

自民党はネット選挙解禁後初となる二〇一三年参院選で、ネットを活用した選挙活動を推進する「トゥルースチーム（T2）」を発足させた。[*46] 広告代理店や大手IT企業、ベンチャー企業と協力を得て、党本部でマスメディア報道やそれに対するネットでの評価（ポジティブ／ネガティブ）を収集、分析し、それを各候補者陣営にタブレット端末を通じて日々フィードバックし、選挙運動に活用するというものであった。街頭演説やネットでの情報発信に役立つキーワードや解説、その使用例を詳細かつタイムリーに配信したり、原発の再稼働問題など自民党に不利に働きかねないセンシティブなトピックについてどう言及すべきかといった内容も伝えた。

こうした取り組みは政治にマーケティングの手法を持ち込んだものといえる。自民党が二〇一九年七月の参院選を念頭に、同年五月に開始した新広報戦略「#自民党2019」プロジェクトも現代的なマーケティング手法を取り入れたイメージ戦略だった。安倍首相とさまざまな分野で活躍する若者が共演するスタイリッシュな映像作品の公開や、画家の天野喜孝氏による、安倍首相ら自民党幹部七人を侍になぞらえた水墨画風の巨大野外広告、講談社の一〇～二〇代向け女性ファッション誌『ViVi』とのタイアップ記事などが展開されている。とくに、このタイアップ記事は大きな批判を呼ぶこととなった。

同誌のウェブサイトに掲載されたタイアップ記事は、自民党のPRではありながらもその政策を訴えるものではなく、同誌の女性モデルらが「どんな社会にしていきたいか」をテーマに、「お年寄りや外国人に親切な国でありますように」「いろんな文化が共生できる社会に」など、それぞれの想いを伝える内容で、プレゼント企画と連動させることでインスタグラムやツイッターでの拡散を促すものであった。だが、女性モデルたちが記事中で発信した「多様性」や「平等」といった価値観は、自民党が掲げる政策とは著しい乖離があった。にもかかわらず、それが自民党をPRするインフルエンサーマーケティングとして行われていたことに批判が殺到したのだ。[*47]

こうした世論や共感、イメージに基づく政治キャンペーンのマーケティング化は、「ポピュリズムの精緻化」という側面も併せ持つ。工藤郁子は、政治が「利益や価値観の対立を不十分ながらも調整し集合的社会的決定をする」役割を担っているにもかかわらず、政治的立場や決意の表明であるはずの公約や政策を「世論の動向に応じて候補者みずからが柔軟に立場を調整するというのは、主客が転倒しているようにみえる」と指摘する。[*48] 政治のマーケティング化が進むことで、イデオロギーや理念に基づく政策ではなく、世論や感情に訴えかけるための政策へ――すなわちポピュリズムへと傾斜していく帰結が導き出される。何より政治のマーケティング化はネットメディアと相性が良い。デジタル化広報戦略が進むことで、有権者の反応をリアルタイムに捉えることができ、それらをビッグデータ解析することで、移ろいやすい有権者の心情をある程度モデル化できるからだ。

おわりに

本章で論じたネットメディアと右傾化の関係を時系列で簡単にまとめよう。

二〇〇〇年前後の匿名掲示板文化の登場とともに、ネットで反マスメディア（＝反権威）精神を共有するコミュニティが盛り上がり、それが二〇〇二年の日韓W杯を経て「嫌韓」ムーブメントに変容していく。それまでは一部のアンダーグラウンド文化だった匿名掲示板が二〇〇五年前後の「まとめサイト」登場により、一般層にまで届く存在として影響力を増していき、その排外主義的・反マスメディア的価値観が二〇一〇年前後のスマートフォンとソーシャルメディアの台頭と結びつくことで、大きな社会的影響力を獲得した。「GAFA」と呼ばれる米国のプラットフォーム事業者の影響力が決定的になった二〇一五年頃には、フェイクニュースやヘイトスピーチ、ソーシャルメディアを使った世論工作といった問題が全世界的に顕在化し、それがブレグジットやトランプ大統領誕生につながった。どれだけ不祥事が起きてマスメディアが批判記事を書いても安倍政権の支持率は下がらなかった。ネットメディアの台頭が安倍長期政権を支える一助となっていたことはもはや疑いようのない事実である。

世界中でグローバリズムや多文化共生主義への反動として表れたショービニズムとポピュリズム。彼らは自分たちの主張を広めるため、社会的影響力を獲得したネットメディアを愛用し、なりふり構わぬ手段でマスメディアや左派・リベラル勢力を攻撃した。マスメディアがネットメディアの台頭によって経営的に弱体化するなか、両者の力関係の変化を見逃さなかった政治家たちは、自分たちから仕掛けられる「マーケティング」として、ネット越しに「世論」にアプローチするようになった。雑駁にまとめれば、これが現在権威主義国を除く先進諸国で同時多発的に起きている現象である。

それまで多くのマスメディアが取り上げてこなかった排外主義的な主張が、ネットメディアの台頭によって世の中に溢れるようになり、マスメディアの弱体化と政治のマーケティング化が進んだことで、結果として右傾化が進んでいる——これが本章の結論である。

ネットメディアが右傾化を加速するのかという点は、識者によって意見が異なる。田中辰雄は「ネットをよく使う人ほど、政治的意見が偏ると言われるが、実際には逆で普通の人に対してはネットはむしろ政治的意見を穏健化させる」効果があると指摘する。[*49] 他方で辻大介は「二〇~四四歳の若年層において、ネット利用がユーザーの排外主義的意識を高める因果効果を持つ」としている。[*50] 両者は結論において異なるが、データや分析には共通する部分も多くみられる。ネット世論の形成やネットの接触時間と政治的スタンスの相関関係を扱った計量調査研究はまだまだ数が少ないため、未確定の部分が多いということなのだろう。これらの調査から現在いえることをまとめると、①排外主義的な傾向と政治的保守傾向を持ち、その主張をネットに投稿する「ネット右翼」層は日本人の一〜二%、②政治的保守傾向は持たないが、ネットに排外主義的な投稿を行う「オンライン排外主義者」という一見〝右派〟にみえる新たな層が生まれている、③ネットへの投稿は行わないが、政治的保守傾向と排外主義的な傾向を持つ層も日本人の五%程度はおり、ネット右翼の補完勢力になっている、④ネットの積極的な利用が排外主義的な傾向を高めるかどうかについては、高めるという分析と、緩和するという分析の二つに割れている、ということになる。

④は今後より精緻な調査が出てくるのを待つしかないが、一般層のネット利用の多寡が右傾化の要因になるかどうかという話は本質的な問題ではない。ネットメディアの台頭が「一部の過激なオンライン排外主義者」の発言力・社会的影響力を高め、権力を持つポピュリスト政治家が彼らに対して秋波を送るようになった——この事実が「現代日本と右傾化」という問題を考えるうえで何よりも重要であるからだ。

ネットメディアという観点で日本社会の右傾化を考えてみると、そもそも右傾化しているものがネットによってあぶり出ているのか、それともネットでみえているのは一部分であって、表面化している部分が社会から乖離して右傾化しているのかという問いが生まれてくる。ここまでみてきたとおり、排外主義、反リベラルな主張を行うネットユーザーは国民の数%に過ぎない。しかし、現実には彼らの考え方が「世論」とみなされ、その極端な主張に社会全体が翻弄される現象が起きている。「偏っているネット世論」はたしかに一部であり、それが実態よりも大きくみえるのは、ネットメディアの特性と、プラットフォーム企業や広告業界の倫理の欠如によるところが大きい。他方で確実に日本の世論や空気を反映していることも間違いなく、これらをすべて「社会から乖離した一部の極端な意見」と切り捨てることも分断を深める結果にしかならないだろう。一つだけいえるのは、ネットメディアと右傾化の関係は、ネットだけをみていても理解できず、また問題を解決するのも不可能だということだ。二〇二〇年代は、マスメディア、ネットメディア、広告業界、政治家、企業、そして情報を受発信する市民それぞれが問題意識を持って解決に取り組んでいかなければならない。[*51]

註

＊1　https://languages.oup.com/word-of-the-year/2016/（二〇二〇年七月一五日アクセス）。

＊2　Craig Silverman、Sheera Frenkel、溝呂木佐季「フェイクニュースが民主主義を壊す　Facebookが助長したその実態」バズフィードジャパン、二〇一六年〔https://www.buzzfeed.com/jp/sakimizoroki/fake-news-on-sns-and-democracy〕（二〇二〇年七月一五日アクセス）。

　Samanth Subramanian「マケドニア番外地——潜入、世界を動かした『フェイクニュース』工場へ」（『WIRED』日本版VOL．28、二〇一七年）〔https://wired.jp/special/2017/macedonia/〕（二〇二〇年七月一五日アクセス）。

　佐藤友紀「マケドニア『フェイクニュースの里』を歩く——大学生や高校教諭が一攫千金を夢見て」（『中央公論』一三一巻七号、二〇一七年）。

＊3　Cass R. Sunstein, *Republic.com*, Princeton University Press, 2001.（キャス・サンスティーン『インターネットは民主主義の敵か』毎日新聞社、二〇〇三年）。

＊4　Eli Pariser, *The Filter Bubble*, Penguin, 2011.（イーライ・パリサー『フィルターバブル』早川書房、二〇一六年）。

＊5　ngc2497「『ネット右翼』という用語の歴史について」（2ちゃんねるとネット右翼（ネトウヨ）ウォッチング&その分析、二〇〇九年）〔https://blog.goo.ne.jp/ngc2497/e/f341ac715a8268d7948a769de9eaa515〕（二〇二〇年三月一六日アクセス）。

＊6　https://kotobank.jp/word/%E3%83%8D%E3%83%88%E3%82%A6%E3%83%A8-189435（二〇二〇年三月一六日アクセス）。

＊7　安田浩一『ネットと愛国——在特会の「闇」を追いかけて』（講談社、二〇一二年）。

＊8　古谷経衡『ネット右翼の終わり——ヘイトスピーチはなぜ無くならないのか』（晶文社、二〇一五年）。

＊9　永吉希久子「ネット右翼とは誰か——ネット右翼の規定要因」（樋口直人ほか『ネット右翼とは何か』青弓社、二〇一九年）。

＊10　辻大介「インターネットは人びとの排外主義を高めるか——操作変数法を用いた因果効果の推定」（『ソシオロジ』六三

巻一号、二〇一八年）。

＊11　日浦統「コメント欄にはびこる嫌韓・嫌中　ヤフー・ニュース分析」（朝日新聞デジタル、二〇一七年四月二八日付）。https://www.asahi.com/articles/ASK4W63LTK4WUTIL060.html（二〇二〇年七月一五日アクセス）。

＊12　高史明『レイシズムを解剖する――在日コリアンへの偏見とインターネット』（勁草書房、二〇一五年）、高史明・雨宮有里・杉森伸吉「大学生におけるインターネット利用と右傾化」（『東京学芸大学紀要　総合教育科学系』六六巻一号、二〇一五年）。

＊13　曺慶鎬「〝Yahoo!ニュース〟の計量テキスト分析――中国人に関するコメントを中心に」（『駒澤社会学研究』四九号、二〇一七年）、曺慶鎬「インターネット上におけるコリアンに対するレイシズムと対策の効果――〝Yahoo!ニュース〟のコメントデータの計量テキスト分析」（『応用社会学研究』五九号、二〇一七年）。

＊14　木村忠正「『ネット世論』で保守に叩かれる理由　実証的調査データから」（『中央公論』一三二巻一号、二〇一八年）。

＊15　木村前掲論文。

＊16　高史明・雨宮有里「在日コリアンに対する古典的／現代的レイシズムについての基礎的検討」（『社会心理学研究』二八巻二号、二〇一三年）。

＊17　高前掲書。

＊18　辻前掲論文、金善映「インターネットにおけるヘイトスピーチと右傾化現象を読み解く――『2ちゃんねる』と『イルベ』掲示板のユーザーはなぜ『左』ではなく『右』を選択しているのか」（『国際情報研究』一四巻一号、二〇一七年）。

＊19　伊藤昌亮『ネット右派の歴史社会学』（青弓社、二〇一九年）。

＊20　北田暁大『「嗤う」日本のナショナリズム』（ＮＨＫ出版、二〇〇五年）。

＊21　これらのまとめサイトの運営開始時期は当該サイトの過去アーカイブ機能やInternet Archiveなどから調査した。

＊22　籏智広太「保守速報、高裁でも敗訴。在日女性への差別を認定した判決内容とは」（バズフィードジャパン、二〇一八年）〔https://www.buzzfeed.com/jp/kotahatachi/hoshusokuho4〕（二〇二〇年七月一五日アクセス）。

＊23　保守速報側は判決を不服として、控訴・上告したが、二〇一八年一二月に最高裁が上告を棄却。掲示板のまとめ行為に編集責任が発生する判例が確定した。

＊24　鈴木朋子「一〇代がニュースを知る方法ランキング、専門サイトを上回ったネットサービスとは」（日経ＸＴＥＣＨ、二〇一九年）〔https://tech.nikkeibp.co.jp/atcl/nxt/column/18/00160/101400147/〕（二〇二〇年七月一五日アクセス）。

＊25　電通パブリックリレーションズ「新しい情報流通構造・暇つぶしメディア『まとめサイト』の利用実態調査」〔https://www.dentsu-pr.co.jp/resource/release/20120718_report.pdf〕（二〇二〇年三月一六日アクセス）。

＊26　「２０１９年日本の広告費」（電通、二〇二〇年）〔https://www.dentsu.co.jp/news/release/2020/0311-010027.html〕（二〇二〇年三月一六日アクセス）。

＊27　津田大介『情報戦争を生き抜く』（朝日新聞出版、二〇

一八年）でさまざまな事例が詳述されている。

＊28　Adam Entous, Ellen Nakashima, Greg Miller, Secret CIA Assessment Says Russia Was Trying to Help Trump Win White House, *The Washington Post*, December 9, 2016〔https://www.washingtonpost.com/world/national-security/obama-orders-review-of-russian-hacking-during-presidential-campaign/2016/12/09/31d6b300-be2a-11e6-94ac-3d324840106c_story.html〕（二〇二〇年三月一六日アクセス）。

＊29　國枝すみれ「米上院公聴会：大統領選で露側の干渉広範囲　ＩＴ３社証言」（『毎日新聞』二〇一七年一一月二日付）〔https://mainichi.jp/articles/20171102/k00/00m/030/116000c〕（二〇二〇年三月一六日アクセス）。

＊30　Paige Leskin「ついにYouTubeの広告売上が明らかに……二〇一九年は前年比三六％増の一五〇億ドル」（Business Insider Japan、二〇二〇年）〔https://www.businessinsider.jp/post-207025〕（二〇二〇年三月一六日アクセス）。

＊31　「ＷＥＢ特集 新型ウイルスでもネットに拡散 トレンドブログを追跡した」（ＮＨＫニュース、二〇二〇年）〔https://www3.nhk.or.jp/news/html/20200312/k10012302331000.html〕（二〇二〇年三月一六日アクセス）。

＊32　佐藤由紀子「YouTube、不適切動画チェック担当者を２０１８年に１万人以上に」（ITmedia、二〇一七年一二月六日付）〔https://www.itmedia.co.jp/news/articles/1712/06/news055.html〕（二〇二〇年三月一六日アクセス）。

＊33　「虚偽の投稿放置、ヤフーに削除命令　仙台地裁、慰謝料支払いも」（『朝日新聞』二〇一八年七月一〇日宮城全県・１地方朝刊）。

＊34　山崎春奈「『ヘイトの温床』の厳しい声も　ヤフコメに期待することは？　ユーザーから意見募る」（バズフィードジャパン、二〇一七年）〔https://www.buzzfeed.com/jp/harunayamazaki/yahoo-news-comment〕（二〇二〇年三月一六日アクセス）。

＊35　自民党が野党転落からネット戦略をフル活用して与党に返り咲くネット戦略の全貌は、その戦略を立案実行した情報コンサルタントの小口日出彦の著書『情報参謀』（講談社、二〇一六年）にまとまっている。

＊36　西田亮介『メディアと自民党』（ＫＡＤＯＫＡＷＡ、二〇一五年）、西田亮介『情報武装する政治』（ＫＡＤＯＫＡＷＡ、二〇一八年）。

＊37　岸達也「衆院選、会員１万９０００人で『宣伝戦』　自民公認サポーター組織」（『毎日新聞』二〇一七年一〇月一八日東京朝刊）。

＊38　「反安倍を叩きまくる安倍首相『宣伝工作部隊』の素性」（『週刊ポスト』二〇一九年一二月一三日号）〔https://www.news-postseven.com/archives/20191205_1499418.html〕（二〇二〇年三月一六日アクセス）。

＊39　津田大介ほか『安倍政権のネット戦略』（創出版、二〇一三年）。

＊40　「河野太郎議員、『在日認定』ツイートに激怒　発信者に『法的措置も検討します』」（Ｊ－ＣＡＳＴニュース、二〇一三年）〔https://www.j-cast.com/2013/04/10172865.html〕（二〇二〇年三月一六日アクセス）。

＊41　http://www.twitlonger.com/show/n_1rjncec（二〇二〇年三月

一六日アクセス)。

＊42　「首相ＦＢで『ヘイトスピーチ増えている』　民主・鈴木議員がコメント欄に苦言」(Ｊ－ＣＡＳＴニュース、二〇一三年五月七日付)〔https://www.j-cast.com/2013/05/07174575.html〕。

＊43　https://www.youtube.com/watch?v=FBFSJ4eQJd0 (二〇二〇年三月一六日アクセス)。

＊44　西田亮介『マーケティング化する民主主義』(イーストプレス、二〇一六年)一七四頁。

＊45　緊急総会の模様は現在もニコニコ生放送のサイト上にアーカイブとして残されており、全編視聴することが可能だ〔https://live.nicovideo.jp/watch/lv307247298〕(二〇二〇年三月一六日アクセス)。

＊46　西田前掲書『メディアと自民党』『情報武装する政治』。

＊47　金丸百合花・藤井宏一郎・佐藤卓己「耕論　ＶｉＶｉ広告が問うもの」(『朝日新聞』二〇一九年七月三日朝刊、軍地彩弓「ＶｉＶｉの自民党キャンペーン『#自民党２０１９』は、読者への裏切りではないのか。元編集スタッフの私が感じたモヤモヤ。」(ハフポスト、二〇一九年)〔https://www.huffingtonpost.jp/entry/story_jp_5d01ada0e4b0985c419799ec〕(二〇二〇年七月一五日アクセス)。小林節「権力に阿るマスコミ幹部たち」(『月刊日本』二〇一九年八月号)。

＊48　工藤郁子「キャンペーンと『イメージ政治』――ポピュリズムの精緻化に関する考察」(『広報研究』二〇号、二〇一六年)。

＊49　田中辰雄・浜屋敏『ネットは社会を分断しない』(ＫＡＤＯＫＡＷＡ、二〇一九年)。

＊50　辻大介「最新調査で判明、インターネットはこうして社会を『分断』する」(ウェブサイト現代新書、二〇一八年九月八日付)〔https://gendai.ismedia.jp/articles/-/57355〕(二〇二〇年七月一五日アクセス)。

＊51　紙幅の関係で今回は対策までは触れられなかったが、拙著『情報戦争を生き抜く』(朝日新聞出版、二〇一八年)終章「誰が情報戦争を終わらせるのか」で、状況を改善する処方箋を四つのアプローチから提案している。ご関心のある向きは参照されたい。

3　草の根組織

政治主導の右傾化

樋口直人

1　草の根の極右組織

日本は右傾化したのか――この問いを草の根組織[*1]に即して考える際に、日本会議と在日特権を許さない市民の会（在特会）のもつ意味は大きい。両方とも法人格を持たない草の根組織でありながら、右傾化を体現する存在とみなされてきたからである。[*2]実際、この二つの組織をみると、右傾化は自明の事実であるかのようにみえてしまうが、はたしてそうなのだろうか。インパクトが強い現象だけに、性急に結論を出すのは危険だろう。そこで本章では、以下のような問いを立てて、少し距離を取って実証的に検証してみたい。

まず、草の根の極右組織は量的にみて拡大しているのだろうか。本書では、世論（第Ⅰ部第1章）や

図1　草の根極右集団の三つの層と中心的なイデオロギー

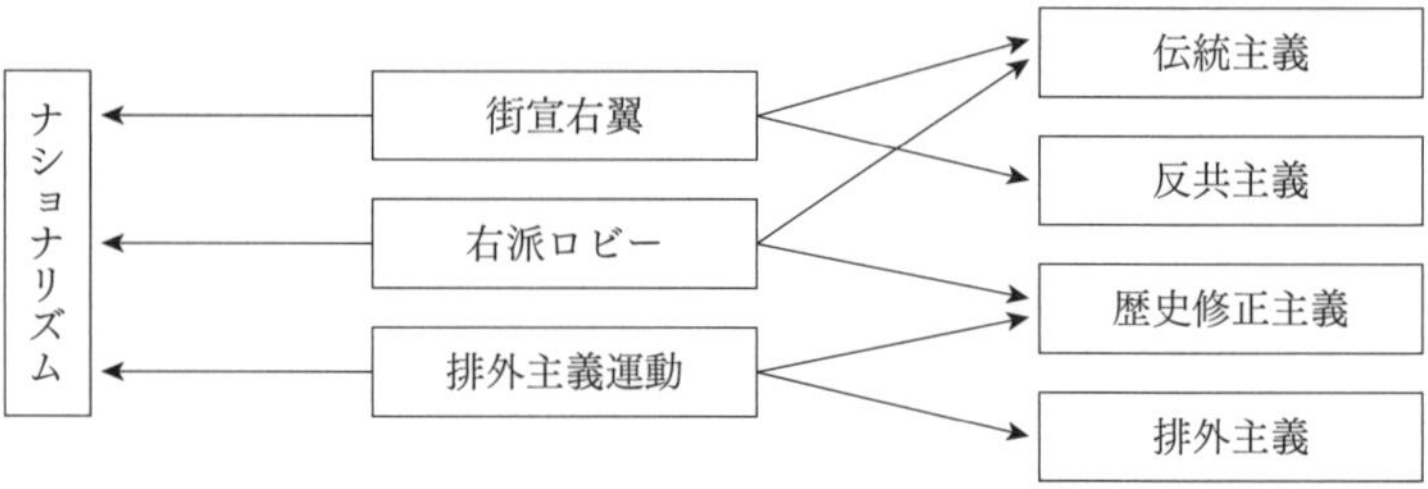

国会議員の意見分布（第Ⅲ部第1章）から、右傾化が量的にみて進んでいるのかを問うてきた。草の根組織についても、入手しうるデータから、こうした検証を行ってみたい。次に、量的に拡大していないとしても、草の根極右が目立つようになり影響力を強めている、そうした意味での右傾化は進んでいるのだろうか。

問いに答える前に、まず草の根極右とは何かを説明しておこう。本章でいう草の根極右とは、特定のイデオロギーに関して、主流派保守より右寄りの主張・行動をする組織を指す。[*3] 日本の文脈でいうならば、大音量で軍歌をかけて町中を走る街宣右翼、政治との関わりが深い右派ロビー、近年登場した排外主義運動からなる。この三者は、①ナショナリズム、②伝統主義（家父長主義、尊皇主義）、③反共主義、④歴史修正主義、⑤排外主義（外国人排斥、対外強硬論）を掲げて活動してきた。[*4]

図1は、前段の議論を図式的に示したものである。ここに挙げた三つの層は、ナショナリズムを共通のイデオロギーとしているが、それ以外の部分では課題を共有しないことも珍しくない。[*5] これらは、それぞれ異なる要因によって盛衰の軌跡を辿っており、本章では三者を総合して右傾化にかかわる二つの問いを検証する。

2　分析の視点

前節でみた三つの層は、成り立ち、社会的基盤、イデオロギーに一定の多様性があり、ここでは相互の違いに着目することで、それぞれの特徴を浮かび上がらせていく。[*6]

2―1　草の根極右組織の三つの層

街宣右翼

第一の街宣右翼は、戦前の右翼団体を直接のルーツに持ち、純正右翼、任侠系右翼、新右翼などからなっている。戦前に存在した三五〇の右翼団体のうち二二〇が解散を命じられ、戦後直後に生まれたナショナリスト団体のほとんども、短期間で姿を消した。[*7]けれども、サンフランシスコ講和条約直後には、戦前の主要団体がかなりの程度復活しており、国政選挙に大挙して立候補する状況さえ生じていた。[*8]もともと右翼と暴力団には親和性があったといわれるが、労働運動や平和運動の妨害、解散した暴力団の右翼団体への衣替えなど、戦後右翼は戦前とは異なる意味で暴力的性格を強めていく。[*9]その結果、街宣右翼は大衆的基盤を持たず、保守政治の裏の実力行使を引き受けることで存続してきた。[*10]よくいえば少数精鋭の活動家が、特定のスポンサーの資金援助を受けて行動するのが、新右翼も含めた街宣右翼の組織的特徴といってもよい。[*11]

イデオロギー的には、天皇崇拝にもとづくナショナリズム（尊皇主義）と反共主義を中核としている。[*12] それゆえに、反共主義とナショナリズムの交点にある北方領土問題に執着するのだともいえるが、これは冷戦構造を強く反映するものでもあった。東西冷戦が終焉してソ連が解体すると、反共イデオロギーは時代遅れのものとなり、それが後述するような街宣右翼の衰退をもたらすことになる。

右派ロビー

第二の右派ロビーは、軍人関係団体と宗教右派からなり、みずからの組織代表を国会に送り込むなど、極右勢力のなかでも政治力が際立っている。表1に掲げた軍人関係団体は、戦前の日本軍にルーツを持つものもあるが、敗戦によりいったん解散して再組織化したものもある（偕行社や水交会）。政治的な影響力という点では、服役軍人や戦没者家族の経済的要求から始まった日本遺族会（遺族会）や旧軍人関係恩給権擁護全国連盟（軍恩連）が抜きんでていた。この二団体は、自民党を支持する圧力団体として指折り数えるなかに入るほどの地位を築いたのである。[*13] ただし、後述するように旧軍関係者の団体が弱体化する一方で、比較的安定した勢力を保ってきたのは、隊友会や全国防衛協会連合会（防衛協会）といった自衛隊関係団体だった。

宗教右派は、神道や新宗教を中心とし、仏教教団の一部も関与するといったかたちで構成されている。[*14] 政治的に重要なのは神社本庁であり、単一の宗教だけで神道政治連盟という議員集団を擁してきた。[*15] 新宗教の場合、金光教や天理教のように政治に関与しない方針を持つ教団もあるが、[*16] それ以外は自民党右派と歩調を合わす教団と、後に袂を分かつ教団とに大別される。両者の相違があらわになった契機は二度存在し、最初は靖国神社の公式参拝に反対の新宗教連合会（新宗連、立正佼成会が中心）に対し、そこから賛成派（など）が脱退したことがあった。[*17] しかし、一九七四年には伝統仏教も含む「日

表1　軍人関係組織の概要

団体名	設立年	基盤
日本遺族会	1947	戦没軍人遺族
偕行社	1952	旧陸軍、陸上・航空自衛隊士官
旧軍人関係恩給権擁護全国連盟（軍恩連）	1952	旧軍人
日本傷痍軍人会	1952	旧傷痍軍人
日本郷友連盟	1956	旧軍人
水交会	1952	旧海軍、海上自衛隊
隊友会	1960	元自衛隊員
全国防衛協会連合会	1989	自衛隊関連業者等

本を守る会」が設立され、[*18]宗教界と保守政治との結びつきは保たれていた。その後、九八年に自民党と公明党が連立政権を組むに至って、新宗連は民主党の支持へと転じて今に至っている。それに対して、後に日本会議[*19]を構成するような宗教右派は自民党を支持し続けたのであり、政治的には分極化が生じたといってもよい[*20]（後述）。

こうした右派ロビーは、図1で示したように伝統主義と歴史修正主義を中核的なイデオロギーとしている。戦後の早いうちから歴史修正主義を掲げてきたのは軍人関係団体だが、当初からそれが公分母だったわけではない。[*21]前述のように、遺族会と軍恩連は経済的利害にもとづき組織された団体で、歴史修正主義は後から加わった課題である。[*22]にもかかわらず、歴史修正主義は伝統主義との親和性が高いため、右派ロビーにとってのよりしろとなってきた。たとえば、一九六〇〜七〇年代に右派ロビーの主要課題だった建国記念日、靖国神社国営化、元号法は、[*23]明治以降に創られた伝統の復活と戦前日本の正統化の双方を企図していた。これにより、軍人関係団体と宗教右翼との今に至る連携が可能となる。

また、この時期のキャンペーンにより建国記念日と元号法は実現した。靖国神社法案は成立しなかったものの、一九七五年には三木武夫が戦後初めて首相による靖国神社参拝を果たしている。こうした成果を背景に、七六年には「英霊にこたえる会」が、八一年には「日本を守る国民会議」が設立された。この時期のキャンペーンは、現在に至るまでの右派ロビーの課題と組織的骨格を作りだしたといってよい。

排外主義運動

第三の排外主義運動は、在日特権を許さない市民の会（在特会）およびその後継団体である日本第一党など、インターネットを介して組織化された団体からなる。[*24] 排外主義運動の組織の立ち上げに際しては、街宣右翼の一部が重要な役割を果たしているものの、[*25] 既成右派勢力と直接の関係はない。組織活動の未経験者が主たる担い手である点では、拡大期の「新しい歴史教科書をつくる会（つくる会）」の方がむしろ近かったと思われる。[*26] また、排外主義運動の嚆矢は一九九〇年代に遡るが、[*27] 基本的には二一世紀に入ってからインターネット回線の普及と軌を一にして発展した。組織的基盤や組織化の経路、資金源といった面で、排外主義運動は街宣右翼や右派ロビーとは異なる特質を持つ。どの面においても既成組織に依存せず、動員手段が個々のネットユーザーに対する働きかけに限定される点において、純粋に草の根組織が寄り集まったものといってもよい。

排外主義は、文字どおり排外主義運動の中心的なイデオロギーであるが、これは街宣右翼や右派ロビーとは異なる独自のものである。街宣右翼は、冷戦時代から朝鮮総連に対する嫌がらせを繰り返してきたし、移民排斥の動きも散発的にみせてきた。右派ロビーは、外国人参政権反対の一大キャンペーンを組織した。しかし、これらは両者にとって周辺的な問題であり、排外主義を前面に出す勢力が台頭したのは今世紀に入ってからである。さらに、排外主義といっても移民一般ではなく、近隣諸国にルーツを持つ者――特に在日コリアン――を憎悪するのが特徴となる。

こうした排外主義の台頭は、異質なものに対する排斥感情といった教科書的な見方を退ける。日本の移民排斥は、移民自身というよりは近隣諸国に対する敵意に基づいており、その背景には脱植民地化の失敗と冷戦構造の継続という東アジアの地政学的構造がある。[*28] 在特会は、「在日特権」——入管特例法、通名使用、生活保護優遇、朝鮮学校への補助金——というデマを掲げて排斥を訴えてきた。これらのデマは、旧植民地出身者が日本に居住する歴史の歪曲から生まれたものであり、それゆえ歴史修正主義の一変種とみなすべきである。その意味で、排外主義運動のイデオロギーは歴史修正主義から独立したものではない。逆にいえば、歴史修正主義は排外主義運動も含めた極右全体のよりしろとなっている。

2-2 四つの仮説

草の根組織の右傾化を検証するにあたって、本章では四つの仮説を提示し、それぞれについて右傾化と呼びうる内実を伴っているかを検討する。ここでは、右傾化の進展を判断する指標として以下の三つの要件を提示する。①草の根極右組織が（人数や資金面で）量的に拡大している＝拡大仮説。②実際に拡大しているか否かとは別に、拡大しているようにみえる（分極化、断片化仮説）。③極右セクターの量的な面とは別に、その影響力が強まっている＝主流化仮説。以下、それぞれの仮説について説明していこう。

拡大仮説

拡大仮説は、単純に極右組織や担い手の数、資金、活動量が増加したことを指す。社会運動には、抗議活動の拡大と縮小局面からなる抗議サイクルがあることが知られているが、ここではそうした周期的な変化は考慮しない。長期的な趨勢として社会運動が増加・制度化するという「社会運動社会」[*29]に関する議論を念頭に置いており、極右勢力についてもそれが該当するか否かを検証する。[*30]勢力が拡大したからといって、その影響力が強まるとは限らないが、大まかにいえば量的な拡大は右傾化を検証する最重要な要因といえるだろう。

分極化仮説

近年のアメリカ政治でよく使われる概念で、社会運動との関連でも用いられるが、有権者が左派と右派に分断された状態が固定化することを指す。[*31]本章では組織に焦点を当てるため、右派と左派の社会運動が競合して共通の争点に関わることにより、イデオロギー的な対立が際立ってみえるようになることを分極化と呼んでおく。

断片化仮説

資源動員論という社会運動研究のアプローチでは、争点をおおむね共有する運動組織群を、社会運動業界（social movement industry）と呼ぶ。[*32]主要団体におおむね統合されている労働運動から、ほとんどの組織が相互に関係を持たずローカルな争点に取り組む住民運動まで、この「業界」のまとまりの程度には相当の差がある。時系列的にみると、同一業界であっても統合の度合いは変化するだろう。たとえば、全国組織の意向に関係なく一部の組合員による山猫ストが頻発するような時期には、労働運動は断片化しているといいうる。

断片化仮説は、草の根極右組織についても、全体のまとまりがなくなり統制がとれなくなる事態を想定する。その場合、多数の組織が統一した行動を取れなくなる一方で、統制されない行動が噴出する。それにより、極右運動業界が可視的になり拡大しているようにみえることを、ここでは断片化と呼んでおく。一般に断片化は運動の下降局面で生じるもので、目標達成の阻害要因となるが[*33]、過激化すれば可視性が高まるとも考えられる。

主流化仮説

主流化は、西欧の極右研究で使われてきた概念である。もともとは極右政党の勢力が拡大し、政権入りするなど既成政治勢力に近づくこと、それに伴い主張が穏健化することを指す[*34]。本章では政党ではなく草の根組織を扱うため、極右組織の主張が政治的に受け入れられ、政治的な影響力が増大することと定義する[*35]。

3 何がどのように右傾化しているのか——仮説の検証

前節でみた四つの仮説が、極右を形成する三つの層についてどの程度の妥当性を持つのか、入手しうる材料をもとに検証するのが本節の課題となる。検証の期間は、冷戦終焉後にあたる一九九〇年以

図2　街宣ごとの一団体動員人数

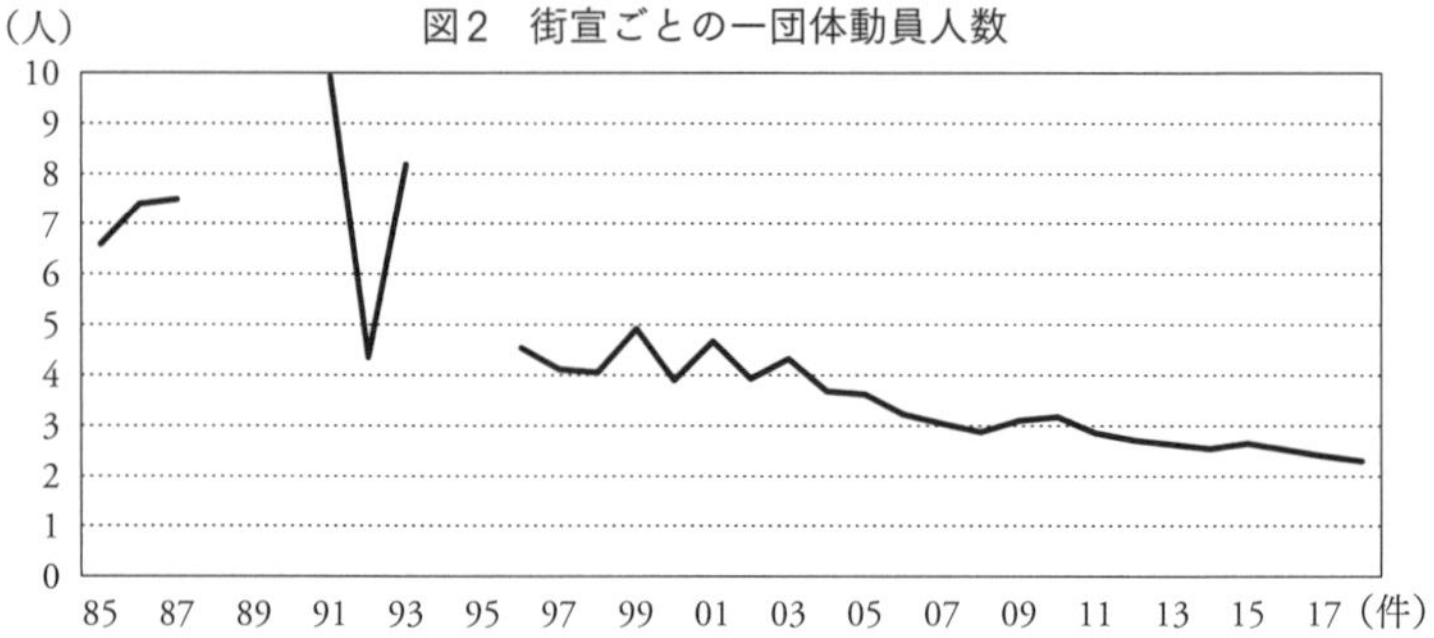

出典：『警察白書』各年次版。

降を想定しているが、各層によって盛衰の時間的幅は異なるため、一定の幅を持たせて考える。

3－1　拡大仮説の検証

極右勢力を量的に把握するのは難しい。ここでは三つの層のそれぞれについて、入手しうるデータをもとに、大まかな趨勢をみていくこととする。

街宣右翼

まず、街宣右翼にとっての主たる敵手は、反共と領土問題が重なるソ連であり、北方領土の日には一大イベントが繰り広げられてきた。冷戦後、ソ連解体により目標を半ば失うことで、街宣右翼は衰退したといわれている。[*36] こうした見方はどこまで正しいのだろうか。時系列的に比較可能なデータとして、『警察白書』にみる街宣ごとの動員数を示したのが図2である（一九八〇年代と九〇年代に欠落があるのは、その年度に動員数に関する記述がないことによる）。[*37]
これをみると、八〇年代には一団体の動員数が七人前後だったのが、九〇年代初頭には——変動が大きいが——少し増加し、その

表2　日本遺族会・軍恩連盟の推薦候補と参院選得票数の推移

年	選挙制度	遺族会				軍恩連			
		名前	票数	順位	当落	名前	票数	順位	当落
77	全国	徳永正利	838,427		当	竹内潔	884,677		当
80		板垣正	927,421		当	岡田広	992,124		当
83	比例	徳永正利		1	当	竹内潔		5	当
86		板垣正		11	当	岡田広		13	当
89		尾辻秀久		10	当	楢崎泰昌		18	落
						藤江弘一		24	落
92		板垣正		15	当	藤江弘一		7	当
95		尾辻秀久		6	当	海老原義彦		14	当
98		森田次夫		13	当	藤本良爾		20	落
01	比例非拘束	尾辻秀久	264,888	7	当	小野清子	295,613	3	当
04		水落敏栄	171,945	12	当	鈴木正孝	101,651	22	落
07		尾辻秀久	232,192	7	当	3人支援			
10		水落敏栄	131,657	10	当				
13		5人支援							
16		水落敏栄	114,485	18	当				

資料：『日本遺族通信』『軍恩新聞』各号から作成。
註：1983～98年は比例代表制における党内の名簿順位を、2001年以降は比例非拘束制度に移行したので個人名での得票数の順位を記載した。

後は徐々に減少して二人強まで下がった。三〇年間で三分の一まで縮小したわけで、拡大仮説はまったく妥当せず、従来の見方どおり街宣右翼は衰退したとみた方がよいだろう。

右派ロビー

右派ロビーは、旧軍関係組織と宗教右派からなっており、まず変化が明確な前者からみていこう。右派ロビーは保守政治と密接な関連を保ってきただけに、選挙結果から盛衰をみてとることができる。とくに参議院議員選挙の全国区・比例区は、利益集団を代表する性格が強いため、組織の実力が明確に表れる。表2は、旧軍関係組織のなかで自民党の党員数が最も多い遺族会と軍恩連の集票力の推移を示す。

　これをみると、一九七七年と八〇年は遺族会も軍恩連も互角といってよい票を集めており、全国区でも自民党内で中位当選させるだ

図3　宗教右派の教勢の推移

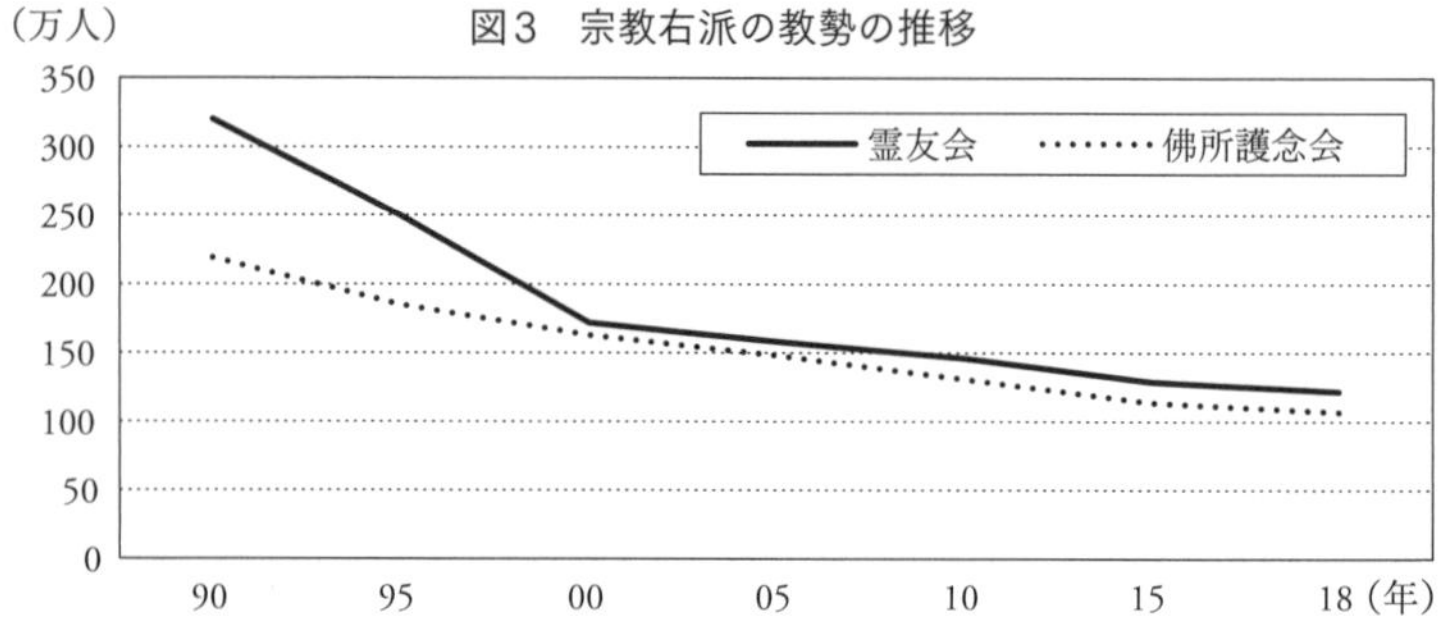

出典：『宗教年鑑』各年次版。

けの組織力があった。その後、遺族会は比例区でも連続当選できる順位を得たが、軍恩連は候補を一本化できなかった八九年を例外としても、九八年には落選の憂き目に遭っている。二〇〇一年に、組織内候補とはいえない小野清子を支援して当選させたのを最後に、独自候補を出せていない。[*38] 遺族会も、組織内候補だった尾辻秀久が鹿児島選挙区に転じた一三年以降、奇数年の選挙には独自候補を擁立できなくなった。[*39] 現職の水落敏栄《みずおちとしえい》は議席を保っているが、他の旧軍関係組織票を合わせても最下位当選に近いところまで落ち込む程度に、組織力は低下している。こうした衰退の理由は明確で、人口学的な要因による。[*40] 日本軍が解体された戦後日本では、旧軍関係者が退役によって補充されることはなく、時間の経過とともに会員は高齢化し組織は退潮する運命にある。[*41]

　では、宗教右派についてはどうだろうか。日本会議の主要な構成団体のうち、信者数の推移を実態に近いかたちで公表している二大教団の変化を示したのが図3である。一九九〇年以降という比較的短い期間でみても、全体として教勢が低下していることが明確に浮かび上がる。[*42] 幸福の科学やキリストの幕屋のように、九〇年代以降に宗教右派として政治に関与するようになる団体もあるが、これはいわば例外に属する。[*43]

表3　2016, 2019年参院選での自民党比例区当選者

順位	2016年			2019年		
	氏名	主な支持基盤	得票数	氏名	主な支持基盤	得票数
1	徳茂雅之	郵便局長会	521,060	柘植芳文	郵便局長会	600,189
2	青山繁晴	ネットユーザー	481,890	山田太郎	ネットユーザー	539,566
3	片山さつき		393,382	和田政宗		288,080
5	今井絵理子		319,359	佐藤正久	自衛隊	237,432
6	足立敏之	建設	293,735	佐藤信秋	建設	232,548
7	山谷えり子	神道・佛所護念会教団	249,844	橋本聖子		225,617
8	藤木真也	農協	236,119	山田俊男	農協	217,619
9	自見英子	医師	210,562	有村治子	神道・佛所護念会教団・日本会議	206,221
10	進藤金日子	土地改良区	182,467	宮本周司	商工会	202,122
11	高階恵美子	看護師	177,810	石田昌宏	看護師	189,893
12	山田宏	歯科医師	149,833	北村経夫	統一教会・天照皇大神宮教	178,210
13	藤井基之	薬剤師	142,132	本田顕子	薬剤師	159,596
14	阿達雅志	日本会議	139,110	衛藤晟一	薬局、理容、漢方、新生仏教教団	154,578
15	宇都隆史	自衛隊	137,993	羽生田俊	医師	152,807
16	小川克巳	理学療法士	130,101	宮崎雅夫	土地改良区	137,502
17	宮島喜文	臨床衛生検査技師	122,833	山東昭子		133,645
18	水落敏栄	遺族会	114,485	赤池誠章	日蓮宗・専修学校	131,727
19	園田修光	老人福祉施設	101,154			

註：特定枠候補を除く。網掛けは極右的な立場をとる議員。

もっとも、こうした事情は宗教右派に限ったことではない。旧民主党支持に転じた立正佼成会にしても、同程度に信者数は減少している。さらに、利益集団の組織力が全体として低下しているのだから、相対的な評価が必要ともいえるだろう。そのために用意した表3では、自民党の支持母体を最もよく表す参議院議員選挙の比例区当選者を示した。比例区の候補は、きわめて強力な組織内候補やタレント候補など、一部の例外を除いて複数の組織から支援を受けている。そのため、表で掲げた以外の候補も宗教右派からの票を得ているが、主要なもののみ取り上げた。

現職の自民党参議院議員で、宗教右派を主な支持基盤としている

のは、有村治子と山谷えり子であるが、二人とも宗教団体の組織内候補ではない。二人とも、酒販業界など宗教団体以外の支援も受けていた。かつて、生長の家や新宗連が組織内候補を当選させていた一九八〇年前後に比べると、相対的にも勢力が伸びているとはいいがたい[*44]。これは、生長の家が政治活動から撤退したこと、新宗連のなかで最大規模の立正佼成会が民主党支持に転じたことも影響している。

草の根極右組織の影響力が目にみえる例として、山谷と有村は宗教右派の意向を汲んだ極右としての議員活動に取り組んできた[*45]。遺族会事務局長だった水落敏栄、自衛官だった佐藤正久と宇都《うと》隆史も、支持基盤を反映した極右だといえる。だが、安倍晋三首相と近い関係にあり、それにより日本会議や統一教会の支援を受けた阿達雅志や北村経夫は、極右的な言動をとるわけではない。また、参議院比例区で極右といえる議員（表3で網掛けした者）の半数は、草の根極右組織からの票を大々的に得ているわけではない。つまり、草の根極右自体が、国会に代理人を数多く送り込んで右傾化を進めているというのは過大評価だろう[*46]。支持基盤とは関係なく極右的理念を奉じる議員との連合により、影響力を発揮できていると考えた方がよい。

そうした観点からすると、日本会議のように政治的な理念の実現に特化し、国会議員や地方議員の組織化も行う団体の台頭は右傾化の一形態といえるだろう[*47]。とはいえ、それにより変化するのは市民社会と政治の関係であり、市民社会そのものの右傾化とはいいがたい（これについては、主流化仮説の検証の部分で詳述する）。したがって、拡大仮説は妥当せず、むしろ相対的にもやや衰退していると評価すべきだろう。

図4　在特会会員数の推移

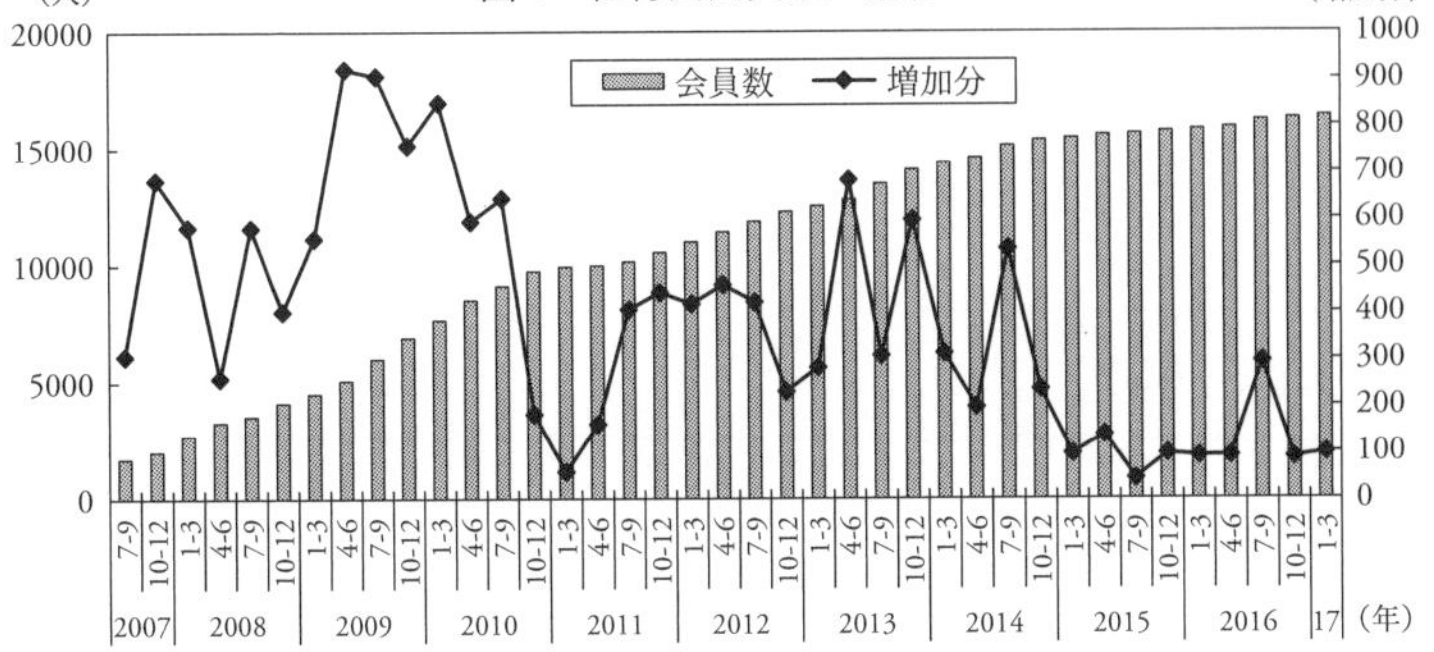

出典：在特会ホームページ（現在は閉鎖されている）。

排外主義運動

排外主義運動は、今世紀に入って形成されたものであるだけに、それ自体が草の根極右にとっての「純増」となる。排外主義運動は、右派ロビーのような制度的基盤を持たないだけに、短期間でめまぐるしく勢力が変動した。そのうち代表的な団体である在特会の会員数をみると、インターネットの普及により基盤が整備され、ユーチューブなど動画サイトの利用が広がることで急成長した[*48]。その過程で、各種掲示板やＳＮＳなどオンラインでの保守系コミュニティも発展してきた[*49]。こうしたコミュニティ自体は、草の根組織と呼べるほどの実態は持たないものの、排外主義運動への勧誘経路として媒介的な役割を果たしている。

そうした条件下において、在特会に体現される排外主義運動が二〇一〇年を境に衰退しはじめたのは、組織運営上の稚拙さに起因している。〇九年以降に過激な直接行動をとったことで可視性が高まり、会員数が急増した。しかし、それが複数の刑事・民事事件を起こすまでに歯止めがきかなくなり、一〇年以降に問題化したことで成長が急速に鈍化した。それに対して、組織を立て直すような方針の転換もなかったため、反レイシズムの対抗運動が発生し、ヘイトスピーチとして政治問題化することで、正統性が決定的に損なわれた。[*50] その結果、ヘイト団体としてのスティグマがついた在特会は実質的に活動を停止し、ホームページも閉鎖の憂き目に遭っている。

それに対して、より制度化された運動の手段として、日本第一党が二〇一六年に設立され、在特会の会長だった桜井誠が党首についた。この段階では、ヘイト団体と名指しされほとんどの幹部が活動から離れた後も残ったメンバーだけが、新たな運動の担い手になったと思われる。にもかかわらず、表4が示すのは思いのほか組織としての体裁を保つ運動の姿であった。図4で示した在特会会員は最終的に一万六三九一人だったが、これはメールで会員登録した人数であり、本名での登録や会費納入といった義務はない。しかし、日本第一党の政治資金報告書からは、ヘイト団体とみなされて以降も一〇〇〇名以上が党費を納入し、年間二〇〇〇万円以上を集めていることがわかる。さらに、二〇二〇年七月五日に実施された東京都知事選挙では、党首の桜井誠が一七万八七八四の票（二・九％）を得た。

表4　日本第一党の党勢

	党員数	収入（100万円）
2016	1,323	29
2017	1,402	26
2018	1,052	20

出典：日本第一党政治資金報告。

既成組織に基盤を持たず、ヘイト団体という汚名が定着しているにもかかわらず、排外主義運動は一定の支持層を確保しているといわざるをえない。その意味で、排外主義運動については拡大仮説がそのままあてはまる。草の根極右は、排外主義という新たなイデオロギーを打ち立てることで、市民社会の組織化されざる部分を糾合したのである。

3－2　分極化仮説の検証

分極化仮説は、古くは六〇年安保闘争で左派に対抗して街宣右翼が動員されたような事態を想定している。それ以後は、左派の学生運動に刺激されて右派の学生運動が組織化され、後の日本会議の源流とされる生長の家の青年運動や新右翼につながるような動きもあった。しかし、左派の運動が衰退して右派を刺激するほどの存在ではなくなると、両者の対決による分極化はみられなくなった。

とはいえ、歴史認識やジェンダーをめぐる極右のキャンペーンは、一九九〇年以降に分極化が進んだ典型例といってよいだろう。歴史認識に関しては、自民党議員で「失言」を行う者は後を絶たず、[*51]日本を守る国民会議が歴史教科書を編纂するなど、九〇年以前から修正主義的な動きはあった。それが極右全体の関心事になっていくきっかけは、九三年八月に細川護熙《もりひろ》首相が戦争責任を認めた細川談話であり、これに反発した自民党は有力者を揃えた歴史・検討委員会を組織し、同年一〇月から活動を開始した。[*52]右派ロビーは、それと歩調を合わせて「終戦五十周年国民委員会」を結成し、九四年五月から請願署名を集めている。[*53]同様に、国会決議を阻止するべく九四年に結成された「終戦五〇周年国会議員連盟」は、九六年に「明るい日本・議員連盟」へと改組された。[*54]この間に、左派の運動や議員が組織だった動きを進めたわけではなく、右派の議員・運動だけがイデオロギーによって組織化されたことになる。[*55]

こうした動きから派生したのが、一九九七年に発足した「日本の前途と歴史教育を考える若手議員の会」であり、当選一回の議員だった安倍晋三が事務局長を務めていた。[*56]同年に発足したつくる会の中心人物だった藤岡信勝や坂本多加雄、高橋史朗もこの会の講師を務めており、二つの会は密接な連携を保っていくこととなる。実際には、六〇年代から右派の教員組織は存在していたし、[*57]八〇年代には日本を守る国民会議が『新編日本史』を編纂した先駆例はあった。[*58]それに対して、議員集団やマスメディア（端的にはフジサンケイグループ）が草の根組織を支えた点で、つくる会設立以降の関係は大きく変化した。[*59]藤岡信勝は、九四年から歴史教育の見直しを提唱し、それがつくる会発足につながったが、[*60]こうした「下から」の組織化は「上から」の支援により可能になったとみた方がよい。

つくる会をはじめとする右派の教科書運動は、内紛や分裂を繰り返し、組織運営の拙劣さを露呈したにもかかわらず、[*61]今まで活動を継続してきた。右派の歴史教科書の採択比率も、徐々にではあるが着実に上がってきた。そして採択地区によっては、教科書をめぐる右派と左派の角逐がみられるようになった。[*62]これは、一見すると草の根組織の水準で生じた持続的な分極化であるようにみえる。しかし、これまでの経緯をみるかぎり、歴史認識をめぐって政党レベルで生じた分極化が市民社会に派生したものとみた方が正確だろう。[*63]

3−3　断片化仮説の検証

極右運動業界において、右派ロビーは組織の大きさに比して表に現れることが少なかった。これは、自民党の有力な支持基盤として政権中枢に直接訴える力があれば、社会一般に対するアピールが必要なかったことを示す。[*64]また、右派ロビーはそれ自体が政治団体というわけではなく、「日本会議」「英霊にこたえる会」といった団体を通じて争点ごとの連合を形成してきた。そうした組織的基盤が強固であるがゆえに、組織の秩序を外れた行動は発生しにくい。断片化仮説が該当するのは、基本的には

図5　右翼テロ検挙件数・人員の推移

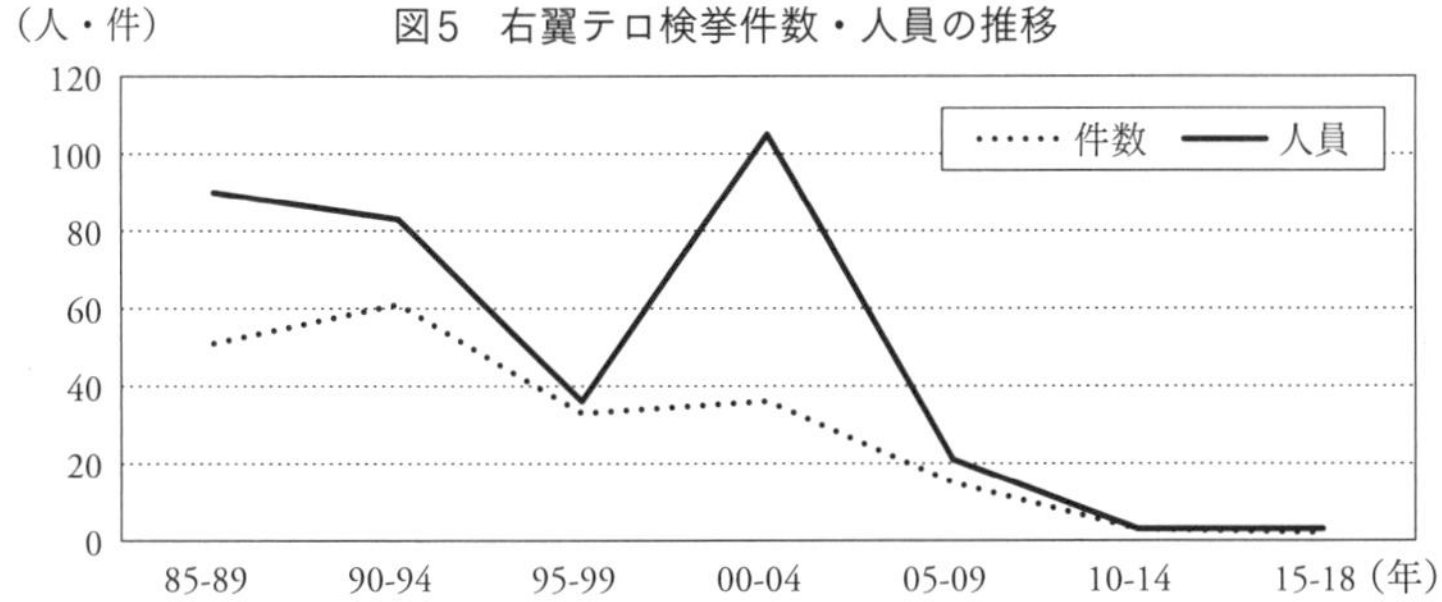

出典：『警察白書』各年次版から筆者作成。

街宣右翼と排外主義運動になると思われる。

そのうち街宣右翼は、一般に上下関係が強く統制が取れない行動を好まない業界とはいえるだろう。他方で、右翼活動家は大きな組織に属するよりも、一人一党の組織を好んで割拠する傾向が強いとされてきた[*65]。そうした両義性ゆえに、何を断片化の尺度とするかは難しいが、ここでは図5に示したテロの数をみていくこととする[*66]。テロは、業界内では「義挙」と賞賛される正統性を持つ一方で[*67]、内部の秩序に従わない無軌道な行動である側面もあるからである。現実にはどう変化しているのか。この図から明らかなように、一九九〇年代後半以降に着実にテロが減少し、二〇一〇年代にはほぼ消失したといってよい状況になった。こうした推移は断片化仮説とは乖離しており、前述のような街宣右翼の衰退が断片化を通り越して、存在感の低下をもたらしたとみるべきだろう。

では、排外主義運動について断片化仮説は妥当するのだろうか。この点について木村幹は、歴史教科書問題に即した興味深い指摘をしている[*68]。日本を守る国民会議が、一九八〇年代に修正主義的な教科書である『新編日本史』の編纂をリードした際には、比較的容易に政府による統制が可能だった。しかし、九〇年代のつくる会は右派ロビーの支援を受けつつも、それとは異なる人脈のもとで設立されたがゆえに、運動が政府に統制されにくかった。つまり、この頃には極右運動の断片化が生じており、それが内紛・分裂で醜態をさらしたり、右派ロビーに属さない新宗教の関与といった事態をもたらしたといえるだろう。

最後に、排外主義運動が世論を震撼させた嚆矢は、二〇〇九年の京都朝鮮学校などへの襲撃とそれに伴う刑事・民事事件化であった。これは、右翼テロのような有罪覚悟の「義挙」を企図したわけではなく、たんに限度を知らないまま野放図な行動に至った帰結である。排外主義運動の基盤はインターネットであり、つくる会よりさらに右派ロビーとの関連は薄い。街宣右翼の一部からは、街頭行動のノウハウを学ぶといった関係はあったが、人的なつながりはほとんどない[*69]。排外主義運動の台頭は、拡大仮説でみたように極右運動業界にとっては「純増」であると同時に、従来の枠をはみ出した行動が噴出したことになる。これは、街宣右翼が排外主義運動を統制できなかったという意味で、運動が断片化した産物であった。その結果、無軌道な行動の持つ新奇性がニュースバリューを持ち、実際の勢力に比して右傾化の度合いを大きくみせたことは間違いない。

3-4　主流化仮説の検証

右派ロビーは、保守政権と密接な連携を保ってきたのであり、その意味で政治の主流から忌避されてきたわけではない。それゆえ主流化仮説で重要なのは、極右運動が政治的に受け入れられているか否かではなく、その度合いの変化である。

まず、街宣右翼について主流化仮説は適合しない。一九九五年の戦後五〇年国会決議や村山談話の時点では、「民族派」の意見を無視できない状況があった。国会決議の文言調整に際しては、自民党の参議院議員会長だった村上正邦が「民族派」との窓口になり、草案を自室に持ち帰って説明を繰り返した。[*70] 実際に、街宣右翼も過去最大規模の人員・街宣車を動員し、一四件の事件を引き起こしたという。[*71] それに対して、二〇一五年の安倍談話は大がかりにかつ時間をかけて準備された。[*72] すなわち、「二〇世紀を振り返り二一世紀の世界秩序と日本の役割を構想するための有識者懇談会」を設置し、そこでの議論を経て草案が作成された。その意味で、作成過程で街宣右翼が介入する機会は開かれていたといえるが、街宣右翼の側も大きな行動を起こしておらず、影響力を発揮したわけでもない。これは、村山政権と安倍政権の性質、あるいは談話の内容の相違というよりも、街宣右翼が政治的に主流化どころかマージナル化したことの表れだろう。

排外主義運動については、主流化する可能性がないわけではなかった。自民党はネットユーザーからの支持調達を戦略的に進めており、安倍首相のフェイスブック利用はよく知られているし、自民党ネットサポーターズクラブが二〇一二年に設立されている。[*73] それゆえ一〇年の参議院選挙では、ネット右翼として評論活動を始めた三橋貴明を比例区から擁立した。[*74] そこで得た四万二二四六票は立候補者のなかでも下位であったため、それ以降の選挙でネット右翼が候補になることはなかった。しかし、自民党はネット右翼を新たな票田と捉えており、それゆえ山谷えり子や片山さつきといった極右の議員は在特会と接点を持っていた。

その意味で、仮に在特会が穏健な行動に留まり会員も増えたとしたら、その主張が政治でも反映される主流化が一定程度起きるような事態は十分考えられる。しかしながら、刑事・民事事件を繰り返し、ヘイトスピーチが法制定に至るまで政治問題化されるなかで、主流化の契機は失われていった。

表５　首相と日本会議・神政連の接触回数

	日本会議	神政連	合計
海部俊樹	1	2	3
宮沢喜一	1	1	2
橋本龍太郎	2	0	2
小渕恵三	2	0	1
森喜朗	0	1	1
安倍晋三	4	7	11
麻生太郎	1	0	1
合計	11	11	22

資料：朝日、毎日、読売各紙記事（1989-2019）から筆者計数、1997年以前は「日本を守る国民会議」「日本を守る会」で計数した。

最後に、右派ロビーについてはどうだろうか。右派ロビーの基盤にある旧軍関係団体と宗教右派は、自民党の有力な支持基盤として影響力を行使してきた。しかし、右派ロビーはあくまで保守傍流であり、首相が保守傍流から出て政権基盤が弱いときでないと強い影響力を発揮できなかった。こうした構造は、中野晃一が「新右派転換」と呼ぶ右派連合の組み替えにより変化していく。[*75] 右派連合とは新自由主義と国家主義にもとづく政治統合を指し、後者に依拠する右派ロビーが主流化していったと考えられる。前述した小泉純一郎と日本遺族会の関係は、その一例といえるだろう。

しかし、小泉政権にとって右派ロビーとの関係は、支持調達をめぐる道具的な性格が強い。政策の柱は郵政民営化に体現される新自由主義であり、国家主義は最重要な課題ではなかった。それに対して第一次安倍政権が成立して以降は、新自由主義への批判が高まっており、小泉路線の純粋な継承は困難だった。当初の安倍政権が掲げた「戦後レジームの脱却」は、安倍自身の志向を強く示すとともに、[*76] 国家主義による右派連合の立て直しを迫られた結果ともいいうる。つまり右派ロビーは、表出的（みずからの理念）価値と道具的（政権内部の統合）価値を同時に満たすパートナーとなった。こうして右派ロビーは、安倍政権下で急速に主流化を進めたと考えられる。

そうした変化の一端をみるため、表５から歴代の首相と右派ロビーの接触頻度をみていこう。[*77] これは、日本会議ないし神道政治連盟（神政盟）との面談が首相動静に記録された回数を示しており、安倍首相の回数が突出している。これは安倍の在任期間が長い結果でもあるが、接触の仕方も他の首相とは異なる。他の首相は、たとえば任期中に天皇の代替わりがあった海部内閣に対して要請があったように、両団体からの陳情を受けて面会していた。それに対して安倍の場合、日本会議の地方議員懇談会や神政連の総会にみずから継続的に出席しており、重視する度合いが異なる。その意味で、安倍内閣が日本会議内閣と揶揄されるのは根拠があり、右派ロビーは急速に主流化した。これは裏を返せば、長期的な右傾化の流れにより主流化が必然的に生じたとまではいえず、安倍政権が長期化するなかで起こった特異な現象であることも示唆する。

4　「政治主導」の右傾化の帰結——結語に代えて

草の根組織は右傾化したといえるのか、四つの側面に分けて検討してきた。そこで明らかになったのは、草の根組織が右傾化を主導しているとはいいがたい現実だった。組織の勢力を量的にみると、街宣右翼の衰退は明確であり、活動家が高齢化するなかで世代交代に失敗し、縮小を余儀なくされてきた。右派ロビーについても、その一方の旗手だった旧軍人関係組織の会員は自衛隊関係を除いて激減した。宗教右派は、一定の世代交代に成功しつつも全体として縮小した。その結果、右派ロビーの裾野は相対的にみても狭まっている。

新たに拡大したのは、インターネットを基盤とする排外主義運動だが、そもそも街宣右翼や右派ロビーとは比較にならない程度の規模しかなく、衰退を補うような存在ではない。その意味で、草の根極右は量的にみると衰退しているといってよいだろう。ただし排外主義運動は、インターネットという新技術を活用するかたちで組織化されてきた。これは、既存の草の根極右が取り込めなかった社会的基盤があること、それが既成の秩序に服さない断片化をもたらすことを示す。その結果、統制されない行動が一定頻度で噴出し、右傾化を印象づけるようなことは今後も起こるだろう。

さらに、人員や資金面での衰退とは別に、質的にみて右傾化しているといいうる側面はあるため、分極化、断片化、主流化仮説についても検証した。そこで鍵となるのは一九九〇年代前半であり、細川談話や村山談話だけでなく、河野談話に体現される自民党内のリベラル派も含めた戦後処理の動きがあった。それに対抗して右派議員が組織化することで、歴史修正主義をめぐる政治の分極化が生じたことになる。政治で生じた分極化、そして右派が優勢になった保守政治のパートナーとして、右派ロビーは主流化していく。集票力を梃子に影響力を発揮できる時代ではないが、利害と理念の一致による結合は組織力の低下を十分に補うものだろう。その意味において、政治主導による草の根組織の右傾化はたしかに起きたのである。[*78]

註

＊1　本章でいう草の根組織は、市民社会において自発的に形成され、国家からの独立性を保った組織を指す。

＊2　ただし、両者の取り上げられ方には次のような問題があった。在特会はしばしばその「新しさ」が強調される一方で、「古い」存在として想定されていたのは街宣右翼だった。街頭での直接行動というスタイルが両者の共通点というわけだが、後述するように比較対象として適切とはいえない。他方の日本会議は、安易に比較されることはないものの、生長の家を基盤

とする右派学生運動を起源に持つことが、過度に強調されてきた。それよりはむしろ、日本会議の組織的基盤の広さ、並びに国会・地方議員の懇談会を持ち政治と太いパイプを築いてきたことに注目すべきだろう。

＊3　日本の政党や草の根組織について、右翼という言葉が使われることはあっても、極右と名指すことは稀にしかなかった（樋口直人「日本政治のなかの極右」『世界』八六六号、二〇一五年）。しかし、欧米の極右（radical right, extreme right, far right, ultra-right）という用語を日本に適用することで得られる知見は多い。また、極右研究も現在は非西洋を含めた比較研究の時代に入っており、日本の状況を国際比較の土俵に乗せられるメリットもある（Jens Rydgren, "Introduction," Jens Rydgren ed., *The Oxford Handbook of the Radical Right*, Oxford University Press, 2018）。

＊4　西欧の研究をみると、極右を広く捉えた時のイデオロギーとして、①ナショナリズム、②排外主義、③国家主義（法と秩序、軍国主義）、④福祉ショーヴィニズム、⑤伝統的倫理、⑥修正主義が挙げられている（Cas Mudde, *Populist Radical Right Parties in Europe*, Cambridge University Press, 2007）。日本の右翼イデオロギーとしては、①天皇および国家に対する絶対的忠誠、②共産主義、社会主義またはこれに同調する勢力への反対、警戒、③民族的伝統、文化の護持と外来思想、文化への警戒、④義務、秩序、権威の重視、⑤命令系統における権威主義、⑥家族主義的全体主義、⑦保守的傾向、⑧家父長的人間関係があるという（社会問題研究会編『右翼・民族派事典』国書刊行会、一九七六年、四九頁）。

＊5　それぞれに属する団体は、聞かれれば四つのイデオロギーについておおむね一致してタカ派的回答を寄せるだろうが、実際に取り組むかは別の話である。ここでいう中心的なイデオロギーとは、運動の骨格をなしているか否かを指す。

＊6　本節の記述は、以下の文献に基づいている（Naoto Higuchi, "The Radical Right in Japan," Jens Rydgren ed., *The Oxford Handbook of the Radical Right*, Oxford University Press, 2018）。

＊7　木下半治『日本右翼の研究』（現代評論社、一九七七年）一五九頁。

＊8　堀幸雄『増補　戦後の右翼勢力』（勁草書房、一九九三年）。もっとも、当選したのは旧軍人票を得た者だけであり、右翼団体の大衆的基盤の弱さは戦後一貫して変わらない。

＊9　岩井弘融『病理集団の構造——親分乾分集団研究』（誠信書房、一九六三年）。日教組に対する執拗な嫌がらせは、この延長で理解できる。

＊10　Nathaniel M. Smith, "Facing the Nation: Sound, Fury, and Public Oratory among Japanese Right-Wing Groups," Joseph D. Hankins and Caroline S. Stevens eds., *Sound, Space and Sociality in Modern Japan*, Routledge, 2014.

＊11　天道是『右翼運動一〇〇年の軌跡——その抬頭・挫折・混迷』（立花書房、一九九二年）。

＊12　Kenneth Szymkowiak and Patricia G. Steinhoff, "Wrapping Up in Something Long: Intimidation and Violence by Right-Wing Groups in Postwar Japan," Tore Bjørgo ed., *Terror from the Extreme Right*, Frank Cass, 1995.

＊13　軍恩連など旧軍関係組織については、木村卓滋「軍人たちの戦後——旧軍人団体と戦後日本」（倉沢愛子他編『戦場の

諸相』岩波書店、二〇〇六年）を参照。遺族会と政治については、奥健太郎「参議院全国選挙と利益団体――日本遺族会の事例分析」（『選挙研究』二五巻二号、二〇〇九年）を参照。

＊14　新宗教とナショナリズムについて詳しくは、塚田穂高『宗教と政治の転轍点』（花伝社、二〇一五年）、寺田喜朗「戦後新宗教におけるナショナリズム言説の諸相――大衆ナショナリズムの発露とその論法」（『東洋学研究』四七号、二〇一〇年）を参照。

＊15　神道政治連盟中央本部『神政連十五年史』（神道政治連盟、一九八四年）。

＊16　中野毅『戦後日本の宗教と政治』（大明堂、二〇〇三年）。

＊17　この点については、新宗連『靖国神社問題に関する私たちの意見』（新宗教新聞社、一九六八年）を参照。

＊18　塚田前掲書。

＊19　日本会議に関しては、ジャーナリズムや歴史教育関係者の手による著作が、二〇一〇年代後半に多く出された（青木理『日本会議の正体』平凡社、二〇一六年。藤生明『ドキュメント日本会議』筑摩書房、二〇一七年。『週刊金曜日』成澤宗男編『日本会議と神社本庁』金曜日、二〇一六年。菅野完『日本会議の研究』扶桑社、二〇一六年。俵義文『日本会議の全貌――知られざる巨大組織の実態』花伝社、二〇一六年。上杉聰『日本会議とは何か』合同出版、二〇一六年。山崎雅弘『日本会議――戦前回帰への情念』集英社、二〇一六年）。

＊20　とはいえ、イデオロギーと組織が完全に一致するような分極化が生じたわけではない。二〇二〇年時点でも、新宗連加盟団体のうち崇教真光や大和教団などは日本会議の有力メンバーでもある。また、宗教右派といっても教団の顔触れには一定の変化がある。一九八〇年代には統一教会が自民党との結びつきを強め、二〇〇〇年代の右派歴史教科書の採択運動にはキリストの幕屋が積極的に関わった。一〇年代になると、幸福の科学が右派教科書の採択運動を進めている。その一方で、一九六〇～七〇年代に中心的な役割を果たした生長の家は、八四年に政治活動から撤退した（寺田喜朗「日本会議と創価学会――安倍政権を支えるコミュニティ」『現代宗教二〇一七』国際宗教研究所、二〇一七年、一〇四頁）。

＊21　そのなかで、日本郷友連盟は当初から明確に歴史修正主義と軍国主義を掲げている点でわかりやすい（日本郷友連盟編『日本郷友連盟十年史』日本郷友連盟、一九六七年）。

＊22　波多野澄雄「遺族の迷走――日本遺族会と『記憶の競合』」（細谷千博・入江昭・大芝亮編『記憶としてのパールハーバー』ミネルヴァ書房、二〇〇四年）。

＊23　ケネス・ルオフ、木村剛久・福島睦男訳『国民の天皇――戦後日本の民主主義と天皇制』（共同通信社、二〇〇三年）第五章。宮地正人「反動化における靖国問題の位置」（山口啓二・松尾章一編『戦後史と反動イデオロギー』新日本出版社、一九八一年）。

＊24　主な組織については、Tom Gill, “the Nativist Backlash: Exploring the Roots of the Action Conservative Movement,” *Social Science Japan Journal*, 21 (2), 2018 を参照。

＊25　たとえば、安田浩一のルポ（『ネットと愛国――在特会の「闇」を追いかけて』講談社、二〇一二年）では街宣右翼が排外主義運動の指南役になっている様子が描かれている。

＊26　拡大期の状況については、小熊英二・上野陽子『〈癒し〉のナショナリズム——草の根保守運動の実証研究』（慶應義塾大学出版会、二〇〇三年）を参照。
＊27　瀬戸弘幸『外国人犯罪』（セントラル出版、二〇〇〇年）。
＊28　樋口直人『日本型排外主義——在特会・外国人参政権・東アジア地政学』（名古屋大学出版会、二〇一四年）。
＊29　David Meyer and Sidney Tarrow eds., *The Social Movement Society: Contentious Politics for a New Century,* Rowman & Littlefield, 1998.
＊30　アメリカにおける検証の試みとして以下があるが、これらは右派がほぼ入らない抗議イベントのデータによっている（Kevin Djo Everett, "Professionalization and Protest: Changes in the Social Movement Sector, 1961-1983," *Social Forces,* 70 (4), 1992. Sarah A. Soule and Jennifer Earl, "A Movement Society Evaluated: Collective Protest in the United States, 1960-1986," *Mobilization,* 10 (3), 2005)。日本で類似したデータにより検証した場合、左派の社会運動は一九九〇年代に入っても衰退しているという結論になるだろう（Makoto Nishikido, "The Dynamics of Protest Activities in Japan: Analysis Using Protest Event Data," *Ningen Kankyo Ronshu,* 12 (2), 2012)。
＊31　Doug McAdam and Karina Kloos, *Deeply Divided: Racial Politics and Social Movements in Postwar America,* Oxford University Press, 2014. Rory McVeigh, David Cunningham and Justin Farrell, "Political Polarization as a Social Movement Outcome: 1960s Klan Activism and Its Enduring Impact on Political Realignment in Southern Counties, 1960 to 2000," *American Sociological Review,* 79 (6), 2014.
＊32　John D. McCarthy and Mayer N. Zald, *Social Movements in an Organizational Society,* Transaction, 1987.
＊33　Pierre Hamel, "The Fragmentation of Social Movement and Social Justice: Beyond the Traditional Forms of Localism," Pierre Hamel, Henri Lustiger-Thaler and Margit Myer eds., *Urban Movements in a Globalizing World,* Routledge, 2000. Traci M. Sawyers and David S. Meyer, "Missed Opportunities: Social Movement Abeyance and Public Policy," *Social Problems,* 46 (2), 1999.
＊34　Aurelien Mondon, *The Mainstreaming of the Extreme Right in France and Australia: A Populist Hegemony?* Ashgate, 2013. Tjitske Akkerman, Sarah L. de Lange and Matthijs Rooduijn eds., *Radical Right-Wing Populist Parties in Western Europe: Into the Mainstream?* Routledge, 2016.
＊35　北朝鮮に拉致された日本人を救うための全国協議会などは、主流化の典型例といえる（Richard Samuels, "Kidnapping Politics in East Asia," *Journal of East Asian Studies,* 10, 2010)。
＊36　樋口前掲書、一四七－一四八頁。
＊37　警察白書の該当箇所から、参加団体と参加者ののべ数を算出し、単純に参加者数を参加団体数で除した値を示している。本来は、参加団体や参加者、あるいは動員された街宣車の総数を示すのが望ましいが、警察白書の記述方針が一貫しないので総数では実態を示せない。そのため、最も信頼できる値として一団体の一回あたりの動員人数を用いている。
＊38　とはいえ、二〇〇一年の自民党総裁選挙に際して小泉純一郎が靖国神社参拝を公約として掲げたのは、遺族会と軍恩連の支持を取りつけるためだといわれている（田中明彦『アジア

のなかの日本』NTT出版、二〇〇七年、二六七頁。廣橋隆「ドキュメント・靖国参拝と千鳥ヶ淵」菅原伸郎編『戦争と追悼――靖国問題への提言』八朔社、二〇〇三年）。この時期であっても両者が依然として多くの党員を擁しており、総裁選の行方に影響を及ぼすことを物語る。

＊39　参議院議員の任期は六年で、選挙は三年ごとに半数が改選となるため、利益団体は三年ごとに一人ずつ擁立して二人の議員を国会に送り出してきた。偶数年の選挙についても、次回にあたる二〇二二年には遺族会から独自候補を擁立できない可能性が高い。

＊40　こうした事情については、上杉聰「宗教右翼と現代日本のナショナリズム」（『年報日本現代史』一二号、二〇〇七年）一八一－一八二頁を参照。

＊41　日本郷友連盟『日本郷友連盟五十年史』（日本郷友連盟、二〇〇六年）では、そうした事情が率直に語られている。高齢化により組織維持が困難になったため、軍恩連は〇九年に、日本傷痍軍人会は一三年に解散した。

＊42　より長いスパンでの変化については、中北浩爾「自民党の右傾化――その原因を分析する」（塚田穂高編『徹底検証　日本の右傾化』筑摩書房、二〇一七年）を参照。

＊43　幸福の科学については、塚田前掲書の他に藤倉善郎「幸福の科学＝幸福実現党――その右傾化、保守運動との齟齬」（塚田穂高編『徹底検証　日本の右傾化』筑摩書房、二〇一七年）を参照。キリストの幕屋については、島崎愛「歴史教科書運動を席巻したキリストの幕屋という保守宗教」（『宗教問題』一六巻、二〇一六年）を参照。

＊44　この時期の状況については、宗教と政治を考える会編『神と仏と選挙戦』（徳間書店、一九八〇年）、肥野仁彦『神と仏と自民党――八〇年代政権構想と「宗政研」』（徳間書店、一九七九年）を参照。

＊45　たとえば、もともとは民社党から選挙に出ていた山谷えり子は、宗教右派への依存を強める過程で極右化してきたことが指摘されている（「山谷えり子研究（1）～（3）」『週刊金曜日』六二八、六三〇、六三二号、二〇〇六年）。

＊46　ただし、そうした代理人は地道な活動の一環として、極右的な目的を持つ議員連盟の事務局を担うなど、制度的な基盤作りでは重要な役割を果たしている（みんなで靖国神社に参拝する国会議員の会の事務局を、日本遺族会出身の議員が担うなど）。極右的な議員連盟について詳しくは、具裕珍「冷戦後日本における保守市民社会の政治過程分析――動員とアドボカシー活動を中心に」東京大学総合文化研究科博士論文、二〇一八年を参照。

＊47　神社本庁もやや類似した性格を持っており、資金力や組織票の動員力はそれほど強くない（寺田前掲論文、二〇一七年）。しかし、宗教右派のイデオロギー的司令塔としての役割、神政連を中心とした議員の組織化に体現されるロビー団体として強い影響力を持つ（藤生明『徹底検証　神社本庁――その起源から内紛、保守運動まで』筑摩書房、二〇一八年）。

＊48　樋口前掲書。

＊49　伊藤昌亮『ネット右派の歴史社会学――アンダーグランド平成史一九九〇－二〇〇〇年代』（青弓社、二〇一九年）、樋口直人「ネット右翼の生活世界」（樋口直人ほか『ネット右翼

とは何か』青弓社、二〇一九年)。

＊50　樋口直人「ヘイトが違法になるとき――ヘイトスピーチ解消法制定をめぐる政治過程」(『レヴァイアサン』六二号、二〇一八年)。

＊51　高崎宗司『「妄言」の原形――日本人の朝鮮観』(木犀社、二〇〇二年)。

＊52　歴史・検討委員会編『大東亜戦争の総括』(展転社、一九九五年)。中北浩爾によれば、歴史認識をめぐる問題を一つの梃子として自民党右派の巻き返しが起こり、右派の優位が確立されていったことになる(『自民党政治の変容』NHK出版、二〇一四年)。

＊53　終戦五十周年国民委員会編『終戦五十周年――大東亜戦争の真実を伝えて』(終戦五十周年国民委員会、一九九六年)。

＊54　俵義文『教科書攻撃の深層』(学習の友社、一九九七年)三七頁。

＊55　この間の経緯や後の影響については、若宮啓文『戦後七〇年　保守のアジア観』(朝日新聞出版、二〇一四年)第一章がコンパクトにまとめている。

＊56　日本の前途と歴史教育を考える若手議員の会編『歴史教科書への疑問――若手国会議員による歴史教科書問題の総括』(展転社、一九九七年)。この議連は、「日本の前途と歴史教育を考える議員の会」として現在も存続している。

＊57　林雅行『国民学校の朝がくる』(柘植書房、一九八三年)。

＊58　新編日本史は、一九八二年に教科書検定が問題化したことに反発して編まれており(安田浩一『「右翼」の戦後史』講談社、二〇一七年、二一六－二一七頁)、問題展開の構図としても九〇年代の動きのさきがけとなる。

＊59　産経新聞は、つくる会の設立と活動と歩調を合わせて教科書問題を取りあげるようになっている(原田峻ほか「政権交代と社会運動をめぐるイシュー・アテンション――民主党政権前後を事例として」『茨城大学人文コミュニケーション学科論集』一三号、二〇一二年)。

＊60　村井淳志『歴史認識と授業改革』(教育史料出版会、一九九七年)。

＊61　具裕珍「『新しい歴史教科書をつくる会』の Exit, Voice, Loyalty――東アジア国際関係への含意を中心に」(『相関社会科学』一九号、二〇〇九年)。

＊62　かつて筆者は、そうした一例として沖縄県八重山地区で生じた育鵬社の公民教科書採択をめぐる紛争を調査したことがある(樋口直人・松谷満「『国境』の活用――八重山地区の安全保障化をめぐる紛争」『立命館言語文化研究』二八巻四号、二〇一七年)。

＊63　これと似たかたちで分極化が生じた例として、ジェンダー・バッシングがある。ジェンダー関連は、宗教右派にとって関心が高いテーマだろうが、政治的キャンペーンとは独立した草の根の運動としては、細々と局地的に続いている程度と思われる。こうした状況を垣間見せるものとして、鈴木彩加『女性たちの保守運動――右傾化する日本社会のジェンダー』(人文書院、二〇一九年)、山口智美・斎藤正美・荻上チキ『社会運動の戸惑い――フェミニズムの「失われた時代」と草の根保守運動』(勁草書房、二〇一二年)を参照。

＊64　たとえば、中曽根康弘首相による一九八五年の靖国神社

公式参拝に際して、日本遺族会は靖国神社境内で五〇時間の断食祈願を実行している。こうした直接行動は初めてのことであるが（板垣正『靖国公式参拝の総括』展転社、二〇〇〇年）、そうした必要がなかったこと自体が右派ロビーの政治力を物語っている。

＊65　社会問題研究会、前掲書。

＊66　これ以外に、右翼の検挙件数・人員や新聞記事での事件数などの使用を検討したが、計数の基準が変わって使えないなどの理由でテロ関連のデータを用いた。

＊67　宮城祐輔「右派系社会運動における二つの文化――〈右翼・民族派〉と〈右派系市民団体〉の相互作用過程」（『ソシオロジカル・ペーパーズ』二六号、二〇一七年）。

＊68　木村幹『日韓歴史問題とは何か――歴史教科書・「慰安婦」・ポピュリズム』（ミネルヴァ書房、二〇一四年）二一四－二一六頁。

＊69　中村太郎「極右大衆団体に対する直接行動とその変容――在特会、反原連とカウンター勢力」（『治安フォーラム』二五巻一二号、二〇一九年）。

＊70　魚住昭『証言　村上正邦――我、国に裏切られようとも』（講談社、二〇〇七年）一七四－一八〇頁。

＊71　『警察白書』（平成八年版）。

＊72　丹羽文生「戦後七〇年の『安倍談話』について――発表に至る政治過程」（『問題と研究』四四巻四号、二〇一五年）。

＊73　津田大介ほか『安倍政権のネット戦略』（創出版、二〇一三年）。逢坂巌「デジタルメディア時代のデモクラシー」（『マス・コミュニケーション研究』八五号、二〇一四年）。Fabian Schäfer, Stefan Evert and Philipp Heinrich, "Japan's 2014 General Election: Political Bots, Right-Wing Internet Activism and PM Abe Shinzō's Hidden Nationalist Agenda," *Big Data*, 5 (4), 2017.

＊74　三橋貴明については、伊藤前掲書、第八章を参照。

＊75　中野晃一『右傾化する日本政治』（岩波書店、二〇一五年）では、中曽根康弘、小沢一郎、橋本龍太郎、小泉純一郎、安倍晋三を転換のキープレイヤーとしている。それに対して中北浩爾は、民主党との競合というより短いタイムスパンで説明しているが（『現代日本の政党デモクラシー』岩波書店、二〇一二年、本書第Ⅲ部第1章も参照）、今世紀に入って右傾化したとみる点では一致している。

＊76　安倍の志向自体は、生い立ちだけでなく政治家としてのキャリア形成の過程で培われたものと考えられる。「お友達内閣」と揶揄される同志的結合に対するこだわりも、初当選からイデオロギーで結びついた同僚が、国家主義の追求という目的にとって道具的にも頼りになるからだろう（James Babb, "The New Generation of Conservative Politicians in Japan," *Japanese Journal of Political Science*, 14 (3), 2013）。

＊77　両団体の代表との接触は、ここに現れるより多いことは間違いないが、三大紙の首相動静に残るかたちで右派ロビーを代表する団体と接点を持ったことで、政権間の比較が可能な指標と考えられる。

＊78　このように、歴史修正主義を極右の公分母とするかぎりにおいて、草の根極右は保守政治を積極的に補完する役割を果たすことになる。その意味で、日本の草の根極右は反体制ではなく「親体制」的な性格を強く持つ（Naoto Higuchi, "The 'Pro-

Establishment' Radical Right: Japan's Nativist Movement Reconsidered," David Chiavacci, Simona Grano and Julia Obinger eds., *Civil Society and the State in Democratic East Asia: Between Entanglement and Contention in Post-High Growth*, Amsterdam University Press, 2020)。

4　天皇と神道思想

神聖天皇と国家神道からみた日本の右傾化

島薗進

はじめに

冷戦終結後、世界的に「文明の衝突」と呼ばれるような事態が生じ、「宗教」や「文明」を掲げて、みずからの集合的アイデンティティを強調する動きが強まったという捉え方がある。[*1] ハンティントンの「文明の衝突」論には多くの問題点があるが、自由主義か社会主義かが対立軸となった冷戦時代から、世界各地で「宗教」や「文明」「民族」「人種」の帰属意識が高まり、それが政治的葛藤となって目立つ時代への変化が生じたという捉え方は一定の妥当性をもつと思われる。日本の場合、それは大乗仏教や儒教の文明圏に属するという方向へも進みえたが、それよりは国家神道や万世一系の天皇をいただく「美しい国柄」、つまりは「国体」の意識の強まりとして現出する傾向が強かった。

これは戦前の国家神道や神権的国体論に郷愁を抱き、明治維新から十五年戦争に至る過程を肯定的に捉える考え方と歩調を合わせている。この時期に特定の宗教右派集団が顕著に勢力を増大させたというような事態はみられない。しかし、国家神道や神権的国体論に近づいていく動向はそこここにみられる。伊勢神宮を格別に尊んだり、神聖天皇の伝統を讃えるような動きはそのわかりやすい現れである。二〇一二年以降の安倍政権は日本会議や神道政治連盟の影響力の可視化というかたちでそれを顕在化させたが、人々の意識のレベルでの変化はそれ以前から生じており、安倍政権下でさらに拡大しているようにみえる。

本章では、神聖天皇崇敬と国家神道の復興、復権に棹差すようにみえる動きをいくつか取り上げる。それによって、平成という元号の三〇年間に日本人の宗教的思考がこの方向で右傾化していったことを示していきたい。

1　伊勢神宮参詣者の増大と右傾化

伊勢神宮参拝者と日本会議議連

二〇一九年元旦の日付で発行された『伊勢志摩経済新聞』は、「伊勢神宮参拝者数、七年連続八〇〇万人超え　初詣客でにぎわう」という記事を掲載している。一八年の年間参拝者数は、内宮が五六二万一六四五人、外宮は二八八万三六〇八人で合計八五〇万五二五三人（一二月三一日二〇時時点で集計）となり、過去六番目に多い記録となったという。一八九五（明治二八）年からの集計で歴代一位は、両宮の式年遷宮が行われた二〇一三年の一四二〇万四八一六人（内宮八八四万九七三八人、外宮五三五万五〇七八人）、二位は一四年の一〇八六万五一六〇人、三位は宇治橋の架け替えの翌年（架け替えは〇九年一一月三日）の一〇年の八八二万八八五一人、四位は一七年の八七九万八三五一人、五位は一六年の八七三万九二一一人だという。なお、過去の式年遷宮の年では一九五三年が約四八二万人、七三年が約八五九万人、九三年が約八三九万人の参拝者だったから、これらと比べても一三年の参拝者数は突出している。

他方、一二年に成立した安倍晋三内閣の一九人の閣僚のうち、日本会議国会議員懇談会（日本会議議連）に一三人が所属していると報道された。[*2] では、「日本会議国会議員懇談会」とは何か。これは「日本会議」という団体の国会版である。会長の平沼赳夫（「日本維新の会」国会議員団代表）は一二年三月、「（国会に）二五二名を超える同志」と述べている大勢力である。[*3] 安倍内閣は一九年までに数度の内閣改造が行われているが、日本会議国会議員懇談会のメンバーが大臣等の要職を務める割合が高い時期が続いてきた。

日本会議とは？

では、「日本会議」とはどのような団体か。公式ホームページでは「美しい日本の再建と誇りある国づくりのために、政策提言と国民運動を行っている民間団体です」[*4] と述べている。そして、以下の文章が続く。

私達「日本会議」は、前身団体である「日本を守る国民会議」と「日本を守る会」とが統合し、平成九年五月三〇日に設立された全国に草の根ネットワークをもつ国民運動団体です。

私達の国民運動は、これまでに、明治・大正・昭和の元号法制化の実現、昭和天皇御在位六〇年や今上陛下の御即位などの皇室のご慶事をお祝いする奉祝運動、教育の正常化や歴史教科書の編纂事業、終戦五〇年に際しての戦没者追悼行事やアジア共生の祭典の開催、自衛隊ＰＫＯ活動への支援、伝統に基づく国家理念を提唱した新憲法の提唱など、三〇有余年にわたり正しい日本の進路を求めて力強い国民運動を全国において展開してきました。

今日、日本は、混迷する政治、荒廃する教育、欠落する危機管理など多くの問題を抱え、前途多難な時を迎えています。私達「日本会議」は、美しい日本を守り伝えるため、「誇りある国づくりを」を合言葉に、提言し行動します。

また、私達の新しい国民運動に呼応して、国会においては超党派による「日本会議国会議員懇談会」が設立されています。私達は、美しい日本の再建をめざし、国会議員の皆さんとともに全国津々浦々で草の根国民運動を展開します。皆様のご声援をよろしくお願いします。

日本会議が掲げる政治理念

具体的な「国民運動」としては、元号法制化や「皇室のご慶事」奉祝など天皇崇敬の鼓吹、「伝統に基づく国家理念を提唱した新憲法の提唱」、「自衛隊ＰＫＯ活動への支援」などが注目される。また、一九九五年五月の設立大会において採択された「設立宣言」は次のようなものである。[*5]

我が国は、古より多様な価値の共存を認め、自然との共生のうちに、伝統を尊重しながら海外文明を摂取し同化させて鋭意国づくりに努めてきた。明治維新に始まるアジアで最初の近代国家の建設は、この国風の輝かしい精華であった。

また、有史以来未曾有の敗戦に際会するも、天皇を国民統合の中心と仰ぐ国柄はいささかも揺らぐことなく、焦土と虚脱感の中から立ち上がった国民の営々たる努力によって、経済大国といわれるまでに発展した。

しかしながら、その驚くべき経済的繁栄の陰で、かつて先人が培い伝えてきた伝統文化は軽んじられ、光輝ある歴史は忘れ去られまた汚辱され、国を守り社会公共に尽くす気概は失われ、ひたすら己の保身と愉楽だけを求める風潮が社会に蔓延し、今や国家の溶解へと向いつつある。

加うるに、冷戦構造の崩壊によってマルクシズムの誤謬は余すところなく暴露されたが、その一方で、世界は各国が露骨に国益を追求し合う新たなる混沌の時代に突入している。にもかかわらず、今日の日本には、この激動の国際社会を生き抜くための確固とした理念や国家目標もない。このまま無為にして過ごせば、亡国の危機が間近に忍び寄ってくるのは避けがたい。

我々は、かかる時代に生きる日本人としての厳しい自覚に立って、国の発展と世界の共栄に貢献しうる活力ある国づくり、人づくりを推進するために本会を設立する。ここに二十有余年の活動の成果を継承し、有志同胞の情熱と力を結集して広汎な国民運動に邁進することを宣言する。

この日本会議は神社本庁が深く関わっているとされるが、その他にも新宗教系の団体が多く関わっている。解脱会、国柱会、霊友会、崇教真光、モラロジー研究所、倫理研究所、キリストの幕屋、仏所護念会、念法真教、新生佛教教団、オイスカ・インターナショナル、三五《あななない》教等である。

日本会議が目立つ政治状況と神道信仰

なお、神社本庁と連携している神道政治連盟（神政連）という組織もある。そして神政連（神道政治連盟）国会議員懇談会があり、安倍晋三首相はこの組織の会長を務めていた。日本会議国会議員懇談会と神政連国会議員懇談会のメンバーは六割以上、重なり合っている。二〇一二年六月の衆議院議員選挙では、神政連推薦の立候補者から、二〇〇名を超える当選者を出しているという。神社本庁は第二次世界大戦後、国家神道の復興のための運動に力を注いできた。[*6] 一二年の衆院選後、国会における国家神道復興勢力はたいへん大きなものとなっている。一三年一二月の安倍首相（当時）の靖国神社参拝はこうした政治的背景の下で行われたものだ。

なお、安倍首相は二〇一三年、伊勢神宮の式年遷宮のクライマックスである遷御の儀に総理大臣として参列した。これは一九二九年に当時の濱口雄幸首相が参列した他には前例がない。また、二〇一六年のG7サミットを伊勢志摩を会場として開催したが、その際、各国首脳を伊勢神宮内宮の「御垣《みかき》内《うち》」に導き入れ、それぞれのかたちで敬意を払うように促した。これらは憲法二〇条の政教分離原則に反し、国家神道の復興に道を開く可能性があるとの批判を呼んだ。

与党が神道政治連盟や日本会議の色に染まっているかどうかについても慎重な判断が必要だ。自民党の国会議員の多くは、公明党支持層からの得票に依存している。公明党の支持者といえば、創価学会の会員が主体である。しかし、創価学会は少なくとも建前としては国家神道の復興には警戒的である。首相の靖国神社参拝についても公明党は懸念を表明してきた。政府が国家神道復興の方向を強く押し出せば、自民党と公明党の連立は危うくなるかもしれない。

では、このような政治状況と、伊勢神宮参拝者の増加は関わりがあるだろうか。昨今、急増している伊勢神宮参拝者がどれほどの政治意識をもっているかは不明である。神社参拝の増加は「パワースポット」ブームと関係がある。増加している伊勢参宮者のなかにも若い女性が多いといわれる。また、観光戦略も関係がある。伊勢名物の和菓子屋、赤福本店は一四〇億円を投資して、内宮前に「おかげ横丁」を一九九三年に完成させた。買い物や飲食をしながら楽しく時を過ごせる「小さな原宿」とでもいうべき商店街ができたのだ。このおかげ横丁が人気を呼び、伊勢神宮が新たな観光地として脚光を浴びることともなった。

だが、伊勢神宮参拝の興隆と国家神道の復興とがまったく無関係ともいえないだろう。国民意識において、神社本庁が統括する神社神道が、また神社本庁が神道の本拠とする伊勢神宮がこれまでに増して輝きを帯びてきたとすれば、そのことと政治状況との関わりはじっくり調べてみるべきことだ。

2　新たな「神聖天皇」言説

中西輝政・福田和也『皇室の本義』

続いて、一般読者向けの学者や評論家の著述に焦点を当てる。二〇〇五年に刊行された中西輝政と福田和也の共著『皇室の本義――日本文明の核心とは何か』（ＰＨＰ研究所）は、新しいタイプの右派言説である。二人の著者は、当時、それぞれ京都大学教授と慶應義塾大学教授であるが、その二人が一九三七年に文部省が刊行した『国体の本義』を思い起こさせる題を掲げた書物を刊行したからである。

『国体の本義』の巻頭には、「国体を明徴にし、国民精神を涵養振作すべき刻下の急務に鑑みて」編集されたものである」と記されている。「国体明徴」は天皇機関説批判による言論抑圧のスローガンであり、この書が戦時体制を強化し全体主義的な動員を推し進めるための精神教育の書物として刊行されたことは明らかだ。そこでは、国体に関する根本的自覚が要請されているとし、国民全体に万世一系の国体の神聖性を認識させることが目指されている。昨今、戦後民主主義と日本国憲法を批判し、大日本帝国憲法の体制をよしとする論はそれほど珍しいものではないが、天皇の神聖化が顕著に表れた、一九三五年以降の戦時体制の国家が刊行した書物を思い起こさせる表題を堂々と掲げる書物が刊行されたのは、右傾化を実感させるものだった。

『皇室の本義』の序章「なぜ日本に天皇という存在が必要なのか」で、中西輝政（一九四七年生）は「日本ではつねに「正直できれいな心」「裏表のない心根」という、独特な心のあり方が求められる」と論じる。日本の精神文化を貫く高次の理念があるという主張だ。「そしてこうした「日本のこころ」のあり方を、目に見えるかたちでもっとはっきりと示すもの、それが「天皇」なのである」[*7]と、それを天皇の賛美へとつなげている。

たしかに天皇は日本文化の保護者であり、体現者であるが、天皇に求められるのは、文化だけではない。これは本書での福田和也氏との対談で繰り返し述べたことだが、日本人がいま深く自覚すべきなのは「宗教的な存在」としての天皇である（〝宗教〟という言葉は、どこか日本人の心に染まないのだが、いまはやむをえずそう表現しておこう）。／天皇の系譜をたどれば神話にまで行きつく。その天皇が、日本国の繁栄と国民の幸せを祈って日夜祭祀をなさっておられる。それゆえに、天皇が日本という国家を体現し国民を統合する役割を果たせるのだ。そのことを、われわれの天皇観の根底にしっかりともっておくことが何より大切なのである。[*8]

神聖天皇こそ日本の国家と文化の中核

「宗教的」という語は「神聖な」といいかえてもよいだろう。中西は「神聖な天皇」こそが日本の国家と文化の中核にあるものだと主張している。

それはたんなる「文化」の営みではなく、大きな意味での政治そのものであり、まさに国家を指導する営み（まつりごと）といわなければならない。／そして、これこそ古代につながる天皇の究極の存在理由である。だからこそ皇室は尊いのであり、天皇のこの側面こそ、いま日本人がいちばん忘れていることだと思う。しかし、いまでもそのことに正しく気がつけば、おそらく日本人なら誰しも率直に感動し、感謝の心が生じるはずである。それが変わることのない「日本のこころ」であるからだ。[*9]

そして、神聖な天皇は日本人の道徳の模範を示してきた存在であり、その核心には「心の清潔さ」ということがあるという。「万世一系」、すなわち「神様からつながる」皇室こそがそれを伝えてきた。「なかでも、これを体現されていたのが明治天皇だと私は思う[*10]」と中西はいう。だから、「教育勅語」

や「戊申詔書」は大事なのだ。高度成長期の日本は、戦後の数々の歪みが政治・外交・教育などに見られるようになった。「それでも戦前の「戊申詔書」や「教育勅語」で教育された世代が社会の現役であった時代……までは、道徳的・倫理的にこの国は、いまよりもはるかにしっかりとしていた」[*11]。

「教育勅語」や「戊申詔書」を学校で習った世代は、すでに社会の第一線から退いている。そうしたなか、戦後の奇妙なタブーや遠慮といったものを取り払い、忌憚なくこうした本来の皇室のあり方について、つまり天皇とは、日本とは、ということについて互いに心を開いて教え合うことが新しく必要な時代となっている。そして一日も早く学校教育の場で、日本の若い世代にもそれがしっかり受け継がれるよう努力する。このことが、いま強く求められているのである[*12]。

中西の天皇礼賛の言説では、神聖天皇の崇敬が国家により強制され、攻撃的な対外政策、とりわけ満州事変からアジア・太平洋戦争に至る時期の個々人の尊厳や人命の軽視につながった側面についてまったく触れていない。そうした側面が目立った時期の影響力が大きかった文献、『国体の本義』に類する題を堂々と掲げながら、神聖な天皇の礼賛を語っているところに、本書での中西の発言の新しさをみてとることができる。

松浦光修『日本は天皇の祈りに守られている』

次に二〇一三年八月に刊行された、皇學館大学教授で神道学の博士学位をもつ松浦光修《みつのぶ》(一九五九年生)の著書『日本は天皇の祈りに守られている』(致知出版社)をみてみよう。皇學館大学は伊勢にあり、國學院大学と並び神職養成のコースをもっている。一八八二年に設立され、一九四〇年には国立大学になったが、戦後、ＧＨＱの神道指令を受けて廃学・解散となり、六二年に私立大学として再興されたものである。「はじめに」で松浦は東日本大震災の五日後に、明仁天皇が国民に向けて「ビデオ・メッセージ」を発表したことにふれる。

陛下から、〝私は、いかなる艱難の時も、常に国民とともにある〟との旨のお言葉をいただき、心ある国民のすべては、暁闇の地平から、ひと筋の曙光が射しそめたかのような思いではなかったでしょうか。[*13]

その後も天皇皇后両陛下は、高齢で病を抱えているにもかかわらず、繰り返し被災地に赴き、いつも「遠くの海岸まで続く瓦礫を前に、深々と一礼されていました」。

あの時、国民は、巨大な悲劇のなかでも、写真や映像をとおして、両陛下の「祈り」のお姿を拝し、日本人として生まれた者が、ひとしく尊い「祈り」につつまれていることを、たしかに知ったのです。／『万葉集』には、こういう歌が残されています。

御民《みたみ》我　生ける験《しるし》あり　天地《あめつち》の　栄ゆる時に　あへらく思へば

（海犬養宿禰岡麻呂《あまのいぬかいのすくねおかまろ》）

歌意は、こうです。「天皇の国の民の一人として、ほんとうに私は、生きていてよかったと思います。なぜなら私は、あの詔（おそらく天平五年の聖武天皇の詔）にあらわれているような善政の恵みに、天や地の神々とともに、浴することができるのですから……」[*14]

こうした感激は、万葉人のものだけではなく、現代の私たちのものでもあったことを、震災の後、多くの日本人が感じたのだ——こう松浦は述べていく。だが、こうした天皇陛下の祈りについて、戦後の日本人は、何も教えてもらっていない。また、天皇陛下の祈りと不可分の関係にある伊勢神宮のことも、さらにそれらすべての根本にある「神代の物語」のことも、ほとんどの日本人は何も教えられていない。

それらについての、もっとも肝心な部分の情景は、GHQ（連合国総司令部）の言論統制からあと、戦後の「学校教育」と「大手マスコミ」によって、もう七十年近くも、ずっと〝封殺〟されたままです。／いわば日本人は、七十年近くも「体」から「魂」を引き離されつづけてきた、とも言えるでしょう。[*15]

「体」と「魂」を結んでいる「玉の緒」がもう切れる寸前なのかもしれない。松浦はこの書物は、「少しでも日本人の「魂」と「心」の距離を縮めるため」に役立ちたいという趣旨で書かれたという。

その距離が縮んでいけば、いつの日か日本人の「魂」と「体」は、あらためて、しっかりと「合一」する日もくるでしょう。／そうなれば、日本という国の「命」は、より美しい光を放ちはじめるはずです。／一日も早く、その日がおとずれることを、私は心より願ってやみません。[*16]

「御民吾生ける験あり」

松浦光修のこの文章で注意を引くのは「御民《みたみ》我　生ける験《しるし》あり」という万葉集の和歌が良き伝統を表すものとして堂々と提示されている点である。これは全体主義的な動員体制の下、神聖天皇崇敬が強く押し出され、天皇のためにいのちを投げ出すことがほめそやされた時期にさかんに唱えられた言葉である。戦時中にこの言葉がよく唱えられるようになるのに貢献した文献の一つに広浜嘉雄『御民《みたみ》吾《われ》と日本の伝統　ラジオ新書』（日本放送出版協会、一九四三年）がある。広浜（一八九一－一九六〇年）は京都帝国大学を出た法哲学・民法学の学者で、戦時中は東北帝国大学で教えていた。すでに一九三九年には、『教育パンフレット　御民吾生ける験あり』（社会教育協会）が刊行されている。『御民吾と日本の伝統』は三八年から四三年にかけてラジオ放送されたものをもとに編まれた文集で、表紙には以下のように書物の主題が示されている。

御民吾生ける験あり、とは大東亜新秩序建設の響き高らかなる今、吾等日本人たるの矜持より思はずも発する喜びの声である。この矜持たる年久しくわが国土に醇乎として生成発展し来れる伝統精神に淵源するところ。本書はいみじくもこの聖土聖代に世を享けたる御民吾らの矜持、覚悟のあり方を強調すると共に、美しくも強き日本伝統の本質・本義を闡明し、発展止まざるわが民族前途の好指標たらしむ。

本文は、「序」「起」「承」と三部に分かれていて、それぞれ「大君と御民の国日本」、「御民吾生ける験《しるし》あり」、「日本の伝統、その強さ・美しさ」との題が付されている。「序」の「大君と御民の国日本」には、たとえば次のような一節が含まれている。

御民吾等は、概ね、瓊瓊杵尊《ににぎのみこと》に従つて来た神々とか、神武天皇以降の御歴代の皇族とかの子孫である。他に、熊襲・蝦夷、または外国から帰化し、領土の割譲・併合の結果として加はつた異種族もありはするが、いつしか化せられて、一民族といふを妨げないやうになつてゐる。かくて、皇室を中心として、幾千年の間に融合統一した同胞一族の親しみを以て、今日に至り、国家の興隆と民族の発展とを来してをる。

この御民吾等の間に流れる精神的血液は、純正温雅な日本語であり、日本民族は、この精神的血族によつて統一せられ、この最も鞏固《きょうこ》にして永遠的な連鎖のために、散乱しないものなることを思ふべきである。国語には、皇室を中心とし、至尊に仕へまつりて、己れを空しうすることの表現として敬語が発達し、没我的・全体的に物を考へる国民性に基き、主語の省かれることが多いといふやうな特質がある。国語を愛護することは、やがて、没我奉公の精神と実践となることを思はねばならぬ。[*17]

運命の一二月八日にめぐりあえた幸せ

「至尊に仕へまつりて、己れを空しうする」ことは当時の子どもたちにも教え込まれたのだった。一九三一年生まれで戦時中、国民学校（一九四一―四五年）で育てられた記憶や記録を掘り起こした山中恒《ひさし》は、七五年の『御民ワレ　ボクラ少国民第二部』（辺境社）で、四一年の日米開戦の前後について次のようにまとめている。

斯くして運命の一九四一年は興奮のうちに終るのだが、子どもたちが作文に書いていた「敵の飛行機の空襲があるかも知れない」という不安は、全て相つぐ捷報《しょうほう》の中にかき消されてしまった。そして、ぼくらはその運命の一二月八日にめぐりあえたことを幸せに思えと、くり返し教えこまれた。

御民われ生けるしるしあり天地《あめつち》の
　栄ゆる時にあへらく思へば

その日が一二月八日であるというのであった。[*18]

「天地の栄ゆる時」というのは、太平洋戦争開戦後のしばらく後、大日本帝國陸海軍の戦果が華々しくみえた時期の国民の喜びを表すものだろう。その後、ミッドウェー海戦を経て戦局が悪化していく段階では、居座りが悪くなっていたはずである。それでも大本営発表はつねに「輝かしい戦果」を宣伝し続け、最終的な勝利のためにいのちを捧げると信じた若者は多かった。だから、なお「御民吾生ける験あり」が崇高な使命の自覚を表す言葉と感じ続けられたのだろう。だが、敗戦後はさすがに「御民吾生ける験あり」という言葉を口に出すことはしにくくなった。ＧＨＱの検閲もあったが、戦時中の記憶に照らして、これこそが日本の伝統だというような言説は発しにくかった。二〇一三年の松浦の『日本は天皇の祈りに守られている』では、このような躊躇はなく、むしろ神聖天皇を心から崇敬し、輝かしい戦果を誇り戦意をかき立てていた時期の日本人に日本精神の良き伝統があると考えられているかのようである。

「八紘一宇」を積極的に用いる参議院議員

戦時中に盛んに用いられた神聖天皇に関わる用語や言いまわしを、現代にも通用するものとして新たに積極的に用いようとする傾向は、中西輝政や松浦光修のような学者にみられるだけではなく、政治家や政治運動家にも広がっている。

二〇一五年三月一六日の参議院予算委員会で自民党の三原じゅん子議員は、「八紘一宇」という語を肯定的な意味を込めて用いた。新聞報道では、「これを「日本が建国以来、大切にしてきた価値観である」と述べ、この理念の下に「世界が一つの家族のようにむつみあい、助け合えるような経済、税の仕組みを運用していくことを確認する政治的合意文書のようなものを、安倍晋三首相がイニシアチブを取り、世界中に提案していくべきだ」と主張した[*19]」という。

『産経新聞』は日本会議の重鎮として知られる國學院大学名誉教授の大原康男の言葉を引き、東京裁判ではこの語は、「帝国建国の理想と称せられたものであった。その伝統的な文意は、究極的には全世界に普及する運命をもった人道の普遍的な原理以上の何ものでもなかった[*20]」と認められたと述べている。だが、この記事でも「昭和一五年に第二次近衛内閣が策定した「基本国策要綱」には「皇国ノ国是ハ八紘ヲ一宇トスル肇国《ちょうこく》ノ大精神ニ基キ……」との一節があり、同年の日独伊三国同盟成立に際して発せられた詔書は「大義ヲ八紘ニ宣揚シ坤輿《こんよ》ヲ一宇タラシムルハ……」という文書で始まっている[*21]（「坤輿」は「大地」の意）」とあるように、好戦的な社会体制の構築の過程でよく用いられた語である。

満州事件からアジア・太平洋戦争に至る時期、大多数の国民はこの語を神聖天皇に基づく理想的統治を世界に及ぼすという意味の語として受け取っていた。一九三六年の二・二六事件の「蹶起《けっき》趣意書」の冒頭には、「謹んで惟るに我が神洲たる所以は万世一系たる天皇陛下御統帥の下に挙国一体生成化育を遂げ遂に八紘一宇を完うするの国体に存す。此の国体の尊厳秀絶は天祖肇《ちょうこく》国神武建国より明治維新を経て益々体制を整へ今や方に万邦に向つて開顕進展を遂ぐべきの秋《とき》なり」と記されていた。この語は『日本書紀』の「神武天皇紀」に「八紘《あめのした》を掩《おほ》ふて宇《いへ》と為す」とあるのをもとに、日蓮主義を唱えた田中智学が造語したものだが、田中智学自身、神聖な天皇を仰ぐ国体に基づき世界を一つの家にするという意味で用いたものだ[*22]。

以上、「皇室の本義」、「御民吾」、「八紘一宇」などの語を掲げる言説を例として挙げてきた。このような「神聖天皇」崇敬を促す言説は宗教的なものだが、戦前・戦時中に軍国主義や超国家主義の思想と、また侵略思想と深く結びついたものとして戦後は忌避されてきた。公共的な論説や討議の場では、批判の対象として言及されることがあっても、積極的な意味でこれを用いることはあまりなかった。もちろん右翼的な思想を持つ人々のサークルのなかでは用いられていたとしても、多様な立場の国民が参与する言説空間で持ち出されることは珍しかったのだ。しかし、二一世紀に入る頃から、戦時中の全体主義的で対外攻撃的な時期の神聖天皇崇敬で用いられた言説を、あらためて積極的に用いようとする傾向が目立ってきている。

このような右傾化の目立つ言説状況はどのように準備されてきたのだろうか。とりあえず、昭和から平成への天皇代替わりの時期に遡って考えてみたい。

3 「平和な神聖天皇」と「国家神道」の言説戦略

葦津珍彦『天皇――昭和から平成へ』

一九八九年、昭和から平成への代替わりの年の二月に、『神社新報ブックス6 天皇――昭和から平成へ』(神社新報社)が刊行されている。出版元の神社新報社のホームページを見ると、「会社概要」のトップに「神社界唯一の新聞社として、日本民族の声を代表する週刊新聞を発行し、数々の神道関係優良図書を送り出す」と記されている。「神社新報の歩み」の項へ移ると、「社説 ～創刊六十周年に際しての誓ひ～」という文章が掲載されている。この書物の著者の葦津珍彦《あしづうずひこ》は、この神社新報社を拠点として言論活動を続けた人物で、神聖天皇崇敬を基軸とした大日本帝国の体制を是とする立場から戦後の神社神道をリードしてきた存在である。

『天皇――昭和から平成へ』は、「現代世界の国家構造解説――天皇国日本」、「天皇の祭りと統治の関係」、「神聖をもとめる心――祭祀の統治への影響」、「「対話」皇室文明史」、「祭りと祭り主」、「皇祖天照大御神――神道論私説」、「世界を瑞穂の国へ」、「戦争責任論の迷妄」、「昭和から平成へ」、「日本の君主制」と題された一〇章から構成されている。この目次からわかるように、まず、世界に多々ある君主制と同様、現代世界のなかで有効な制度として日本の君主制はあるとし、君主制を擁護する。

その上で日本の君主制、つまり「天皇国日本」の特殊性を「祭政一致」に求め、それが平和と結びつくことを印象づける。そして、祭政一致は万世一系の皇室、ひいては皇祖神、天照大御神への信仰・忠誠にまで至るはずのものであることを示そうとしている。

その際、要となる言葉の一つが「神聖」である。第三章「神聖をもとめる心――祭祀の統治への影響」では、冒頭に、日本国憲法が国家の神聖性を否定していることを否定的な事柄として取り上げている。「日本のいまの憲法は、有名な戦争放棄の条文ばかりでなく、世界の憲法にまったく例のない特殊な法思想の上に立ってゐる条文が多い。祖国への神聖感、忠誠をまったく否定してゐるのも、そのいちじるしい例である[*23]」。

これはもちろん論争的なテーマの導入であり、すぐに論題が明示されていく。実は、「天皇の神聖」こそが問題なのだという。

忠誠を否定し、祖国の神聖感を否定してゐる。それでこの憲法は、真に自由で文明なのだといふのが、護憲論者の説である。はたして、忠誠とか神聖とかいふのは否定さるべきことなのだらうか。帝国憲法では「天皇の神聖」といふ語があった。これを大変に旧時代的な異例のもののやうに評する者があるが、無知もはなはだしい。民主的な王制のデンマークでも、スウェーデンでも、ノルウェーでも、その憲法では、国王の神聖は明記されてゐる。国の元首の神聖を憲法で明記するのが一般の通例なので、いまの日本国憲法のやうに、国の象徴たる天皇の神聖をことさらに明記しないのが異例変則なのである[*24]。

「長い伝統をもつ平和な神聖天皇」像

実際には、神聖天皇を高く掲げ宣布したことによって、国民の思想信条の自由が著しく限定され、国民が神聖天皇崇敬を強く身につけ、立憲政治体制が維持できなくなり、「億兆」の「臣民」が宗教的信条を共有するかのような体制へと進んでいったという側面がある。それによって強引な思想統制や攻撃的対外政策へと進むことになり、人命を軽んじるような軍事行動へと突き進み、内外できわめて多くの人命が失われ、ついには国家体制の崩壊を招くことにもなった。[*25] ところが、葦津の論は、「神聖天皇」と「失敗の本質」[*26] の関わりの方には向かわず、日本の「天皇の神聖」の優れた特質とみえるものの方へと向かっていく。

こうして葦津は「天皇の神聖」の教説の核心に入っていく。これは神権的国体論[*27] の中核的教説を引き継いでいるが、それが「祭政一致の政治」や「統帥権」に関わるものではなく、「平和」を代表するものとしての「祭り」という方向で提示されていく。

祭りこそは天皇の第一のおつとめである。だから天皇は、御即位後に大嘗祭の重儀を行はせられ、その後毎年、数々の恒例臨時のお祭りをなさるのみでなく、日常不断に祭り主としての御生活をなさる。その天皇のお祭りなさる第一の神は、皇祖神（天照大御神）である。皇祖の神宮は、伊勢に鎮まりますが、皇祖からお授かりになった三種の神器の中で、御鏡は内侍所《ないしどころ》にあり、剣璽《けんじ》は常にお近くの剣璽の間にあり、天皇は常に神器と共に進退される。皇居の外に御出ましになる時には、必ず剣璽を捧持した侍従が御供をする。それが萬世一系の不動の御おきてであった。日常、片時といへども、神明への祭りといふことから、御心を遠ざけることがない。[*28]

ここには、神聖な天皇の祭りが神聖を求める国民全体の心を平和に統合するという体制が古代から一貫して続いてきたのであり、それが戦前の体制にも引き継がれていたのだが、第二次世界大戦後の占領と日本国憲法によって深く傷つけられ、後景に沈んでしまっているという、神聖天皇をめぐる歴史像が描き出されている。

このような「神聖天皇」と近代史については、第二次世界大戦後、「国家神道」の問題として論じられてきた歴史がある。葦津の神聖天皇論でみえにくくされているのは、戦後の宗教＝政治論の文脈でいうと国家神道の歴史の問題である。実は葦津はそのことは百も承知で、昭和から平成への時代転換を見越して、国家神道論についても布石を打っていた。

『国家神道とは何だったのか』が目指すもの

葦津珍彦著、阪本是丸《これまる》註『国家神道とは何だったのか』（神社新報社）が刊行されたのは一九八七年である。この書物は二〇〇六年に『新版　国家神道とは何だったのか』（神社新報社）として再刊されている。新たに阪本是丸の「発刊にあたって」、藤田大誠《ひろまさ》「「神道人」葦津珍彦と近現代の神社神道」、齊藤智郎「『国家神道とは何だったのか』と国家神道研究史」が付されている。この書物の主要な論点は、一九七〇年代、八〇年代に影響が大きかった村上重良（やそれと同一歩調をとる憲法学者）の国家神道論を批判し、まったく異なる国家神道の歴史像を提起することにある。

この路線は、ＧＨＱが指示した「神道指令」による神社神道の民間宗教団体としての位置づけに対抗し、皇室と神社神道の一体性を回復しようとする政治的意思に則ったものである。葦津の序「「国家神道」とは何だったのか」の発行にいたる事情」によってみていこう。

この神道指令は、不法にして不当なものだったし、神道的日本人の側からは、はやくから反論や批判も出たが、一つの大きな欠陥があった。その反論は、絶対無条件権力を確保する占領軍の現実具体的な行政にたいする当面の事例を是正する目的をもった断片的な理論のみが多くて、かれらの称する「国家神道」なるものの全実像についての体系的反論解明が、十分に展開されたとは云いがたい。[*29]

「「国家神道」なるものの全実像についての体系的反論解明」という目標が立てられた。そこで、戦後、学術的に国家神道として位置づけられてきたものを誤りだとし、それとは異なるものとして捉える。そのことによって、日本国憲法における政教分離規定の基盤を掘り崩し、神道指令のもたらしたものを少しでも元へ（戦前の体制に近いものへ）戻していくことが目指されている。

葦津の概念戦略と神社神道史像

この路線は、一九八〇年代の後半に至るまでに周到に準備され、平成に入って九〇年代以降、次々と神道史学の領域で学術的な成果を生み出していく。大原康男『神道指令の研究』（原書房、九三年）、阪本是丸『国家神道形成過程の研究』（岩波書店、九四年）、新田均『近代政教関係の基礎的研究』（大明堂、一九九七年）が平成初期の成果であり、平成中期の、菅浩二『日本統治下の海外神社』（弘文堂、〇四年）、阪本是丸『近代の神社神道』（弘文堂、〇五年）、阪本是丸編『国家神道再考――祭政一致国家の形成と展開』(弘文堂、〇六年)、阪本是丸『近世・近代神道論考』(弘文堂、〇七年)などがこれを裏づけていく。大原や阪本や新田の研究をはじめとして、いずれも資料に即して問題解明を試みた、その点では優れた業績である。

『国家神道とは何だったのか』で葦津が提起しようとしたのは、①国家神道が悪をもたらしたという歴史像を批判し、国家神道はそれほどの地位を持たず、それほどの力もなかったとすることである。つまりは、政治的影響力が乏しかったものとしての国家神道の歴史像である。だが、そのために、葦津は戦略的に、②「国家神道」の定義の問題を用いている。まず、①についてだが、以下のように述べている。

近代の神道史を錯誤、誤認している米人やその御用文化言論人は、国家神道をもって、明治日本の政府権力者と熱烈な神道家とが相共謀して築き上げたものであるかのような虚像のイメージを拡散して俗説を通用させている。しかしその俗説は、指令の発せられた後に、その指令の正当性を合理化する理論を立てるために好都合な公私の資料のみを、ほしいままに採集し、その史論には適しない資料は、片はし棄てるか見て見ぬふりをして構成している。それは権力誤用者の歴史編纂には常のことである。しかしそれとは異なり本書は、神道人としての立場に立つが、あくまで実証史実を重んじている。[*30]

ここで、「虚像のイメージ」とされているものがほんとうに実在しなかったのかどうか、これこそが本来の問題である。だが、葦津はそれは神道指令が想定した歴史像に合わせたものにすぎず、「好都合な公私の資料のみを、ほしいままに採集し、その史論には適しない資料は、片はし棄てるか見て見ぬふりをして構成」しているとするが、これについて例を挙げて示すことはしていない。
そして、「国家神道」について、「国家神道という語の概念を正確に解するとすれば、明治三十三年に、政府が内務省のなかに神社局（後の神祇院）の官制を立て、社寺局の宗教行政下から公的神社と認めない神道の一部と区別して、宗教行政を改めた時に、決定的に確立したものである」とみずからの理解を示す。そして、「その概念の定義からすれば「国家神道史」は、わずかに約四十年の歴史を残すにすぎない」と、たいへん短い、大きな力を持たなかった集団の歴史として論じる。

広義の「国家神道」と狭義の「国家神道」

だが、このように小さく国家神道を定義するのはなぜか。たんに明確な意味範囲をもつ使用法があるからだということになる。それも批判対象であるはずのＧＨＱに従ってである。

しかし、米人も御用日本人も、その理論的思考に欠くべからざる言語の概念があいまいで、「国家神道」の語を、時により人によって、勝手したいに解釈している。はなはだしい場合は「日本の国の伝統精神を重んずる全宗派・全流派の神道」として用いている論も少なくない。問題の中心となる語の概念を、各人各様に、ほしいままに乱用したのでは、明白にしてロジカルな理論も、史観史論も成立するはずがなく、対立者との間の理論的コミュニケーションもできない。／本書では「国家神道」なる語の概念を、指令いらいの公式用語を基礎として論ずる。[*31]

この定義によると「国家神道」は「日本政府ノ法令ニ依テ宗派神道或ハ教派神道ト区別セラレタル神道ノ一派即チ国家神道乃至神社神道トシテ一般ニ知ラレタル非宗教的ナル国家的祭祀トシテ類別セラレタル神道ノ一派（国家神道或ハ神社神道）ヲ指ス」ことになる。だが、この定義は国家神道をたいへん狭い範囲に限定しており、それによれば国家神道の影響力が小さいものになるのは当然である。

葦津は村上らの「国家神道」の用法は、「指令の発せられた後に、その指令の正当性を合理化する理論を立てるために」作られたものだと述べているが、新田均はすでに戦前からあったことを指摘している。新田は戦後の国家神道の用法に二つのタイプがあると指摘している。「一つは、①神社が国家管理されている状態のみを指す用法である。最近の業績で言えば、葦津珍彦の『国家神道とは何だったのか』（神社新報社、昭和六十二年）や阪本是丸氏の『国家神道形成過程の研究』（岩波書店、一九九四年）などは、このタイプに属すると思われる。もう一つは、②戦前の政教関係の全体を指す用法である。村上重良氏の一連の業績（『国家神道』岩波書店、一九七〇年など）や、村上氏とは内容的にはかなり異なっているとはいえ、中島三千男氏の研究（「「明治憲法体制」の確立と国家イデオロギー政策――国家神道体制の確率過程」『日本史研究』第一七六号、一九七七年四月）などは、こちらに属すると思われる[*32]」。

新田はこのように、「神道指令」の定義に従った葦津らの狭い用法と政教関係を広く見渡した村上らの広い用法とを対置している。そして、それらはどちらも戦後ほど頻繁にではないが戦前から用いられたとしている。なお、「国家神道」の語の用法の歴史は、その後、藤田大誠「「国家神道」概念の近現代史[*33]」によって詳しく検討されており、そこでは、「国家神道」だけではなく「神道」の用法をも検討する必要があるとされている。私としてはあわせて、「皇道」の用法も大いに検討する必要があることを強調したい。戦後の広義の「国家神道」にあたるものは、戦前は「神道」「皇道」などの語で呼ばれることが多かったと捉えているからである。

4　葦津珍彦から『戦後史のなかの「国家神道」』へ

広義の「国家神道」と戦前の「皇道」

戦後の広義の「国家神道」にあたるものを戦前に「皇道」の名で呼ぶことが多かった神道界の思想的リーダーの一人、今泉定助《さだすけ》（一八六二―一九四四年）の論を取り上げよう。今泉は、「日本は神社中心でなければならぬ。神社の内容と国体の内容とは一緒のものである」と述べている。[*34] これは一九三七年に刊行された今泉の論文集『国体精神と教育』（三友社）に収録された「国運発展の教育」の一節だ。

また、一九四二年から四三年にかけて連載された『神道の歴史と将来』では、神道を三つの様態に分け、教派神道（宗教神道、宗派神道）以外の神道の二つの様態、すなわち「神社」と「皇祖皇宗の遺訓」が統合されるべきものであることを前提に、次のように述べている。

それで神道を説きますにも、大要三通りの別があります。今申しました宗教神道の方から説きますもの、これが一つ、又神社神道とでも申すべき神社を中心にして神道を説きますもの、これが一つ、それから神道といふ字を使ひますけれども、いわゆる国民道徳、教育勅語を主として説きます神道の三つであります。

要するに神道といふことは前にも申しました通り皇祖皇宗の遺訓でありますから教育勅語で尽してあります。これを出世間の道のように思ふは大きな間違でありまして、日常の行事皆神道ならざるはないのであります。[*35]

ここで「宗教神道」（教派神道）と区別されて用いられている二つの「神道」と、同時期に今泉が盛んに用いた「皇道」とよばれるものは意味の違いがほとんどない。たとえば、一九三四年の「皇道の真髄」ではこう述べられている。

従来皇道と云ったり、神道と云ったり、乃至我が国体などと云へば世間知らずの時代遅れと嗤はれてゐたが、近来は盛に皇道とか、神道とか、国民精神とか、日本精神とか、ないしは我が大日本帝国の建国の精神などと呼ばれるを聞くに至った。是は誠に嬉ばしい現象である。[*36]

今泉定助の「拡充される神道の意義」

「神道」というときに狭く神社神道を指すのではなく、神社神道を包含しつつも明治初期に「皇道」と呼ばれた側面、また神職養成機関であった皇學館や皇典講究所で教えられるべきものと考えられたような側面を主体として広く捉える今泉の立場は、すでに一九二一年に公表された「拡充される神道の意義」で明確に示されている。

然らば吾人の今日いふ所の神道とはそも如何なる意義のものであるか。今之を率直にいへば皇祖皇宗の遺訓、教育勅語にいはれてある斯道に相当するのである。具体的にいへば教育勅語の御精神が即ち我が神道の精神であるのである。[*37]

このような「神道」の用法は当時としてはまだ一般化していなかった。だから、この一節を含む文章は「拡充される神道の意義」とよばれている。だが、ここで用いられているような「神道」は、明治維新以後、「皇道」と「神道」の双方の語が補いあいつつ用いられることによって、すでに実在が強く意識されてきたものである。だから、「拡充される神道の意義」の「解題」を執筆した高橋昊《あきら》は、「今泉先生は……自らは明治以来の国家神道的立場に立って、神道の意義を教育勅語にいう「斯ノ道」に外ならぬものとして立て[*38]」たのだと述べている。「国家神道」という語にあたるものを、今泉は「皇道」「神道」などの語で意識的に名指してきたと捉えられている。

こうした「神道」の用法が昭和期になると、今泉だけではなく、かなり広い範囲の論者に用いられるようになっていたことは、藤田大誠「「国家神道」概念の近現代史」によって示されているとおりである。

狭義の「国家神道」と「神聖天皇」の関係

葦津の論に戻る。葦津の論が理解しにくい理由の一つは、葦津がとる狭い意味の「国家神道」と、葦津自身が尊んでいる天皇崇敬と一体の神道とのあいだに、大きな開きがあることである。葦津自身は神社神道、またその頂点に位置する伊勢神宮と皇室の一体性をたびたび、強調している。[*39]そして、葦津が深く関わってきた神道政治連盟や神社本庁は皇室と伊勢神宮および神社神道との一体性を強調し続けてきている。[*40]

ところが、葦津が採用する国家神道の定義では、広い神道では国家神道の重要な構成要素とされている皇室神道や神聖天皇崇敬がすっぽり抜け落ちているのである。葦津は狭い国家神道を定義することによって、近代神道の歴史のなかで、また近代日本における神聖天皇崇敬が果たした役割をみるうえで、きわめて重要な要素を除外する戦略をとったといえる。これは国家神道の歴史をみるうえで、重要な側面をみえにくくする。一方で葦津は「天皇の神聖」に肯定的にのみふれていた。しかし、それは明治維新後、敗戦に至る時期に神聖天皇崇敬がもったさまざまな側面をみえにくくすることである。葦津は「国家神道」と「神聖天皇」について、いずれも狭い範囲に限定して捉え、それらがもっていた大きな政治的機能についてみえなく（「みえない」化）する方向で歴史を捉えようとしたのである。

葦津珍彦自身の神道観

では、葦津自身の神道観はどのようなものだったか。阪本是丸は「葦津珍彦と国家神道――『葦津珍彦選集（一）』神道・政教論解題」[*41]で、この問いに迫っている。阪本は「時には黒を白とも云ひ張るやうな弁論術（レトリック）を用ゐて、神道のために論じた」[*42]との証言を引いている。神道信仰について正面から論じることは少なかった。だが、葦津も信仰者だった。

この文章で、阪本はまた、葦津が若い頃に、当時の神道界のリーダーの一人であった今泉定助に強い影響を受けたことにもふれて、「神道の思想や神学を超えた全人格としての神道人今泉定助そのものが尊敬せずにはおられぬ決定的人間として存在したのかも知れない」と述べている。そして、葦津の「今泉定助先生の世界皇化論」[*43]の一節をかなり長く引いている。

神道文化の性格の特徴を、具体的に事あげするとすれば、到底このやうな小論において論述することはできない。ここではたゞ、今泉先生が、もっとも大切なものとして力説された天皇の統治精神と祭祀について一語しておきたいと思ふ。日本人の神道的文化が、異国の文明に接触し、大きな影響や刺激をうけながらも、祭政一致——西欧的論理からずれば——祭政が未分化のまゝ、祭祀が統治の精神的基礎としての地位を確保して来たことは、もっとも大切である。これこそは、人間精神を対立闘争の無秩序に流されることなく、秩序ある統合を確保するための貴重な英知ある保障なのである。この基礎の上に皇道の文化は築かれて来た。

先生は、この英知ある皇道文化——日本の神道文化の秘めてゐる貴重なる意味が世界的に確認され、それがやがて世界の文化に大きな反省を与へ、力強い影響を及ぼすことを切望された。それが「世界皇化」の絶筆となった。皇道文化をもって世界を化する、といふやうな壮大な志は、外来文化の前にコムプレックスを痛感してゐる現代人には、狂人の一時的妄想としか思はれないかもしれない。

けれどもそれは決して、昭和前期の一神道人のゐがいた一時の妄想なのではない。少なくとも印度の仏教、シナの儒教、西欧のキリスト教や科学文明に相対しても、日本固有の神道を守って決して動かなかった日本の神道人の心の底には、これに通ずる信があったはずである。それなくしては日本の神道が、今日まで生きつゞけて来る道理がない。その日本人の心の底に相通ずる志を、もっとも端的に大胆に表明したのが、今泉先生の絶筆「世界皇化」の四文字である。[*44]

ここで葦津と阪本が本来的な「神道人」の生き方とみなしているものは、今泉が「皇道＝神道」とみなしたものとほとんど違いがない。それは主体的な立場から捉えたものではあるが、広い意味での国家神道につながる戦前の「神道」概念であり、戦後に村上重良らにより客観的な概念化を施されて「国家神道」に継承されたものである。今泉や葦津の論は純化された「皇道＝神道」であるが（加藤玄智ほか、それを「国家神道「国家的神道」と呼ぶ論者もいた）、それが社会的な形態として具体化されていったものを総括して「国家神道」と捉えたのである。

葦津の国家神道論から『戦後史のなかの「国家神道」』へ

葦津は主体的な皇道信仰を生きながら、それに対応する社会的な宗教＝思想＝文化形態は歴史上、あたかも存在しなかったかのように遇した。神道というとき、そのようなまとまりがないかのように論じ、「みえない」化したのである。

葦津珍彦がとった国家神道と神聖天皇に対する以上のような言説戦略は、平成時代にかなり広く浸透し、一定の効果をもたらしているようにみえる。たとえば、二〇一八年に刊行された山口輝臣編『戦後史のなかの「国家神道」』（山川出版社）という書物をみてみよう。この書物では、戦後の村上重良らの宗教学者や歴史学者、また宮澤俊義らの憲法学者、さらに村上を引き継ぐ島薗の広い意味での「国家神道」の用法が各時代の政治状況を反映したものであるとして批判的に取り扱われている。他方、葦津珍彦や阪本是丸らの狭い意味での「国家神道」の用法の検討はほとんどなされていない。論争状況を踏まえていないはずはないのだが、一方に偏った取り上げ方をしている。

実際には、戦後、「国家神道」概念の展開はたいへん複雑であり、それらの使用法に関わる政治的背景も入り組んでいる。ところが、『戦後史のなかの「国家神道」』で取り上げられ、その政治的背景が検討される戦後の「国家神道」論は、もっぱら広い意味での「国家神道」である。その構成については、冒頭の「この本が考えようとしていること——編者のはしがき」に述べられているが、その偏りについてまったく無自覚である。そこでは、「「国家神道」を研究するという営為そのものを、戦後の歴史のなかに位置づけ、その軌跡から検討をはじめること」が課題として設定されている。そして、I部「「国家神道」まで」、II部「「国家神道」をつくる」、III部「「国家神道」のこれから」の三部立ての構成の説明がなされている。II部こそが主要な課題であることはすぐにみてとれるだろう。では、II部の内容はどのように説明されているだろうか。

II部「「国家神道」をつくる」では、一九五〇年代から七〇年代を中心に、「国家神道」が今日の通俗的な用法のような形で定着していく過程を分析する。／3章昆野伸幸「村上重良「国家神道」論再考」は、右の過程で大きな影響力をもった『国家神道』（岩波書店、一九七〇年）の著者・村上重良を取り上げ、村上による「国家神道」理解の変遷を明らかにする。それは同時に「国家神道」が形成されていった場についての鋭利な分析でもある。「国家神道」像の形成に与ったのは村上重良だけではない。4章須賀博志「戦後憲法学における「国家神道」像の形成」は、戦前期の美濃部達吉から津地鎮祭判決までを視野に入れながら憲法学について論じていく。憲法学における「国家神道」像の独自的形成と、それが村上学説と出会い、「公定」されていく軌跡が活写されている。このほか、村上以前の重要人物である藤谷俊雄をはじめ、新宗教研究・浄土真宗・国家仏教と「国家神道」の関係について、示唆的なコラム四本を、II部におさめた。[*45]

『戦後史のなかの「国家神道」』の偏り

コラム四本はそれぞれに興味深い内容ではあるが、本来の課題からみると周辺的な題材を扱ったものである。つまり、このⅡ部では、五〇年代から七〇年代、それもその時期の、新田均のいう広い意味での「国家神道」を扱った論者（村上重良、宮沢俊義ら）しか取り上げていない。そして、Ⅲ部「「国家神道」のこれから」へと展開する構成になっている。

だが、「国家神道」研究は、一九七〇年代以降、重要な業績を続々と産み出してきたことは明らかである。中島三千男、安丸良夫、宮地正人、子安宣邦、畔上《あぜがみ》直樹、樋浦郷子らの歴史学者・思想史学者・教育学者らの業績があり、阪本是丸、新田均、齋藤智朗、菅浩二、藤田大誠、藤本頼生らの神道史学の系譜の業績があり、後者の理論的支柱となった葦津珍彦『国家神道とは何だったのか』があり、宗教学の島薗や民衆宗教論の小沢浩などの業績もある。それらは八〇年代以降に展開し、八〇年代から二〇〇〇年代に至る時期の国家神道研究は必ずしも少なくないといっていい状況である。

ところが、本書ではそれらの研究への論及がすっぽり抜け落ちている。これらを検討しないで、「戦後史のなかの「国家神道」」を捉えることができるだろうか。山口は「「国家神道」を研究しようという営為そのものが置かれてきた場をみつめ、その成果を前提とすることにより、あらためていま「国家神道」を語るという行為について考える。そしてそれによって読者の皆さんを、思索の旅へと誘いたい[*46]」と述べている。実証史学から「思索の旅」への転換はむしろ歓迎したいところだが、「実証」の面においても「思索」の面においても、偏りが甚だしいといわなくてはならない。

いやいや、「戦後」というのはせいぜい一九七〇年代までを指すのであって、それ以後は「戦後」に入らないというのであれば、「戦後」から「これから」への移行が唐突である。七〇年代から二〇一八年へと一挙に飛んでしまうのは異様である。つまり、「戦後史のなかの「国家神道」」はきわめて限られた時期の、それも「通俗的な用法」＝「広い用法」に圧倒的な比重を置き、それを『戦後史のなかの「国家神道」』と題していることになる。そして、「広い用法」についてその背後に政治的な動機があったとする論が主な成果とされている。実質的に狭い「国家神道」の用法に限定するべきだという主張をしていることになるだろう。これは、葦津珍彦が目指した「狭い用法」こそが妥当で、「広い用法」は使えないとする言説戦略に一致する論法になっている。

おわりに

本章では、神聖天皇崇敬や国家神道の復権・復興に関わる動きを、伊勢神宮参拝の活性化、日本会議や神道政治連盟の顕在化、学者や評論家の一般向け言説における神聖天皇崇敬の強調、そして学術的・論争的なレベルでの戦略的「国家神道(批判)」言説の流通といった事例を通して示そうとしてきた。全国の住民の伊勢参拝行動、目立つようになった政治家の動向、一部の学者や評論家の動向、特定の領域の学術的・論争的な言説展開というように、社会現象としてはふつう異なるレベルの事柄として触れられるような事実を並列的に取り上げている。しかし、それらはいずれも神聖天皇崇敬や国家神道の復権・復興に関わる動きである。宗教集団だけをみていたのではみえてこないような宗教的動向、宗教＝政治的動向をみるために複眼的なアプローチを取ったのである。

ここで取り上げたいくつかの例によって素描されるような諸現象が相互に連関しながら、日本における宗教右派的な動きを形作っているというのが筆者の見立てである。こうした視点は、近代日本宗教史において国家神道と神聖天皇崇敬の重層が大きな力を及ぼしたという見方、また戦後に戦前回帰を志向する右派勢力が根強く力を蓄えてきたという見方を土台にしている。[*47]

こうした視点について、筆者はいくつかの著作や論文で提示してきている。[*48] 安倍政権下における宗教右派の顕在化を捉え返そうとすれば、明治以降の日本の宗教史の歴史的な展望を持つことが欠かせない。本章は、そのような展望を示唆することも意図したものである。

註

＊本章は『神奈川大学評論』（第九三号、二〇一九年七月刊）所収の拙稿「国家神道・神聖天皇崇敬の「見えない化」――平成時代の天皇＝神道関係表象」を用いた部分がある。また、拙稿「書評と紹介：山口輝臣編『戦後史のなかの国家神道』」（『宗教研究』第九三巻第二輯（通巻三九五号）、二〇一九年九月）とも重なり合う部分がある。

＊1　サミュエル・ハンチントン、鈴木主税訳『文明の衝突』（集英社、一九九八年）。原著は九六年刊行、原論文は九三年に発表された。

＊2　以下の記述は、島薗進「現代日本の宗教と公共性――国家神道復興と宗教教団の公共空間への参与」（磯前順一・島薗進編『宗教と公共空間――見直される宗教の役割』東京大学出版会、二〇一四年）参照。

＊3　『赤旗』（二〇一三年一月一五日号）。

＊4　http://www.nipponkaigi.org/about（二〇二〇年七月一五日アクセス）。

＊5　同上。

＊6　島薗進「神道政治連盟の目指すものとその歴史――戦後の国体論的な神道の流れ」（塚田穂高編『徹底検証　日本の右傾化』筑摩書房、二〇一七年）。

＊7　中西輝政・福田和也『皇室の本義――日本文明の核心とは何か』（PHP研究所、二〇〇五年）一八－一九頁。

＊8　同上書、三〇－三一頁。

＊9　同上書、三一頁。

＊10　同上書、四四頁。

＊11　同上書、四七頁。

＊12　同上書、四八頁。

＊13　松浦光修『日本は天皇の祈りに守られている』（致知出

版社、二〇一三年）三頁。
＊14　同上書、四頁。
＊15　同上書、五頁。
＊16　同上書、七頁。
＊17　広浜嘉雄『御民吾と日本の伝統　ラジオ新書』（日本放送出版協会、一九四三年）八－九頁。
＊18　山中恒『御民ワレ　ボクラ少国民第二部』（辺境社、一九七五年）四－九頁。
＊19　『産経新聞』（二〇一五年四月三日付）。
＊20　同上記事。
＊21　同上記事。
＊22　島田裕巳『八紘一宇――日本全体を突き動かした宗教思想の正体』（幻冬舎、二〇一五年）。
＊23　葦津珍彦『神社新報ブックス6　天皇――昭和から平成へ』（神社新報社、一九八九年）四七頁。
＊24　同上書、四八頁。
＊25　島薗進『神聖天皇のゆくえ』（筑摩書房、二〇一九年）、同『明治大帝の誕生』（春秋社、二〇一九年）。
＊26　戸部良一ほか『失敗の本質』（ダイヤモンド社、一九八四年）参照。ここでは軍事的な意味に限定せずに日本の国際的な破滅的行動に至った経緯を指す語として用いている。
＊27　佐藤幸治『立憲主義について』（左右社、二〇一五年）。
＊28　葦津前掲書、五一頁。
＊29　葦津珍彦著、阪本是丸註『国家神道とは何だったのか』（神社新報社、一九八七年）、引用は『新版　国家神道とは何だったのか』（神社新報社、二〇〇六年）八頁。
＊30　同上書、一〇頁。
＊31　同上書、九頁。
＊32　新田均『近代政教関係の基礎的研究』（大明堂、一九九七年）二八五頁。
＊33　藤田大誠「「国家神道」概念の近現代史」（山口輝臣編『戦後史のなかの「国家神道」』山川出版社、二〇一八年）。
＊34　日本大学今泉研究所編『今泉定助先生研究全集　第三巻』（日本大学今泉研究所、一九七〇年）四九一頁。
＊35　同上書、六一二頁。
＊36　同上書、一八三頁。
＊37　同上書、九七頁。
＊38　同上書、八頁。
＊39　たとえば、葦津珍彦『みやびと覇権』（神社新報社、一九八〇年）第Ⅲ部第三章「神宮と皇位」。
＊40　島薗進「戦後の国家神道と宗教集団としての神社」（圭室文雄編『日本人の宗教と庶民信仰』吉川弘文館、二〇〇六年）、同「神道政治連盟の目指すものとその歴史――戦後の国体論的な神道の流れ」（塚田穂高編『徹底検証　日本の右傾化』筑摩書房、二〇一七年）、同「国家神道復興運動の担い手――日本会議と神道政治連盟」（堀江宗正編『宗教と社会の戦後史』東京大学出版会、二〇一九年）。
＊41　阪本是丸「葦津珍彦と国家神道――『葦津珍彦選集（二）』神道・政教論解題」（『近世・近代神道論考』弘文堂、二〇〇七年）所収。
＊42　葦津珍彦「私も神道人の中の一人である」（『神国の民の心』現代古神道研究会、一九八六年）所収。

＊43　葦津珍彦「今泉定助先生の世界皇化論」（日本大学今泉研究所編『今泉定助先生研究全集　第一巻』日本大学今泉研究所、一九六九年）所収。

＊44　同上論文、四七三－四七四頁。

＊45　山口輝臣編『戦後史のなかの「国家神道」』（山川出版社、二〇一八年）iii－iv頁。

＊46　同上書、三頁。

＊47　島薗進『国家神道と日本人』（岩波書店、二〇一〇年）。

＊48　たとえば、島薗進「戦後の国家神道と宗教集団としての神社」（圭室文雄編『日本人の宗教と庶民信仰』吉川弘文館、二〇〇六年）、同「神道と国家神道・試論――成立への問いと歴史的展望」（『明治聖徳記念学会紀要』（復刊第四三号、二〇〇六年）、同『国家神道と日本人』（岩波書店、二〇一〇年）、同「現代日本の宗教と公共性――国家神道復興と宗教教団の公共空間への参与」（磯前順一・島薗進編『宗教と公共空間――見直される宗教の役割』東京大学出版会、二〇一四年）、同「神道政治連盟の目指すものとその歴史――戦後の国体論的な神道の流れ」（塚田穂高編『徹底検証　日本の右傾化』筑摩書房、二〇一七年）、同「国家神道復興運動の担い手――日本会議と神道政治連盟」（堀江宗正編『宗教と社会の戦後史』東京大学出版会、二〇一九年）、同『神聖天皇のゆくえ』（筑摩書房、二〇一九年）、同『明治大帝の誕生』（春秋社、二〇一九年）、同「書評と紹介：山口輝臣編『戦後史のなかの国家神道』」（『宗教研究』第九三巻第二輯（通巻三九五号）、二〇一九年）等、参照。

第Ⅲ部　政治

1　政党

自民党の右傾化とその論理

中北浩爾・大和田悠太

はじめに

自民党は安倍晋三総裁の下で二〇一二年に民主党から政権を奪還して以来、「一強」と呼ばれる状態にある。とりわけ国政選挙では、一二年衆院選を皮切りに、一三年参院選、一四年衆院選、一六年参院選、一七年衆院選、一九年参院選と六回連続、異例の大勝を続けている。ここからは、五五年体制と呼ばれる長期安定政権が復活したかのようにもみえるかもしれない。しかし、旧来と比べて現在の自民党には、いくつかの重要な点で違いが存在する。

まず、官邸主導である。かつての自民党政権では、派閥が人事などで大きな影響力を保持し、政策決定についても族議員を中心にボトムアップの性格が強かった。だが、一九九四年以降の一連の政治改革によって総理・総裁の権力が強化され、安倍「一強」という言葉が頻繁に用いられた。[*1]また、現在の自民党政権は、公明党との連立政権である。九三年の下野、翌年の政治改革の後、自民党のみで衆参両院の過半数の議席を確保することは難しくなった。そのため、公明党と緊密な選挙協力を行って議席を積み増したうえで連立を組むことにより、政権を維持している。[*2]

これらに加えて近年の自民党を特徴づけるのが、右傾化である。二〇一二年に再登板を果たした安倍首相は、憲法改正を最大の目標とした。一四年には憲法解釈を変更し、集団的自衛権の行使を限定的ながら容認する閣議決定に踏み切った。憲法改正や防衛力強化といった面で「吉田ドクトリン」を乗り越えようとする安倍政権の姿勢は明確であった。かつての自民党が、憲法改正を党是としつつもイデオロギーを抑制し、利益誘導政治による安定的な長期政権を築いたのに対して、現在の自民党は右寄りの理念を前面に掲げている。

本章は、このような自民党の右傾化に関して検討を加えるものである。自民党は本当に右傾化しているのか。また、どのような所属議員が右寄りなのか。そこからみえる右傾化の実態はいかなるものか。以下、こうした問いについて考えていきたい。すでに筆者の一人は「自民党の右傾化」と題した別稿において、この問題について仮説を提示し、政治家の証言や数量的データに基づき検証を行っている。[*3]これを踏まえて本章では、右傾化をめぐる仮説をあらためて整理したうえで、より詳細な計量分析と野党時代の自民党の歴史分析によって、考察を深めていく。

1　自民党の右傾化をどう説明するか

政党のイデオロギーないし政策位置の変化については、政党間競争や政党組織のあり方が大きな影響を及ぼすと考えられてきた。まず政党間競争について、現在も多くの政治学者によって参照されるのは、アンソニー・ダウンズを嚆矢とする空間競争モデルである。有権者は自身の選好と近い政策を掲げる政党・候補者に投票する。政党は得票最大化を目指して政策位置を決定する。こうした仮定を置いたうえで、さらに一次元の左右対立、単峰型の有権者の選好分布を前提とすれば、競争する左右の二大政党にとって、穏健化して有権者全体の中央に接近することが合理的である。このような論理から、政策位置が収斂すると主張されるのである（図1）。

図1　空間競争モデル

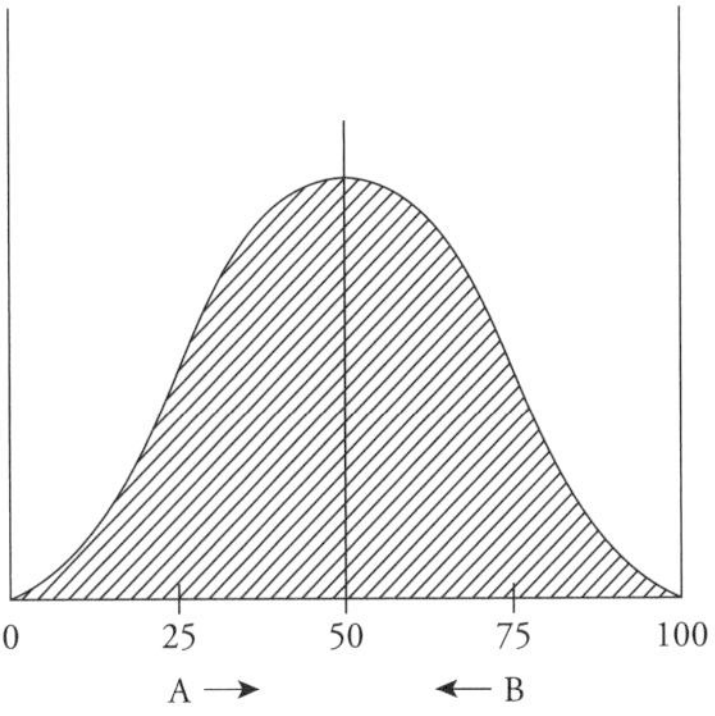

出典：アンソニー・ダウンズ（古田精司訳）『民主主義の経済理論』成文堂、1980年、121頁。

　ところが、各国の実証研究では、政党間の政策位置の収斂よりも分岐が一般的な現象だと指摘されてきた。また、空間競争モデルにもさまざまな修正モデルが存在し、その多くは差異化・分極化を説明してきた。たとえば、多次元的な争点対立や多党制での連立交渉を考慮した場合、政策位置の収斂は必ずしも予期されない。小政党の参入・伸長を抑止するために大政党が逸脱的な立場をとる場合や、予備選挙など党内の候補者選定過程での競争上、候補者が極端な主張を採用する場合があることなども知られている。[*4]

とりわけ注目すべきは、小選挙区制と二大政党制における一次元の左右対立を想定したとしても、二大政党間の差異化が起きうることである。それぞれの政党に活動家が存在することや、多くの有権者が党派性を持つことを考慮に入れるならば、支持者を動員するために旗幟鮮明な立場をとることが政党の戦略として合理性を持つ。このような人々は一票を投じるだけでなく、選挙運動や資金の面でも重要な存在である。素朴なダウンズ・モデルが、あたかも全有権者が無党派層であり、政策次第で投票先を短期的に変えるかのような前提に立っているのに対して、固定的支持層の存在を組み込んだモデルは、有権者の現実に合致するといえる。[*5]

以上のような議論を補助線として、政治改革以降の日本の政党間競争について考えてみたい。かつての中選挙区制は、一つの選挙区からおおむね三－五名の議員を選出するため、同一選挙区内の自民党候補者の同士討ちを生じさせた。衆院選において政党間の政策をめぐる競争は希薄であり、個人後援会の日常活動や、地域・職域的な利益誘導による支持獲得が重視された。これに対して、一九九四年の政治改革により、政党本位、政策本位の政治を目指して小選挙区比例代表並立制が導入され、その結果、自民党と民主党の激しい競争が展開された。このようななかで、自民党の政策位置は、どのように変化しただろうか。

結論を先取りすれば、自民党は、みずからよりも左に位置する民主党と差異化すべく、右傾化していったとみられる。それが一般有権者の世論に即したものとはいえず、むしろ世論との乖離を深めながら進んでいったことは、既存の研究も指摘している。[*6] したがって、自民党は、無党派層が多くを占める有権者からの集票を最大化するためではなく、国会議員・地方議員、党員・支持者や友好団体などを含む内部の結束を固める目的で、リベラル色の強い民主党との違いを強調し、右派的な理念を掲げた可能性が高い。事実、本章の後半で詳述する野党時代の自民党の新綱領や新改憲案には、そのような性格があったといえる。

現実の政党は、無党派層が多くを占める有権者全体へのアピールよりも、固定的な支持層を増やしたり、繋ぎ止めたりすることを優先する場合がある。とりわけ逆境の時期には、そうした傾向は強くなる。たとえば、一九九七年に労働党のトニー・ブレア政権が成立して以降の野党時代のイギリス保守党など諸外国の政党についても、そのような指摘がなされることがある。[*7] そう考えると、無党派層の増大は事実であるにしても、依然として固定的支持層の存在が政党にとって重要な意味を持つことを、従来の議論は十分に捉えてこなかったといえるかもしれない。[*8]

とはいえ、自民党の右傾化の論理を固定票理論の説明と同一視することにも、慎重であらねばなるまい。というのも、このタイプの理論では多くの場合、平均的な有権者の選好から乖離した固定的支持層の意見を反映することで政党の政策位置が極端化すると説明されるからである。そこでは保守政党の支持者が顕著に右派的であることが前提とされるが、自民党の支持層について、この点は自明ではない。本章では、自民党の支持層の実態について検討し、それは右傾化の原動力となるほど右寄りでなく、国会議員の右傾化が先行したことを指摘する。自民党の右傾化については、少なくとも党員・支持者主導とはいえず、政治家主導の組織の固め直しの性格が強かったという点で、「上から」の性格を強調する必要がある。

以上が政党間競争についてであるが、次に政党組織に関する議論に移りたい。ロバート・ハメルとケネス・ジャンダの古典的研究が指摘するように、政党のイデオロギーや政策位置の変更は、さまざまな党内要因に影響されるものであるため、有権者の動向に柔軟に反応するとの想定は非現実的である。[*9] 具体的にはリーダーシップの変化、主流派閥の交代、組織規模（大政党か小政党か）、組織運営（執行部主導か活動家主導か）などが挙げられるが、こうした要因に注目する研究の多くは、政策転換を図る党執行部に対する制約要因として政党組織を捉える傾向がある。[*10]

このような観点からみると、自民党の組織構造が、政治改革を契機に大きく変わったこと、とりわけ派閥が衰退したことが重要である。かつての自民党は派閥の連合体としての性格が強く、政策決定でも族議員の役割が大きく、分権的であった。しかし、一九九四年以降の選挙制度改革や政治資金制度改革により、選挙の公認権や資金の配分権を持つ執行部の権力が強化された。派閥は衰退し、候補者選定や閣僚ポスト配分などの人事や政策決定プロセスにおいて影響力が著しく弱まった。

このような組織の集権化によって、党執行部主導の政策変更が容易になることは確かである。それゆえ、集権化が右傾化の一因になったという主張が一般に存在する。一部の右派的な人物やグループが党執行部を掌握し、党内の異論による制約を受けずに意思決定を行っているのではないか、あるいは議員集団が全体的に右派的な主張を表明しているとしても、それは異論を表明しにくい状況があるなかで、強大な権力を持つ党執行部に従っている結果ではないか、経験が浅く実力に乏しい新人議員が増えているならば、なおさらではないか。こうした指摘が、安倍総裁が返り咲いた二〇一二年以降の自民党をめぐって多くなされている。

しかし、筆者が政党間競争とともに政党組織が右傾化の要因であると主張するのは、このような意味においてではない。本章では、自民党議員や党の方針の右傾化は安倍総裁の再登板に先行しており、後者は前者の原因というより、むしろ結果と考えられることを強調する。また、派閥を中心とする組織の統合力が弱まるなかで、党の理念の役割を重視して結束の強化を図る動きが自民党内に連綿と存在したことにも着目する。こうした文脈において、創生「日本」に代表される右派の理念グループの存在感が高まり、新改憲案の策定といった右傾化の動きを主導することができたのである。

2　自民党政治家の右傾化をめぐる計量分析

以上の整理を踏まえたうえで、まずはデータからみえる自民党の右傾化の実態を確認していこう。この点で最も信頼できるデータは、東京大学谷口研究室・朝日新聞共同調査の政治家調査である。二〇〇三年の衆院選から継続的に実施されている東大・朝日調査には、さまざまな政策争点に対する態度を尋ねる質問があり、各選挙の候補者の立場を知ることができる。同調査は投票日前に新聞紙上で報道されるものであるため、回答は個人の本心というよりも、政治的主張の表明とみるべきだろう。しかし、その分、回収率は高い。以下では、このデータを用いて、自民党政治家の政策位置の計量分析を行う。[*11]

最初に、右傾化を分析する前提として、何をもって右派的であるかを定める必要がある。その際、しばしば用いられる方法は、主成分分析や因子分析による左右対立構造の析出である。本章では、二〇〇三年から一七年までの全六回の衆院選データについて、継続的に同じ趣旨で質問がなされた一三の政策争点を取り上げ、候補者全員の回答を用いて因子分析を行った。[*12]表1は、その分析結果であり、固有値一以上を基準に二ないし三の共通因子が析出された。表中の因子負荷量の絶対値が大きいもの

表1　衆院選候補者の争点態度をめぐる因子分析の結果

	2003		2005		2009			2012			2014			2017	
	1	2	1	2	1	2	3	1	2	3	1	2	3	1	2
憲法改正	**0.91**	-0.07	**0.89**	0.21	**0.90**	0.08	0.02	**0.91**	0.19	0.08	**0.93**	0.12	0.02	**0.92**	-0.16
防衛力強化	**0.89**	0.04	**0.91**	0.10	**0.92**	0.15	-0.06	**0.93**	0.21	0.05	**0.93**	0.15	0.05	**0.94**	-0.11
先制攻撃	**0.84**	0.08	**0.82**	0.03	**0.85**	0.28	-0.14	**0.80**	0.21	0.08	**0.86**	0.11	0.02	**0.77**	0.04
国連安保理加盟	**0.80**	0.00	**0.48**	0.20	**0.50**	0.08	0.17	**0.60**	0.21	0.21					
対北朝鮮圧力重視	**0.87**	0.01	**0.83**	0.19	**0.74**	0.21	0.07	**0.76**	0.22	0.14	**0.64**	0.19	-0.04	**0.91**	0.01
集団的自衛権行使	**0.81**	0.06	**0.80**	-0.01	**0.91**	0.16	-0.06	**0.91**	0.16	0.03					
小さな政府	**0.70**	-0.15	**0.77**	0.19	**0.64**	**0.47**	-0.20	**0.73**	0.05	0.16	**0.75**	-0.03	-0.10	**0.72**	-0.12
公共事業	-0.12	**0.65**	-0.16	**-0.57**	0.00	-0.03	**0.43**	0.11	0.37	-0.07	0.00	**0.84**	0.11	0.00	**0.84**
財政出動	0.12	**0.51**	0.03	**-0.65**	0.09	-0.15	**0.74**	0.21	**0.87**	0.11	0.30	**0.65**	-0.01	0.38	**0.45**
治安優先	**0.78**	0.06	**0.83**	-0.03	**0.69**	-0.03	0.09	**0.65**	0.25	-0.09	**0.79**	0.21	0.05	**0.66**	0.04
外国人参政権	**-0.68**	-0.07	**-0.74**	-0.04	**-0.61**	**0.44**	-0.07	**-0.86**	-0.20	0.09	**-0.87**	-0.12	-0.20		
外国人労働者					0.24	**0.71**	-0.16	0.07	-0.03	**0.72**	-0.04	-0.08	**-0.80**	0.17	-0.24
家族主義					**0.58**	0.06	0.10	**0.59**	0.29	-0.19	**0.64**	0.33	0.16	**0.72**	0.11
寄与率（%）	53.85	6.66	51.82	8.37	43.55	8.61	6.81	47.73	10.17	5.31	48.30	12.63	6.74	47.98	10.40
N	995		926		1231			1312			1073			1077	

註：主因子法（バリマックス回転）による。因子負荷量0.4以上を太字表記。

は、値の大小が潜在因子によって共通に規定されている、したがって同一の対立軸を構成しているといえる。

基本的な構造は一〇年以上を通じて安定的であり、大きな寄与率を占める第一因子が改憲への賛否や外交・防衛政策をめぐる主張と密接に関連している。家族観についての回答なども、第一因子が規定している。[*13] 従来の右傾化論で焦点となってきた争点に鑑みると、この第一因子に関わる争点態度を中心に右傾化を論じることは妥当であろう。なお、二〇〇五年までは保守・革新、一二年からは右・左のイデオロギー自己認識を一〇段階尺度で回答させる質問があるが、この項目を含めて因子分析を行った場合、どの回のデータでも第一因子が左右イデオロギーを強く規定した。

以上を踏まえて本章では、第一因子が強く規定する憲法改正、防衛力強化、先制攻撃、治安優先の四つをめぐる回答について、値が大きいほど右派的であるように変換したうえで算出した平均値を、政策位置の右派性を示す指標とし、右派度と呼ぶ。[*14] 質問によっては尋ね方に微妙な変化があるため、六回すべてを通じて時系列比較が可能な質問項目は、この四つに限られる。直感的な理解の容易さを重視した単純な方法であるが、四項目についてクロンバッハのαを計算すると、どの回のデータでも〇・九前後と高い値を示しており、変数の合成は妥当といえる。

それでは、全体として自民党議員は右傾化しているのか。自民党の衆院選候補者・当選者の右派度を、民主党と比較して示したのが、図2である。二〇一七年は民進党の分裂によって二大政党間対立の構図が崩れたため、〇三年から一四年までを対象としている。また、表2は自民党について平均値と標準偏差の推移をまとめている。これらをみると、自民党の政治家の政策位置は、たしかに右傾化している。自民党と比べると民主党所属の政治家は一貫して中道的であり、リベラル化の傾向もみら

図2　自民党と民主党の衆院選候補者（上）・当選者（下）の右派度（2003－14年）

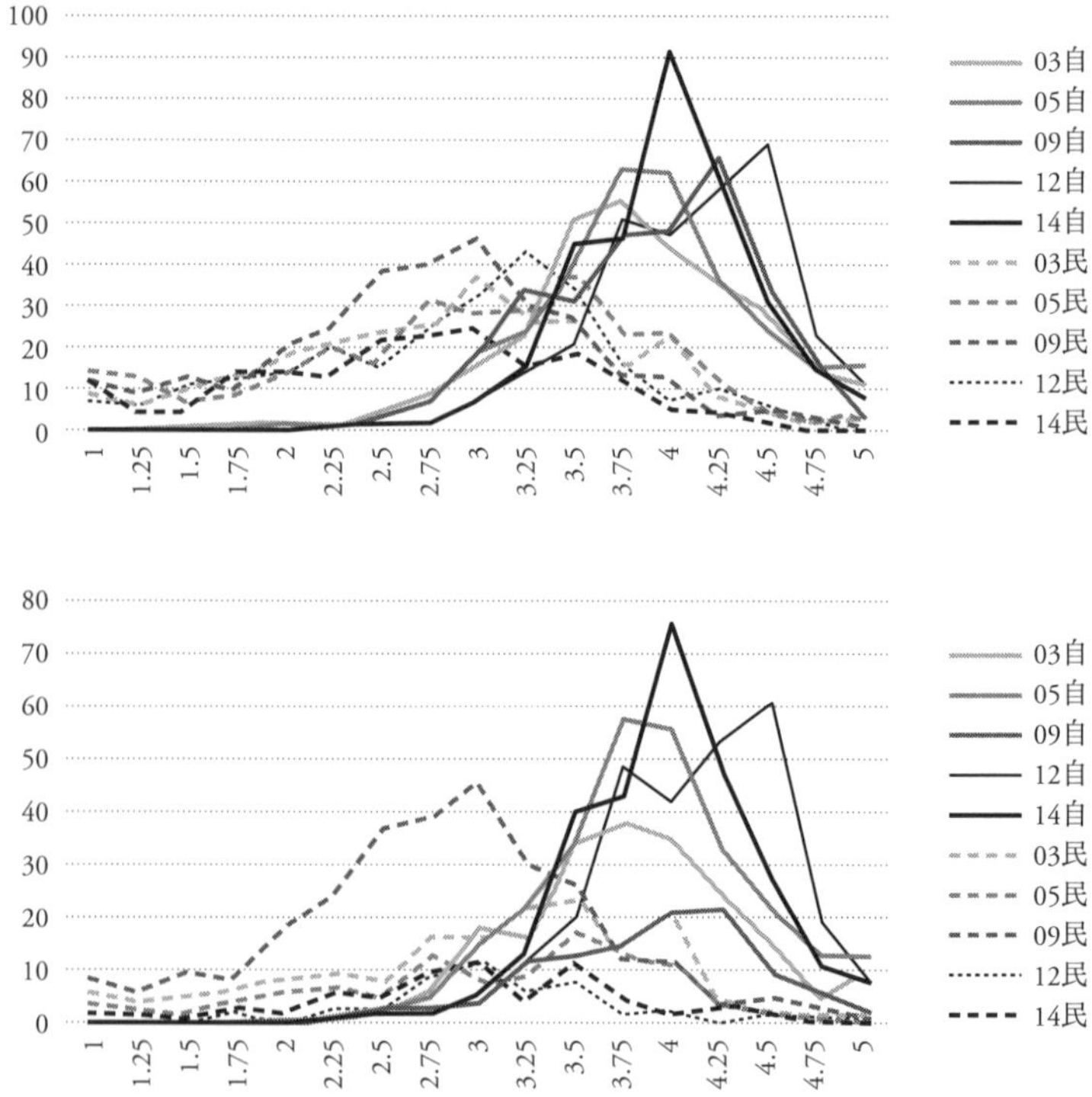

れる。つまり、二大政党の政策位置は、収斂ではなく分岐している。さらにいえば、日本政治の右傾化は、自民党の右傾化と、民主党政権が崩壊して以降の野党の停滞による自民党の高い議席率とが重なることで生じている。

　しかも、自民党の右傾化は、党内の多様性の縮小を伴うかたちで進んでいる。グラフの形状をみるかぎり、その傾向は民主党ではなく、自民党で顕著である。このことは、データの散らばりの大きさを示す標準偏差の一貫した減少からも確認できる。各党候補の立場には、

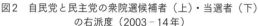

所属政党全体で共有される部分と、地元選挙区の特徴や候補者個人の信念などに起因する独自の部分があるといえるが、前者の比重が高まっている可能性がある。候補者と当選者で結果にほとんど違いがない点も重要である。選挙区・候補者レベルで対立候補の政策位置が収斂していながら保守的な地域で右派政党が当選者を出す（逆もまた然り）ために、議会レベルで政党の立場が分極化する事態も理論的には想定しうるが、そのような傾向はみられない。

長期的傾向とともに重要なのは、変化のタイミングである。自民党の右傾化は、二〇一二年の安倍総裁の復帰以前から進行してきた。とりわけ変化が大きいのは、〇九年から一二年の野党時代であり、その後は若干の揺り戻しさえみられる。一二年の調査時点は、総裁が谷垣禎一から安倍に交代した後だが、参院のデータをみても〇七年と一〇年のあいだに大きな変化が存在する。質問数の都合で衆院同様の指標は算出できないが、個別の項目（値が大きいほど右派的となるよう変換）をみると、憲法改正の平均値が四・五八から四・七〇に、防衛力強化は三・八四から四・一四に変化している。総裁の交代よりも野党への転落によって、右傾化が進んだとみるべきであろう。

要するに、小選挙区制を中心とする選挙制度が定着し、自民党と民主党のあいだで激しい競争が行われるにつれ、自民党は民主党と差異化し、右傾化していった。これについては、日本の左右対立の中心にある憲法や外交・安保問題に対する有権者の優先順位が経済的な争点などに比べて低いために、政党間競争が世論の分布と乖離して行われている可能性

表２　自民党衆院選候補者・当選者の右派度の平均と標準偏差

	候補者		当選者	
	平均	標準偏差	平均	標準偏差
2003	3.81	0.61	3.78	0.59
2005	3.87	0.56	3.87	0.55
2009	3.88	0.55	3.87	0.56
2012	4.11	0.49	4.09	0.49
2014	3.97	0.46	3.96	0.47
2017	3.99	0.38	4.00	0.38

もある。しかし、自民党候補・議員が急激に、しかも一体的に右傾化していることをみると、世論の拘束力が働いていないという消極的要因のみならず、政党レベルで積極的な差異化のメカニズムが働いていると考えることに、十分な根拠がある。

次に、それぞれの時期の自民党のなかで、どのような候補者がとくに右派的なのかを検討しよう。具体的には、二〇〇三年から一四年までの五回の総選挙の小選挙区自民党候補者を対象に、政策位置の右派度を従属変数とする重回帰分析を行う。[*15] 独立変数としたのは、第一に選挙区レベルの変数群であり、選挙区の社会構造に関して農村度を、競争の状況に関して得票マージンを取り上げる。[*16] さらに、選挙活動が固定票重視か浮動票重視かについて、〇九、一二、一四年の三回の東大・朝日調査に関連質問があるため、その回答を用いて固定票志向の場合を一とする変数を作成した。[*17]

第二の変数群は、政党組織の内部で占めるポジションである。伝統的に重要性が認められてきたのは、所属派閥と当選回数である。派閥への所属は、無派閥を基準カテゴリーとした。自民党のシニオリティ・ルールにおいて、一回の当選の増加がキャリアのすべての段階で同じ重みを持っているとは考えにくいため、当選回数は対数化した。候補者選定過程に関しては、公募の導入により従来とは異なるタイプの候補者の発掘が進められた経緯がある。そうした候補者に政策選好の面でも特徴があるかを検討するため、公募で選出された経験をもつ候補者である場合を一とするダミー変数の効果を分析する。[*18]

それ以外に、職歴、世襲、性別、年齢といった候補者個人の属性に関する諸変数を投入する。職歴については、官僚・地方政治家・議員秘書が自民党政治家の伝統的な供給源であるといわれていることを念頭に、この三つを検討する（基準カテゴリーは、それ以外を出身とする場合）。世襲の定義は、同一選挙区での三親等以内の親族の出馬とし、『国会要覧』などの資料や新聞報道から世襲議員と認定できたものを一とするダミー変数を作成した。

重回帰分析の結果が、表3である。二〇〇九年以降は、固定票志向を含むモデル一と、〇五年以前と同じくそれを含まないモデル二の結果を併記した。しかし、〇九年以降の二つのモデルをみると、固定票志向に関する変数を入れるか否かによって他の変数の係数や標準誤差が大きく異なることはない。そこで、各時期について、右派度との統計的に有意な正または負の関係が、どのような変数にみられるかを確認し、その結果を見比べてみると、いくつかの傾向が浮かび上がる。

第一に、派閥による右派度の違いが、二〇〇九年以前には明確である。広く論じられてきたように、清和会は右派的であり、宏池会はリベラルであるといえる。〇三年と〇五年で、いずれかのみが確認できるのは、基準カテゴリーとなる無派閥議員の政策位置が宏池会寄りから清和会寄りに変化していることに起因すると考えられる。しかし、同時に注目すべきは、派閥による右派度の違いが一二年以降は確認できないことである。所属する派閥の違いによって政治家の右派度を説明することは、以前に比べて難しくなっている。

第二に、二〇一二年以降、農村度の係数が負の値を示している。都市部に比べて農村部の候補者は、外交・防衛問題などで穏健な立場をとる一方、地域の個別的利害に関わる政策を重視している可能性がある。その一方で、都市部の候補者ほど、自民党全体の理念・政策の変化に敏感であり、その右傾化の影響を受けているという推論も成り立つ。一九九四年の選挙制度改革以降、選挙戦が候補者中心から政党中心に変化し、政党が掲げる理念や政策を訴える傾向が強まったといわれる。政党間競争が本格化するにつれ、そうした傾向が都市部を中心に強まり、農村部の候補者との差が生じているのか

表３　自民党衆院選候補者の右派度をめぐる重回帰分析の結果

	2003	2005	2009		2012		2014	
			1	2	1	2	1	2
固定票重視			0.00		0.12 **		0.05	
			(0.07)		(0.06)		(0.06)	
農村度	0.56	-1.04 *	-0.21	-0.21	-1.74 ***	-1.73 ***	-1.45 ***	-1.47 ***
	(0.74)	(0.61)	(0.66)	(0.66)	(0.57)	(0.57)	(0.54)	(0.54)
得票マージン	-0.29	-0.05	0.07	0.07	-0.08	-0.07	0.23	0.24
	(0.23)	(0.28)	(0.27)	(0.26)	(0.20)	(0.20)	(0.17)	(0.17)
平成研究会	-0.03	-0.09	0.04	0.04	0.02	0.03	-0.13	-0.11
	(0.13)	(0.13)	(0.12)	(0.12)	(0.11)	(0.11)	(0.11)	(0.10)
宏池会	-0.05	-0.42 ***	-0.22 *	-0.22 *	-0.12	-0.12	-0.11	-0.11
	(0.14)	(0.13)	(0.12)	(0.12)	(0.13)	(0.13)	(0.10)	(0.10)
清和政策研究会	0.31 **	0.08	0.18	0.18	-0.04	-0.01	-0.04	-0.02
	(0.13)	(0.11)	(0.11)	(0.11)	(0.09)	(0.09)	(0.08)	(0.08)
大勇会→為公会	-0.09	-0.53 ***	0.03	0.03	0.02	0.02	-0.02	-0.01
	(0.19)	(0.20)	(0.17)	(0.17)	(0.14)	(0.14)	(0.10)	(0.10)
志帥会	0.36 **	0.08	0.08	0.08	-0.23	-0.23	0.02	0.02
	(0.15)	(0.18)	(0.16)	(0.16)	(0.15)	(0.15)	(0.11)	(0.11)
近未来政治研究会	0.07	-0.14	0.09	0.09	0.16	0.16	-0.08	-0.07
	(0.15)	(0.15)	(0.13)	(0.13)	(0.14)	(0.14)	(0.15)	(0.15)
番町政策研究所	-0.20	-0.16	0.05	0.05	-0.31	-0.28	-0.20	-0.19
	(0.19)	(0.19)	(0.20)	(0.20)	(0.25)	(0.25)	(0.17)	(0.17)
二階グループ		-0.35	0.14	0.14				
		(0.24)	(0.20)	(0.20)				

当選回数（対数化）	0.12 *	0.05	0.00	0.00	0.15 ***	0.15 **	-0.01	-0.01
	(0.07)	(0.08)	(0.08)	(0.08)	(0.06)	(0.06)	(0.07)	(0.07)
公募	0.04	-0.20 *	-0.02	-0.02	0.07	0.07	0.01	0.01
	(0.16)	(0.11)	(0.11)	(0.11)	(0.07)	(0.07)	(0.07)	(0.07)
官僚	0.03	-0.23 **	-0.02	-0.02	-0.08	-0.07	-0.17 **	-0.17 **
	(0.11)	(0.10)	(0.10)	(0.10)	(0.09)	(0.09)	(0.09)	(0.09)
地方政治家	0.17 *	0.01	0.09	0.09	0.06	0.07	-0.04	-0.04
	(0.09)	(0.09)	(0.09)	(0.08)	(0.07)	(0.07)	(0.07)	(0.07)
議員秘書	0.02	-0.02	0.05	0.05	0.04	0.06	-0.15 **	-0.15 **
	(0.09)	(0.08)	(0.08)	(0.08)	(0.07)	(0.07)	(0.07)	(0.07)
世襲	0.06	0.04	0.20 **	0.20 **	0.03	0.04	0.00	0.00
	(0.10)	(0.09)	(0.09)	(0.09)	(0.08)	(0.08)	(0.07)	(0.07)
男性	0.46 **	0.18	0.22 *	0.22 *	0.10	0.09	0.24 **	0.24 **
	(0.21)	(0.13)	(0.13)	(0.13)	(0.11)	(0.11)	(0.10)	(0.10)
年齢	0.00	0.00	0.00	0.00	0.00	0.00	0.00	0.00
	(0.00)	(0.00)	(0.00)	(0.00)	(0.00)	(0.00)	(0.00)	(0.00)
定数	3.15 ***	3.83 ***	3.65 ***	3.65 ***	4.14 ***	4.22 ***	4.03 ***	4.06 ***
	(0.30)	(0.26)	(0.24)	(0.24)	(0.22)	(0.22)	(0.21)	(0.21)
R^2	0.15	0.14	0.10	0.10	0.11	0.10	0.10	0.10
Adj. R^2	0.08	0.09	0.03	0.04	0.05	0.04	0.04	0.04
N	253	279	282	282	280	280	275	275

註：*p<0.1, **p<0.05, ***<0.01。数値は偏回帰係数、括弧内は標準誤差。

もしれない。

それ以外では、すべての時期で有意な水準に達していないとはいえ、女性に比べると男性の方が高い右派度を示している。官僚出身者については、二〇〇五年と一四年のみであるが、右派度が有意に低い。しかし、それ以外は、一貫した傾向が見出されない。得票マージンに関しては、選挙に強い議員ほど選挙区に配慮する必要性がなくなるために極端な理念を掲げることが可能になるといった説も見受けられるが、本分析では確認できなかった。また、小泉総裁が大量の公募候補を擁立した〇五年の郵政選挙で、公募に統計的有意性がみられるが、それは例外的であり、公募候補と右派度のあいだに一貫した関係はみられない。

次に時期ごとの特徴に目を向けると、重要なのは自民党議員の平均値が顕著に右傾化した二〇一二年であろう。〇九年には確認されなかったにもかかわらず、一二年に右派度とのあいだに正の関係が確認された変数が二つ存在する。第一に、固定票重視である。固定票重視の候補者の割合そのものも約四七％から約五五％へと増加しているが、そうした候補者は自民党内でとくに政策位置が右寄りでもあった。第二に、当選回数が多いベテラン議員ほど、右派度が高い。一二年選挙では、〇五年の「小泉チルドレン」を超える一一五人もの新人議員が生まれ、「安倍チルドレン」と呼ばれた。ところが、より右派的であるのは彼ら・彼女らではなく、現職議員および返り咲きの元職の方である。

こうしたことから、安倍総裁の下で大量に登場してきた若手議員が、執行部権力の増大を背景に、首相の右派的な主張になびいている、といった説は支持できない。他方、ベテランあるいは組織固めを重視した政治家に右派度の高さがみられることについては、この時期が野党時代であることと無関係ではあるまい。後述するように、下野を余儀なくされた自民党は、政権奪回を至上命題に据え、民主党への対抗を強く意識しながら党の刷新を進めたのであり、そこでは保守政党としての再生が強調された。上記の計量分析の結果は、こうした歴史的事実とも整合的である。

以上、いくつかの変数について右派度との関係を確認することができた。[*19] とはいえ、前述のとおり右派度のばらつきが減少傾向にあることを踏まえると、候補者間の右派度の大小を説明する重回帰分析は、小さな相違を説明しているにすぎないともいえる。官僚出身者や女性の右派度が低い傾向は時期横断的に確認できたが、この間に官僚出身や女性の候補者が急速に減少したわけではない以上、党全体の右傾化を議員構成の変化に還元することも難しい。自民党の右傾化は、政党レベルの変化として捉えられる部分が大きいといえよう。

3　自民党の支持基盤

前節までの議論において、自民党の右傾化と固定的支持層とのあいだに関係が存在することが示唆された。しかし、誤解してはならないのは、自民党の右傾化が、極端なイデオロギーを持つ党員や支持団体によって「下から」主導されたわけではないことである。結論からいえば、議員集団が主導して「上から」支持基盤を固めようとしたとみる方が妥当である。ここでは、まず党員について、次に友好団体についての分析を行い、「下から」の右傾化という説が成り立つか否かを検討しよう。

東大・朝日調査では、政治家調査とともに有権者調査（パネル調査）が実施されている。その回答者から自民党員を選り分けることは難しいが、次善の策として支持政党や比例代表の投票政党に関する

図3　自民党の衆院選候補者、固定的支持層、一般有権者の政策位置

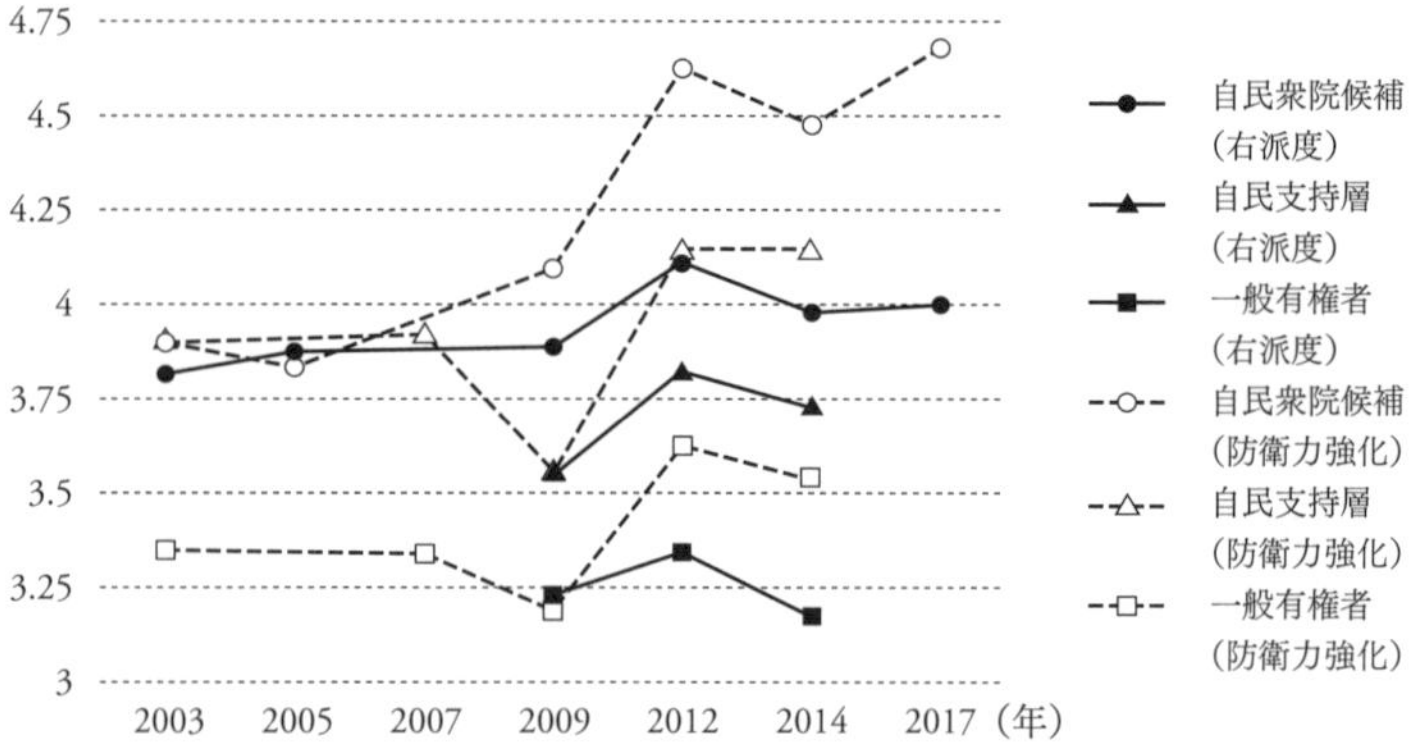

すべての質問に自民党と回答した者を、自民党の固定的支持者と考え、その右派度を自民党政治家や一般有権者と比較する。有権者調査では右派度の算出が可能な時期が限られるため、長期的に比較可能な防衛力強化に関する回答（五が最も右派的になるよう変換）とともに、平均値の推移を示したのが図3である。

右派度をみると、たしかに自民党の固定的支持層は一般有権者と比べて一貫して右寄りである。しかし、自民党政治家と比べると、穏健な位置にある。さらに、防衛力強化への積極性からは、ほぼ同水準にあった自民党候補者と支持層の平均値が次第に乖離している様子もうかがえる。しばしば西欧諸国の政党研究では、活動家層がイデオロギー的に純化する傾向を持ち、議員集団は活動家層の要求と一般有権者の支持獲得という二つの圧力の下で政策位置を定めると説明されることがある。しかし、図3をみるかぎり、こうした説明によって自民党の右傾化を捉えることはできない。

また、読売新聞が二〇一九年に実施した党員調査（図4）をみると、自民党員になった理由として「憲法改正を後押ししたいから」は二五％に過ぎず、「所属する団体や会社に進

図4　自民党員調査

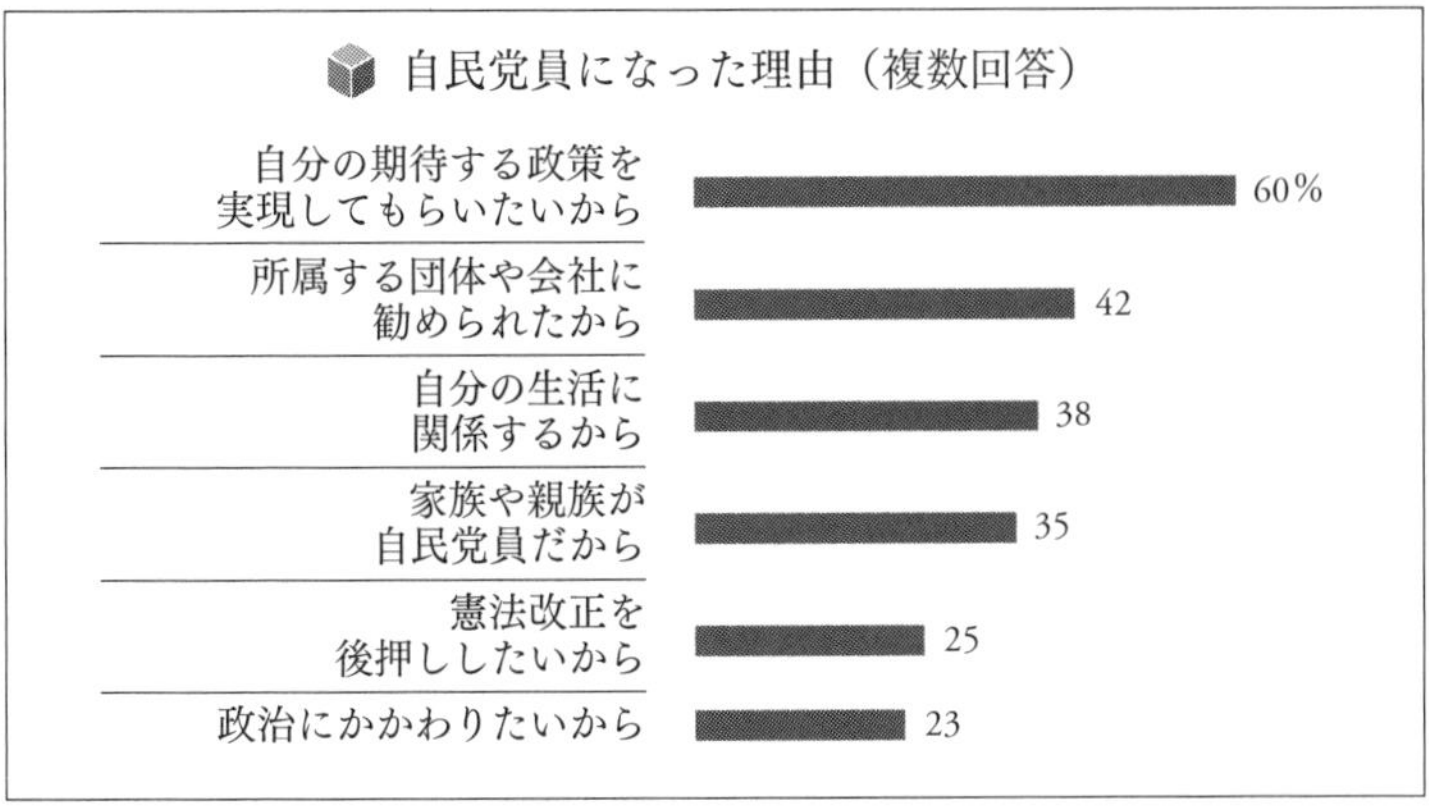
自民党員になった理由（複数回答）
自分の期待する政策を実現してもらいたいから
60%
所属する団体や会社に勧められたから
42
自分の生活に関係するから
38
家族や親族が自民党員だから
35
憲法改正を後押ししたいから
25
政治にかかわりたいから
23

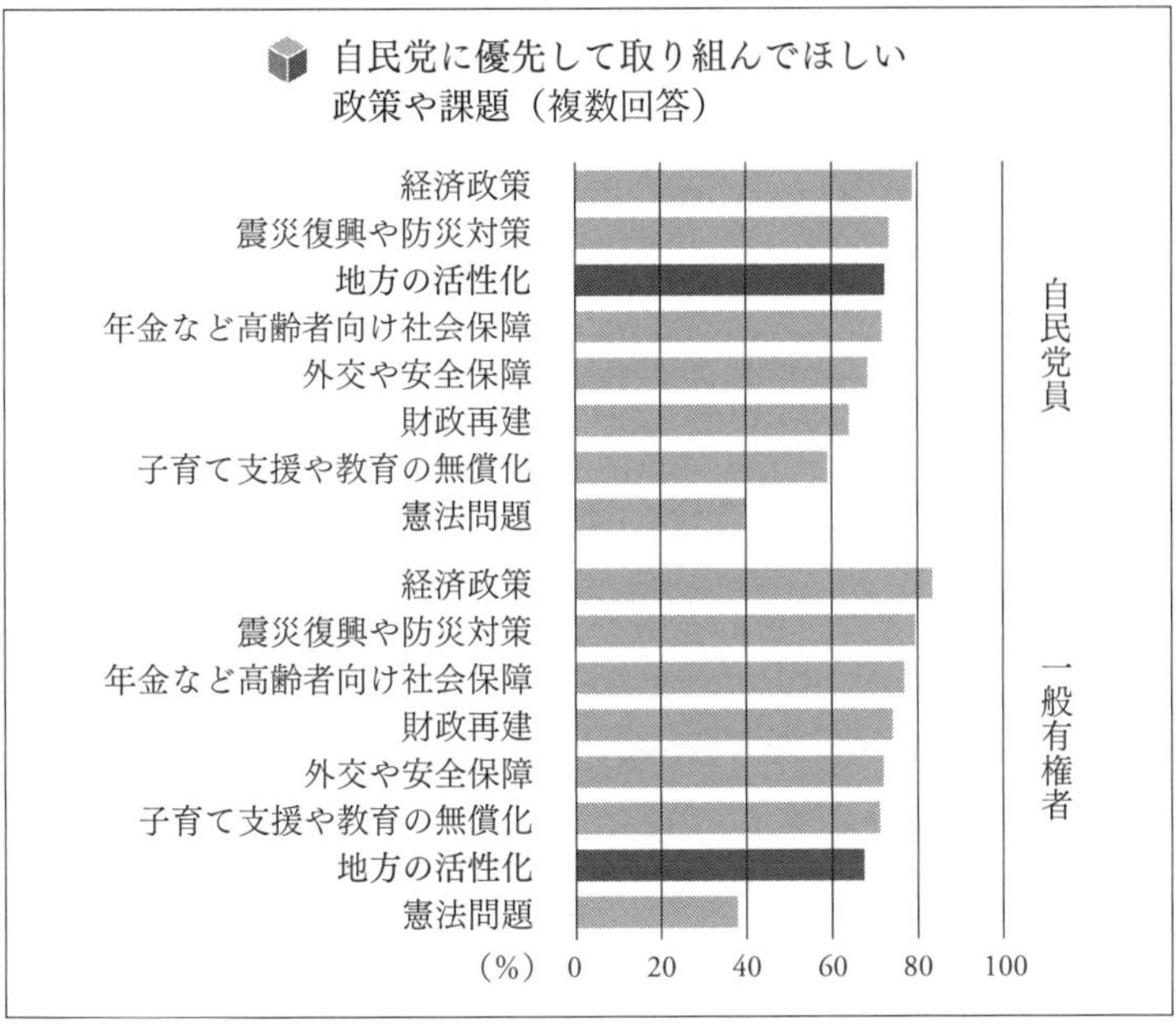
自民党に優先して取り組んでほしい政策や課題（複数回答）
経済政策
震災復興や防災対策
地方の活性化
年金など高齢者向け社会保障
外交や安全保障
財政再建
子育て支援や教育の無償化
憲法問題
自民党員
経済政策
震災復興や防災対策
年金など高齢者向け社会保障
財政再建
外交や安全保障
子育て支援や教育の無償化
地方の活性化
憲法問題
一般有権者
（%）
0
20
40
60
80
100

出典：『読売新聞』2019年2月9、14日。

められたから」（四二％）、「家族や親族が自民党員だから」（三五％）といった理由の方が多い。自民党に優先して取り組んでほしい政策や課題も、一般有権者に比べて党員で目立つのは「地方の活性化」であり、「経済政策」と「震災や防災対策」に続いて七三％であった。憲法問題は約四〇％にとどまり、一般有権者とほとんど変わらない。自民党は今後どのような政策に軸足を置くべきかという問いでも、「保守・リベラルに偏らない中道的な政策」が四五％に達し、「自民党ならではの保守的な政策」の二八％を大きく上回った。[*20]

こうした党員の特徴は、自民党総裁選の歴史からも浮かび上がる。[*21] 総裁選で党員票の比重が高められた嚆矢は、一九七七年の総裁予備選の導入である。翌年に実施された初めての総裁予備選では、田中角栄の支援を受けた宏池会の大平正芳が福田赳夫を破り、本選に至らずして勝利を収めた。これ以降、党員の多数を掌握した田中派による自民党支配が顕著になる。その下で利益誘導政治が全面化し、自民党のリベラル化が進んだ。[*22] 自民党の党員は地域党員と職域党員から構成されるが、近年、党員の内部で割合が高まっている前者は地域の有力者が多くを占め、イデオロギー色は希薄である。

近年の総裁選についても、同様のことがいえる。二〇一二年の総裁選で、党員票を最も多く獲得したのは、安倍晋三ではなく石破茂であった。安倍が総裁に選出されたのは、国会議員による決選投票で石破を上回ったからにすぎない。一八年の総裁選でも、ほとんどすべての派閥の支持を得た安倍が国会議員票で八一・二％を得たが、党員票では石破が四四・七％と善戦した。石破への党員の支持が高かったのは、地方の活性化への関心や安倍首相が関わったとされる森友・加計学園問題への批判によるものであった。[*23]

次に、支持団体の影響力を検討しよう。自民党の右傾化の原因として一時期大きな関心を呼んだの

表4　自民党衆院議員の日本会議国会議員懇談会加入状況と右派度の変化（2003-2014年）

	右傾化	変化なし	中道化・左傾化	不明	計	右派度の増減の平均
一貫して加入	27	9	13	5	54	0.13
一貫して非加入	22	2	6	6	36	0.29
新たに加入	5	0	1	2	8	0.38
脱退	3	0	4	0	7	−0.18

は、日本会議と、それを構成する宗教団体の活動であった。日本会議の政治的影響力を示す一つの指標は、日本会議国会議員懇談会の所属人数である。その推移を正確に把握することは困難だが、機関誌『日本の息吹』に掲載された記事から、二〇〇三年当選の自民党衆院議員のうち一三九人（五六％）、〇五年は一五一人（五〇％）が所属していたことがわかる。[*24] また、俵義文が作成したリストによると、一四年当選者は一八六人（六四％）、一七年は一六六人（五九％）が加入していた。[*25] たしかに自民党の右傾化が進んだ時期に、日本会議国会議員懇談会の所属人数と割合が増加した。ところが、両者のあいだに因果関係が存在するか否かは、さらなる検討が必要である。

前節で用いたデータに日本会議国会議員懇談会への加入状況という変数を追加して、分析を行った結果が表4である。ここでは二〇〇三年と一四年を取り上げ、両時点で自民党議員であった者を、一貫した加入者、非加入者、新たな加入者、脱退者の四つに分け、右派度の増減との関係を示した。注目されるのは、非加入者のあいだでも二二人（六一％）が右傾化していることである。新加入者や脱退者はごく少数のため、傾向を読み取ることは難しいが、脱退者でも七人中三人が右傾化している。[*26] これをみるかぎり、自民党の右傾化は、かなりの程度、日本会議の影響力とは無関係に進んだと考えられる。

日本会議を支えるのは、神社本庁などの宗教団体であるが、それが有する政治的リソースを過大評価すべきでない。有力な宗教団体の自民党離れ、宗教団体そのものの組織的衰退などから、自民党が獲得する宗教票はかつてに比べて大幅に減少している。参議院の全国区・比例区で宗教団体が中心的に支援する候補者をみると、一九七七年参院選では、生長の家が推す玉置和郎が自民党当選者のうち二位、立正佼成会など新宗連の事務局長を務めた楠正俊が五位につけた。だが、二〇一三年参院選では、新生仏教教団などが支援する衛藤晟一が一〇位、神道政治連盟が支える有村治子も一二位にとどまった。[*27]

党員を通じた影響力についても、同様である。自民党の職域党員数をみると、二〇〇〇年の上位五つは全国特定郵便局長会（全特）、建設、軍恩連盟、日本看護協会、日本医師会の順であったが、一五年には世界救世教（MOA）、全特、建設、全国賃貸管理ビジネス協会、看護であり、世界救世教がトップに立った。しかし、この間、党員全体に占める職域党員の比率は、大きく低下している。二〇〇〇年には約二三七万人の党員の約六五％が職域党員によって占められていたが、一五年は約九九万人のうちの三八・五％にまで落ち込んだ。[*28] したがって、宗教団体が党員のあいだで比重を高めたとはいえない。

4　野党時代の自民党の歴史分析

すでに述べてきたように、自民党の右傾化は二〇〇〇年代以降、徐々に進行したが、それが顕著に進んだのは野党時代であった。その象徴は、一〇年の新綱領および一二年の新改憲案「日本国憲法改正草案」の策定である。前者は「日本らしい日本の姿」を示すための憲法改正を目指すと明言し、それに基づいて作成された後者は、小泉政権時代の〇五年の「新憲法草案」と比べ、ナショナリズムをいっそう強調するものであった。本節では、新綱領および新改憲案の制定過程を具体的に詳述することで、これまでの議論を歴史分析によって裏づける。[*29]

二〇〇九年総選挙の大敗と下野を受けて、自民党では政権奪還に向けてさまざまな手が打たれた。まず行われたのは総裁選であり、議員票・地方票とも過半数を制した谷垣禎一が新総裁に就任した。また、小泉政権で推進された新自由主義的改革の見直しも進められた。新自由主義的改革が伝統的な自民党の支持基盤を脆弱化させたという認識は、〇七年参院選の総括でも示されたが、谷垣は衆院選の敗因の一つとして、党内の「抵抗勢力」を敵視するかたちで構造改革が進められた結果、結束が弱まったことを挙げた。[*30]

党の結束を図るために重視されたのは、理念や組織の強化である。党再生会議が九月一七日に発表した「自民党再生への提言」は、敗因分析と党再生に向けた八項目の具体策を提示したが、その第一は「立党の精神に立ち返り保守政党として再生」することであった。[*31] これを引き継ぎ、その後の方向性を決定づけたのは、政権構想会議（伊吹文明座長）である。同会議は、候補者の公認など党運営に関する第一次勧告を一一月六日に出したうえで、一二月一五日に第二次勧告を発表し、「自由と民主の下に正しい日本の保守の旗を立てねばならない」など、右派的な理念の重要性を力説した。[*32]

これを受けて、政権構想会議のメンバーは現職の総理経験者と委員会を立ち上げ、新綱領制定に向けた議論を開始した。二〇一〇年一月の党大会で制定された新綱領は、自民党の原点として「反共産・社会主義、反独裁・統制的統治」と「日本らしい日本の確立」を挙げ、冷戦の崩壊によって目的の一つが達成されたという認識を示したうえで、総選挙での敗北を受けて「日本らしい日本の保守主義を政治理念として再出発したい」と宣言した。そして、政策に関する最初の項目に憲法改正を掲げて、「日本らしい日本の姿を示し、世界に貢献できる新憲法の制定を目指す」と謳った。[*33]

第二次勧告および新綱領は、民主党との差異化を強く意識していた。第二次勧告は、民主党の再分配政策や政治主導の政策決定に言及し、「社会主義的政策や統制的統治の残滓」「国家社会主義的政党」など、激しい言葉を用いて批判した。新綱領にも、ほぼ同様の表現がみられる。そのうえで「誇りと活力ある日本像」との項目で「家族、地域社会、国への帰属意識を持ち、自立し、共助する国民」を第一に挙げているのは、民主党への明確なアンチテーゼといえるであろう。[*34]

その後の自民党は、民主党が綱領を保持していない点を政党としての要件を欠いていると繰り返し批判し、新綱領を定めた自党との違いを強調した。それは同時に、自民党の存在意義を明確化し、内部の結束を固めるものであった。谷垣は、次のように述べている。「わが党が野党になった原因の一つは、長い間政権にいたことによって「与党であること」自体がアイデンティティになっていたことです。そこで、「自民党は何をする政党なのか」をきちっとするために新綱領を作りました[*35]」。

自民党にとって強調すべき理念は、なぜ右派的なものだったのか。その一つの理由は、そもそも歴史的にみて、自民党の理念がそうだったからである。一九五五年の結党以来の党是とされる「自主憲法の制定」などの主張は、利益誘導政治の発展とともに棚上げされ、曖昧になってきたが、それが再浮上したのである。しかし、社会党および新党さきがけと連立を組み、新進党と対抗していた九五年には、リベラル派の主導の下、綱領的文書の見直しが実施され、改憲の棚上げの明記まで検討された。そのことを考えると、政党間競合のあり方も、もう一つの理由として注目しなければならない。新進党に代わり自民党の主たる対抗相手となったのは、リベラル色の強い民主党であった。具体的な争点についても、民主党政権に対抗するなかで主張が明確化され、党全体で一致をみるようになった。選択的夫婦別姓制度や外国人地方参政権について、総裁就任会見で自民党の方針を問われた谷垣は、「党でしっかりまた議論していただく必要がある」と答え、個人的見解と断ったうえで慎重であるべきと述べるにとどまった。[*36] 外国人地方参政権については二〇一〇年二月の全国政調会長会議において、過去に賛成の意見書を可決した都道府県連も存在したため、反対を決めるには新たに理論武装が必要であるとの意見が出される場面もあった。[*37] しかし、いずれについても、その後は法案化を検討する民主党政権と対峙するために反対の立場を固め、一〇年の参院選のマニフェストにも明記した。

以上の到達点が、二〇一二年四月二七日に発表された「日本国憲法改正草案」である。この新改憲案の作成において中心となったのは、憲法改正推進本部である。本部長を務めた保利耕輔の回顧によれば、〇九年一二月四日の第一回会議で、他党との対立軸を明確化すること、〇五年の新憲法草案を基礎とすることを、保利が方針として表明した。同本部では学者などの意見聴取を行いながら会議が重ねられたが、その一方で保利は衆院法制局の助力を得て、独自に本部長試案をまとめた。[*38]

憲法改正推進本部では、この本部長試案をたたき台として、議論が進められることになった。試案を提出したことについて、保利は「強引かとも思ったが」「独断専行に対する批判はなかった」と振り返っている。条文を専門的に検討する起草委員会も設けられ、二〇一二年四月六日の総務会報告までに起草委員会が一二回、本部の総会が七回開かれた。総務会ではベテラン議員の発言が多数あったとされるが、サンフランシスコ講和条約の発効から六〇年目にあたる一二年四月二八日を前に発表することが決定されており、一三日、修正案を提示した二回目の総務会で総裁一任が取り付けられ、谷垣の判断で決定をみた[*39]。

中谷元によれば、天皇を元首とするか、国旗・国歌を明記するか、軍隊の名称は「自衛軍」か「国防軍」か、改憲の発議要件の過半数への引き下げの四点が、新改憲案の決定過程で議論になった[*40]。とはいえ、二〇〇五年改憲案の時と比べれば、激しい路線対立が顕在化しなかったようにみえることも事実である。〇五年の時には、「自民党らしさ」を強調し右派的な内容を盛り込もうとする者（中曽根康弘、安倍晋三）と、発議要件を満たすことを重視する者（森喜朗、宮澤喜一、橋本龍太郎、与謝野馨、福田康夫）とのあいだで激しい議論があり、最後は小泉総裁が後者を支持して成案を得たという[*41]。

二〇〇五年と一二年の改憲案には、共通点もある。国の環境保全の責務や犯罪被害者の人権といった新しい人権、政党条項、財政の健全性の確保などの統治機構改革を盛り込んでいることである。また、憲法改正の国会の議決要件を各議院の総議員の三分の二から過半数に引き下げることも共通している。その一方で、一二年改憲案には新たに盛り込まれた条項も多数存在する。「国防軍」の保持、領土の保全や緊急事態条項の明記、天皇の元首化、国旗・国歌や元号に関する条項の新設、家族の尊重と相互扶助義務、外国人地方参政権の否定、公務員の労働基本権の否定などである。また、第一三条の「個人の尊重」は、「人としての尊重」に変更された。一二年改憲案の内容は、全体としてきわめて右寄りであった。

新たな改憲案の作成と時期を同じくして、派閥を横断する右派の理念グループである創生「日本」の活動が活性化していた。その淵源は、一九九〇年代半ばに安倍や中川昭一を中心に作られた「日本の前途と歴史教育を考える若手議員の会」に遡るが、直接的には第一次安倍政権退陣後の総裁選で麻生太郎を支援した議員を中心に結成された「真・保守政策研究会」である。政権交代がなされた〇九年、急死した中川に代わって安倍が会長に就任し、一〇年には創生「日本」に名称変更するとともに、国会議員の研究会から街頭演説や地方議員の組織化も進める運動体への転換を図った。

かつての青嵐会は、全盛期を迎えた派閥に分断され、影響力を拡大できなかったが、派閥が衰退した現在、右派の理念グループが党内で影響力を行使する余地は小さくない。二〇一二年改憲案を作成する原動力になったのも、創生「日本」のメンバーであった。民主党と明確に差異化された主張を掲げることが、自民党の結束を固めるうえで必要だと考えられる状況は、創生「日本」にとって追い風となった。それに異を唱えることは困難であり、最終的に決定を一任され、新改憲案を採用したのは、リベラル派として知られる谷垣総裁であった。創生「日本」は、その直後の総裁選で安倍を支え、その勝利をもたらすうえで重要な役割を果たしたといわれる。

自民党は著しく右寄りの内容を持つ新綱領や新改憲案を採用したうえで、二〇一二年一二月の総選挙で政権への復帰を果たした。総選挙の政権公約において前面に掲げられたのは経済政策であったが、憲法改正も盛り込まれた。その後、自民党は安倍総裁の下、一八年三月二五日の党大会で、自衛隊の明記、緊急事態、参議院の合区解消、教育の充実の四項目について、憲法改正のための条文案を提示した。しかし、一二年改憲案が撤回されたわけではなく、改憲四項目は当面目指すべき憲法改正のメニューという位置づけにある。

おわりに

本章では、自民党の右傾化とその論理を、国政での政党間競合や政党組織の変化に着目して、明らかにしてきた。自民党は、世論の変化を受けて得票を最大化すべく右傾化したわけではない。民主党に対抗するため、国会議員・地方議員・党員・支持団体などを含む内部の結束を固めようと、右寄りの理念を強調するようになったといえる。さらに、こうした変化も、党員・支持団体が主導したというより、政治家主導の性格が強かったと考えられる。このような意味で自民党の右傾化は、「下から」ではなく「上から」であった。ただし、「上から」の右傾化といっても、権力を強めた執行部が右派的なものになり、それに議員集団が追従したことで起きたものではない。

編者らが提示する本書全体の仮説の用語に従うならば、結論は次のように整理できる。国会議員レベルでいえば左右対立の意味内容が大きく変わった（パラダイム変化）といったことはなく、従来からの憲法や外交・防衛政策を中心とする対立軸において、自民党は二〇〇〇年代以降に右傾化した。それは有権者の選好と乖離して進行したことは確かだが、多数派と異なる何らかの少数派を代表（過剰代表）した結果ではない。右傾化の原因は、台頭する民主党との「戦略的差異化」による党内の結束強化、副次的には派閥の衰退を背景とする右派の理念グループの「相対的浮上」に求められる。

所属議員の政策位置をみるかぎり、二〇一二年に政権を奪還した後の自民党の右傾化は、落ち着きをみせている。実際、具体的な政策についても、安倍政権がつねに右寄りの立場に固執したとはいえない。たとえば、戦後七〇年の首相談話、韓国との「慰安婦」合意、天皇の生前退位といった問題をめぐる対応では、むしろ右派的な知識人や団体の批判を招くことが少なくなかった。外国人労働者の受け入れを拡大する一八年の入管法改正も、右派から多くの懸念が表明されるなかで強行した。党の右派的な理念は、必ずしも政策決定を強く拘束するものとはなっていない。

とはいえ、右派的な理念を強調することで党内の結束を固め、政権の奪還に成功した自民党にとって、大きな方針転換を行う積極的な動機もない。異例ともいえる長期安定政権を維持した安倍首相は、しばしば民主党政権を「悪夢」と呼んだ。民主党に政権を奪われ、辛酸をなめた自民党において、こうした攻撃的な発言を繰り返すことは、党内を結束させるうえで効果的である。その意味で、自民党の右傾化が簡単に過去のものになると考えることはできないだろう。

註

＊1　中北浩爾『自民党——「一強」の実像』(中公新書、二〇一七年)。

＊2　中北浩爾『自公政権とは何か——「連立」にみる強さの正体』(ちくま新書、二〇一九年)。

＊3　中北浩爾「自民党の右傾化——その原因を分析する」(塚田穂高編『徹底検証　日本の右傾化』筑摩選書、二〇一七年)。

＊4　Bernard Grofman, "Downs and Two-Party Convergence," *Annual Review of Political Science*, Vol. 7, No. 1, 2004. ダウンズの業績の読み直しを行ったグロフマンによると、二大政党の政策位置が中位投票者の位置に収斂するという結論は、少なくとも一五の前提を付した場合に成り立つと主張されたにすぎず、いくつかの前提を変えるだけで、二大政党間の分岐を説明する理論にもなる。

＊5　著名なものとして、John H. Aldrich, "A Downsian Spatial Model with Party Activism," *American Political Science Review*, Vol. 77, No. 4, 1983, James Adams, "A Theory of Spatial Competition with Biased Voters: Party Policies Viewed Temporally and Comparatively," *British Journal of Political Science*, Vol. 31, No. 1, 2001, James F. Adams, Samuel Merrill III, and Bernard Grofman, *A Unified Theory of Party Competition: A Cross-national Analysis Integrating Spatial and Behavioral Factors*, Cambridge University Press, 2005.

＊6　谷口将紀「日本における左右対立（二〇〇三〜二〇一四年）——政治家・有権者調査を基に」（『レヴァイアサン』第五七号、二〇一五年）が、精緻な分析を行っている。

＊7　たとえば、David Butler and Dennis Kavanagh, *The British General Election of 2001*, Palgrave, 2001. ただし、批判的分析として Jane Green, "A Test of Core Vote Theories: The British Conservatives, 1997-2005," *British Journal of Political Science*, Vol. 41, No. 4, 2011 がある。

＊8　こうした点を指摘する数少ない先行研究として、建林正彦『政党政治の制度分析——マルチレベルの政治競争における政党組織』（千倉書房、二〇一七年）の第三章「政権交代と国会議員の政策選択——自民党の政権復帰とその帰結」。この研究では、高い議席交代率を伴う「激変型」の政権交代により少数の有力議員と若手議員の二極化が生じたこと、両者に政策選好の違いがみられることが早稲田大学と読売新聞の共同調査データの分析により明らかにされている。建林によれば、前者は中核的で強固な支持層に支えられるために逆風選挙でも勝ち残れた者であり、コアな支持層の志向を反映して極端で純化した立場をとっている可能性がある。

＊9　Robert Harmel and Kenneth Janda. "An Integrated Theory of Party Goals and Party Change," *Journal of Theoretical Politics*, Vol.6, No.3, 1994.

＊10　近年の研究として、たとえば Thomas Meyer, *Constraints on Party Policy Change*, ECPR Press, 2013.

＊11　政治家調査を用いた計量分析には、蒲島郁夫・竹中佳彦『イデオロギー』（東京大学出版会、二〇一二年）第五章や、谷口将紀「衆議院議員の政策位置」（『日本政治研究』第三巻第一号、二〇〇六年）、「衆議院総選挙候補者の政策位置」（『年報政治学』二〇〇五－Ⅱ、二〇〇六年）を嚆矢として、多くの蓄積がある。

＊12　二〇〇三年から一七年までの総選挙候補者対象の調査で、六回すべてで尋ねられた政策争点は八つのみであるが、争点の性質に偏りがある。五回以上で九、四回以上で一三となる。三回以上とするとさらに四つ増えるが、政権交代以前のみや再交代以後のみに尋ねられた質問である。各質問は五段階で争点に関する態度を回答するものである。質問文については、同調査のウェブサイトなどで公開されているコードブックを参照されたい。

＊13　これとは別に公共事業や財政出動など経済政策中心の対立軸が存在すること、そして外国人労働者受け入れに関する政治家の主張は、いずれの対立軸上の立場とも重ならず独立性が高いことを、第二・第三因子は示している。

＊14　「憲法を改正すべきだ」、「日本の防衛力はもっと強化すべきだ」、「他国からの攻撃が予想される場合には、先制攻撃もためらうべきではない」、「治安を守るためにプライバシーや個人の権利が制約されるのは当然だ」という四つの質問への五段階での賛否の回答である。

＊15　人口に占める第一次産業人口と建設業人口の割合を選挙区ごとに算出したものである。これについては、国勢調査に基づいて東京大学空間情報科学研究センターの西沢明が作成した選挙区ごとの統計データを用いた〔https://home.csis.u-tokyo.ac.jp/~nishizawa/senkyoku/index.html〕（二〇二〇年八月五日アク

セス)。

＊16　小選挙区勝利の場合は次点との、敗者の場合は他党当選者との得票率差である。小選挙区での当選者はプラス、そうでない場合はマイナスの値をとる。選挙に強い候補者ほど大きな値となるのはもちろん、有力な対立候補が不在であったり、対立候補が一本化されなかったりした場合にも値が大きくなる傾向が生じ、接戦であるほどゼロに近づく。民主党をはじめ、自民党より左側に位置する政党の候補者との実質的な競争の激しさを総合的に評価する指標とみることができる。

＊17　「選挙運動には、政策を訴えかける以外にも、さまざまな活動があります。今回の選挙に際して、あなたがもっとも重視する（政策以外の）要素はどれでしょうか」と尋ねて、五つの選択肢のうち一番目から三番目まで選ばせる質問で、「ふだんからあなたを応援してくれる人々や組織に働きかける」を一番目に選んだ候補者を固定票志向とした。その他の選択肢は、「過去の業績を強調する」、「政権担当能力を強調する」、「リーダーの資質を強調する」（この三つは「(自党・友党の良さや反対党の悪さ)」との括弧付きの補足がある）、「あなた自身の業績や資質を強調する」である。

＊18　過去に公募により候補者に選定された経験を持つ者であり、各選挙の公募新人に限定しない。

＊19　重回帰分析の決定係数の小ささをみると、モデルに含めた変数以外にも重要な選挙区・候補者要因が存在する可能性があるし、政治家の政策位置はそれぞれの信条に基づく部分も大きい。たとえば、境家史郎「日本政治の保守化と選挙競争」(『選挙研究』第二五巻第二号、二〇〇九年）や大川千寿「政治家の政策位置の変化と競合――二〇一二・二〇一四年衆院選の比較を通して」(『神奈川法学』五一巻二号、二〇一八年）は、選挙区ごとの候補者擁立状況による自民党候補者の政策位置の差異を実証している。

＊20　『読売新聞』（二〇一九年二月九日、一四日、三月二六日)。

＊21　二〇〇〇年代以降、自民党の総裁選で議員票に対して党員票の比重を高める制度改正が繰り返し行われ、それが右傾化をもたらしたという説が存在する。そうした主張として、Hironori Sasada, "The Electoral Origin of Japan's Nationalistic Leadership: Primaries in the LDP Presidential Election and the 'Pull Effect'," *Journal of East Asian Studies*, Vol. 10, No. 1, 2010. ただし、後述のような歴史をみるかぎり、支持できない。

＊22　中北浩爾『自民党政治の変容』（ＮＨＫブックス、二〇一四年）第二章。

＊23　『読売新聞』（二〇一八年九月一七日)。

＊24　『日本の息吹』二〇〇五年九月号、二八－二九頁、二〇〇九年九月号、二六－二七頁。

＊25　俵義文『日本会議の全貌――知られざる巨大組織の実態』（花伝社、二〇一六年)、同『日本会議の野望――極右組織が目論む「この国のかたち」』（花伝社、二〇一八年)。

＊26　もちろん、二〇〇三年時点で相当に右派的である場合、さらなる右傾化の余地が少ないことなどに注意が必要である。一貫した加入者で右傾化している者がさほど多くないのは、この点が関わっているだろう。

＊27　中北前掲書『自民党』二〇九－二一二頁。

＊28　同上書、二一三－二一五頁。

*29 本節で扱う内容については、中北前掲書『自民党政治の変容』第四章も参照。以下、とくに典拠を示さない記述は同書による。
*30 『自由民主』(二〇〇九年一〇月一三日)。
*31 『自由民主』(二〇〇九年一〇月六日)。
*32 『自由民主』(二〇一〇年一月五・一二日)。
*33 『自由民主』(二〇一〇年二月二日)。
*34 同上。
*35 『自由民主』(二〇一二年一月三・一〇日)。
*36 谷垣禎一「保守政党の大道を歩み、政権を奪還する」(『月刊自由民主』二〇〇九年一一月)三二－三三頁。
*37 『自由民主』(二〇一〇年二月二三日)。
*38 保利耕輔『わが人生を語る　保利耕輔　回顧録』(佐賀新聞社、二〇一七年)三一二－三一五頁。
*39 同上書、三一八－三二五頁。
*40 中谷元・塩田潮(対談)「なぜいま憲法改正なのか」(『ニューリーダー』二〇一三年八月)三七頁。
*41 舛添要一『憲法改正のオモテとウラ』(講談社現代新書、二〇一四年)二〇三、二六九頁。

［追記］

本章の原稿は、二〇一九年中に提出したものである。その後、谷口将紀『現代日本の代表制民主政治――有権者と政治家』(東京大学出版会、二〇二〇年)、『年報政治学』二〇二〇－一号の特集「「対立」をいかに掴むか」の諸論文など、本章の主題に関わる重要な研究が相次いで発表された。また、東京大学谷口研究室・朝日新聞共同調査については、二〇一七年選挙の有権者データが公開された。こうした研究状況の変化について、本章に反映させることができなかったことをお断りしておきたい。

また、本稿の執筆過程では、東京大学の前田幸男先生より、大変有益な助言をいただいた。記して感謝を申し上げたい。もちろん、本稿の内容に関するすべての責任は筆者にある。

2　地方政治

地方議会における右傾化――政党間競争と政党組織の観点から

砂原庸介・秦正樹・西村翼

はじめに

近年の日本においては、地方議員の極右的な言動が注目されることが少なくない。残念ながら現職の地方議員やその候補者によって在日韓国・朝鮮人を標的とする差別的な言辞は繰り返されているし、最近ではアイヌ民族に対する同様の言動が批判される議員もいる。もちろん、こうした言動は地方議員に限ったことではないものの、目立つ国会議員の場合には言動に対する幅広い批判が行われるのに対して、地方議員の場合には一般の注目を集めないままにきわめて過激な言辞が飛び交うことは珍しくない。

地方議員の言動がとりわけ右翼的な言説を強調するかたちで過激化・急進化することは、彼ら・彼女らが政党内において「活動家activist」としての位置を占めることと結びつけられるかもしれない。すなわち、有権者や国会議員がそれほど関心を持たないテーマであっても、政党の中核を構成する地方議員が活発に運動を行い、政党の方向性を決める可能性がある。しかしながら、エスニック・マイノリティに対する差別的な言動が、直接的に有権者の求める利益に関わるわけではない。少なくとも、一般の有権者レベルでそれほどまでに排外主義的な傾向が強いわけではないなかで、一部の地方議員が右翼的な傾向を強める理由について、これまで十分に説明されてはこなかった。

本章では、そのような原因を、地方議会の選挙制度がもたらす政治的競争の特徴に求める。右翼的な言説を強調する政党、あるいはそのような主張を掲げる議員が増えるときに、他の議員が対抗関係のなかで右翼的な言説を強調することで、有権者の政策位置に関わらず政党や議員が右傾化していくと考えるのである。周知のとおり、単記非移譲式投票で行われる地方議会選挙では、候補者が当選するために政党ラベルに頼ることは困難であり、候補者は有権者に対して他の候補者との差異をアピールすることが求められる。従来は、有権者に対する地方議員のアピールの方法として、国会議員との親密な関係を通じた利益誘導で公共施設の建設を行うことなどが重要な手段であった。しかし、財政危機が深刻化し、また人口減少で公共施設建設の非効率性が批判される現在では利益誘導が難しくなっている。そこで排外主義的ないしは民族的に過激な言動が、有権者に対してみずからの存在をアピールし、投票を求める手段となりえるのである[*1]。

極端な言動は、地方議員候補者の戦略のみで問題になるわけではなく、政党にとっても重要な問題である。極右や極左の新党が現れるとき、既存の政党は包摂・敵対・無視、といったような戦略を採ることが考えられる[*2]。しかし現在の地方議会の選挙制度を前提とすると、とくに地方議会で多数派を狙う自民党系の議員たちにとっては、あえて右翼的な言説を敵視する意味はほとんどなく、むしろ多数派を構成するために包摂あるいは競合する傾向が強まるとも考えられる。そうして既存政党のなかに過激な言動を行う議員が入り込むことになり、それが都道府県や国といったより高いレベルでの政党の政策にも一定の影響をもたらすことが予想される。

本章では、大阪府内の政令指定都市を除いた市議会の選挙データや議員の政党所属のデータなどを用いて、このような議論について実証的に検証していくことを目指す。大阪府に注目するのは、近年大阪維新の会という右翼的な性格を持つとされる新党が広範に勢力を拡大する地域だからである。右翼的な言説自体は、無所属の地方議員の場合であっても表明することは珍しくない。しかし、無所属の地方議員の場合には、まさに政党所属がないために、イデオロギー的にどのような傾向を持つかについて事前に予想することは難しい。極右的な発言をする議員もいれば、反対に極左的な無所属議員もいるだろう。それに対して大阪の場合には、一定の傾向を持った大阪維新の会の議員がシステマティックに参入してきたことで、その効果とそれに直面する自民党議員の反応を分析し、新党の参入と既存政党の右傾化について検討することができると考えられるのである。

以下、本章は次のように構成される。まず、先行研究としてヨーロッパでの右翼勢力の伸長についての研究を整理したうえで、関連する日本の研究を概観する。ヨーロッパにおける研究では、有権者の支持をめぐる政党間競争のなかでニッチの新しい政党がどのように勢力を拡大するかという点に注目されるようになっているのに対して、日本ではそのような視点が十分でないことを指摘する。そのうえで、日本の地方政治における特徴的な選挙制度である地方議会の単記非移譲式投票がもたらす分権的な政党組織のあり方に注目し、政党間・政党内の競争に直面する地方議員の行動について仮説を導出する。実証分析では、大阪維新の会の参入が右翼的な言説の増加につながりうること、政党のイデオロギーに従うかたちで議員たちが発言を行っていること、そして自民党議員が議員個人レベルの競争に直面するかたちで発言を行っていることが示される。

1　先行研究

近年、なぜナショナリズムや排外主義を掲げる右翼勢力が伸長しているのだろうか。この問いに関わる研究は膨大に存在する。右翼勢力、さらには極右勢力といっても、民主政治を否定する極端なものからその枠内での政治活動を行うものまで幅はあるし、ポピュリズムやナショナリズム、そしてファシズムといった概念との重なりがある。[*3] マット・ゴルダーの整理によれば、それらの研究は人々の社会に対する不平や不満を背景とした右翼言説の需要に注目する研究と、極右政党やそれらの成功に影響を与える政治的機会構造に注目した供給側の研究に大きく分けることができる。[*4]

需要側の研究としてまず挙げられるのが、いわゆる「近代化の敗者」仮説と呼ばれるものである。伝統的な工業セクターで就労していた労働者が、グローバリゼーションや知識経済化の過程で従来と同じような雇用を得るのが難しくなることや、[*5] 近代化の過程で従来の政治的・社会的な結合が解体されて個人化が進んでいること、[*6] あるいは個人の自由の拡張や多文化主義、ジェンダー・民族的平等などが普遍的な価値とされることなどに対する反発[*7]によって、右翼勢力が掲げるナショナリズムや権威主義のような価値への支持が集まると考えられる。また、右翼勢力を支持する人々の典型的な属性は、若い男性で、教育程度が低く、失業状態や非熟練労働などであることが指摘されている。[*8]

さらに、移民の流入で生じる競争に対して経済的・文化的な脅威を感じる人々が、移民排斥を主張する極右政党を支持することに注目する研究がある。成功した極右政党は軒並み移民に対する不満の動員を行っており、[*9]反移民感情は極右政党への支持と強く結びついていることが指摘されている。[*10]ただし移民が十分に多い状況では失業率の上昇が極右政党への支持と結びつくという議論がある一方で、[*11]移民の規模が極右政党の支持に結びつくかについては否定的な実証結果も少なくない。[*12]

近年では、このような需要側の要因は必要条件としつつ、極右言説の供給側、とくに極右政党の参入と伸長に注目した研究が蓄積されつつある。[*13]早い段階から注目されているのが選挙制度の影響であり、当選の閾値（Electoral threshold）が高い小選挙区制と比べて、閾値の低い比例代表制の場合に極右政党が参入しやすいことが指摘されている。[*14]さらに、小選挙区制であっても、既存の主流政党の対応によって極右政党が成功することも指摘されている。[*15]すなわち、主流の政党が極右政党のことを無視したり包摂したりしようとするときには、極右政党が有権者の注目を集めにくくなり、それゆえに支持も広がりにくい。それに対して、とくに左翼的な立場を取る主流の政党が極右政党に対して攻撃的である場合に、反移民などの極右政党が掲げるイシューが際立つことになり、支持を拡大して議席を取る可能性が高まるというのである。しかし、どのような政党が反応することが、極右勢力の支持につながるかについては議論がある。主流の左翼政党の反応ではなく、主流の右翼政党が反応することが極右政党の主張を正統化して支持拡大につながるという主張もある。[*16]また、極左に位置する政党に対するバックラッシュが極右政党の支持拡大につながるという研究もある。[*17]

こうした諸外国における右翼勢力の伸長についての研究と比べて、日本における研究は、上記の分類でいえば需要側に偏ってきたと考えられる。これまでに、社会学者を中心としてナショナリズムやレイシズムの高揚についての研究やルポルタージュが数多くまとめられてきた。初期の研究では、新自由主義の浸透やグローバル化を背景とした不満や不安、あるいは若者の閉塞感がナショナリズムにつながるという近代化の敗者論と同型の主張がなされていた。[*18] しかしその後の研究では、このような主張があくまで印象論に基づいたもので、不安とナショナリズムが直接に結びついてはいないこと、[*19] そして排外主義者が必ずしも不満だけで結集するわけではないことも指摘されている。[*20] 最近の実証的な研究の成果によれば、近代化の敗者論とは異なって、生活満足度や地位の高い人々、あるいは所得の高い人々がさまざまなかたちのナショナリズムと結びつきやすいことがしばしば指摘される。[*21]

また、近年の欧米における先行研究と比べて、日本におけるナショナリズムの議論の一つの顕著な特徴は、新自由主義的な主張を行う政治家の支持との結びつきに注目する点にある。[*22] ヨーロッパの研究では、最終的に極右言説が福祉拡大を重視する労働者の支持を志向することが指摘されているが、[*23] 日本の場合にはむしろ社会福祉の切り下げを行う言説と結びついているというのである。その嚆矢は、小泉純一郎を「ポピュリズム」として分析した大嶽秀夫の研究だろう。[*24] 必ずしも極右に分類される言説ばかりではないとしても、小泉が批判にもかかわらず靖国神社への参拝を中止しなかったことなど東アジア諸国への強硬な姿勢をとっていたことが注目され、そのようなリーダーの新自由主義的志向とナショナリズムの強調が重ね合わされるのである。小泉以降は、東京都知事であった石原慎太郎や大阪府知事・大阪市長を務めた橋下徹といった知事・市長の言動に注目し、どのような有権者がナショナリズムを強調するリーダーを支持するのか分析が重ねられてきた。[*25] これらの分析からは、たしかに有権者のナショナリズムやネオリベラリズムの傾向とこの種のリーダーの支持は親和性を持つものの、生活への不満や社会不安などに強く関連しているわけではないことが示されている。
充実している需要側の研究に対して、極右言説の供給側についての研究はそれほど多くない。そのなかで、これまでに行われてきた研究としては個人に焦点を当てたポピュリズム研究に関連して、個々の政治家個人の右翼的な志向も議論されてきた。[*26] 政党や組織単位の研究としては、神社本庁や日本会議に代表される、伝統的なナショナリズムを強調する団体と政治との関係に注目する研究がある。[*27] そのなかには、幸福実現党のように伝統とはやや異なるかたちのナショナリズムを標榜する政党の出現についての分析もみられる。[*28]
政党間競争については、欧米ではしばしば論じられているが日本では非常に少ない。しかし共通して指摘されていることは、二〇〇〇年以降、イデオロギーの観点からいうと有権者レベルでは大きな変化がみられないということ、[*29] 他方で自民党の国会議員はイデオロギー的に右傾化する方向にあることである。[*30] この点について中北浩爾は、自民党の右傾化をその左側にいる民主党との差別化から説明するが、この説明にも限界がある。民主党が明確に左側のポジションを取っているとすれば、ダウンズの空間理論のようなものを想定すれば中道に寄る方が多くの得票を期待できるし、一二年以降民主党が分裂した後に生まれた政党群は、そもそも明確な差別化が必要な相手でもなくなっているともいえる。谷口将紀は、合意争点である経済問題について良好なパフォーマンスを示している安倍政権に対して、有権者が左右の政策位置にかかわらず委任していると指摘している。これらの研究は、政党が有権者と比べて右翼的なポジションを取ることについての理論的な推論を試みているものの、自民党が政党としてより右側に位置しようとするメカニズムについて実証分析に基づいた議論を提示しているわけではない。

加えて、地方議員の極右的な発言がマスメディアやSNSにおいてしばしば問題視されるものの、その理由を明らかにすることに取り組んだ研究はきわめて少ない。貴重な例外として、山口智美らによる、条例制定を行う地方議会を舞台とした男女共同参画に対する「バックラッシュ」を草の根保守運動として捉え、そのような運動とフェミニズムの対立が両者を先鋭化させていく状況を描き出した研究がある。[*31] このような保守運動は、結婚や家族というテーマにおいて、個人の権利や自由の制限を志向する右傾化につながるという主張がある。[*32] 山口らの研究は、フィールドワークに基づいて右傾化が生じる構造の一端を明らかにする貴重な研究だが、どのような地方議員がなぜ右傾化するのかについての説明を与えるものではない。

地方議員について研究することは、国政政党の右傾化について考えるうえでも意義がある。二〇一〇年代の国政では、自民党よりもイデオロギーの点で右側に位置すると考えられる政党が、大阪という地域に特化した日本維新の会や、幸福実現党、NHKから国民を守る党といった非常に小規模な政党に限られている。大阪における日本維新の会を除けば、自民党にとって右翼的な勢力が脅威となりにくいにもかかわらず、自民党はより多くの得票を期待できる中道から右傾化を強めている。野党が非常に分裂的であり、自民党が右翼的な政策を掲げても選挙で敗北を喫するわけではないということを前提としながら、自民党のなかに右傾化を進めている何かしらのメカニズムがあると推論できるだろう。

自民党内の右傾化を議論する際にしばしば見られるのが、二〇一〇年代に長く党首を務めている安倍晋三の個人的な志向に帰する主張である。しかし、その分権性に特徴を持つ自民党において、党首の個人的な志向のみが多くの国会議員を有権者よりも右傾化させることになるだろうか。たしかに二〇〇〇年代以降、自民党では総選挙の公認権を梃子に政党執行部の候補者に対する影響力は強まっていることが指摘されるが[*33]、反対に、長らく分権的な性格の強い政党であり続けた自民党では、国政政党の活動家という側面を持つ地方議員が、国政の候補者にも大きな影響を与えうる[*34]。地方レベルでの政党の右傾化が、直接的に国政レベルでの政党の右傾化を意味するとは限らないとしても、政党を支える重要な活動家である地方議員の政治的な志向が、長期的に政党の方向性に影響を与える可能性は十分にあるだろう。

2　仮説と方法

すでにみたように、日本における議論は、どのような人が右翼的な言説を支持するのかという需要側の研究に偏っていた。供給側の政党に関する研究は多くないものの、有権者には顕著な偏りがないなかで、政党が右傾化しているという指摘はほぼ一致している。以上を踏まえて、本章では、国政ではなく地方政治、とりわけ地方議会に注目して政党の右傾化に関するメカニズムを説明する。これまで地方政治に注目してきた研究では、ポピュリストとしての首長がしばしば取り上げられてきたが、すでに確認したように、有権者の不安や不満という需要側の要因とポピュリストである首長への支持が必ずしも結びついていない。供給側の要因として考えたときにも、政党に属することの少ない首長が個人としてどのような選好を持つかを事前に予測することが難しい。そこで、供給側の要因としてヨーロッパの先行研究で重視されてきた、議会に参入する政党に注目するのである。

このとき日本の地方政治の重要な特徴として挙げられるのは、単記非移譲式で行われるその選挙制度である。人口の多い市では大きい選挙区定数が設定されているために、当選への閾値が低いものとなっている。その結果として、候補者が支持基盤を作ることなどを通じて個人の努力で得票を獲得することが求められる傾向にある。いいかえれば政党のラベルを使って集票することが難しいために、政党への凝集性は低くなる。結果として、地方政治レベルで政党が存在するとしても、政党としての一貫した方針を議員個人に強制することは難しく、国政レベルの政党と比べて非常に分権的な性格を持つことになる。また、個人による集票が求められるために、候補者が政党に所属せず無所属で立候補することも多い。

当選への閾値が低いこのような選挙制度のもとでは、右翼的な言説を強調する候補者や政党が参入することが容易であると考えられる。なかには政党に所属せずに過激な言説を発表して目立つことで得票を集めようとする候補者もいるだろう。とりわけ、政治家としてのキャリアが短く、十分に支持基盤を持たない場合には、右翼的な言説が注目を集める手段として理解され、活発にそのような言論を行うかもしれない。無所属の個人ではなく、右翼的な政党が参入してきた場合には、その政党に所属する議員や候補者は、より右翼的な言説を発表することで注目を集めようとすると考えられる。

こうした言説は、地方政治に参入する新しい候補者や政党のみならず、既存の政党にとっても重要な意味を持つと考えられる。ボニー・メグイッドが議論するように、新規参入者による右翼的な言説が台頭するとき、既存の政党としてはそれを無視するか、そのような言説を取り込むか、あるいは対抗するかという戦略を考えざるをえない。[*35] 日本の文脈に位置づけるならば、新党や新人議員が右翼的な言説についてイシューオーナーシップを握ろうとするとき、既存の右翼的な政党である自民党の地方議員をはじめとした地方議員が、その言説に対してどのように反応するかがポイントになると考えられる。

さらにこのとき注意する必要があるのは、自民党が持つ、ヨーロッパなどの中道右派とは異なる際立った特徴である、その分権的な性格である。先行研究で政党間競争について述べられるとき、政党は一体的な意思決定主体として右翼的な言説に対する反応を行うことが想定されていた。しかし、日本の地方政治の場合、分権的な政党が地方議員に対して一貫した方針を取らせることは難しく、地方議員はそれぞれが自分自身の選挙に与える影響を考えて行動することになる。そのために、政党のなかで議員同士が役割分担を行って、政党として有権者に対して訴えかけるのではなく、議員個人が自分は確固とした考えを持ち、頼りになる存在であるとアピールしなくてはならない。結果として、自民党の内外を問わず、右翼的な議員が増えると、それに刺激されるかたちで自民党議員が右翼的な言説を増幅させる可能性があると考えられる。

このような議論を検証するために、本章で注目するのは、大阪の地方政治である。すでに知られているように、大阪では二〇一〇年以降、橋下徹大阪府知事（当時）が創設した大阪維新の会（維新）が支持を広げている。当初は大阪府議会・大阪市議会への進出のみであったが、次第に大阪府内の市町村議会へと勢力を広げる成功した新規参入者となっている。大阪維新の会について、創設者の橋下の過激な意見に注目して極右政党とみなす主張もあるが、実証的に見れば支持者には右派・保守派が極端に多いわけではなく[*36]、偏りも自民党ほどではない[*37]。しかし、維新のような首長に率いられて存在感のある政党が一定の規模を持って地方議会に参入することは、自民党の地方議員をはじめとした既存の地方議員にとっては大きな脅威となるし、再選を求める地方議員たちが維新の参入を踏まえた戦略的な行動をとることになると考えられる。

地方議員の行動を観察するために本章で利用するのは、政令指定都市を除いた大阪府下各市における地方議会における議事録データであり[*38]、議事録に現れる特徴語と地方議員の属性や政党所属との関係について検討する。対象となる議事録として利用可能なものは、二〇一五年から一八年までの選挙から選挙までのあいだにおいて、定例会・臨時会など議員全員が参加する会議での議員の発言である。各市における選挙サイクルに合わせて議事録を取り出したうえで、膨大な発言データのなかから、議員名と紐づけられた発言のうち、議長としての発言を取り除いたものを分析対象とする。

大阪のデータを用いて検証される仮説は、次のようなものとなる。一つめの仮説は、大阪維新の会が地方議会に参入する場合、参入がない場合と比べて右翼的な言説を用いるようになる、というものである。首長に率いられ、注目される大阪維新の会が参入してきたとき、既存の地方議員たちはそれに対抗するかたちで特徴語を用いるようになると考えられる。さらに、二つめの仮説として、分権的な政党である自民党の地方議員は、ライバルとなる地方議員が増えるほどに特徴語を用いるようになる、ということである。ヨーロッパの国々のように、新党の参入に応じて既存政党が政党として反応するのではなく、それぞれの選挙を重視する地方議員が、その競争環境に応じた反応を行うと考えられる。そして自民党地方議員の反応は、相対的に集権的な政党であると考えられる大阪維新の会や共産党の地方議員の反応とは異なるものになると考えられる。

3　大阪維新の会参入の効果

前節で述べた仮説の検証に当たって、まずは議事録における特徴語を抽出し、確認しておきたい。右翼的な言説に関連すると考えられる主な特徴語について、高史明の議論などを参考に四〇語程度を指定した。[*39] そのうちの一部について、各地方自治体の議事録テキストで一万字あたり何回程度該当の単語が出現したかを示したものが図1となる。この図をみると、しばしば新自由主義的と批判されるリーダーが問題点を強調する「生活保護」をはじめ、「差別」「人権」「外国人」「マイノリティ」など、どちらかといえば右翼的な言説の攻撃対象となりうる特徴語が上位に来る傾向がある。他方で、ナショナリズムを強調する特徴的な単語として「日本人」が挙げられる。「日本人」は、「生活保護」などの単語と比べて出現数は少ないが、「愛国」のような単語と比べるとかなり多くなっていることがわかる。地方議会において、地域の出身やつながりを強調することはしばしば行われるが、あえて「日本人」について発言することは、たんに日本という国家について述べるのではなく、ナショナリティの強調を意図していると考えられる。ナショナリズムに関連してポジティブなかたちで表現する単語が少ないなかで、この単語が数多く使われているのは興味深い結果といえるだろう。

以上の傾向を踏まえたうえで、以下では相対的に発言回数の多い「日本人」「外国人」「生活保護」「人権」という単語に限定して、どのような要因がこれらの単語の発言量を増加させるのかを検証する。具体的には、目的変数として議員ごとに集計した一万字あたりの単語の出現回数を用いて、大阪維新の会の参入が、議会における議論に、どのような違いをもたらすかを説明することになる。[*40]

図1　主な特徴語の出現頻度

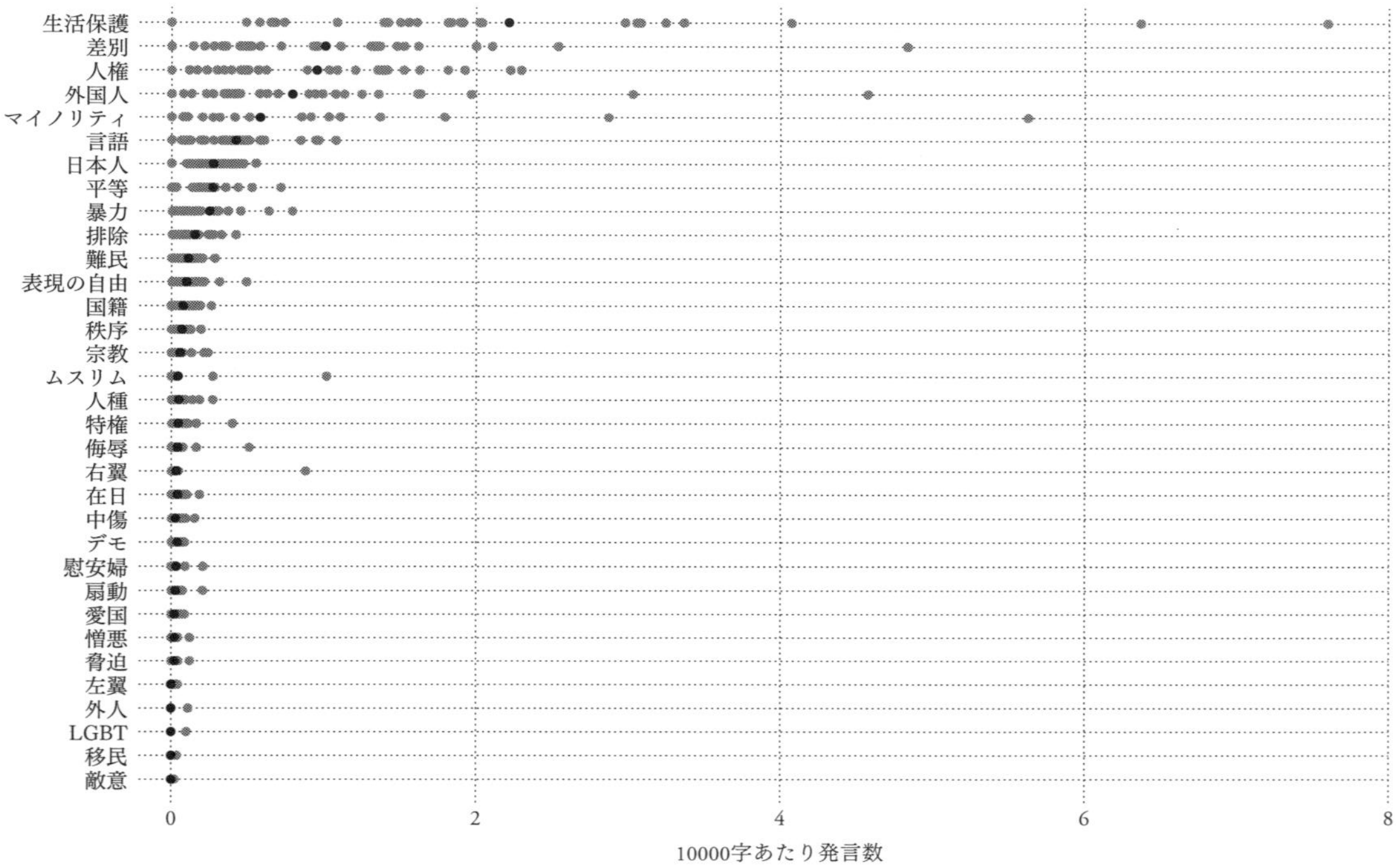

註：濃い黒丸は各議会の平均。

主要な説明変数として設定するのは、大阪維新の会が議会に議席を持つかどうかというダミー変数である。維新は大阪府下の地方議会で勢力を伸ばしているものの、すべての地方議会で議席を持っているわけではない。ダミー変数を用いることによって、この政党が新規参入することで各議員が当該特徴語を発言する確率が変わるかどうかを検証する。それに加えて、地方議員の特性として年齢・性別と新人候補者かどうか、そして政党所属を統制する。このような変数をコントロールしたうえで、維新の参入が平均的に議会における特徴語の使用頻度を上げたかどうかを確認していく。

地方議会ごとの特徴がありうると考えられるため、分析は自治体ごとのランダム切片を想定したマルチレベル分析を行った。説明変数として維新参入ダミーのみを用いた分析結果を示した図2をみると、やや標準誤差は大きいものの、維新が参入している議会で特徴語が増える傾向にあることがわかる。さらに、統制変数を含めた分析の結果を示した図3をみると、他の変数を統制してもなお、維新の参入があった議会における特徴語の使用が多くなっているといえる。ただし、その効果は、ナショナリズムと親和性の高いと考えられる「日本人」という単語ではそれほど多くなかった。

次に、統制変数として利用した独立変数の効果も確認しよう。年齢・性別はとくにはっきりした効果は観察できていない。新人候補については、現職・元職の議員と比べて、「日本人」や「生活保護」が多く発言される傾向があるが、標準誤差も大きく有意とはいえない。地方議会で右傾化が強まっているとされるとき、新人議員がこうした発言をしやすくなっているという議論はありうるが、そのような傾向は直接的に確認できなかった。[*41]

大きな差が出たのは政党所属の効果である。政党所属の基準カテゴリーは、市町村議会で非常に多い無所属議員である。まず、自民党の所属議員は、無所属議員と比べても有意に「日本人」について

図2　大阪維新の会参入の効果（単回帰）

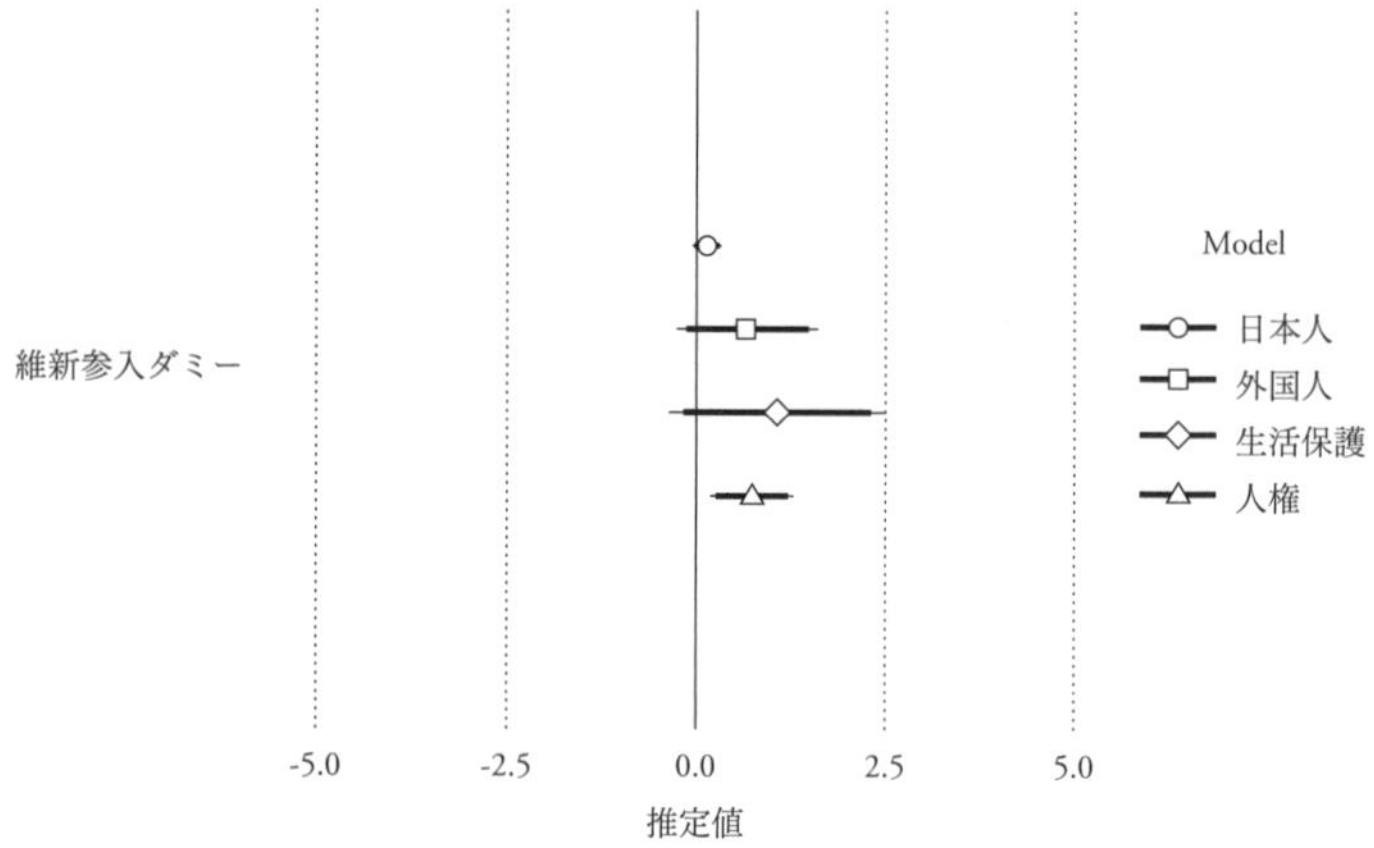

図3　大阪維新の会参入の効果（重回帰）

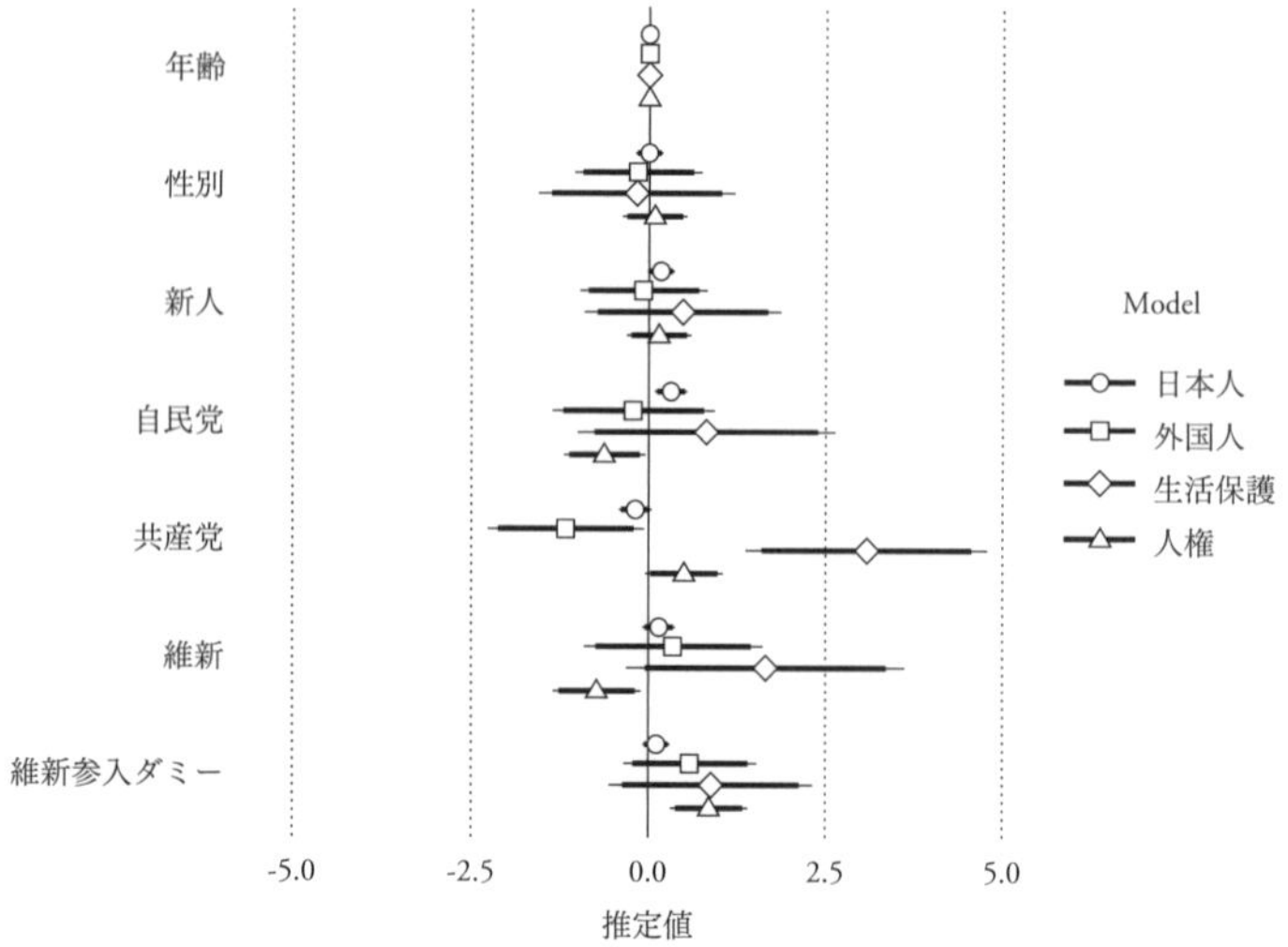

発言する傾向が示される。無所属議員のなかには右翼的な言説を表明する保守派の議員も少なくないなかで、自民党への所属はそれよりも平均的に「日本人」について発言する傾向をもたらしていることは特筆すべきだろう。また、有意とはいえないが「生活保護」について発言する傾向も強まっている。他方で、「外国人」や「人権」については無所属議員よりも発言する傾向が弱い。維新についても自民党と似たような結果といえるが、自民党の地方議員ほどに「日本人」について発言せず、反対に「生活保護」について発言する傾向が強まるのは、すでに指摘されているように維新が保守的なイデオロギーよりも生活保護の濫給防止のような新自由主義的な政策に力点を置いていることを反映すると考えられる。さらに、政党のなかでも特徴的なのは共産党である。共産党は無所属議員と比べて有意に「日本人」や「外国人」の発言が少なく、対照的に「生活保護」「人権」という発言が多い。これらが共産党の議員にとって興味のあるテーマであるということは明らかだといえるだろう。図には掲載していないが、立憲民主党所属の地方議員も「人権」についての発言が有意に大きくなる傾向がみられ、これらの政党がいわゆるリベラルな価値観を重視していることを反映する結果を示しているといえる。

4　政党内競争の効果

続いて自民党を中心に政党内競争がもたらすと考えらえる効果について検討する。その方法は、前節で行ったマルチレベル分析に、政党所属と政党議席数の交差項を加えて、政党の議席数が所属議員の発言に与える限界効果を確認するというものである。以下で検討するのは、自民党所属の地方議員について特徴的な結果を示した「日本人」と「生活保護」という特徴語についてである。

図4と図5は、それぞれ「日本人」と「生活保護」について上述の限界効果を示したグラフである。横軸において議員数が増えていったときに、どの程度特徴語を利用しやすくなるかが示されている。「日本人」は、「生活保護」と比べて発言数が少ないので効果の絶対値は大きくないが、明らかにわかることは、自民党議員は、自分の選挙にとってライバルとなりうるような他の自民党議員や維新の議員の数が多い場合、「日本人」についての発言が増える傾向にあるということである。それに対して、維新に所属している議員に対しては同じような効果があるわけではない。維新の地方議員たちは、その数が増えると「日本人」についての言及をむしろ減らす傾向にあるといえる。

「生活保護」についても顕著な傾向が確認できる。「生活保護」については、比較のために、他の政党と比べてしばしばこの特徴語を発言する共産党についての分析を含めて同様の分析を行った。その結果、やはり自民党議員は同僚の自民党議員が多くなる環境で「生活保護」について発言する傾向がある。図表では明示していないが、維新議員が増えているときにもゆるやかながら同じような傾向が確認される。それに対して、平均的に「生活保護」についてより多く発言する政党に所属する維新や共産党の議員では同様の傾向はみられない。むしろ同じ政党に所属する議員が増えることで、個々の議員が「生活保護」について発言しなくなる傾向が観察されるのである。

このような違いをもたらすのは、自民党と大阪維新の会・共産党という政党の組織構造の違いにあると考えられる。仮説として述べたように、自民党は地方においてきわめて分権的な政党であり、それぞれの地方議員が同じ自民党の議員を含め他の議員たちと個人的なレベルでも競争を強いられてい

図4　「日本人」発言回数と政党所属・議員数

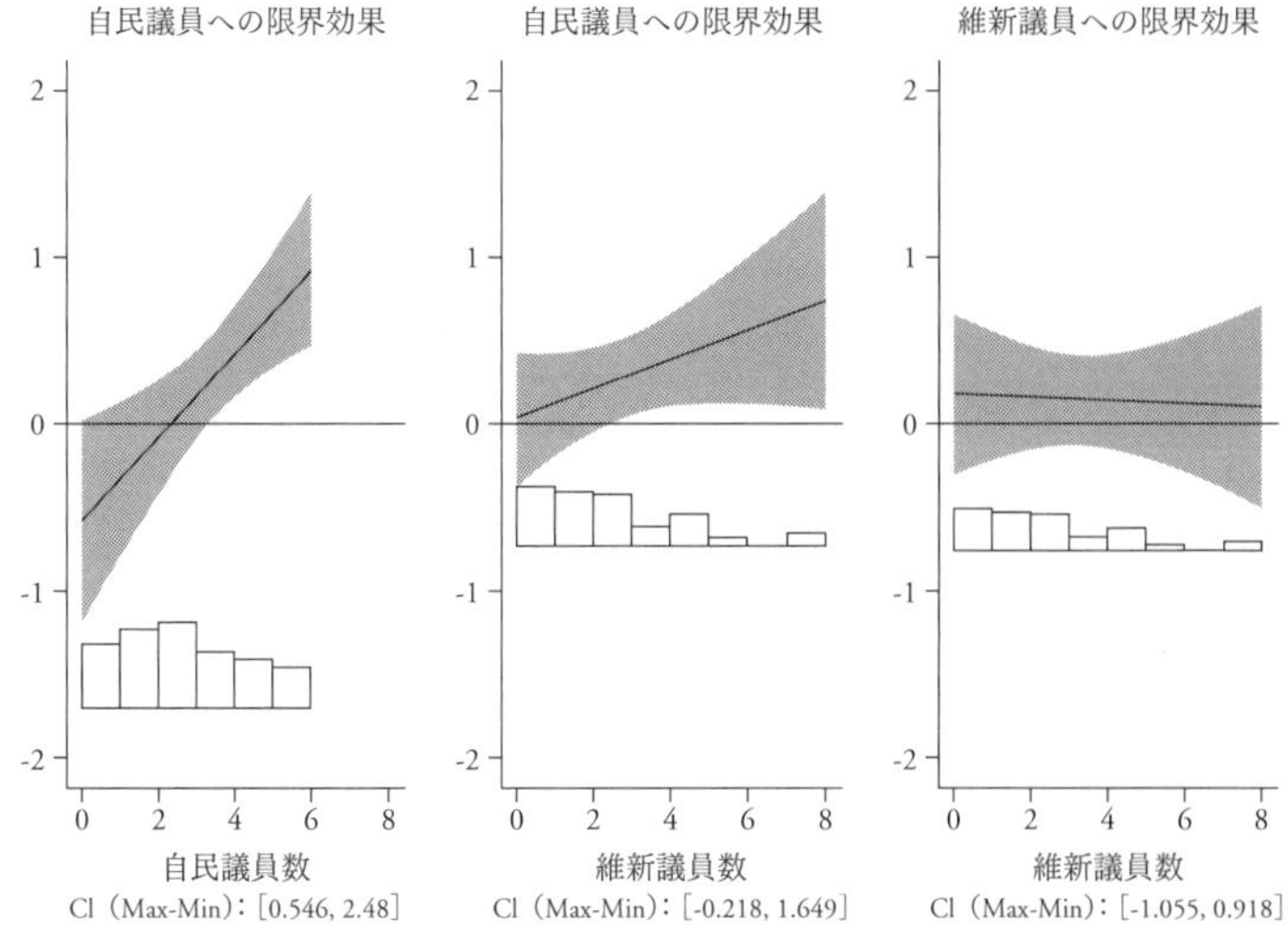

図5　「生活保護」発言回数と政党所属・議員数

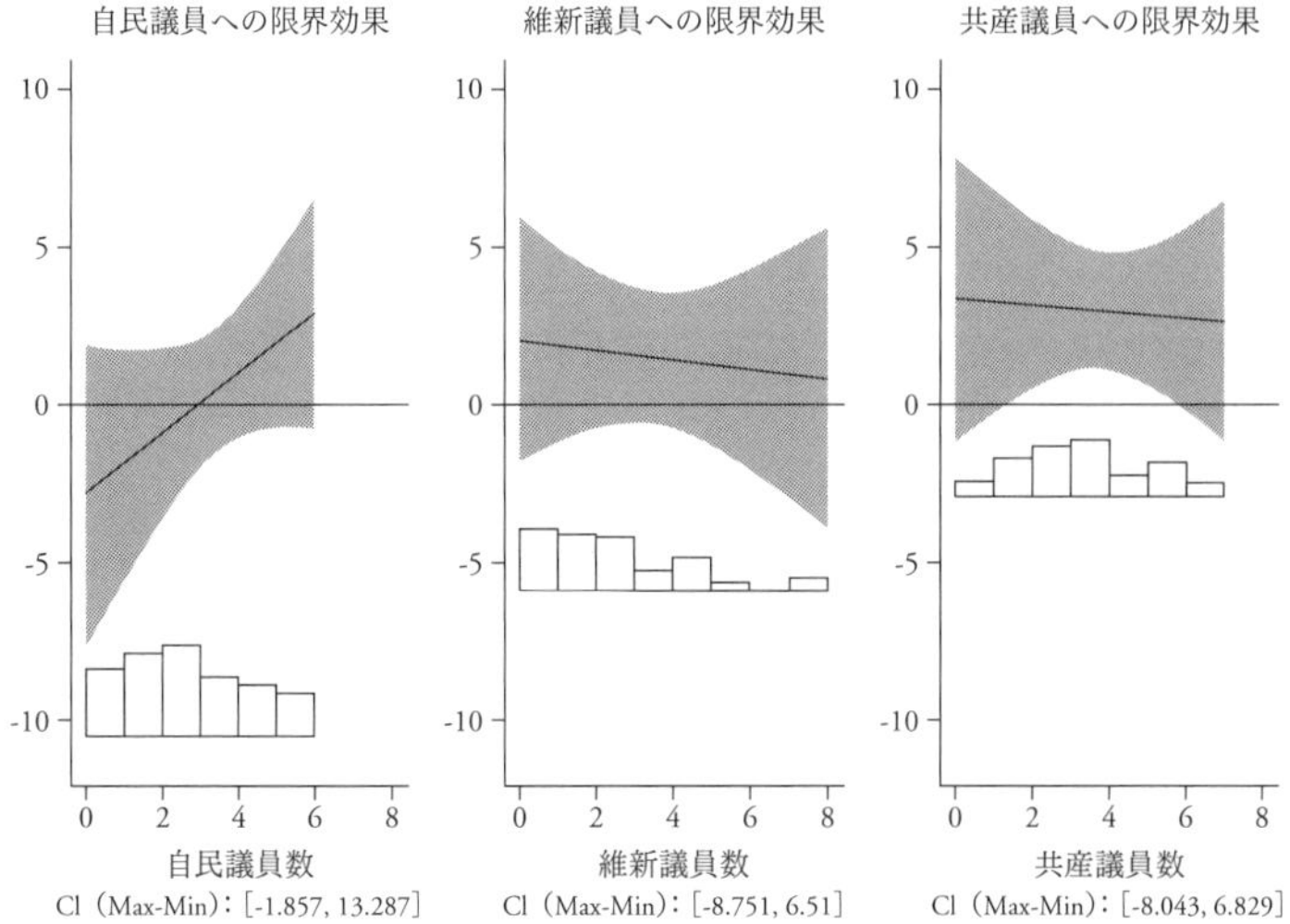

る。それに対して、維新と共産党は、自民党と比べて政党組織の集権性が強く、地方議員であっても政党ラベルを一定程度利用しながら選挙を行っていると考えられる。そのために、政党としてある特定の話題を一定程度取り上げるとしても、あえて個々の議員が同じ話題を取り上げる必然性は薄くなると考えられる。政党所属の議員数が少ない地方議会では、議員たちが政党の重視する話題について多く発言する一方で、所属議員が増えていくと個々の議員あたりでの発言数は減っていくのである。

5　結論

日本の右翼勢力をめぐる重要な論点の一つに、右翼的な言説に対し、需要側である有権者は基本的に中道に位置し、必ずしも右傾化しているとはいえないなかで、政党や政治家による言説が右傾化していることがあった。ではなぜ政党や政治家がそのような言説を供給するようになるのか、それが本章で取り組んだ疑問であった。これまで日本では、国政や地方政治で支持を得るリーダーが右翼的な言説を強調することで政党が右傾化することがしばしば重要視されてきた。しかし、それだけでは、リーダー個人のパーソナリティに依拠する以外に右翼的な言説を供給する理由の説明は難しい。

本章で明らかにしたことは、端的にいえば、政治や議会の場における右翼的な言説の増大は、それをめぐる政党間競争や政党組織の影響を受けるということである。右傾化は、有権者の関心に対応するかたちで進むというよりも、むしろそこから離れて政党や政治家の競争を通じて育まれていく。このことを論じるために、本章では地方レベルで活動家として重要な役割を果たす地方議員が、地方選挙において相互に競争することで右傾化を強めるようなメカニズムを提示した。

まず、大阪維新の会のように右翼的と目される政党が地方議会に参入すれば、地方議会における議論に影響を与える可能性がある。大阪維新の会は非常に注目されたひとまとまりの政治勢力であるが、そこまでは目立たない、しかし地域で有力な無党派の政治勢力が同じような機能を果たすことも考えられるだろう。そして、自民党のように分権的な組織を持つ政党では、個々の議員がさまざまな問題に反応することで、政党間・政党内での議員同士の競争を通じて政党としての方針に影響を与える可能性がある。近年の研究では、集権的な政党であれば、政党執行部の指揮のもとで統合的に政党の方針を変更することもあるが、分権的な政党の場合には、活動家をはじめとする党員がどの程度イシューを強調するかによって政党の方向性が決まる傾向にあることも指摘されている[*42]。この点を踏まえれば、国政レベルの自民党が右傾化しているとすれば、そのような地方議員レベルの右翼的なイシューの強調によるところが大きいと考えることもできるだろう。

この結論はさらに、なぜ日本では右傾化が進む一方で、反対に左翼的な言説が強調されないかについても一定の説明を行うことができる。ヨーロッパにおける研究では、福祉の拡大や環境対策のように財政的な支出を伴うことが多い左翼的な言説は、そもそも「贅沢」な性格を持つものであり、反対する右翼政党をはじめとして既存の政党から無視されやすいことが指摘されてきた[*43]。日本の文脈では、それに加えて、左翼的な言説を正当化しうる中道左派の既存政党が地方議会において伝統的に非常に弱く、本章で示した右翼的な言説のようなかたちで左翼的な言説を増幅させていくことは難しいことが考えられる[*44]。結果として、有権者の目につくのは右翼的な言説が増大していくということになるのではないだろうか。

本章では、大阪維新の会という新党が広範に参入し、かつ議事録データが入手可能な大阪府の自治体を対象として分析を行ったが、大阪府は他の地域と比べて比較的政党化が進んでいる地域という特徴も持っている。維新という新党が参入しているだけではなく、自民党・共産党などの既存政党が占める議席も他の地域よりは多い。より保守的なイデオロギーが強く、しかし政党化が進まず無所属の議員が多いような地域では、異なるかたちで右傾化が進行することになるかもしれない。そのような地域の分析が今後の課題となると考えられる。

註

＊本章は、ＪＳＰＳ科研費JP20K01476による成果の一つである。また、非常に貴重なデータの利用をお許しくださった名取良太先生に心から感謝申し上げたい。

＊1　中井遼『デモクラシーと民族問題――中東欧・バルト諸国の比較政治分析』(勁草書房、二〇一五年)。

＊2　Bonnie M. Meguid, *Party Competition between Unequals: Strategies and Electoral Fortunes in Western Europe*, Cambridge University Press, 2008.

＊3　Matt Golder, "Far Right Parties in Europe," *The Annual Review of Political Science* 19, 2016, pp. 477-497.

＊4　Ibid.

＊5　Hans-Georg Betz, *Radical Right-Wing Populism in Western Europe*, St. Martin's, 1994.

＊6　Michael Minkenberg, "The Renewal of the Radical Right: Between Modernity and Anti-modernity," *Government and Opposition* 35 (2), 2000, pp. 170-188.

＊7　Piero Ignazi, "The Silent Counter-Revolution: Hypotheses on the Emergence of Extreme Right-Wing Parties in Europe," *European Journal of Political Research* 22 (1), 1992, pp. 3-34.

＊8　Marcel Lubbers and Peer Scheepers, "French Front National Voting: A Micro and Macro Perspective," *Ethnic and Racial Studies* 25 (1), 2002, pp. 120-149.; Kai Arzehimer and Elizabeth Carter, "Political Opportunity Structures and Right-Wing Extremist Party Success," *European Journal of Political Research* 45 (3), 2006, pp. 419-443.; Kai Arzheimer, "Contextual Factors and the Extreme Right Vote in Western Europe, 1980-2002," *American Journal of Political Science* 53 (2), 2009, pp. 259-275.

＊9　Elisabeth Ivarsflaten, "What Unites Right-Wing Populists in

Western Europe? Re-examining Grievance Mobilization Models in Seven Successful Cases," *Comparative Political Studies* 41 (1), 2008, pp. 3-23.

＊10 Marcel Lubbers, Mérove Gijsberts, and Peer Scheepers, "Extreme Right-Wing Voting in Western Europe," *European Journal of Political Research*, 41 (3), 2002, pp.345–378.; Pippa Norris, *Radical Right: Voters and Parties in the Electoral Market*, Cambridge University Press, 2005.; Jens Rydgren, "Immigration Sceptics, Xenophobes or Racists? Radical Right-Wing Voting in Six West European Countries," *European Journal of Political Research* 47 (6), 2008, pp. 737-765.

＊11 Matt Golder, "Explaining Variation in the Electoral Success of Extreme Right Parties in Western Europe," *Comparative Political Studies* 36 (4), 2003, pp. 432-466.

＊12 Norris, op.cit., 2005.; Arzheimer and Carter, op.cit., 2006.; Rydgren, op.cit., 2008.

＊13 Jasper Muis and Tim Immerzeel, "Causes and Consequences of the Rise of Populist Radical Right Parties and Movements in Europe," *Current Sociology Review* 65 (6), 2017, pp. 909-930.

＊14 Golder, op.cit., 2003.; Margit Tavits, "Party System Change Testing a Model of New Party Entry," *Party Politics* 12 (1), 2006, pp. 99-119.; Airo Hino, *New Challenger Parties in Western Europe: A Comparative Analysis*, Routledge, 2012.

＊15 Meguid, op.cit., 2008.

＊16 Arzheimer and Carter, op.cit., 2006.

＊17 Lenka Bustikova, "Revenge of the Radical Right," *Comparative Political Studies*, 47 (12), 2014, pp. 1738-1765.

＊18 香山リカ『ぷちナショナリズム症候群——若者たちの日本主義』（中公新書ラクレ、二〇〇二年）、高原基彰『不安型ナショナリズムの時代——日韓中のネット世代が憎みあう本当の理由』（洋泉社新書、二〇〇六年）、安田浩一『ネットと愛国——在特会の「闇」を追いかけて』（講談社、二〇一二年）。

＊19 菅原琢『世論の曲解——なぜ自民党は大敗したのか』（光文社新書、二〇〇九年）、小林哲郎「ナショナリズムの浮上」（池田謙一編『「日本人」は変化しているのか——価値観・ソーシャルネットワーク・民主主義』勁草書房、二〇一八年）、齋藤僚介「国への誇り」（田辺俊介編『日本人は右傾化したのか——データ分析で実像を読み解く』勁草書房、二〇一九年）。

＊20 樋口直人『日本型排外主義——在特会・外国人参政権・東アジア地政学』（名古屋大学出版会、二〇一四年）。

＊21 小林前掲論文、永吉希久子「ネット右翼とは誰か——ネット右翼の規定要因」（樋口直人ほか『ネット右翼とは何か』青弓社、二〇一九年）、田辺俊介「ナショナリズム」（田辺俊介編『日本人は右傾化したのか——データ分析で実像を読み解く』勁草書房、二〇一九年）。

＊22 たとえば、丸山真央「ネオリベラリズム」（田辺俊介編『外国人へのまなざしと政治意識——社会調査で読み解く日本のナショナリズム』勁草書房、二〇一一年）参照。

＊23 Golder, op.cit., 2016.

＊24 大嶽秀夫『日本型ポピュリズム——政治への期待と幻滅』（中公新書、二〇〇三年）、大嶽秀夫『小泉純一郎　ポピュリズムの研究——その戦略と手法』（東洋経済新報社、二〇〇六年）。

＊25　松谷満ほか「東京の社会的ミリューと政治――2005年東京調査の予備的分析」（『社会科学研究』二〇、二〇〇七年）、丸山真央ほか「日本型ポピュリズムの論理と心情――2007年東京都知事選における有権者の投票行動の分析」（『茨城大学地域総合研究所年報』四一、二〇〇八年）、松谷満「ポピュリズム――石原・橋下知事を支持する人々の特徴とは何か」（田辺編前掲書、二〇一一年）、松谷満「誰が橋下を支持しているのか」（『世界』二〇一二年七月号）。

＊26　大嶽前掲書（二〇〇三年）、大嶽前掲書（二〇〇六年）、有馬晋作『劇場型首長の戦略と功罪――地方分権時代に問われる議会』（ミネルヴァ書房、二〇一一年）。

＊27　Hironori Sasada, "The Electoral Origin of Japan's Nationalistic Leadership: Primaries in the LDP Presidential Election and the 'Pull Effect'," *Journal of East Asian Studies* 10 (1), 2010, pp. 1-30. 塚田穂高『宗教と政治の転轍点――保守合同と政教一致の宗教社会学』（花伝社、二〇一五年）、安田浩一『「右翼」の戦後史』（講談社現代新書、二〇一八年）等を参照。

＊28　塚田前掲書。

＊29　中北浩爾「自民党の右傾化――その原因を分析する」（塚田穂高編『徹底検証　日本の右傾化』筑摩書房、二〇一七年）、竹中佳彦「有権者の「右傾化」を検証する」（塚田編同上書）、谷口将紀「現代日本の代表民主政治・序説――思想と実証をつなぐ試み」（佐々木毅編『比較議院内閣制論――政府立法・予算から見た先進民主国と日本』岩波書店、二〇一九年）、谷口将紀『現代日本の代表制民主政治――有権者と政治家』（東京大学出版会、二〇二〇年）。

＊30　中北前掲論文。谷口前掲論文、前掲書。右傾化の内容をより詳細に分類したうえで、自民党の支持者が愛国主義や民族的な純化主義などの点で右傾化しているという指摘として、米田幸弘「政党支持」（田辺編前掲書、二〇一九年）、桑名祐樹「投票行動」（田辺編同上書、二〇一九年）。ただしこれらの分析は、他の政党に対する支持あるいは投票と比べた平均的な傾向を示しており、自民党を支持する有権者の分布が変わったことを述べるものではない。

＊31　山口智美・斉藤正美・荻上チキ『社会運動の戸惑い――フェミニズムの「失われた時代」と草の根保守運動』（勁草書房、二〇一二年）。

＊32　斉藤正美「結婚、家族をめぐる保守の動き」（塚田穂高編『徹底検証　日本の右傾化』筑摩書房、二〇一七年）。

＊33　竹中治堅『首相支配――日本政治の変貌』（中公新書、二〇〇六年）。

＊34　建林正彦編『政党組織の政治学』（東洋経済新報社、二〇一三年）。

＊35　Meguid, op.cit., 2008.

＊36　善教将大・坂本治也「維新の会支持態度の分析」（『選挙研究』二九（二）、二〇一三年）。

＊37　ジョウ・ウィリー・遠藤晶久・竹中佳彦「左－右イデオロギー理解の国際比較」（『レヴァイアサン』六三号、二〇一八年）。

＊38　本章では、名取良太を代表とする科学研究費補助金プロジェクト「地方議会の議会活動に関する定量的研究：地方議会データベースの構築と活用」（JSPS科研費JP19H01453）によっ

て収集された地方議会の議事録データを利用した。

＊39　高史明『レイシズムを解剖する——在日コリアンへの偏見とインターネット』（勁草書房、二〇一五年）。

＊40　一分間に話す文字数はおよそ三〇〇文字強とされ、約三〇分あたりの発語数となる。

＊41　ただし、大阪維新の会の議員の多くは新人議員として地方議会に参加するために、その効果が打ち消されている可能性はある。

＊42　Thomas M. Meyer and Markus Wagner, "It Sounds Like They are Moving: Understanding and Modeling Emphasis-Based Policy Change," *Political Science Research and Methods* 7 (4), 2019, pp. 757-774.

＊43　Tarik Abou-Chadi, "Niche Party Success and Mainstream Party Policy Shifts: How Green and Radical Right Parties Differ in Their Impact," *British Journal of Political Science* 46 (2), 2014, pp. 417-436.; Tarik Abou-Chadi and Mark A. Kayser, "It's not Easy Being Green: Wy Voters Punish Parties for Environmental Policies During Economic Downturns," *Electoral Studies* 45, 2017, pp. 201-207.

＊44　谷口前掲書の第10章は、国政レベルにおいて、下野後の民主党が共産党との競争を意識することで左翼的な傾向を強めていることを示唆している。本章で論じた右傾化と同様のメカニズムが左傾化にも働くと考えられるが、政権を失って注目されなくなり、また地方議会において十分な議席を持たない政党の左傾化が論点になりにくいと考えられる。砂原庸介『分裂と統合の日本政治』（千倉書房、二〇一七年）も参照。

3　政策アウトプット

島根県の「竹島の日」条例制定の経緯

ブフ・アレクサンダー

1　はじめに

二〇〇五年二月二三日、島根県議会の超党派の議員三五人が「竹島の日を定める条例」案を提出し、三月一六日の本会議において賛成多数で可決された。

韓国では、「竹島の日」は、日本政府と地方自治体による陰謀と解釈され、国をあげての激しい反発を招くことになった。条例が可決された日、竹島（韓国名：独島）を管轄している慶尚北道は、島根県との姉妹結縁をすべて破棄し、道政府に「独島守護室」を設置した。[*1] 韓国からの反発は慶尚北道にとどまらなかった。反日デモが韓国全土で噴出し、多くの市民団体が抗議に参加したのである。たとえば、三月一六日には日の丸を燃やし敷地内へ押し寄せようとする人々から警護するため、ソウルの日本大使館だけでも六〇〇〇人超の警官が動員された。[*2]
条例案が可決する二週間前には、三・一独立運動記念大会が独島で開催されていた。これに出席した鬱陵郡議会議員のチェ・イルスは、「竹島の日」条例案は日本政府と島根県の共謀であると訴え、案の撤回と韓国人に対する謝罪を求めた。[*3]政治学と外交の専門家である国民大学校のハン・サンイル教授は、「竹島の日」条例を日本の右傾化と国家主義の再興の例としてとりあげた。[*4]
条例についての審議の段階で、韓国政府は公式には消極的な態度をとり、日本の地方自治体による行為に対する言及を拒否していたが、間接的には主権侵害行為として条例案を批判した。[*5]また、当時外交通商部長官だったパン・ギムンは、三月中旬に予定されていた訪日を無期延期した。条例可決が伝わると、韓国政府は「日本の挑発」に対する批判を強め、一般人による独島への旅行制限を解禁する象徴的措置を追加した。[*6]また、条例が可決した翌日には、韓国政府は条例の即時撤廃を要求する声明を発表した。このように韓国社会では、島根県議会による「竹島の日」条例は、国家と地方自治体の「共謀罪」として認識された。条例の提案と採決において日本政府は「共犯者」であり、「竹島の日」は日本の右傾化と歴史修正主義を体現するという解釈である。
他方の日本側では、「竹島の日」条例は主として地元の漁業者の利害によるものと解釈されてきた。すなわち、一九九九年の新日韓漁業協定は島根県の水産業に多大な被害を与え、漁民たちの不満は竹島返還運動を再燃させ、「竹島の日」条例の制定を進めたというわけである。[*7]
条例をめぐる日韓の理解には大きな溝があるようにみえるが、双方とも島根県にとって竹島の持つ意味を理解していない点で共通している。この章では上記の「竹島の日」条例に対する既存の解釈を批判的に検討し、条例の主な要因は、中央地方関係、とりわけ小泉政権の諸改革に対する地方の反乱であったことを明らかにする。それと同時に、「竹島の日」条例は島根県の数十年にわたるキャンペーンの到達点であることも確認しておきたい。そのため、前半では戦後における竹島問題に対する島根県当局の関与の起源を探り、島根県にとっての竹島の意味とその変化を辿っていく。後半では、二〇〇〇年代初頭の島根県による竹島関連のキャンペーンおよび「竹島の日」条例と小泉改革との関係を分析してみたい。

2 「新漁場」としての竹島

竹島／独島は、島根県の隠岐島から約一五〇キロメートル、韓国の鬱陵島からは約九〇キロメートル離れたところに位置する、小さな岩石島の一群である。竹島は日露戦争のさなかの一九〇五年一月の閣議決定によって、隠岐島の所管として日本へ編入された。日本が連合軍に降伏する一九四五年までは、隠岐郡五箇村の一部として統治されたが、ＧＨＱが導入した「マッカーサー・ライン」によって日本漁船の活動可能領域から除外された。

戦後における竹島に関する最初の陳情は、一九五一年五月に隠岐島の三つの漁業組合から島根県議会と日本政府へ提出されたものである。陳情は、竹島周辺での「マッカーサー・ライン」の制限を廃止することを求め、その理由として地元住民の深刻な経済状況があげられていた。陳情は、歴史的権利や固有の領土といったことには言及せず、人口の急増、とりわけ漁民の増加と経済状況の悪化に焦点を絞っていた。さらに、漁業に依存する隠岐島の人口が増加するなかで経済を安定させるためには、竹島周辺の水域を新漁場として開拓する必要があると訴えた。[*8] 後の陳情では戦前の隠岐島の漁業にとって竹島が重要だと述べ、[*9] それは今日まで支配的な言説となってきたが、「新漁場」という捉え方とは矛盾している。しかし、竹島周辺水域を「新漁場」というのは、上記の陳情に限ったものではない。たとえば、五三年の島根県議会における竹島関連の議論でも新漁場という言葉は使用されている。[*10] 戦後の隠岐島民にとって、竹島の漁場はなぜ「新しい」ものであったのか。これは、竹島問題の起源と島根における竹島認識の変化を理解する際のポイントとなるので、簡単に説明しておこう。

一九〇五年の竹島編入後、隠岐島出身の中井養三郎と三人の仲間によって設立された竹島漁猟合資会社は、島根県から許可を得て、アシカ猟とアワビの漁獲を合法的に独占した。竹島漁猟合資会社の歴史はかなり複雑だが、簡潔に述べると戦前と戦中の竹島と周辺水域における天然資源の利用権は、島根県の少数のエリートが排他的に握っていた。[*11] 五一年の隠岐島からの陳情によれば、四三年から四八年のあいだにおける竹島での漁猟活動は五艘のみで行っており、昆布、ナマコ、アワビの採取とアシカ猟に限られたものだった。[*12]

竹島に隣接する水域を「新」漁場とみなすのは、こうした経緯によっており、竹島関連のキャンペーンが持つ射程の限界をも明らかにしている。また、隠岐島の住民が広く共有してきた、竹島は海洋資源の「宝庫」であるといった神話についても、いくつかの手掛かりを与えてくれる。すなわち、隠岐の島民のほとんどが竹島に渡ったことがなく、竹島と周辺水域の資源についての認識は、個人の経験というよりは、たんなる伝聞に基づいた、かなり曖昧なものだったとみた方がよい。李承晩《イスンマン》ライン宣言後の一九五三年六月、島根県は戦前の漁業権を廃止し、竹島周辺水域の漁業権を隠岐島の漁業組合に与えた。少なくとも五四年までは、李承晩ラインを無視して竹島に渡っていた隠岐の漁民もいたようだが、[*13]彼らのほとんどは、新たに得た漁業権を行使できなかった。

一方、島根県議会は一九五三年三月一〇日、日本政府に漁場として竹島の重要性を認め、保全するためのあらゆる可能な処置をとることを要請する議案を採決した。[*14]隠岐島からの陳情と同様に、この議案は、歴史的権利あるいは固有の領土に関していっさい言及せず、竹島は、隠岐島の五箇村の一部であり、離島振興法の下で開発されるべき地域ということのみが主張されたのである。その三ヶ月後、県当局は周辺水域における漁業の潜在的発展性を調査するため、竹島に調査班を派遣した。隠岐島に流布していた「宝庫」神話とは異なり、その調査の報告は、竹島とその周辺水域の経済的価値はわずかであると結論づけた。[*15]

総じていえば、一九五〇年代における島根県の竹島関連の行動は非常に限定的なものであった。消極的だった理由として、資源が乏しいと認識していたこと、中央政府が竹島の領有権を再獲得するという政策をとっていたので任せればよいとしたことが挙げられる。五二年一月の李承晩ライン宣言の結果として生じた事実上の竹島の喪失と六一年の朴正熙《パクチョンヒ》によるクーデター後の国交正常化交渉再開という一〇年の間、総じていえば、竹島は県の協議事項としては比較的軽視された問題だったのである。

二国間関係を正常化した一九六五年の日韓基本条約は、おもに非公式の会合によって形成されたものだった。[*16]ローによれば、正常化条約の締結に至る六〇年代初頭の交渉のさなか、日本側は、共産主義という共通の脅威との闘いと潜在的な経済的利益を優先させ、竹島の領有権問題を二次的なものとしてみなすようになった。長期にわたる交渉の末、「解決せざるをもって、解決したとみなす」[*17]と呼ぶように、交渉の当事者は、領土問題を棚上げにするという密約に達した。その密約は、基本的に現状維持という意味を持っていた。つまり、竹島は韓国の統治下に残されるが、両政府は互いに領有権を主張し続け、相手の主張に対して表向きには抗議を続けることになる。それと同時に、紛争をエスカレートさせないという約束も含まれたのである。[*18] ローの分析はおもに交渉当事者への聞き取りに基づいているが、彼の主張を裏づける間接的な証拠は豊富にある。日本政府の重要議題から竹島が外されたことを示す最も重要な証拠の一つは、大野伴睦による六二年の発言である。大野は岸信介の側近の一人であり、日韓交渉において主導的な役割を果たした当時の自民党副総裁であった。大野は六二年一二月のインタビューで、紛争の可能な解決策の一つとして竹島の日韓による「共有」を提案した。[*19]

日韓基本条約の締結は、それまで日本の漁業に多くの被害を与え、交渉のなかで最も重要な課題の一つだった李承晩ラインの廃止をもたらした。基本条約と同時に日韓漁業協定も締結された。日韓漁業協定は、李承晩ラインを維持したい韓国側の希望と廃止したい日本側の要望をまとめた折衷案だった。その折衷案は、いまや使われていない李承晩ラインと韓国の漁業専管水域の間に、両国の漁民に開かれた共同規制水域を設けたものであった。共同規制水域は竹島周辺を含み、なおかつ島根県と日本の他の地域の漁船が竹島近辺で漁業を行えるようにした。つまり、領有権問題は基本条約によって棚上げされ、その棚上げから生じる漁業関連の日常的な問題は、共同規制水域という仕組みによって解決されたのである。

3　北方領土と竹島の関連性

日韓関係の観点からすれば、領土問題の棚上げと漁業協定は、竹島問題の理想的な解決策であった。島根県の水産業にとってでも、総体としてみれば、こうした状況は非常に好都合だったようである。[*20] にもかかわらず、島根県による竹島関連のキャンペーンは形を変えながらも一九六〇年代と七〇年代にも続いた。六三年一月には、大野伴睦の共同管理発言を討議するために、隠岐島の住民による決起集会が開催された。この集会で採択された島根県と日本政府宛の陳情では、韓国による竹島の占領は違法だと主張されていたが、主な批判は、日本政府に対して向けられたものであった。その陳情では、固有の領土に関して初めて言及されているが、初期の陳情と同様に、竹島の重要性として経済的価値が強調されていた。陳情は、日本政府に対しては隠岐島の住民にとって生命線である竹島と周辺水域を保全するよう要求していた。[*21]

一九六五年には、複数の県議会議員が「竹島領土権確保期成同盟」の設立を提案した。その提案によれば、この同盟は島根県知事が代表を務め、役員は県の政治家と漁業組合長で構成される。目的は、島根県民および日本国民全体に竹島問題に関した啓発活動を行い、政府に対して、竹島の領有権を放棄しないよう直接・間接に圧力をかけることであった。[*22] しかし、詳細な計画が立てられたにもかかわらず、この同盟は設立に至らなかった。理由は不明だが、政府からの圧力があった可能性を否定できない。

上記の同盟設立案を、日韓交渉という文脈のなかで島根県が政府に対し圧力をかけた試みとして捉えることもできる。しかし、基本条約と漁業協定が締結された後も、隠岐島と県議会からの竹島関連の陳情等は続いた。一九六五年には、隠岐島と県議会は、竹島問題が未解決であることに対する不満を表明する陳情と決議をいくつか発表した。それらの陳情は、竹島周辺水域が県の水産業にとって重要であることをあらためて強調し、竹島とその周辺水域に対する領有権の速やかな確立を要求した。[*23] その後もほぼ毎年、県議会は、竹島に対する領有権確保を要求する陳情を外務省に対して提出した。

島根県が竹島に執着する理由は、日本政府の北方領土に対する政策に見出すことができる。一九六五年の「竹島領土権確保期成同盟」設立案は、日本政府の北方領土問題に関する国内の動向を、逐一追っていたことを示唆する。すなわち、設立案にある団体名と構成および活動内容は、六三年に北海道知事である町村金五によって改称され、刷新された「北方領土復帰期成同盟」に強く影響を受けたと考えられる。仮に「竹島領土権確保期成同盟」設立案が実現されていたら、両者の組織と活動内容はほぼ同じだったのである。

日本政府の北方領土関連の国内政策は一九六〇年代初頭に始まり、その後二〇年間で、北海道への予算配分を含む本格的な啓発キャンペーンを展開した。それとは対照的に、政府は、韓国との密約に沿ったかたちで、表向きには北方領土と同様に、竹島の領有権に関する主張を維持し続けたが、韓国を刺激するような啓発キャンペーン等は一切実施しなかった。無論、島根県への竹島関連の予算の配分も行われなかったのである。なお、国の交付金に対する地方自治体間の競争という戦後の日本政治の特徴という文脈[*24]に鑑みれば、以下のような推定が可能だろう。つまり、二つの領土問題における注目度の違い、配分された予算の差は、島根県の政治エリートに不公平感をもたらした。これによって、島根県の竹島関連のキャンペーンは、ある種の観念的な性格を帯び始め、東京に対する不公平感《インジャスティス》にもとづいた地方アイデンティティの表明へと変貌してゆくことになった。

島根県が、竹島関連のキャンペーンで北方領土に初めて明確に言及したのは、かなり後のこと、つまり「竹島の日」条例につながる審議になってからのことである。一九七〇年代と八〇年代における島根県からの陳情のほとんどは、歴史的かつ法的な議論を繰り返し、竹島に対する領有権の確保を要求するものに限られていた。とはいえ、恒松制治・島根県知事（一九七五〜八七年）は国が竹島で同様の事業を行っていないことを理由に、政府が七〇年から推進していた北方領土関連の地方組織の設立に反対していた。[*25] さらに、七六年一〇月の陳情には、島根県の政治家が抱く不公平感と竹島返還運動の動機に関していくつかの手がかりが含まれている。その陳情は新しい要求をするものではなかったが、北方領土と竹島に関する政府方針の差と温度差を明示的に批判している。[*26]

一九七七年には、アメリカとソ連による二〇〇海里漁業専管水域の宣言に続いて、日本と韓国も一二海里の領海と二〇〇海里漁業専管水域を宣言した。それに関連して、竹島の領有権問題が再浮上し、日韓関係の緊張が高まった。日本政府は結局、二〇〇海里体制を韓国と中国の漁船に適用しないと宣言したが、この時期に、島根県は竹島問題を再燃させるための試みを行っており、政府に圧力をかけていた。七七年一月には、県議会が「領土保全と安全操業」を政府に要求する決議を採決した。しかし、今回の行動は、陳情にとどまらず、二〇〇海里の排他的経済水域に関する県の対策を立案するための特別委員会を設立するものでもあった。[*27] さらに、県は竹島を「調査」するために船を出す計画を立てていたが、政府によって中止させられた。[*28]

くわえて、この年には竹島問題解決促進協議会が設立されている。一九六三年の提案で想定された同盟と同様に、協議会の目的は、自治体および漁業組合等の関係団体による竹島に関する活動の調整、陳情提出および啓蒙活動であった。それまでの島根県の竹島関連の活動は、県議会の決議採択と陳情の提出にとどまっていたが、協議会の設立は県による啓発・教育活動の出発点とみることもできるだろう。啓発活動は県民の竹島問題に対する理解の促進を目的とし、活動内容としてはパンフレットの発行と配布、竹島返還を求める看板の設置などが含まれていた。[*29]

問題に対する認識と行動の内容をみれば、島根県の活動は政府の北方領土キャンペーンに影響されたと断言できる。つまり、両キャンペーンの主役だった団体の役割と名称、活動の内容と手段、さらに刊行物と看板はほとんど同じだったのである。特に酷似していたのは、一九七〇年代後半に島根県と外務省がそれぞれ刊行した竹島と北方領土に関するパンフレットである。その二つのパンフレットは、地名を除けば、形式も内容もほとんど同一であった。北方領土と同様に、竹島は日本の固有の領土として描かれ、歴史と法律および海洋資源の豊かさを論拠に日本への早期返還が主張されたのである。[*30]

島根県が発表している報告書によれば、竹島関連のキャンペーンを打ったのは、県の水産業が経済的損害を受けている、つまり竹島周辺の一二海里の水域から排除されているからだという。一九七八年七月に島根県が出した報告書は、竹島周辺の水域に対して韓国が領海法を適用することによる島根県の被害額を三億二〇〇〇万円と見積もっていた。[*31] しかし、他の資料や統計をみれば、この損害の規模に関する主張には論拠がない。[*32] このように、竹島関連の啓発キャンペーンは、県の水産業が受けた損害への反応であったというよりは、政府に対する不公平と不満を表明するためのフレーミングの手段と考えた方がよい。

4　新日韓漁業協定と島根県

竹島の領土紛争は一九九〇年代中盤に再燃し、そのピークとなったのは二〇〇五年の「竹島の日」条例であった。「竹島の日」条例へ至る過程は、さまざまな要素が働く、かなり複雑なものであった。この節ではまず、一九九八年に締結された新日韓漁業協定が島根県の水産業に大きな損失をもたらし、「竹島の日」条例の引き金になったという説の批判的な検証を行う。

漁業専管水域をめぐる日韓間の緊張が高まったのは八〇年代半ばであり、その背景には韓国の水産業の発展と急成長があった。七〇年代には、日本はまだ漁業で優位に立っていた。韓国近海で操業する日本漁船の数は、日本の近海で操業していた韓国漁船の数をはるかに上回っていたのである。それゆえ、二〇〇海里漁業専管水域の適用を相互に除外するという日韓の間での取り決めは、実質的には日本の水産業に有利なものだったのである。ところが、一九八〇年代初期に状況は劇的に変化し始めた。韓国の漁船技術が急速に発展するのと同時に、韓国の漁船はソ連の漁業専管水域から排除されることになった。その結果、島根県を含む日本の沿岸水域での韓国漁船による活動が急激に増加し、日本の漁船との衝突が頻繁に発生するようになった。[*33]

この漁業における「勢力均衡」の構造的変化により、一九八〇年代後半になって日本の漁業組合は政府による漁場の保護を求めるようになり、韓国と中国に対して二〇〇海里漁業専管水域の適用を求める運動を展開したのである。島根県漁業組合もこのキャンペーンに積極的に参加していった。[*34] こうした文脈のなかで、専管漁業水域の相互適用除外の主な理由の一つであった竹島問題が、島根県の議題として再浮上することになった。八九年の所信表明演説で澄田信義知事（一九八七～二〇〇七年）は、竹島に対する領有権の確保、そして二〇〇海里専管漁業水域原則の全面適用を政府に対して強く訴えた。[*35] 九〇年からは、竹島・北方領土返還要求運動島根県民会議（県民会議）が多くの集会を主催し、そのほとんどは隠岐島で開催された。[*36]

それらの集会は地元漁民が抱く不満の表明である、と思われる読者もいるかもしれない。しかし、全国の都道府県にあるこのような「県民会議」は自治体が作った組織であり、議長その他の役職は地元の政治家が占めていたことを忘れてはならない。島根の県民会議に関していえば、一九九〇年代後半においては、佐々木雄三という自民党の県議会議員が議長を務めていた。竹島関連の集会の開催に隠岐の町長が協力し、知事あるいは知事の代理人がその集会で演説を行っていた。[*37] こうしてみると、集会を地元の漁民の不満の表現として捉えるよりは、島根県の政治エリートによる中央政府へのシグナルとして考えた方がよいだろう。つまり、漁業専管水域の政策を是正し、韓国に対しても適用するよう暗に求めていたのである。

一九九六年に日韓両国は「海洋法に関する国際連合条約」（ＵＮＣＬＯＳ）を批准し、自国の排他的経済水域を宣言した。その際、それぞれの主張にしたがって紛争の対象である竹島を自国の主権が及ぶ領土として宣言したのである。それに伴う怒りの応酬と緊張は二年間に及んだ。だが、九八年に両国の交渉担当者は、漁業問題と領土主権の問題を切り離すことで合意し、準排他的経済水域を定めた新日韓漁業協定を締結した。その際、竹島周辺水域での漁業問題は六五年の協定とほぼ同じように解決された。つまり、旧協定が定めていた共同規制水域が、新協定によって暫定水域として再確立されたのである。暫定水域における漁業活動関連の規制は、旧協定からほとんど変化はなかったが、暫定水域の範囲には一定の変化が生じたのである。

韓国側からすれば、一九七〇年代以降、日本の沿岸水域は韓国の水産業にとって重要な漁場となっていたため、[*38] それぞれの準排他的経済水域の画定は好ましい進展ではなかった。だが、西日本のカニ漁業にとって重要な大和堆の大部分を新たな暫定水域に含めることへの日本の同意が、韓国の姿勢に変化をもたらした。[*39] なお、日本のこのような柔軟な姿勢の背景には日韓関係の全般的な改善があった。北朝鮮が日本に向けて弾道ミサイルを発射したわずか一ヶ月後の九八年一〇月、韓国の金大中大統領は日本を訪問し、小渕恵三首相と二一世紀に向けた新たな日韓パートナーシップを共同宣言した。このとき、日本政府は暫定水域の拡張は日本の水産業にとって不利に働くことを理解しつつ、日韓関係の進展を維持するための必要な犠牲としてみなしたと思われる。[*40]

日本の漁民は新協定に対して、交渉の段階から疑心を抱き、暫定水域の制定に対して激しく抗議した。全国漁業協同組合連合会は、韓国の水産業との競争から日本の漁民を守るために、全面的な排他的経済水域の適用を訴え続けた。島根県漁業組合もこの運動に参加し、領土問題と漁業の分離に対して抗議した。だが、組合の幹部は領土問題について非常に現実的な見通しを持っていたようにも思われる。日韓交渉のさなか、朝日新聞のインタビューに応じた隠岐島漁業組合連合の会長は、竹島問題の解決を求める一方で、暫定水域に竹島が含まれるという妥協案を検討する用意があると答えている。[*41]

新協定は隠岐島の漁業に対して、実際に大きな損失をもたらした。韓国の漁船が新しく制定された日本の準排他的経済水域内の多くの漁場から排除された結果、暫定水域のすぐ外側にある隠岐島近辺の水域に頻繁に現れるようになったからである。[*42] 農林水産省の統計によれば、一九九九年から二〇〇三年にかけて隠岐島の漁業組合による総漁獲量は三〇%、カニの水揚げに至っては半減した。[*43] この事象の原因は、おそらく韓国の漁船による違法操業だけではないだろうが、新協定は政府に対する隠岐島の漁民の不満をさらに高めたと考えられる。

しかし、隠岐島はいわば例外であり、島根県全体の水産業に対する新日韓漁業協定の影響はかなり複雑だった。島根県水産課の関係者によれば、島根県全体にとって、新協定は利益と損失の両方をもたらした。新協定によって排他的経済水域に該当する水域の範囲が三五海里まで拡張された結果、島根県沿岸水域における韓国漁船の数は激減した。[*44] 協定が発効された二年後に、島根県の農林水産部長は暫定水域内ではさまざまな問題があると指摘すると同時に、準排他的経済水域内における漁業の状況は格段に改善し、漁獲量は平均二〇％増加したと述べた。[*45] 隠岐における影響以外で新協定によってもたらされた被害は、おもにカニ漁において認知されてきたものである。[*46] しかし、島根県にとってカニ漁はそれほど重要とはいえない。というのも、カニ漁に従事する漁師の全体数は非常に限られており、カニ漁船の数は一〇隻程度しかなかったからである。[*47]

また、島根県の経済全体での水産業の重要性が低下したことも忘れてはならない。たとえば、二〇〇三年において水産業は県内総生産の〇・七％を占めるに過ぎなかった。[*48] さらに、島根県が日本政府に提出した陳情を細かくみると、新日韓漁業協定と竹島の領土問題を相互に関係あるものとして提示するようになったのは、「竹島の日」条例が可決された後のことなのである。たとえば、〇二年に島根県は二つの異なる陳情を提出している。一つは外務省に提出され、竹島に対する領土権の確立という長年の要求を繰り返したものであった。もう一方の陳情は、外務省及び他の省庁に宛てられた。そこで新日韓漁業協定の結果として島根県の漁業が被害を受けたと述べ、暫定水域での韓国漁船による問題を防ぐための措置を要求していたのである。しかし、そこに竹島問題に対する言及はなかった。[*49] 「竹島の日」条例が可決した〇五年以降の陳情においては、竹島問題と新日韓漁業協定によって生じた被害が相互に関係ある問題として描かれるようになったのである。

これまでの議論をまとめよう。新日韓漁業協定は確かに島根県、とりわけ隠岐島の水産業に一定の被害をもたらしたが、被害は限定的なものであり、損害と同時にプラス面もあったといえるであろう。さらに、島根県の経済における水産業の位置、並びに陳情が示す領土問題と新日韓漁業協定の認識を考え合わせると、漁業問題が「竹島の日」条例の主な要因ではなかったと結論づけることができる。

5　竹島「クーデター」

竹島問題の専門家である下條正男は、二〇〇五年三月の島根県議会による「竹島の日」条例の可決を、日本政府と自民党本部に対する島根県のクーデターとみなした[*50]。このような評価に当たっては、いくつか留意する必要がある。

まず、条例を主導した県議会議員のほとんどは自民党員であり、そのなかには当時の自民党の重鎮と強いつながりを有していた議員もいた。さらに、条例を提案した島根県議会議員も、おそらくこの条例に反対した自民党の長老たちも、条例が国内で及ぼす影響や韓国の反発の強さを予想していなかった。にもかかわらず、条例の可決を「クーデター」と呼ぶことは決して過言ではない。この条例は松江と東京の陰謀の成果でもなければ、日本の歴史修正主義や右傾化の一環というわけでもなかったからである。逆に、島根県が主導的に動き、政府は「竹島の日」の阻止を試みたがそれに失敗したのである。まさしく「竹島の日」条例は、「クーデター（coup d'Éta)」の本来のフランス語の意味、「国家に対する一撃」に他ならなかった。

さらにいえば、通常の「クーデター」はエリート内部から出てきた少数派集団によって起こされるものであり、「竹島の日」条例の場合もそうであった。というのも、「竹島の日」条例の制定以前は、島根県民のあいだで竹島問題に対する関心は、全体として非常に低かったのである。もっとも、ある感情や関心の存在を示すことは難しくないが、感情や関心の不在の立証はかなり困難な作業である。とはいえ、さまざまな資料が示すところによれば、「竹島の日」条例が制定される以前の島根県民のあいだで、竹島問題への関心は非常に低かったという推測は可能である。

たとえば、二〇〇六年以前に島根県が行った県政世論調査で、竹島問題が登場したことは一度もなかった。〇三年と〇四年に実施された調査では、回答者が県に対処してほしい問題のなかに竹島は記載されていなかった。さらにいえば、領土問題と無関係ではない農林漁業の振興を挙げたのは、一〇%に満たなかった。両年とも懸念のトップに立ったのは福祉と医療で、それぞれおよそ四〇%と三〇%だった。[*51] 竹島に対する関心の低さを指す他の間接的な証拠として、新日韓漁業協定が締結された一九九八年に澄田信義県知事が執筆した本を挙げることができる。この『二一世紀・しまね新時代』には、島根県の政治、経済、文化、国際交流等、幅広い課題に対する知事の意見や展望が書かれている。この時点で澄田は一〇年以上にわたって県知事を務めており、竹島問題が県民の関心を集めていたとすれば、本のなかで少なくとも陳情と同趣旨の言及をしたはずである。しかし、その本で竹島や領土権問題に対していっさいの言及はなかった。

二〇〇二年、韓国政府の独島(竹島)を国立公園にするという発表に対抗するかたちで、竹島領土権確立島根県議会議員連盟が形成された。翌年の一一月一五日に、この議連は上記の県民会議その他の団体と共催で、「かえれ　島と海」という竹島北方領土返還要求運動島根大会を隠岐で開催した。大会の来賓のなかには青木幹雄、竹下亘、細田博之という島根選出の自民党国会議員、外務省と水産庁の役員が含まれていた。澄田知事と並んで、多くの地元の地方議員は、演説に際して竹島問題に対する政府の怠慢に不満を表明し、北方領土のように竹島返還を目的とした「市民運動」の必要性を訴えた。[*52] 島根県議会の自民党の重鎮であった議連事務局長の上代義郎県議も同様のことを訴えた（上代は後に「竹島の日」条例の発起人の一人にもなる）。翌月の二日に行われた県議会の定例会で、上代は竹島問題をとりあげた。彼は、政府に北方対策本部があるのに竹島関連の部署がないことに不満を示し、さらに、「北方領土の日があるように、竹島の日を定めることも国民運動展開の上で有効な一石となるのではないでしょうか」と訴えた。[*53] この発言こそ、「竹島の日」という発想の初めての言明であり、県の条例への出発点だったのである。

二〇〇四年初頭、韓国政府は新たな独島記念切手発行計画を発表した。この計画は、島根県議会が竹島に関する行動を激化させるきっかけとなった。その際、県当局が怒りを向けたおもな対象は韓国でなく、日本政府だったことに注意しておきたい。また、島根県が政府に要求する際におもに参考にしたのは、やはり北方領土対策だった。したがって、〇四年三月四日に県議会で採択された「竹島の領土権確立に関する意見書」は韓国の行動にも言及していたが、おもに非難されていたのは日本政府の竹島問題対策だった。この意見書は、政府に対して、内閣府の北方対策本部のような公的組織の設立、「竹島の日」という記念日の制定、歴史教科書に竹島問題を記載、竹島返還関連の国民運動の展開と国際司法裁判所への提訴、といったこれまでにない措置を要求した。同年一〇月と一二月に澄田知事は、これらの要求を政府に届けるために上京した。

しかし、外務省幹部や、自民党幹事長代理・党改革推進本部長であった安倍晋三を含む自民党幹部は、その発議に反対し、全国の「竹島の日」制定という島根県の要求を拒否したのである。当時の自民党幹部は、小泉首相の靖国神社参拝で緊張していた日韓関係をさらに荒立てることを避けるため、前述の密約を破る理由はないと判断したのだろう。

政府が「竹島の日」制定等の要求を拒否してから、上記の意見書は島根県の「竹島の日」条例の基礎となった。二〇〇五年三月一六日、外務省からの働きかけを無視するかたちで、[*54] 県議会はほぼ全会一致で「竹島の日」条例を採択し、一九〇五年に竹島が島根県に編入された二月二二日を「竹島の日」としたのである。

6　小泉改革、自民党、そして「竹島の日」条例

この二〇〇五年当時、条例の提案と可決を可能にした最も重要な要素は、小泉改革であった。小泉首相が主導した「自民党をぶっ壊す」ことや構造改革と、「竹島の日」条例とのあいだに因果関係があるようにはみえないが、この節ではその点について詳しく論じたい。

すでに述べたように、条例が可決したおもな要因は、新日韓漁業協定に対する島根県の不満にあったと考えられている。たしかに、漁業協定も韓国政府による記念切手発行のような象徴的行為も、島根県の政治エリートを刺激し、政府の竹島問題対策に対してくすぶっていた不公平感と不満を高めた。しかし、上述のとおり、島根県における新日韓漁業協定による悪影響はかなり限定的だった。さらに、「竹島の日」条例可決前の段階では、漁業協定と竹島は相互に関係はありつつも、別個の問題として認識されていた。なお、県民大会のような集会は県当局が主催したものであり、抗議運動ないし県に

対する圧力があったとはみなしがたい。したがって、「竹島クーデター」の引き金となり、それを可能にした最も重要な要因は他にあるだろう。それらを理解するには、二〇〇〇年代前半の東京と島根の関係、および自民党内部で起こったいくつかの構造転換を検証する必要がある。

小泉純一郎が首相になったのは、二〇〇一年四月の自民党総裁選挙で、党内の最大派閥であった経世会の会長橋本龍太郎を劇的に打ち破った後のことである。小泉は斬新な公約と「自民党をぶっ壊す」という卓抜したスローガンとともに権力の座についた。小泉には自分が総裁を務めている政党を実際に破壊する意図はなかった。「ぶっ壊す」の真の意味は、小泉が権勢をふるう以前の自民党における特定の構造と関連していた。すなわち、清和会出身である小泉にとって、「自民党をぶっ壊す」とは、党内の支配的派閥であり続けた経世会を無力化することだったのである。[*55]

党内の構造改革に加えて小泉が提唱したもう一つの目玉政策は、地方分権のための「三位一体改革」であった。地方分権は、すでに一九九三年当時の首相だった細川護熙の下で導入された。しかし、二〇〇一年に小泉は「三位一体」の名の下で、さらに広範な地方分権を推し進めた。これは、国庫補助金の廃止を通した地方自治体の予算の独立、中央から地方自治体への税収の移転、そして地方交付税の見直しといったことを促進させるためのものだった。

したがって、地方の規制緩和と自立という大義名分のもとで、地方に対する政府の補助金と助成金は著しく減少した。全体的に地方分権と財政改革は日本における政府と地方自治体の関係に二重の影響を及ぼした。一方で、それらは従来統合されていた国と地方自治体の利益と誘因《インセンティブ》を分断し、政府に対する地方自治体の依存を弱める結果をもたらした。他方、国庫補助金の廃止は、補助金に予算の大部分を依存していた多くの自治体に財政上のショックを与えたのである。当然のことであるが、多くの地方自治体はその改革に強く反対し、中央による地方の切り捨てであると悲鳴を上げた。[*56]

小泉首相によって進められたさらなる改革で最も物議を醸すことになったのは、郵政民営化であった。およそ四万人の職員を抱えるこの巨大な組織は自民党の有力な支持基盤の一つであり、経世会と緊密な関係を有していたので、民営化計画は党内の猛烈な反発を呼んだのである。自民党内の抗争は、二〇〇五年後半には絶頂に達し、その最高潮となった「郵政選挙」と呼ばれる九月の衆院選で反小泉派は圧倒的な敗北を喫した。しかし、〇四年にはすでに自民党は真っ二つに割れていたのである。[*57]

では、これら一連の事態と「竹島の日」条例は、どのように関係していたのだろうか。「三位一体改革」と郵政民営化計画は、地方のエリートのあいだで中央に対する失望と不満を著しく高めることになった。島根県は、地方分権化改革の影響を最も強く受けた県の一つだったのである。戦後数十年間を通して、島根県は一人当たり県民所得が最も低い県の一つであり、しかも国庫補助金に大きく依存していた。八〇年代と九〇年代には、一人あたりの国庫補助金が最も高く、[*58]削減は県に対して大きな打撃を与えた。隠岐島のような補助金に最も依存していた地域では、さらに痛みは深刻で、[*59]中央に対する不満はさらに高かった。

郵政民営化計画に対して、自民党島根県支部の重鎮の多くは強く反対した。二〇〇〇年代初頭には、自民党本部と地方支部のあいだで政策に関するさまざまな齟齬が発生していたが、郵政民営化は亀裂をさらに広げたのである。現に二六もの自民党の都道府県支部が、〇五年の郵政民営化議案に対して反対票を投じていた。[*60]島根においても、〇四年六月には自民党が多数を占める県議会が、郵政民営化に反対する決議を採択した。

反対派のなかには「竹島の日」条例を先導した一人である上代義郎もいた。澄田知事の上京の一ヶ月前の二〇〇四年九月の県議会中、上代は、郵政民営化は地方における郵便事業の衰退へとつながり、さらなる地方の過疎化を促進させると厳しく批判した。その際、上代は竹島に関する政府の政策までも批判し、学校教育に竹島問題を取り入れるだけでなく全国の「竹島の日」制定をも要求したのであった。[*61]

このように、二〇〇四年に中央と対立した結果、島根県は政府を批判する別の手段として竹島問題を利用することとしたのである。ここで、小泉首相が導入した諸改革は、「竹島の日」条例案の提出という島根県からの反応を引き起こしただけではなく、条例の可決を可能にしたともいえるだろう。すなわち、郵政民営化をめぐる自民党内の抗争は、党の危機管理機能を極度に弱めたのである。したがって、改革の副作用の一つとして党内部の管理が不安定化した結果、党本部が条例に反対していたにもかかわらず、自民党が多数を占める島根県議会の行動を阻止することはできなかったのである。

島根県議会議員による竹島関連の取り組みに対して、自民党本部が介入しようとした直接の証拠はないが、以下のように論じることができる。政策決定におけるコンセンサスの重要性[*62]、結束の重視、経世会を特徴づける厳格なトップダウンの関係、政治家のために資金を調達する党の重要性といった要因により、地方レベルで党の政策に反抗するような取り組みは構造的に不可能だった。派閥政治は腐敗と利益誘導の原因として批判されてきたが、同時に、派閥は組織としての自民党の効率的な管理——とりわけ危機管理機能と情報収集機能——に大きな貢献を果たしてきた。[*63] 小泉改革の一環としてとられた政策推進に対する首相官邸機能の強化、郵政民営化をめぐる抗争は、党の危機管理能力を著しく弱めた。したがって、島根県の自民党支部が従来の党の方針に逆らう条例を制定できたのは、小泉改革による党内部の管理体制の崩壊という構造的な条件があったから、といってもよいだろう。

要約しよう。島根県の数十年間にもわたるキャンペーンの絶頂となった「竹島の日」条例は、政治改革が生んだ中央‐地方関係の亀裂に乗じて、地方が党本部に対する不満を表明し批判するための道具であった。その意味で、島根県議会による「クーデター」は、自民党内部における小泉自身の「クーデター」によって可能になったといえるだろう。

7 「県土・竹島を守る会」

「竹島の日」条例の制定においては、県議会以外のアクターが存在していた。二〇〇四年五月に設立され、松江を活動拠点にした「県土・竹島を守る会」（以下「守る会」）という市民団体である。「守る会」関係者の推定では、二〇一〇年代前半時点で、全国に約一〇〇〇人の会員がいたという。「守る会」は、一般住民のみで構成され、竹島問題を活動の焦点にしている初めてかつ唯一の団体となったのである。

今日、「守る会」を主導しているのは、地元の神職である諏訪邊泰敬と、二〇一四年に夫が亡くなってからその後を継いだ専業主婦の梶谷万里子である。[*64] しかし、「守る会」の初代会長は林常彦である。彼は島根県出身であり、なおかつ「日本文化チャンネル桜」のウェブサイトでのプロフィールによれば、日本会議に長年のあいだ関わっている。現在、林は、政府が「慰安婦」に対して謝罪したことに対する抗議キャンペーンに参加し、島根県を軸足にしたほかの保守団体を主導している。[*65]「守る会」の中心メンバーに、隠岐出身者や漁業関係者はいない。会長が二〇〇九年に林常彦から諏諏訪邊泰敬に代わった確実な理由は不明だが、右派色が強い日本会議から距離を置くためだった可能性はある。「守る会」の中心メンバーが水産業と無関係である以上、竹島問題によって経済的損失を被っていないし、小泉改革の大きな影響を受けたとは思われない。したがって、「守る会」を設立した背景にあるのは理念的なものである。具体的には、日本の歴史修正主義的言説の主流化と北朝鮮による拉致問題である。「守る会」の事務局長である梶谷万里子によれば、会による積極的行動は「国難」に取り組むためのものであり、日本人の記憶と政府の政策から竹島問題が風化しつつあるからだという。[*66]

「守る会」の思想信条は紛れもなく保守的である。しかし、在日特権を許さない市民の会（在特会）のようなあからさまに人種差別的な団体やほかの右翼団体とは明白に距離をとっている。したがって、「守る会」をたんなる右翼団体として捉えるのは間違いで、地元色を持った「〈癒し〉のナショナリズム」[*67]の表現として理解すべきであろう。「守る会」は当初、北朝鮮による拉致問題に取り組むために結成され、陳情活動に関わっていた。会長である諏訪邊泰敬によれば、竹島問題に焦点を当てるようになったのは、「北朝鮮に拉致された日本人を救出するための全国協議会」（救う会）の超党派規則に違反したために、全国の「救う会」から除名された後である。[*68]

二〇〇四年と〇五年に、「守る会」は島根県内で街宣活動を行い、竹島が日本に属していると街宣車と路上から訴えた。会費や寄付金によって得るおよそ一〇〇万円程度の年間予算を用いることで、「守る会」は、島根県あるいは県外での講演、セミナー、集会など竹島に関するさまざまな行事を企画し、県議会や国会に対する陳情も行ってきた。「守る会」が言明し政府に対して掲げる要求は、島根県とほぼ同じであり、国際司法裁判所への提訴、全国の「竹島の日」記念日の制定、全国的な啓発活動および政府での竹島専門の窓口の設立といった強硬策となる。[*69]「守る会」の幹部は、会の活動こそが「竹島の日」を生み出したと主張している。[*70]しかし、「竹島の日」条例の制定過程において「守る会」が実際に果たした役割はそれよりもささやかなもので、「守る会」が主役だったというよりは、むしろ県のキャンペーンの副産物とみた方がよい。県議会の前議長であり条例の発起人の一人であった原成充によれば、条例は竹島領土権確立島根県議会議員連盟によって導入され、「守る会」の役割は副次的だった。[*71]また、県議会の条例に関する討論では、「守る会」の要請によって条例制定を検討したというよりは、むしろ条例に取り組む民間側からの支援があることの証拠として利用された。[*72]

さらに重要なのは、県知事に対して「守る会」が初めて陳情を提出したのが二〇〇四年九月だったことである。[*73]その時にすでに竹島問題は県の議題に上がっており、しかも前述した「竹島の日」条例のもとになった「竹島の領土権確立に関する意見書」が県議会で採択された六ヶ月後であった。条例の提案と成立の過程において、「守る会」の役割は部分的に不明確なところがあるが、「守る会」の結成は県当局が展開した竹島関連の戦略の結果であって、原因ではないと思われる。

二〇〇五年における条例の可決とそれに伴う世論の関心の高まりを受けて、「守る会」は竹島問題に対する一般県民の関心と県による取り組みの支持の証として相対的に重要性を得たのである。それゆえ、「守る会」の役割は、県や国のレベルでの「竹島」言説を形成する独立したアクターというよりは、その言説を演じることにある。つまり、「守る会」の陳情や街宣や講演会等の活動は、竹島問題に一般市民も関心を持っているという「実績」を生み出し、県と政府による政策を正当化するための材料になるものなのである。

8 東京の反応

一九六〇年代初頭における日韓基本条約と日韓漁業協定の交渉において、竹島問題に対する日本政府の認識と態勢は、島根県による陳情とは無関係の国内の政治的計算によって形成された。日韓基本条約締結後の数十年間、歴代の内閣はおおむね「密約」を遵守し、それを揺るがす可能性のあった調査船派遣という七七年の島根県の計画を阻止するよう働きかけさえした節がある。

韓国との新日韓漁業協定が締結された一九九八年には、新日韓漁業協定と二年後に締結された中国との同様の協定に影響を受けた漁業者に対する広範な支援計画を開始した。この支援は今日に至るまで、九八年に設立された日韓・日中新協定対策漁業振興財団を通して行われている。[*74] だがこのような支援は、島根県の陳情よりは全国漁業協同組合連合会（全漁連）による漁業協定に対する抗議運動への対応によるものと思われる。つまり、二〇〇五年の「竹島クーデター」までは、島根県による要求それ自体が政府の政策に影響を及ぼすことはほとんどなかったといえよう。しかし、「竹島の日」条例をめぐる韓国からの激しい反発と国内のマスコミによる広範な報道は、ほぼ忘却されていた領土問題を日本における公の議論まで前景化させた。

政府は「クーデター」の主な原因であった地方分権改革を再検討することはなかったが、脚光を浴びた竹島問題を放置できなくなった。したがって、「クーデター」は相当程度目的を達成したのである。県当局と「守る会」の要求はほとんどが象徴的なものであり、政府の反応もまた同様に象徴的な措置にとどまった。だがそれは、「竹島」言説の再生とさらなる普及に寄与したのである。二〇〇六年以降、公立学校の教科書には、竹島問題に対する言及がなされるようになった。〇八年に改訂された中学校学習指導要領では、竹島問題は生徒の理解を深めるべき問題として掲載された[*75]。同年に、外務省は初めて、竹島問題関連のパンフレットを発行し、ウェブサイトには竹島コーナーを設けたのである[*76]。

二〇一二年九月、外務省は「領土保全」の年間予算を四億一〇〇〇万円から一〇億円にまで一〇〇%以上増加させると発表し、理由の一つとして、世界に対して竹島に関する日本の立場を訴える必要性を挙げていた。竹島はまた、自民党による一二年の衆議院選挙のキャンペーンでは重要な役割を果たし、民主党政権による外交上の失敗例として利用された[*77]。その際、自民党総裁である安倍晋三が〇四年当時の島根県からの竹島関連の要求を却下した幹部の一人であったことについては、いっさい言及されなかった。

当然のことだが、日本の取り組みは韓国側の象徴的な報復を招き、その報復が続く悪循環になり、日韓間の緊張は高まっていった。二〇〇六年三月、歴史教科書への竹島問題の掲載が決定された後、韓国の盧武鉉《ノムヒョン》政権は国際水路機関（ＩＨＯ）会議に際して、竹島周辺の海底地形の一連の名称を提出する計画を発表した。これに対して、日本政府は竹島周辺水域に二隻の調査船を派遣する計画を発表し、韓国政府および市民団体からの激しい抗議を招いた。しかし、二国間交渉が開始され、韓国が国際水路機関で韓国名称を提出しないと約束することと引き換えに日本側が調査船を派遣しないことで合意すると、緊張はすぐに和らいだ[*78]。二〇〇六年四月二五日、盧武鉉大統領は国民に対してテレビ演説を行い、「独島」に関する政府政策の完全な見直しを約束した。その演説のなかで、盧大統領は独島を韓国主権の象徴として描き、領土問題を他の日韓の歴史問題と明示的に結びつけた。かくして、竹島／独島問題は境界画定問題から、歴史認識とナショナル・アイデンティティの問題へと転換したのである。

二〇一二年の衆議院選挙で自民党が政権復帰してから、安倍首相は竹島問題に対してやや慎重な態度をとってきた。政策決定過程のなかで、二つの矛盾する議題のあいだでバランスをとろうとしていたようである。つまり一方では、安倍の人脈と支持基盤の大部分は保守的であり、竹島問題についても強硬な態度と政策を支持している。他方では、韓国との関係を改善したいという希望によっても推進されてきており、中国との軋轢の高まりから後者の重要性が高まっていく。その結果、安倍の戦略はこう要約することができる。つまり、竹島に関する国内の啓発キャンペーンを強化すると同時に、過度に韓国を挑発するような措置を回避する、ということである。

その結果、民主党政権時代に打ち出された竹島問題の国際司法裁判所への提訴計画は廃棄され、松江で毎年二月二二日に開催されている「竹島の日」式典に、二〇一三年以降は政府高官の派遣を控えている。一三年に外務省の「領土保全」予算は増加したが、八億一〇〇〇万円にとどまった。さらに、竹島問題は対処すべき「領土保全」問題のなかでは注目されていたが、新しく導入された領土保全計画においてその重要性と位置づけが明確に示されているわけではない。[*79] 概して安倍首相は、「慰安婦」問題に関する一五年の合意が示すように、韓国との関係改善に少なからぬ努力を払っており、竹島問題についての過度な挑発的発言や行動は控えた。

同時に、「竹島」は韓国によって違法に占拠されている日本固有の領土、という言説の再生産に対して、おもに教育の場での政府の関与は続いている。二〇一四年には、竹島は「我が国固有の領土」と明記した教科書作成の指針を文科省が発表した。一六年六月には、政府が「領土教育」の強化の一環として、竹島が日本の領有下にあった時代をバラ色に描いた杉本由美子著『メチのいた島』という絵本を、三万冊以上全国の学校に配布すると報道された。[*80] 一三年に新しく設置された内閣官房領土・主権対策企画調整室は、この絵本の読み聞かせビデオクリップを作成し、ユーチューブに掲載した。[*81]

現段階では、日本国内における「竹島」言説の構築において、上記の措置の役割は長期的な影響を予測できないが、竹島問題への関心度と認知度は、すでに「竹島の日」条例制定以前の時期と比べるとはるかに高まっている。二〇一七年に内閣府政府広報室が実施した全国世論調査によれば、回答者の九三・八％が竹島問題を「知っていた」[*82]と答え、「関心がある」と「どちらかと言えば関心がある」の回答者数は合計五九・三％に達した。

この数字は日本社会が右傾化していることを必ずしも指しているわけではないが、「独島」がナショナル・アイデンティティの象徴である韓国では、そのように受け止められていることは間違いない。

9　結論

地方自治体、市民団体または国家というアクターが一定の利益を追求する過程のなかで、「領土」を道具にし、ナショナリズムに訴える現象は竹島問題に限らない。そもそも、「領土」は空虚なシニフィアンである。すなわち、領土の重要性は近代国民国家で普遍的に認識されているが、「領土」の象徴性や関連している規範は所与のものでも固定されたものでもない。したがって、「領土」は特定の利益や目的の正当化およびアピールのためのフレーミングの道具になりやすい。[*83] だが、言説が形成された後に、従来の目的から離れ、一人歩きしはじめる例は少なくない。たとえば、日本のナショナル・アイデンティティとしての「北方領土」は、一九七〇年代に、冷戦と沖縄返還における米国基地問題という文脈のなかで政府によって作られたが、日本の原理原則となり、冷戦終焉後も政府の対ロシア政策への重要な重石となった。「釣魚臺」(尖閣諸島)は、ほぼ同じ時期に、国民党政権を批判する道具として台湾の学生たちが焦点化した。その後、中華民族が過去に受けた屈辱の象徴となって、今では日中関係の緊張をもたらす重要な要素となっている。

戦前の特殊な社会的利益関係、敗戦に伴う食糧危機と人口の急増に起因する島根県の竹島領土権確立キャンペーンは、当初は純粋に経済的な利害に突き動かされていた。しかし、一九六〇年代半ば以降、政府による北方領土と竹島に関する政策の相違の結果として、キャンペーンは観念的な性格を帯び始め、「竹島」は、東京による不公平な扱いの象徴となっていったのである。

二〇〇〇年代初頭における小泉首相の「自民党をぶっ壊す」方針と財政改革は、「竹島の日」条例に至る条件を整備する、構造的な推進力となった。政府が阻止しようと圧力をかけたにもかかわらず採択された条例は、韓国からの激しい反発とメディアによる大々的な報道をもたらし、「竹島」言説の普及を導いたのである。「竹島」は保守言論に抱擁され、国の在り方や歴史への対峙の象徴として取り上げられるようになった。[*84] 日本政府は、この言説を包摂せざるをえなくなり、言説の生産への参加によって、その意味合いを「国による不公平」または「地方切り捨て」から、他者である韓国によって占拠されている「固有の領土」へと変形していった。それは国内における正当性や統合をめぐる危機への対応だったが、副産物として、日本の歴史記憶における「竹島」の登場と「他者」としての韓国の存在の顕在化を果たしたといえよう。

註

＊1　김남일「경상북도의 독도 수호 대책：지방정부의 목소리도 크게 듣자」(『독도연구저널』三号、二〇〇八年)。

＊2　박원수「"日침략행위 분노" 전국이 들끓는다」(『朝鮮日報』二〇〇五年三月一七日付、社会欄) A13。

＊3　장상진「"獨島 갈등" 으로 뜨거워진 3・1절」(『朝鮮日報』二〇〇五年三月二日付、社会欄) A17。

＊4　한상일「일본은 믿을 수 있는 이웃인가」(『朝鮮日報』二〇〇五年二月二四日付、世論欄) A31。

＊5　권대열「日、또 獨島영유권 시비 금가는 "韓・日우정의 해"」(『朝鮮日報』二〇〇五年二月二四日付、社会欄) A14。

＊6　신형준「시마네현 "다케시마의 날" 에 강경대응」(『朝鮮日報』二〇〇五年三月一六日付、総合欄) A3。

＊7　たとえば、保阪正康・東郷和彦『日本の領土問題――北方四島、竹島、尖閣諸島』(角川書店、二〇一二年) 一〇九頁、藤井賢二『竹島問題の起原――戦後日韓海洋紛争史』(ミネルヴァ書房、二〇一八年) 四〇六‐四一〇頁。

＊8　島根県議会『島根県議会会議録　第135回』(一九五一年) 六〇頁、隠岐漁業組合「竹島漁区の操業制限の解除につく陳情」(一九五一年)。

＊9　たとえば、隠岐島町村会「竹島の領土権確保に関する陳情書」(一九六三年)。

＊10　島根県議会『島根県議会会議録　第147回』(一九五三年)。

＊11　速水保孝『竹島漁業の変遷』(外務省アジア局第二課、一九五三年)、朴炳渉「竹島＝独島漁業の歴史と誤解 (1)」(『北東アジア文化研究』三三号、二〇一一年) 二四頁。

＊12　隠岐漁業組合「竹島漁区の操業制限の解除につく陳情」(一九五一年)。

＊13　「竹島に戦後初出漁」(『隠岐公論』一九五四年六月一〇日付) 一頁。

＊14　島根県議会『島根県議会会議録 第178回』(一九五八年) 八一‐八二頁。

＊15　福原裕二「漁業問題と領土問題の交錯」(『北東アジア研究』第二三号、二〇一二年) 二四頁。

＊16　ロー・ダニエル『竹島密約』(草思社、二〇〇八年)。

＊17　同上書、一二一頁。

＊18　同上書、二〇八頁。

＊19　「竹島　日韓共有案もある」(『朝日新聞』一九六三年一月一〇日付) 一面。

＊20　島根県『県政のあゆみ　昭和58‐61年』(一九八七年) 八頁。

＊21　隠岐島町村会「竹島の領土権確保に関する陳情書」(一九六三年)。

＊22　島根県議会「竹島の領土権確保に関する県民運動推進要綱案」(一九六五年)。

＊23　島根県議会「竹島の領土権確保について要望書」(一九六五年九月一五日)。

＊24　Ken Victot Leonard Hijino, *Local Politics and National Policy: Multi-Level Conflicts in Japan and Beyond* (Taylor & Francis, 2017), p.43.

＊25　本田良一『日ロ現場史　北方領土――終わらない戦後』（北海道新聞社、二〇一三年）四二二頁。

＊26　隠岐漁業組合と隠岐町議会「竹島の領土権確保と島民の利益擁護に関する陳情書」（一九七六年）。

＊27　島根県『県政のあゆみ　昭和51－53年』（一九七九年）。

＊28　島根県議会、二〇〇一年二月二七日会議での石田良三県議の発言。

＊29　島根県『県政のあゆみ　昭和54－57年』（一九八三年）。

＊30　外務省情報文化局『われらの北方領土』（一九七七年）、島根県『竹島』（一九七九年）。

＊31　福原裕二「漁業問題と領土問題の交錯」（『北東アジア研究』第二三号、二〇一二年）四八頁。

＊32　中国四国農政局『島根県漁業の動き』（一九八四年）一二－一八頁。

＊33　「海洋法条約批准　今日脚閣議決定」（『産経新聞』一九九六年二月二〇日付）三面、片岡千賀之・西田明梨「日中韓漁業関係史Ⅱ」（『長崎大学水産学部研究報告』第八八号）一三七－一五九頁。

＊34　「二百カイリ全面適用全国運動の経緯」（『漁業組合誌』第16（2）号）一一－二二頁。

＊35　島根県議会『島根県議会史』（二〇〇一年）。

＊36　永井義人「島根県の「竹島の日」条例制定過程――韓国慶尚北道との地方間交流と領土問題」（『広島国際研究』第一八号、二〇一二年）一－一八頁。

＊37　「竹島・北方領土要求運動県民会議大会 五箇村」（『毎日新聞』島根県版、一九九七年七月七日付）二一面。

＊38　花房征夫「日韓漁業交渉――日韓漁業紛争、何が問題なのか」（『現代コリア』第三八四号、一九八八年）一一－一二頁。

＊39　「日韓新漁業協定　竹島問題棚上げ」（『産経新聞』一九九八年九月二五日付夕刊）一面、「大幅譲歩し、妥協」（『朝日新聞』一九九八年九月二五日付）一一面。

＊40　「日韓新漁業協定に見直し条項を」『産経新聞』（一九九八年一〇月三日付夕刊）三面。

＊41　「湯煙に日韓モヤモヤ」（『朝日新聞』西日本版、一九九七年一月二六日付）三一面。

＊42　水産庁境港漁業調整事務所「日本海の暫定水域周辺海域での韓国漁船の重点取締の結果について」（報道資料、二〇一二年六月一九日）。

＊43　中国四国農政局『島根　農林水水産統計年報』（一九九九年）一七六頁、中国四国農政局『隠岐漁業の動き』（二〇〇五年）四頁。

＊44　島根県水産課での聞き取り調査（二〇一三年一月三〇日に実施）。

＊45　島根県・稲田光農林水産部長の二〇〇〇年二月定例会における答弁。

＊46　島根県水産課および隠岐支庁水産局での聞き取り（二〇一三年一月二九－三〇日に実施）。

＊47　中国四国農政局『島根　農林水水産統計年報』二〇〇一年版。

＊48　日本政策投資銀行『山陰ハンドブック』（二〇〇六年版）一九頁。

＊49　島根県『平成14年度　国への重点要望』一頁、四四頁。

＊50　本人へのインタビュー（二〇一二年一月二〇日、早稲田大学にて）。
＊51　島根県『県政世論調査　平成15年度』五五頁、島根県『県政世論調査　平成16年度』五五頁。
＊52　https://www.pref.shimane.lg.jp/admin/pref/takeshima/web-takeshima/takeshima02/takeshima02_03/takeshima02_03pdf.html（二〇二〇年六月二六日アクセス）。
＊53　島根県議会、二〇〇三年一一月定例会。
＊54　「竹島の日条例案可決」（『産経新聞』二〇〇五年三月一一日付）三面。
＊55　野中尚人『自民党政治の終わり』（ちくま新書、二〇〇八年）六〇頁。
＊56　Hijino Ken, *Local Politics and National Policy: Multi-Level Conflicts in Japan and Beyond* (Taylor & Francis, 2017), pp. 5-30.
＊57　野中前掲書、八五－九八頁。
＊58　島根県『島根県統計書　昭和六一年』（一九八六年）。
＊59　「政に問う」（『山陰中央新報』オンライン版、二〇〇四年六月三〇日付）。
＊60　Hijino Ken, *Local Politics and National Policy*, pp.57-72.
＊61　島根県議会、二〇〇四年九月定例会（第二日目）。
＊62　野中前掲書、一三四－一三六頁。
＊63　Cheol-hee Park, "Factional Dynamics in Japan's LDP since Political Reform," *Asian Survey*, 41 (3), 2001.
＊64　梶谷万里子氏への聞き取り（二〇一四年一月一五日、島根県庁・竹島資料室にて）。
＊65　http://www.ch-sakura.jp/sakimori/sakimori-election.html?id=1915（二〇二〇年六月二六日アクセス）。
＊66　山際澄夫「島根県議会はひるまない――なぜ「竹島の日」条例は制定されたか　政府やマスコミの冷淡さをはねのけた〝快挙〟を追う」（『Ｖｏｉｃｅ』第三三〇号、二〇〇五年。
＊67　小熊英二・上野陽子『〈癒し〉のナショナリズム』（慶應義塾大学出版会、二〇〇三年）。
＊68　諏訪邊泰敬氏への聞き取り（二〇一五年二月二四日、諏訪邊氏の自宅にて）。
＊69　梶谷万里子氏と諏訪邊泰敬氏への聞き取り（二〇〇四年一月一五日）。
＊70　同上。
＊71　本人とのインタビュー（二〇一四年一月三〇日に島根県議会にて実施）。
＊72　たとえば、二〇〇四年九月島根県議会定例会（第二日目）での上代義郎議員と澄田信義知事の発言。
＊73　川谷誠一「〝竹島を守る会〟が集会　街頭行進で竹島問題解決を訴える」（『日本の息吹』第二〇四号、二〇〇四年）二八頁。
＊74　https://ggs-zaidan.wixsite.com/fisheries-promotion（二〇二〇年六月二六日アクセス）。
＊75　山本健太郎「竹島をめぐる日韓領土問題の近年の経緯――島根県の「竹島の日」制定から李明博韓国大統領の竹島上陸まで」（『レファレンス』第七四号、二〇一二年）三六頁。
＊76　https://www.mofa.go.jp/mofaj/area/takeshima/index.html（二〇二〇年六月二六日アクセス）。
＊77　たとえば、峰正隆「安倍晋三、自民党総裁」（『産経新

聞』二〇一二年一〇月二七日付三面。

＊78　Weinstein, Michael, "South Korea-Japan Dokdo/Takeshima Dispute: Toward Confrontation," *The Asia-Pacific Journal*, Japan Focus, 2006〔http://www.japanfocus.org/-Michael-Weinstein/1685#sthash.6C4w5qmN.dpuf〕（二〇二〇年六月二六日アクセス）。

＊79　外務省「平成二五年度予算概算要求」。

＊80　http://www.chosunonline.com/site/data/html_dir/2016/07/07/2016070703186.html（二〇二〇年六月二六日アクセス）。

＊81　https://www.youtube.com/watch?v=Ice1q6g7pOg（二〇二〇年六月二六日アクセス）。

＊82　https://survey.gov-online.go.jp/tokubetu/h29/h29-takeshimag.pdf（二〇二〇年六月二六日アクセス）。

＊83　詳細については、Alexander Bukh, *These Islands Are Ours: Social Construction of Territorial Disputes in Northeast Asia* (Stanford University Press 2020）にて述べている。

＊84　https://yoshiko-sakurai.jp/2005/04/07/373（二〇二〇年六月二六日アクセス）。

おわりに

樋口直人

1　右傾化の正体

本書全体の目的は、日本は右傾化したといえるのか、そうだとすると何がどのように右傾化したのか、総合的な検証を試みることだった。その結果、すべての章が一致した見解に辿りついたわけではない。選挙結果をみるかぎり、右傾化・保守化は周期的に登場する言説以上のものではなく、実態は空騒ぎという性格が強かった（第Ⅰ部第2章参照）。一般市民の意識をみると、排外主義以外は右傾化したといえる材料はなく、むしろ左傾化したといえなくもない（第Ⅰ部第1章参照）。また、右傾化を顕著に示すようにみえる政策であっても、それがいわば偶然の産物でしかないこともあり、右傾化でなんでも説明しようとするのは危険でもある（第Ⅲ部第3章参照）。

しかしながら、政治の領域が右傾化したことは複数の章が指摘しており、多角的に確認できた知見といえるだろう（第Ⅲ部第1章、第2章参照）。市民社会は右傾化していない一方で、政治は政党間や候補者間の競合といった政治独自の要因により右傾化が進んできた。このような、市民社会と政治のイデオロギー的乖離は、特段新しい現象とはいえない。かつて社会主義に傾倒した労働運動の指導者と、労働条件に関心があった一般組合員の違いは、（頭頂部だけ赤い）丹頂鶴としばしば評されてきた。現在起きているのはその逆の事態で、一般市民は右派イデオロギーを支持しないにもかかわらず、政治家や政党が右傾化を先導している。とはいえ、右傾化した政治はメディアや草の根組織にも影響を及ぼしており（第Ⅱ部第1章、第3章参照）、組織レベルでは市民社会も右傾化したといってよい。

こうした事態に対して、たんに傍観者的な立場から検証するにとどまらず、どう対処すればよいか、この隠れた問いに答えることが筆者の念頭にあった。というのも、過去三〇年間の日本では多くのことが停滞しており、右傾化がその重要な要因だと考えるからである。つまり、日本は右傾化の弊害をさまざまなかたちで経験しており、その正体を見極め、対策をとる必要がある。

2　右傾化により何が失われたのか

では、実際に何が停滞し、何が失われたのか。外交関係については、すでに繰り返し指摘されてきたため、ここでは国内的な制度転換の遅れに焦点を当てる。すなわち右傾化がもたらした大きな損失として、近代化の進展に合わせた法律・制度を政治が整備できず、それに逆行すらしていることが挙げられる。

近年の社会学では、近代化には第一の段階と第二の段階があるといわれている。[*1] 第一の近代とは、頼れる福祉国家、階級を基盤とする大衆政党、性別役割分業による核家族からなる国民国家を自明の単位とするような社会である。[*2] ところが、日本では一九七〇年代くらいから第一の近代が衰退するとともに、第二の近代化が進行している。本書と関係あるかぎりでいえば、国民国家、家族、性別役割の機能が弱体化し、かつてのような社会的機能を果たさなくなった。[*3] その結果、たとえばサラリーマンの夫、専業主婦の妻、二、三人の子どもからなる「標準家族」を形成するのが当然だった状況は、過去のものとなった。今では、結婚するか否か、その時期、形態、相手の性別や国籍などまで個々人が決めるように変化しつつあり、モデルのない状況で自分なりの家族生活を築かねばならない。[*4]

こうした状況を個人化というが、それに即した法制度の改正が日本では遅々として進んでいない。夫婦別姓については、法務省の法制審議会が一九九六年に導入を提言する答申を出したにもかかわらず、自民党右派の反対により実現していない。同性パートナーシップについては、二〇一五年に東京都渋谷区と世田谷区で導入され、他の自治体にも広がっているが、同性婚の法制化は議題にすら上っていない。

そうした日本を尻目に、韓国では二〇〇五年に戸主制度が廃止され、家父長的な戸籍から個人単位の家族制度へと移行した。[*5] 台湾では、二〇一七年に最高裁が同性婚を承認し、二〇一九年に法制化されている。[*6] こうした変化の背景として、「圧縮近代」と呼ばれる東アジアの急激な経済発展がある。[*7] 東アジアは、欧米が一〇〇年かけた経済成長を三〇年程度で実現したことにより、社会のなかで変化した部分とそうでない部分が混在するようになった。家族が急激に個人化する一方で、旧態依然たる法律や社会保障制度を変えられないがゆえに、世界最速で進む高齢化と少子化に対応できていない。

今世紀に入って、家族やジェンダー、移民、人権関連の法律を次々に整備した韓国や台湾の奮闘ぶりは、こうした変化に追いつこうとする政治のありようを示唆している。

ところが、右傾化する日本の政治は、第二の近代に合わせた変化を受け入れようとしない。夫婦別姓のように世論で賛成が多数になり、法務省が必要と認めた問題ですら、法制化の見通しを立てられない。反対の根拠も、別姓によって家族が崩壊するといった、社会科学的な検証に堪えない水準のものがまかり通っている。他にも人権擁護機関の設置、性教育、外国人参政権、移民労働者の受入れ——右傾化が合理的な政策論議を妨げてきたものは枚挙に暇がない。その結果、かつてはアジアで最も近代化が進んだ国だったはずの日本は、第二の近代への対応に関して韓国や台湾の後塵を拝するようになった。[*8]

「日本を取り戻す」という自民党のスローガンは、本来であれば近代化の停滞を脱却する軌道修正を指すはずだが、その逆を行くことで日本の衰退を加速させている。その意味で、右傾化と対峙しその弊害を最小限にとどめることが、現実的な要請としても求められている。かつては自民党内のリベラル派がブレーキ役となってきたが、その機能が弱まった現状でどのような手段があるだろうか。最後にこの点を考えてみたい。

3　右傾化への処方箋

図１　首相の靖国神社参拝

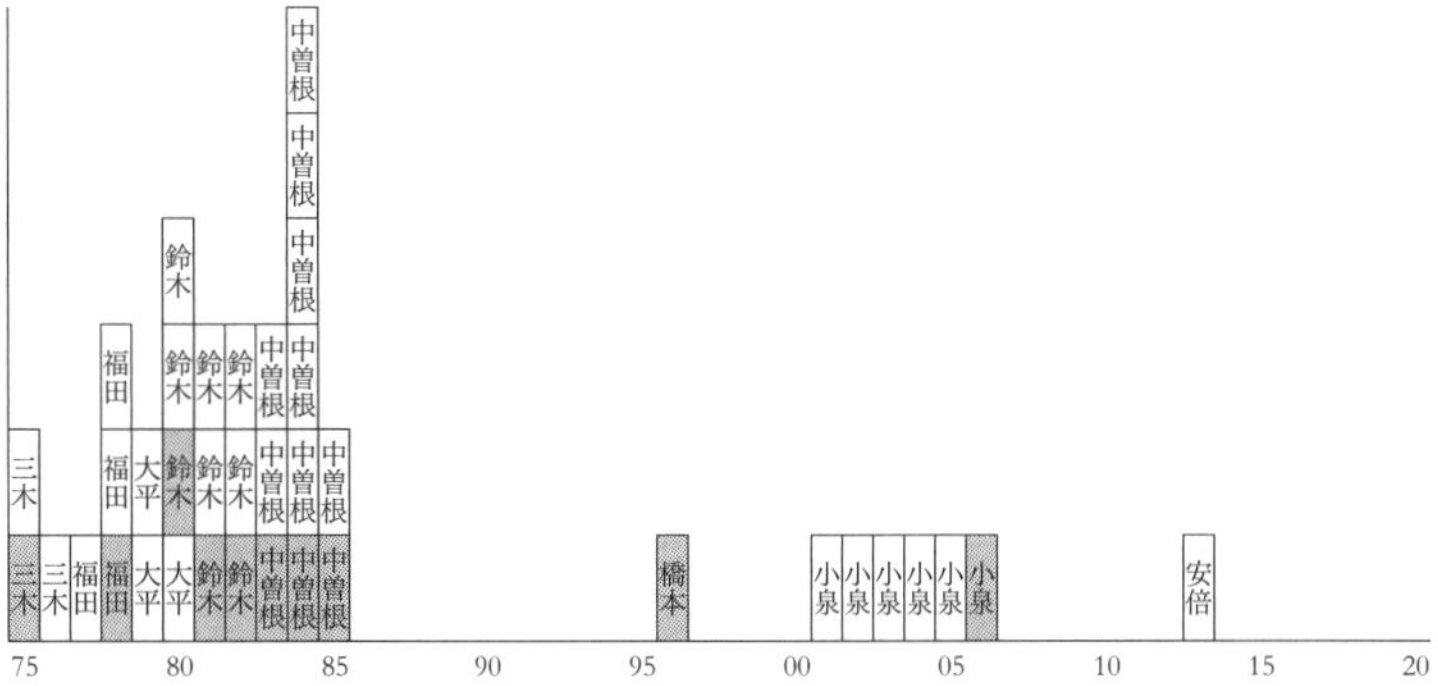

出典：S. A. Smith, *Intimate Rivals: Japanese Domestic Politics and a Rising China*, New York: Columbia University Press, 2015, p. 77 より作成。
註：網掛けは終戦記念日（8 月 15 日）に参拝した場合を指す。

①外圧[9]

日本の政治は右傾化した一方で、靖国神社に関する行動についていえば、現在はむしろ沈静化しているとみることもできる。旧軍人関係組織の全盛期だった一九六九年以降、五年間で五度にわたり靖国神社を国営化するための法案が提出された。いずれも廃案に追い込まれているが、一九七五年八月一五日の終戦記念日には、三木武夫が戦後の現職首相として初めて靖国神社を参拝した。図1が示すように、首相の靖国神社参拝はこれ以降の一〇年間に集中している。その集大成は一九八五年に中曽根康弘首相が行った公式参拝だったが、中国の強い抗議を受けてそれ以降は行われていない。一九九六年に橋本龍太郎首相が参拝したのは、日本遺族会会長という立場によるところが大きい。その後、小泉純一郎首相は毎年参拝を繰り返して外交関係を悪化させた。それゆえ、後継の第一次安倍内閣で安倍晋三首相は参拝できなかったし、第二次安倍内閣でも二〇一三年に一度参拝したにとどまる。

中曽根以降の参拝の自粛は、国内の反対勢力を考慮したわけではなく、韓国、中国との関係を悪化させないことを念頭に置いていた。その意味で、外圧は右傾化の少なくとも一部を抑制する要素となる。もっとも、外圧への反発が極右を活性化させる側面もあるため、外圧がつねに有効というわけではない。とはいえ、対外的な反発を引き起こす事態を抑制することは間違いなく、一定の効果はあるといえるだろう。

②現実主義

外圧とも関わる要素だが、イデオロギーとは別に利害関係を重視する現実主義的な判断も極右に対する抑止力になりうる。二〇一五年末には、日本の外務大臣が韓国を訪れ、「慰安婦」に関して朴槿恵大統領と安倍首相の間で合意がなされたと発表した。合意といっても、文書を交わすような厳密なものではなく、それぞれが内容を解釈する余地を大きくとった点で、実効性には疑問がある。また、背景には「慰安婦」問題の一定の解決を求める米国の意向があった点で、外圧が作用していることは間違いない。しかし、自民党内きっての歴史修正主義者である安倍首相でさえ、政権を担っている以上は現実主義的な判断をせざるをえなくなる（村山談話の継承についても同様のことがいえる）。

右派として名高い稲田朋美元自民党政調会長も、二〇一七年に防衛相を退任してから夫婦別姓に理解を示すなど、女性・ジェンダーに関して立場を変えつつあるとされる。[*10] それがもともとの支持基盤である極右層の不興を買ったわけだが、支持の幅を広げるうえでは一定の現実主義的対応が必要という判断によるだろう。欧州ならば、極右的な政策は民主主義に対する脅威として隔離されてきたが、日本ではそうした規範的な批判は期待できない。その代わりに、国益や政権維持の点から望ましくない極右的な政策を現実主義者が退けることで、その政策的影響力を弱めることは可能である。

③市民社会での対抗

第1節で述べたように、政治が右傾化したのに対して、市民社会レベルでの右傾化は生じていない。排外主義運動が台頭したのは今世紀に入ってからだが、これは政治の右傾化とインターネットの普及という機会をとらえた結果だというのが、筆者の調査の結論であった。[*11] 安倍政権において日本会議に関係する閣僚の数が増えたのは、いわば政治に限定されたことであり、市民社会が極右を受け入れるようになったわけではないともいえる（第Ⅱ部第3章参照）。

そうした傾向を示す一つの例がヘイトスピーチ問題であり、国会で問題視されても政府は特に対策をとろうとしなかった。それに代わって排外主義運動の出足を止めたのは、反レイシズムの対抗運動であり、街頭での抗議を通じて排外デモを抑制したばかりか、ヘイトスピーチ解消法を制定する原動力にもなった。[*12] 結果的には、政治ではなく市民社会が自らの力で排外主義者を追いつめたことになる。市民社会には、今世紀に入ってから近隣諸国に対する悪感情が根づいており、排外主義運動を生み出す土壌ともなってきた。[*13] しかし、それを圧倒するかたちで排外主義を抑え込んだのは、ヘイトスピーチに対抗するアクティビズムの方であり、それが極右を抑制する要因となる。

もう一つだけ例を挙げよう。歴史修正主義の教科書は、二〇〇一年に検定を通って中学教科書での選択肢の一つになった。日本の教科書は、一つないし複数の市町村からなる地区単位で四年ごとに使う教科書を決めるが、歴史修正主義の教科書の採択率は予想外に低かった。それが「新しい歴史教科書をつくる会」が分裂した原因の一つになったくらいだが、中学歴史での採択率はじりじりと上昇し、二〇二〇年には六・四％に達した。[*14] この数字の評価は難しいが、自民党文教族が露骨に肩入れするなかで、市民社会が辛うじて極右の浸透に歯止めをかけているとはいいうる。

右派ロビーが自民党の強力な支持基盤だったように、極右勢力は市民社会に強く根を張ってきた(第Ⅱ部第3章参照)。右派ロビーの絶対的な組織力が弱体化する一方で、支持基盤とは関係なく極右的な政策に執心する政治家は増えてきた。しかし、それが社会の標準になっていくほどには、日本の市民社会は極右に寛容ではない。その意味で、日本の市民社会は政治主導の右傾化が映し出す姿よりもはるかに健全だともいえる。

4　極右のもたらす停滞を越えて

冷戦終焉後の日本が経済的に衰退したことは、ほぼ常識となっているが、社会文化的な停滞については意外なほど論じられていない。政治が右傾化したといっても、急進的な極右が政権についたわけではなく、政治が大きく右へ左へとぶれることもなかった。戦後で五指に入る長寿政権に、小泉、安倍政権が名前を連ねる(他は佐藤、吉田、中曽根政権)ことからも、今世紀に入ってからの政治はむしろ安定しているともいえる。だが、このような安定がもたらす停滞により、日本はさまざまな国際比較での指標の順位をじりじりと下げていくこととなった(ジェンダー、報道の自由、死刑廃止、重国籍等)。これらの多くは、自民党右派の抵抗により停滞ないし悪化しており、国益を守るのを金科玉条にしている人たちが国益を損ねるという、笑えない事態が続いている。

本書の企画は、慶應義塾大学出版会の上村和馬氏が右傾化に関して本格的に論じた書籍が必要であると、編者の一人である小熊に相談したところから始まった。かねてから右傾化に関心があった樋口を加えて、三人で検討を進めたのだが、当初の小熊と樋口の企画案の相違は興味深かった。社会全体を知りたいという欲求が現れた小熊の案に対して、樋口のそれは「右傾化した部分」の細密画を描くようなものだった。結果的に、類書のない小熊案に沿った構成になり、必ずしも右傾化を専門とするわけではない執筆者にも広く依頼した。そのため、編者二名と上村氏が執筆者に直接お会いして意見交換をしたうえで、まず構成案を出していただくかたちで慎重に進めていった。内容も、当該領域を包括的に論じることを要請したため、当初予定より枚数が大幅に増加し、編者二名が原稿を細かく読んで何度も修正をお願いしたことで、執筆者には多大な負担をかけることとなった。だが、その分だけ読み応えのある論集になったと自負している。

それに対して、「おわりに」で示した処方箋はきわめてささやかなものでしかない。しかしながら、本書はこれまで右傾化に関して論じた書籍のなかで、可能なかぎり社会全体を視野に収めようとした点に特色がある。右傾化が政治主導であるならば、それへの対策がどうあるべきなのか、今後の議論に期待したい。

註

＊1　この点については、ウルリヒ・ベック『危険社会――新しい近代への道』（東廉・伊藤美登里訳、法政大学出版局、一九九八年）、アンソニー・ギデンズ『モダニティと自己アイデンティティ』（秋吉美都・安藤太郎・筒井淳也訳、ハーベスト社、二〇〇五年）、ウルリッヒ・ベック、アンソニー・ギデンズ、スコット・ラッシュ『再帰的近代化――近現代における政治、伝統、美的原理』（松尾精文ほか訳、而立書房、一九九七年）を参照。

＊2　Ulrich Beck, Wolfgang Bonss and Christoph Lau, “The Theory of Reflexive Modernization: Problematic, Hypotheses and Research

Programme," *Theory, Culture and Society*, 20(1), 2003, p.1.

＊3　Ulrich Beck and Edgar Grande, "Varieties of Second Modernity: the Cosmopolitan Turn in Social and Political Theory and Research," *British Journal of Sociology*, 61(3), 2010, p.415.

＊4　目黒依子『個人化する家族』（勁草書房、一九八七年）。落合恵美子『二一世紀家族へ——家族の戦後体制の見かた・超えかた　第四版』（有斐閣、二〇一九年）。

＊5　Ki-young Shin, "Politics of the Family Law Reform Movement in Contemporary Korea: A Contentious Space for Gender and the Nation," *Journal of Korean Studies*, 11(1), 2006.

＊6　Ming-sho Ho, "Taiwan's Road to Marriage Equality: Politics of Legalizing Same-sex Marriage," *China Quarterly*, 238, 2019.

＊7　Kyung-Sup Chang, "Compressed Modernity and Its Discontents: South Korean Society in Transition," *Economy and Society*, 28(1), 1999.

＊8　移民を例として説明すると、韓国や台湾は日本より遅れて移民労働者の受入れ国に転じたにもかかわらず、現在の外国人人口比率は日本が最も低い。東アジアは、人権より経済成長を優先するという意味で「開発国家」と呼ばれており、移民政策にもかなりの類似性がある。それを考慮したうえでも、国民国家に固執して移民受け入れを遅らせる日本を尻目に、韓国と台湾が自覚的な生き残り策として移民の受入れ・活用を図るのは対照的といえるだろう（Naoto Higuchi, "East Asia," Johanna Gördemann, Andreas Niederberger and Uchenna Okeja eds., *Handbook of Migration Ethics*, Springer, forthcoming）。

＊9　本節の議論は、樋口直人『재특회（在特会）와 일본의 극우——배외주의운동의 원류를 찾아서』（金英淑訳、J&C、二〇一六年）をもとにしている。

＊10　『毎日新聞』（二〇二〇年七月一六日付）。

＊11　樋口直人『日本型排外主義——在特会・外国人参政権・東アジア地政学』（名古屋大学出版会、二〇一四年）。

＊12　樋口直人「ヘイトが違法になるとき——ヘイトスピーチ解消法制定をめぐる政治過程」（『レヴァイアサン』六二号、二〇一八年）。

＊13　ヘイトスピーチが害悪だという認識はかなり定着したが、排外主義運動に対する一般市民の支持は、それに比べるとかなり高い（Naoto Higuchi, "The 'Pro-Establishment' Radical Right: Japan's Nativist Movement Reconsidered," David Chiavacci, Simona Grano and Julia Obinger eds., *Civil Society and the State in Democratic East Asia: Between Entanglement and Contention in Post-High Growth*, Amsterdam University Press, 2020）。これは、ヘイトスピーチや差別に反対する社会運動を生み出す一方で、中国や韓国に対する悪感情が排外主義運動への支持につながっていることを示す。

＊14　『朝日新聞』（二〇二〇年八月五日付）。六・四％という値は、新規参入した学び舎を除く主要五社のなかで最下位だが、二〇年間でそこまで採択比率を上げたとみることもできる。修正主義的な教科書採択の最大のきっかけは、極右的な首長への交代だが、それでも教員を中心とした反対勢力が抵抗する場合が多く、現実の過程はそれほど単純ではない（樋口直人・松谷満「『国境』の活用——八重山地区の安全保障化をめぐる紛争」『立命館言語文化研究』二八巻四号、二〇一七年）。

ブフ・アレクサンダー（Bukh Alexander）
1970年、モスクワ生まれ。ヴィクトリア大学ウェリントン校（ニュージーランド）准教授。
専攻は国際関係学。著書に *These Islands are Ours: The Social Construction of Territorial Disputes in Northeast Asia*（Stanford University Press）、*Japan's National Identity and Foreign Policy: Russia as Japan's 'Other'* (Routledge).

津田大介（つだ　だいすけ）
1973年、東京都出身。大阪経済大学情報社会学部客員教授。ジャーナリストとしてメディアやコンテンツビジネスなどを専門分野として執筆活動を行う。著書に『情報戦争を生き抜く』（朝日新書）、『ウェブで政治を動かす！』（朝日新書）、『動員の革命』（中公新書ラクレ）など。

島薗進（しまぞの　すすむ）
1948年、東京都生まれ。上智大学大学院実践宗教学研究科教授。
専攻は宗教学。著書に『宗教を物語でほどく』（NHK出版新書）、『いのちを“つくって”もいいですか?』（NHK出版）、『明治大帝の誕生』（春秋社）、『ともに悲嘆を生きる』（朝日選書）など。

中北浩爾（なかきた　こうじ）
1968年、三重県生まれ。一橋大学大学院社会学研究科教授。
専攻は日本政治外交史、現代日本政治論。著書に『現代日本の政党デモクラシー』（岩波新書）、『自民党政治の変容』（NHKブックス）、『自民党——「一強」の実像』（中公新書）、『自公政権とは何か』（ちくま新書）など。

大和田悠太（おおわだ　ゆうた）
1989年、東京都生まれ。一橋大学大学院社会学研究科博士後期課程、法政大学大原社会問題研究所兼任研究員。専攻は政治学、現代日本政治論、市民社会論。

砂原庸介（すなはら　ようすけ）
1978年、大阪府生まれ。神戸大学大学院法学研究科教授。
専攻は行政学・地方自治。著書に『大阪』（中公新書）、『民主主義の条件』（東洋経済新報社）、『分裂と統合の日本政治』（千倉書房）、『新築がお好きですか？』（ミネルヴァ書房）など。

秦正樹（はた　まさき）
1988年、広島県生まれ。京都府立大学公共政策学部准教授。
専攻は政治心理学、実験政治学。論文に「争点を束ねれば「イデオロギー」になる？」『年報政治学』2020-1（共著）など。

西村翼（にしむら　つばさ）
1994年、広島県生まれ。神戸大学法学研究科博士後期課程。
専攻は政党政治論、議員行動論。論文に「政党の公認戦略と地元候補」『年報政治学』（近刊）など。

［編者］
小熊英二（おぐま　えいじ）
1962年、東京都生まれ。慶應義塾大学総合政策学部教授。
専攻は歴史社会学。著書に『単一民族神話の起源』、『〈日本人〉の境界』、『〈民主〉と〈愛国〉』、『1968』（いずれも新曜社）、『社会を変えるには』、『日本社会のしくみ』（いずれも講談社現代新書）など。

樋口直人（ひぐち　なおと）
1969年、神奈川県生まれ。早稲田大学人間科学学術院教授。
専攻は移民研究、社会運動論、政治社会学。著書に『日本型排外主義』（名古屋大学出版会）、共著に『ネット右翼とは何か』（青弓社）、編著に『3・11後の社会運動』（筑摩書房）など。

［著者］執筆順
松谷満（まつたに　みつる）
1974年、福島県生まれ。中京大学現代社会学部准教授。
専攻は社会意識論、政治社会学。編著に『3・11後の社会運動』（筑摩書房）、共著に『分断社会と若者の今』（大阪大学出版会）、『日本人は右傾化したのか』（勁草書房）など。

菅原琢（すがわら　たく）
1976年、東京都生まれ。政治学者。
専攻は政治過程論。著書に『世論の曲解』（光文社）、共著に『徹底検証 安倍政治』（岩波書店）、『平成史【完全版】』（河出書房新社）など。

林香里（はやし　かおり）
1963年、名古屋市生まれ。東京大学大学院情報学環教授。
専攻はジャーナリズム・マスメディア研究。著書に『足をどかしてくれませんか』（編著、亜紀書房）、『メディア不信』（岩波新書）、『テレビ報道職のワーク・ライフ・アンバランス』(谷岡理香と共編著、大月書店)、『〈オンナ・コドモ〉のジャーナリズム』（岩波書店）など。

田中瑛（たなか　あきら）
1993年、山形県生まれ。東京大学大学院学際情報学府博士課程、日本学術振興会特別研究員（DC1）。専攻はメディア研究。論文に「公共放送における「声なき声」の包摂の葛藤」（『マス・コミュニケーション研究』95号、学文社）、「「声なき声」の表象のポリティクス」（加藤泰史・小島毅編『尊厳と社会』下巻、法政大学出版局）。

日本は「右傾化」したのか

2020年10月20日　初版第1刷発行

編著者――――小熊英二・樋口直人
著　者――――松谷満・菅原琢・林香里・田中瑛・津田大介・島薗進・中北浩爾
大和田悠太・砂原庸介・秦正樹・西村翼・ブフ・アレクサンダー
発行者――――依田俊之
発行所――――慶應義塾大学出版会株式会社
〒108-8346　東京都港区三田2-19-30
TEL〔編集部〕03-3451-0931
〔営業部〕03-3451-3584〈ご注文〉
〔　〃　〕03-3451-6926
FAX〔営業部〕03-3451-3122
振替 00190-8-155497
http://www.keio-up.co.jp/
装　丁――――耳塚有里
印刷・製本――中央精版印刷株式会社
カバー印刷――株式会社太平印刷社

Printed in Japan　ISBN 978-4-7664-2694-6